Histoires d'amour et de mort

Le précis des martyrs de l'amour
de Muġulṭāy (m. 1361)

Monica Balda-Tillier

Histoires d'amour et de mort

Le précis des martyrs de l'amour
de Muġulṭāy (m. 1361)

INSTITUT FRANÇAIS D'ARCHÉOLOGIE ORIENTALE

TEXTES ARABES ET ÉTUDES ISLAMIQUES 57 – 2022

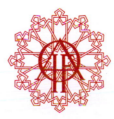

Dans la même collection :

وثائق مخصصات الحرمين الشريفين بسجلات الديوان العالي (نشر وتحليل)، إعداد جيهان أحمد عمران ، ٢٠٢١.

ترجمان الأسرار وديوان سيدنا ومولانا الأستاذ الأعظم والملاذ الأفخم الشيخ محمد بن أبي الحسن البكري الصديقي الشافعي الأشعري سبط آل الحسن، تحقيق وتقديم مصطفى عبد الغفار مغازي وآدم عبد الحميد صبره، ٢٠٢١.

Mathieu Eychenne, Stéphane Pradines, Abbès Zouache (éd.), *Guerre et paix dans le Proche-Orient médiéval (xᵉ-xvᵉ siècle)*, 2019.

الأعمال الكاملة للسيوطي في التصوف الإسلامي ٢، تحقيق ودراسة د. أحمد جمعة عبد الحميد، ٢٠١٥.

Mohammed Bakhouch, *Poétique de l'éloge. Le panégyrique dans la poésie d'al-Aḫṭal*, 2015.

الشيخ عبد الوهاب بن أحمد بن علي الشعراني، كتاب إرشاد المغفلين من الفقهاء والفقراء إلى شروط صحبة الأمراء ومختصر كتاب إرشاد المغفلين من الفقهاء والفقراء إلى شروط صحبة الأمراء، تحقيق وتقديم آدم عبد الحميد صبره، ٢٠١٣.

عبدي أفندي البوسنوي، مطالع النور السني المنبيء عن طهارة نسب النبي العربي، تحقيق Josef Dreher ، ٢٠١٣.

د. محمد أحمد عبد اللطيف، المدن والقرى المصرية في البرديات العربية، دراسة أثرية وحضارية، ٢٠١٣.

Al-Kindī, *Histoire des cadis égyptiens, Aḫbār quḍāt Miṣr*, présenté, traduit et annoté par Mathieu Tillier, 2012.

الأعمال الكاملة للسيوطي في التصوف الإسلامي ١، تحقيق ودراسة د.عبد الخالق محمود عبد الخالق وأحمد جمعة عبد الحميد، ٢٠١١.

نصوص عربية تاريخية عن الزلازل والبراكين في العالم العربي والإسلامي من بداية التاريخ الإسلامي إلى القرن الثاني عشر الهجري (من القرن السادس إلى الثامن عشر الميلاديين)، جمعها وحقّقها وعلّق عليها د. مصطفى أنور طاهر، ٢٠١١.

ISBN 978-2-7247-0789-2 ISSN 0257-4136

Mise en page : Mina Medhat
Couverture : Ismaïl Siddiq

« La passion est le pressentiment de l'amour et de son infini auquel aspirent toutes les âmes souffrantes. »

Honoré de Balzac, *La duchesse de Langeais*.

Sommaire

Avant-Propos

En 2003, lorsque je tombai presque par hasard sur le *Wāḍiḥ al-mubīn fī ḏikr man ustušhida min al-muḥibbīn* de Muġulṭāy (m. 762/1361), j'étais loin d'imaginer la place que cet ouvrage prendrait dans ma vie pendant plus de quinze ans et la complexité des interrogations qu'il poserait. Cependant, jamais pendant toute cette longue période je n'ai regretté d'avoir répondu positivement à la question que mon directeur de thèse à venir, Katia Zakharia, me posa cette même année-là, lorsque je lui exprimai mon souhait de travailler sur le livre de Muġulṭāy : « Êtes-vous prête à ce que le *Wāḍiḥ* devienne votre livre de chevet ? Êtes-vous d'accord pour vous réveiller le matin avec Muġulṭāy, à vous coucher le soir avec Muġulṭāy et à passer vos journées avec Muġulṭāy ? » Sans chercher à pousser trop loin l'introspection, j'ose croire que mon incorrigible romantisme et ma fascination pour l'ascétisme m'ont aidée à pénétrer ce texte aussi riche que complexe : au lecteur d'en juger.

De nombreux collègues et amis ont contribué, de près ou de loin, à l'éclosion de ce travail. Je tiens à témoigner toute ma reconnaissance à Raja Benslama pour m'avoir donné une copie du manuscrit de Muġulṭāy et m'avoir encouragée à suivre les pistes vers lesquelles me conduisait ma recherche. Je remercie Geert Jan Van Gelder pour sa minutieuse relecture, ainsi qu'Alain Tillier, Marie-Françoise Santagnan et Alice Chevallier pour leurs corrections du français. Que George Bohas, Julia Bray, Aboubakr Chraïbi, Jocelyne Dakhlia, Sylvie Denoix, Sybille Emerit, Chérif Ferjani, Yves Gonzales, Beatrice Gruendler, Hilary Kilpatrick, Stefan Leder, Christopher Melchert, Nicolas Michel et Adam Talib trouvent enfin ici l'expression de ma gratitude pour les conseils qu'ils m'ont prodigués.

Bien que de manière irrégulière et en marquant de longues pauses de réflexion, je n'ai cessé de corriger et de retravailler cette étude monographique pendant toutes ces années. Mais cet être protéiforme n'aurait jamais abouti à sa forme actuelle sans la patiente relecture, les innombrables conseils et les précieuses corrections que m'ont prodigués mon maître, Katia Zakharia, mais surtout mon époux Mathieu Tillier, que je remercie du fond du cœur et auquel je dédie cet essai.

Introduction

Le titre que Muġulṭāy (m. 762/1361) attribua à son ouvrage, *al-Wāḍiḥ al-mubīn fī ḏikr man ustušhida min al-muḥibbīn*, littéralement *Le discours clair et éloquent sur les amants qui moururent en martyrs*[1], soulève à sa seule lecture la question de sa nature[2]. S'agit-il d'une anthologie littéraire, d'un manuel d'instruction morale à visée didactique ou d'un pamphlet intervenant dans la discussion d'un point sensible de la doctrine islamique ? Aucune de ces assomptions n'est complètement vraie ni entièrement fausse. Le *Wāḍiḥ* contient en effet chacun de ces éléments et d'autres encore, enchevêtrés les uns dans les autres. Tout en tombant sous l'appellation d'*adab*, traditionnellement opposé au *ʿilm*, le traité d'amour de Muġulṭāy n'est donc ni dans l'intention de son auteur, ni dans sa réalisation, un écrit purement littéraire au sens que nous donnons aujourd'hui à ce terme. S'il imite en effet la réalité par le langage, possédant la première des deux propriétés distinctes qui définissent, selon Tzvetan Todorov, les ouvrages littéraires par opposition aux ouvrages didactiques, il ne répond néanmoins que partiellement au second de ces critères, consistant à subordonner « l'instruire » au « plaire »[3].

Dans aucun passage du *Wāḍiḥ*, la finalité éducative n'est absente ou même cachée. Le livre de Muġulṭāy se présente, dès ses premières pages et jusqu'à ses dernières, comme un vade-mecum sur l'amour profane, dont la consultation est facilitée par l'organisation alphabétique des notices. C'est la raison pour laquelle le *Wāḍiḥ*, qui relève tout aussi bien de la littérature que de l'histoire des idées, des mentalités et des émotions, de l'histoire sociale, de la philosophie et de l'islamologie, ne peut être étudié qu'à travers ces différents

1. Le titre est traduit en anglais par Lois Anita Giffen par *The Clear and Eloquent in Speaking of Those Lovers Who Became Martyrs*. Giffen, 1971, p. 34.
2. Nous avons proposé ailleurs une traduction plus libre de ce titre : *Précis des martyrs de l'amour.*
3. Todorov, 1987, p. 12-15.

prismes. L'interprétation *hic et nunc* d'un texte d'un passé aussi lointain ne peut en effet tirer sa légitimité que d'une méthode qui inclurait tous ces domaines. Limiter la réflexion sur le traité de Muġulṭāy au seul point de vue littéraire ne serait pas uniquement difficile, voire impossible, mais équivaudrait également à nier sa nature hétéroclite et à méconnaître sa richesse, en se coupant d'approches permettant une compréhension plus approfondie. Sans nullement prétendre à l'exhaustivité, la présente étude monographique répond à la nécessité de décloisonner des disciplines distinctes, mais contiguës et en osmose permanente.

D'autres travaux d'orientalistes et de spécialistes avant le nôtre ont au reste déjà mobilisé ces diverses méthodes pour interpréter des textes comparables. Ces investigations antérieures ont abordé l'amour profane en Islam soit à travers une comparaison thématique basée sur l'ordre chronologique des ouvrages qui en traitent, soit en privilégiant une approche monographique.

Les essais de synthèse démontrent l'existence d'une conception quasi philosophique de la passion amoureuse, comportant des caractères distinctifs particuliers aux sociétés arabo-islamiques médiévales[4]. De cette pensée, de la réflexion sur la place que le bon musulman doit attribuer à l'amour profane dans son existence et de l'exigence d'établir des règles capables de rendre cette émotion compatible avec la vie en société, est né un genre qui compte une quinzaine de traités. Ces essais révèlent néanmoins que le développement de cette littérature n'est pas uniquement lié à la nécessité de fixer un cadre normatif religieux ou social pour ce sentiment qui efface la frontière entre la vie et la mort, ce qui relèverait plus de la théologie, de la sociologie ou de l'histoire des idées et exclurait par conséquent la légitimité d'une étude littéraire. Mise à part l'élaboration d'une conception de l'amour profane, les traités d'amour posent d'autres questions, tout aussi centrales que la précédente, auxquelles les auteurs de traités d'amour ont répondu différemment. Quelle légitimité doit être attribuée à l'expression de cette passion extrême et excessive en prose et en poésie ? Dans le cas où une forme de légitimité serait admise, comment se situe-t-elle par rapport à la science religieuse lorsqu'elle en contredit les préceptes ? De

4. Vadet, 1968c. L'attention de cet ouvrage se concentre en particulier sur le *Kitāb al-zahra* d'Ibn Dāwūd (m. 297/910), sur le *Kitāb al-muwaššā* d'al-Waššā' (m. 325/936) et sur les *Maṣāriʿ al-ʿuššāq* d'al-Sarrāǧ (m. 500/1106). Bell, 1979b. Dans cet essai, Bell privilégie l'approche historique et islamologique sans pour autant négliger l'aspect littéraire. Il concentre son attention sur la conception de l'amour auprès d'auteurs plus tardifs appartenant au courant hanbalite comme Ibn al-Ǧawzī (m. 597/1200) dans son *Ḏamm al-hawā* et Ibn Qayyim al-Ǧawziyya (m. 751/1350) dans sa *Rawḍat al-muḥibbīn*. Giffen, 1971. Dans une approche comparative et diachronique propre à l'histoire de la littérature, Lois Anita Giffen énumère et décrit les traités d'amour conservés, puis en dégage les caractéristiques communes permettant de supposer l'existence d'une théorie de l'amour profane. Benslama, 2003. Dans cet essai, Raja Benslama analyse le *ʿišq* comme élément engendreur d'écriture. Dans une approche comparative, elle confronte le champ sémantique du *ʿišq* à ceux de ses nombreux synonymes et interprète la signification de la maladie et du secret d'amour en se basant sur un grand nombre de sources.

quelle manière peut-elle devenir acceptable ? Les considérations esthétiques suffisent-elles à la rendre conforme à la morale islamique ? Quelle place peut-elle accorder à la fiction ?

Les monographies qui précèdent la mienne explicitent les diverses réponses apportées à ces questions par les auteurs de traités d'amour depuis l'apparition du genre au IIIe/IXe siècle jusqu'à l'époque de Muġulṭāy, et étudient l'évolution de la pensée sur l'amour de la naissance de « la question du *ʿišq* » avec d'al-Ǧāḥiẓ (m. 255/868 ou 869)[5] aux tentatives accomplies par Ibn Dāwūd al-Iṣfahānī (m. 297/910) dans *Kitāb al-zahra* et par al-Ḫarāʾiṭī (m. 327/938) dans l'*Iʿtilāl al-qulūb* de concilier amour profane et doctrine musulmane grâce au martyre d'amour[6]. La conception de l'amour profane évolue par la suite selon trois différentes approches. Dans *Kitāb al-muwaššā* d'al-Waššāʾ (m. 325/936) le *ʿišq*, associé à la chasteté, devient un des fondements du raffinement[7]. Le *Kitāb al-maṣūn fī sirr al-hawā al-maknūn* d'al-Ḥuṣrī (m. 413/1022) est caractérisé par une inspiration soufie et met en évidence le lien étroit qui unit amour profane et amour divin[8]. Le *Ḏamm al-hawā* d'Ibn al-Ǧawzī (m. 597/1200), représente en revanche l'écrit fondateur du courant de pensée hanbalite sur le *ʿišq* et le martyre d'amour, une conception à laquelle Muġulṭāy est farouchement opposé[9]. Enfin, le *Ṭawq al-Ḥamāma* d'Ibn Ḥazm (m. 456/1064) se situe à part pour son l'approche intimiste[10].

Bien que Lois Anita Giffen et Raja Ben Salama aient débattu à plusieurs reprises d'*al-Wāḍiḥ al-mubīn fī ḏikr man ustušhida min al-muḥibbīn* et que, dans son essai sur la vie du prophète Muḥammad (*al-Zahr al-bāsim fī siyar Abī al-Qāsim*) écrite par Muġulṭāy, Gurdofarid Miskizoda ait accordé quelque attention au *Wāḍiḥ*, seul écrit profane de Muġulṭāy[11], aucune étude monographique n'a été réalisée sur ce traité avant celle que nous proposons ici. Cet ouvrage qui date du VIIe/XIVe siècle appartient en effet à la période dite « tardive » ou « post-classique », deux termes utilisés, d'après l'expression de Thomas Bauer, comme euphémismes de décadence, et fut par conséquent longtemps considéré comme une simple compilation dépourvue d'intérêt[12]. Au même titre que bien d'autres textes, le *Wāḍiḥ* fut victime de la vision influencée par l'idéologie colonialiste selon laquelle, après avoir accompli la tâche de transmettre pendant les siècles « obscures » du Moyen Âge occidental l'héritage de l'Antiquité classique, la littérature arabe postérieure au

5. Sicard, 1984 ; Cheikh-Moussa, 1990.
6. Raven, 1989 ; Gruendler, 2004.
7. Ghazi, 1959.
8. Benslama, 1995.
9. Leder, 1984.
10. Ibn Ḥazm, *Ṭawq al-ḥamāma* ; Arié, 1990.
11. Miskinzoda, 2015.
12. Bauer, 2007, p. 141.

v^e/xie siècle ne devint que l'ombre d'elle-même[13]. Nous nous situons à l'opposé de cette conception fort heureusement dépassée – bien que du chemin reste encore à parcourir –, et avons conçu cet essai comme une tentative de déchiffrer ce que Philippe Hamon appelle le code propre de chaque œuvre, sa « grammaire » composée d'unités ayant une dimension et une valeur spécifique[14].

Le *Wāḍiḥ* correspond en effet à l'aboutissement de plusieurs siècles de pensée sur l'amour et constitue l'anamnèse de cette tradition réinterprétée par Muġulṭāy afin de l'actualiser, de la légitimer et de la ramener à la vie dans ses propres termes[15]. Pour cette raison, l'analyse de cet ouvrage ne peut qu'être accompagnée d'une reconstruction du contexte littéraire et socioculturel de l'époque qui vit sa création et d'une comparaison avec d'autres livres, seule capable d'en révéler l'originalité et d'en faire apprécier la complexité. Dans ce cadre, la biographie de Muġulṭāy et l'histoire de la réception de son livre représentent autant de variables indispensables à la compréhension de l'œuvre. Sans vouloir retomber dans une critique biographique à la Saint-Beuve depuis longtemps désuète, il s'agit plutôt de procéder, avec Pierre Bourdieu, à une historicisation des textes littéraires passant par l'examen de la position d'un auteur dans son espace, et par la restitution de ses choix esthétiques ou formels en relation avec la totalité de son univers littéraire[16].

Pour cette raison, les deux premiers volets de cette monographie relèvent, dans leur approche, de l'histoire des idées, des mentalités et des émotions plus que d'une véritable analyse littéraire. Le premier chapitre retrace le contexte historique de la vie de l'auteur et révèle la structure de l'ouvrage par l'étude du paratexte. Il tente d'éclaircir le processus de sa genèse à partir des motivations qui en animèrent la rédaction, qu'elles soient liées à la biographie de Muġulṭāy ou qu'elles soient évoquées dans ses déclarations programmatiques. Le deuxième chapitre pose les fondements théoriques de la conception de l'amour profane prônée par l'auteur du *Wāḍiḥ* et du martyre d'amour en les comparant à ceux d'autres penseurs de la tradition littéraire, linguistique, philosophique, médicale, théologique et mystique qui l'ont précédé et que Muġulṭāy reprend à son compte ou réfute, selon les exigences de son argumentation. Les deux sections finales s'approchent plus des études littéraires. Le troisième chapitre retrace ensuite l'histoire de ce que Lois Anita Giffen appelle la théorie de l'amour profane, depuis ses origines dans la poésie *ʿuḏrī*-e des premiers siècles de l'Islam et son apparition dans la prose amoureuse, jusqu'à son consolidement dans un genre littéraire à part entière et à ses développements postérieurs au *Wāḍiḥ*. Tous les ouvrages sont abordés dans le but de resituer Muġulṭāy dans

13. Bauer, 2005, p. 106-107.
14. Hamon, 1972, p. 88-89.
15. Marie, 1986, p. 235-254.
16. Bourdieu, 1987, p. 140.

l'histoire du genre. Le quatrième et dernier chapitre relève enfin de la narratologie. Il étudie les personnages des notices qui figurent dans le *Wāḍiḥ* en tant que types incarnant des valeurs et dépendant de représentations socioculturelles[17] et de l'univers narratologique dans lequel ils évoluent[18].

17. Erman, 2006, p. 108.
18. L'univers narratologique peut être défini comme « the world [...] presented as actual by the text, plus all the counterfactual worlds constructed by characters as beliefs, wishes, fears, speculations, hypothetical thinking, dreams, and fantasies ». Hühn *et al.*, 2009, p. 421.

Chapitre premier

L'auteur et son ouvrage

1. L'auteur

1.1. *Son nom, son origine et sa formation*

Les ouvrages biographiques étant avares de renseignements sur l'auteur d'*al-Wāḍiḥ al-mubīn fī ḏikr man ustušhida min al-muḥibbīn*, certains aspects de la vie de Muġulṭāy demeurent obscurs. Son nom complet, Muġulṭāy b. Qilīǧ b. ʿAbd Allāh, ʿAlāʾ al-Dīn al-Bakǧarī al-Ḥikrī al-Ḥanafī[1], qu'al-Suyūṭī agrémente de la *kunya* Abū ʿAbd Allāh[2], est souvent couplé à l'appellatif honorifique *al-ḥāfiẓ*[3], attribué généralement aux savants qui connaissaient par cœur le Coran ou les six principaux recueils de traditions relatives à Muḥammad[4]. D'origine turque, comme le nom de naissance de son père, Qilīǧ, et le *ism* de son grand-père fictif, ʿAbd Allāh, l'indiquent[5], l'auteur du *Wāḍiḥ* porte aussi le surnom (*laqab*) de ʿAlāʾ al-Dīn (« noblesse/grandeur de la religion »)[6], très répandu au

1. Hamdan, 1991.
2. Al-Suyūṭī, *Ḏayl Ṭabaqāt al-ḥuffāẓ*, p. 133.
3. Voir par exemple al-Suyūṭī, *Ḏayl Ṭabaqāt al-ḥuffāẓ*, p. 133 ; Ibn Ḥaǧar al-ʿAsqalānī, *al-Durar al-kāmina*, IV, p. 352 ; Ibn Taġrī Birdī, *al-Nuǧūm al-zāhira*, XI, p. 762, etc.
4. Ibn Manẓūr, 1997, II, p. 116 ; Kazimirski, 1860.
5. Jacqueline Sublet, parle à ce propos de « parenté horizontale. En amont, ceux qui ont été importés enfants ont des pères fictifs et musulmans [...], qui portent tous le "*ism*" ʿAbd Allāh. [...]. Ils ne gardent de leur lointaine patrie, de leur courte liberté, que le "*ism*" reçu à la naissance. En aval, ils donnent à leurs fils des "*ism*" arabes, d'une façon générale tout au moins ». Sublet, 1991, p. 30-31. Voir aussi Ayalon, 1996, p. 98.
6. Les Mamelouks et leurs descendants privilégient les surnoms qui font référence aux notions de puissance et de bonheur. Sublet, 1991, p. 32-33 ; Ayalon, 1979, p. 190.

sein de la catégorie sociale des *awlād al-nās*[7]. Qu'il ait conservé un *ism* turc, Muġulṭāy[8], qui signifie « poulain mongol »[9], est en revanche beaucoup moins courant. L'identité de son père Qilīğ, qui fut probablement enlevé ou vendu comme esclave par une tribu turque dans son enfance, reste mystérieuse. G. Miskinzoda avance l'hypothèse que la *nisba* al-Bakğarī soit un qualificatif attribué à son père pour souligner sa valeur au combat, le terme *bakğarī* étant composé des mots turcs *bak* ou *bek* (solide, stable) et *ğarī* (guerrier)[10]. Quant à « al-Ḥikrī »[11], cette appellation fait peut-être référence au contrat de location d'un bien de main morte (*ḥikr*) dont l'ancien maître du père de Muġulṭāy était titulaire. « Al-Ḥanafī » indique enfin qu'il était un savant hanafite reconnu dans la capitale égyptienne[12].

Sa date de naissance est controversée. Certains biographes affirment qu'il naquit en 690/1291, mais selon al-Ṣafadī (m. 764/1363) sa naissance serait advenue après cette date[13]. Al-Suyūṭī raconte que lorsqu'il fut questionné à ce sujet, Muġulṭāy répondit qu'il était né en 689/1290. À propos de son enfance, al-Suyūṭī mentionne une anecdote qui n'est pas sans intérêt. Alors que son père l'envoyait s'entraîner au tir à l'arc, le petit ʿAlāʾ al-Dīn lui aurait désobéi pour aller rejoindre les cercles de savants et assister à leurs cours. Cette historiette, dont la véridicité est discutable, entend transmettre l'image d'un Muġulṭāy assoiffé de savoir dès son plus jeune âge. Bien que le penchant précoce pour les études constitue un *topos* récurrent dans les ouvrages qui illustrent la vie des savants, elle acquiert une valeur particulière dans la biographie d'un auteur d'origine mamelouke, dont le savoir

7. Le terme *awlād al-nās* désigne les enfants de l'élite mamelouke, les fils des émirs. Selon la loi non codifiée des Mamelouks, ces *awlād al-nās* étaient privés de tous leurs privilèges et opportunités de carrière, car ils étaient nés libres et dans le *Dār al-islām*. Haarmann, 1988, p. 94 ; Loiseau, 2014, p. 140-141. Les enfants des Mamelouks étaient aussi entraînés militairement pour faire partie d'une unité militaire subalterne appelée *ḥalqa*. Ayalon, 1977, p. 322.

8. Muġulṭāy b. Qilīğ est mentionné explicitement par David Ayalon comme une exception à la règle selon laquelle les enfants des Mamlouks ne portaient pas de *ism*-s turcs. Ayalon, 1979, p. 230.

9. Ce nom semble répandu chez les Mongols. Claude Cahen signale en effet que des sources parlent d'un massacre que le sultan seldjoukide Kay-Qubād (m.634/1237) perpétra sur des Mongols dont les chefs se seraient appelés Mantigumur et Muġulṭāy. Ces noms furent ensuite connus en Iran, mais bien plus tard. Cahen, 1988, p. 89 ; Cahen, 1976, p. 817-818.

10. Miskinzoda, 2007, p. 54-62. Le nom de relation d'un Mamelouk peut aussi dériver du nom du maître affranchisseur, être forgé à partir de la titulature du sultan duquel le Mamelouk dépend directement ou être construit à partir du nom de la charge exercée par le maître. Sublet, 1991, p. 30.

11. *Ḥikr* est un terme générique qui indique « une des diverses formes de location à long terme d'un bien *waqf* (bien de mainmorte). À l'origine, ces contrats visaient à pousser les locataires à entretenir et à améliorer les *waqf*-s inaliénables ou en mauvais état ». Baer, 1982, p. 368-370. Selon al-Maqrīzī, les Égyptiens utilisent le mot *ḥikr* pour désigner un terrain où l'on peut construire une habitation ou faire un potager. Al-Maqrīzī, *al-Mawāʿiẓ*, II, p. 107.

12. Ibn Quṭlūbuġā, *Tāğ al-tarāğim*, p. 77.

13. Al-Ṣafadī, *Aʿyān al-ʿaṣr*, III, p. 276.

fit l'objet de contestation[14]. Le même al-Suyūṭī mentionne également qu'il reçut une très bonne formation, en particulier dans le domaine du *ḥadīṯ*, auprès de plusieurs grands érudits de son époque[15].

1.2. *Son activité d'enseignement et ses ouvrages*

Selon Ibn Ḥağar al-ʿAsqalānī, la carrière de Muġulṭāy commença par un poste d'enseignant de *ḥadīṯ* dans la *madrasa* al-Ẓāhiriyya du Caire[16], qu'il conserva longtemps en dépit des attaques suscitées par le contenu de son enseignement[17]. Ibn Ḥağar ne précise cependant pas ce qu'on lui reprochait[18]. Il donna aussi des cours dans d'autres institutions cairotes comme la mosquée de la citadelle, la mosquée d'al-Ṣāliḥī[19], la Qubbat Ḫānqāt Baybars[20] et les *madrasa*-s al-Mağdiyya[21] et al-Nağmiyya[22]. Il eut nombre d'auditeurs à ses leçons, ce qui montre qu'il était, malgré tout, apprécié et reconnu comme enseignant dans Le Caire du début du XIVe siècle[23].

14. Ulrich Haarmann rappelle dans son article sur le système mamelouk que les Mamelouks étaient classés comme militaires, incapables du raffinement de l'art et de la littérature. On s'attendait simplement à ce qu'ils fournissent la nécessaire stabilité politique et qu'ils apportent leur soutien financier au système religieux académique. Haarmann, 1988, p. 83-84. J. Berkey souligne que les experts en sciences religieuses mettaient un zèle particulier à dénier aux Mamelouks tout mérite dans le domaine des études académiques. Berkey, 1992, p. 142.
15. Al-Suyūṭī, *Ḏayl Ṭabaqāt al-ḥuffāẓ*, p. 175 et 133-142. Al-Ḏahabī affirme en effet que Muġulṭāy suivit les cours d'al-Tāğ b. Daqīq al-ʿĪd (m. 702/1302), savant malikite et chafiite et grand cadi au Caire (al-Ḏahabī, *Taḏkirat al-ḥuffāẓ*, II, p. 634). Il aurait par ailleurs étudié auprès d'al-Wānī (m. 730/1330), d'al-Ḥasan b. ʿUmar al-Kurdī (m. 720/1320), et de ʿAlī b. Ismāʿīl b. Ibrāhīm Ibn Qurayš (m. 732/1332), qui fut un savant très réputé. Al-Ṣafadī, *Aʿyān al-ʿaṣr*, II, p. 176.
16. Al-Nuʿaymī, *al-Dāris fī tārīḫ al-madāris*, p. 77-78.
17. Ibn Ḥağar al-ʿAsqalānī, *al-Durar al-kāmina*, IV, p. 352.
18. Il faut peut-être tenir compte aussi du fait que, dans Le Caire du XIVe siècle, les plus prestigieux et lucratifs postes d'enseignants étaient occupés par un nombre restreint de familles qui se les transmettaient de père en fils. Cette reproduction des élites savantes permettait aux *ʿulamaʾ* de conserver le pouvoir et les richesses liés à ces postes. Muġulṭāy fut peut-être victime de l'hostilité des membres de ce système fermé. Cf. Berkey, 1992, p. 125.
19. Il s'agit probablement de la madrasa Ṣāliḥiyya mentionnée par al-Nuʿaymī, *al-Dāris fī tārīḫ al-madāris*, p. 72. Sur cette institution voir aussi Loiseau, 2014, p. 114.
20. Loiseau, 2014, p. 119.
21. Berkey, 1992, p. 122-123.
22. Al-Nuʿaymī, *al-Dāris fī tārīḫ al-madāris*, p. 166.
23. Al-Suyūṭī, *Ḏayl Ṭabaqāt al-ḥuffāẓ*, p. 140-141.

Plusieurs biographies, même les plus succinctes, mentionnent qu'il fut un écrivain très prolifique. Le nombre de livres qu'il rédigea dépasserait la centaine. Les ouvrages qu'il composa en dehors du *Wāḍiḥ* reflètent son activité d'enseignement et ses connaissances en matière de sciences religieuses. Parmi ses œuvres les plus célèbres, presque tous les auteurs citent son *Commentaire* du *Ṣaḥīḥ* d'al-Buḫārī[24] en vingt volumes, qui constituerait, avec le *Wāḍiḥ*, son travail le plus important et le plus renommé. Ajoutons à cela une biographie du Prophète intitulée *al-Zahr al-bāsim fī al-sīra al-nabawiyya*[25] et le *Ḏayl ʿan Tahḏīb al-Kāmil li-l-Mizzī*, perdus. Ce dernier ouvrage, en quatorze volumes, subit les critiques d'al-Suyūṭī qui affirme qu'il contenait nombre d'erreurs et autant d'éléments utiles que de sectarismes (*wa-fīhi fawāʾid ġayr anna fīhi taʿaṣṣuban kaṯīran*)[26]. On compte aussi au nombre de ses réalisations le *Ḏayl ʿan al-Muštabah* d'Ibn Nuqṭa (m. 629/1231) et le *Ḏayl ʿan al-Ḍuʿafāʾ* d'Ibn al-Ǧawzī (m. 597/1200), des œuvres de philologie et des études de la langue. Il commenta également la *Sunan* d'Ibn Dāwūd (m. 294/909) et celle d'Ibn Māǧah (m. 274/887)[27]. Selon Ibn Ḥaǧar, il connaissait bien les généalogies, mais ne maîtrisait qu'imparfaitement les autres sciences liées au *ḥadīṯ*[28]. Le *Wāḍiḥ* constitue son seul ouvrage au sujet « profane »[29].

1.3. *L'emprisonnement de Muġulṭāy et l'interdiction du* Wāḍiḥ

Selon al-Suyūṭī, les attaques que Muġulṭāy subit débutèrent en 745/1344, lorsque le savant Ḫalīl b. Kaykaldī al-ʿAlāʾī (m. 760 ou 761/1358 ou 1359)[30], qui s'était rendu au Caire, prit position contre lui à propos d'un passage de « son ouvrage sur le *ʿišq* » – sans

24. Ibn Ḥaǧar al-ʿAsqalānī, *al-Durar al-kāmina*, p. 353 ; al-Šawqānī, *al-Badr al-ṭāliʿ*, II, p. 312 ; al-Suyūṭī, *Ḏayl Ṭabaqāt al-ḥuffāẓ*, p. 139 ; Ibn Taġrī Birdī, *al-Nuǧūm al-zāhira*, XI, p. 9. Le titre exact de cet ouvrage est *al-Talwīḥ fī šarḥ al-ǧāmiʿ al-Ṣaḥīḥ* et il se trouve sous forme manuscrite à la *British Library*, Or. 14160, vol. 2-6.
25. Leiden University Library ms OR. 14160 vol. 2-6.
26. Al-Suyūṭī, *Ḏayl Ṭabaqāt al-ḥuffāẓ*, p. 139.
27. Les quatre derniers écrits que nous avons mentionnés sont perdus. Parmi les ouvrages imprimés, citons *al-Išāra ilā sīrat al-Muṣṭafā wa-tārīḫ man baʿdahu min al-ḫulafāʾ*, qui existe dans deux éditions, la première par al-Ḥāǧǧ ʿAbd al-Raḥīm al-Muqawwī, al-Azhar, 1326/1908 et la seconde par Muḥammad Niẓām al-Dīn al-Futayyiḥ, Dār al-qalam, Damas, 1416/1996 ; *al-Durr al-manẓūm min kalām al-Muṣṭafā al-maʿṣūm*, n.l., 1994 ; *al-Ināba ilā maʿrifat al-muḫtalaf fīhim min al-ṣaḥāba*, Maktabat al-Rušd, al-Riyāḍ, 1320/2000.
28. Ibn Ḥaǧar al-ʿAsqalānī, *al-Durar al-kāmina*, IV, p. 353.
29. Sous les Ayyubides et les Mamelouks, il n'était pas rare que des savants religieux écrivent des poèmes ou des ouvrages d'*adab*. Bauer, 2013, p. 23. À propos de la biographie de Muġulṭāy voir aussi Balda-Tillier, 2018b.
30. Ḫalīl b. Kaykaldī al-ʿAlāʾī (m. 760 ou 761/1358 ou 1359) était un expert en *ḥadīṯ* et en *fiqh*. Selon les biographes, il aurait suivi les leçons de sept cents savants. Il écrivit de nombreux ouvrages dans le domaine des sciences religieuses. Il porta tout d'abord les habits du militaire, puis il opta pour ceux des experts en *fiqh*. Ibn Ḥaǧar al-ʿAsqalānī, *al-Durar al-kāmina*, II, p. 90-92.

doute le *Wāḍiḥ*, qui doit donc avoir été écrit avant cette date. Accusé de calomnie à l'encontre de l'épouse favorite du Prophète, ʿĀʾiša[31], Muġulṭāy refusa de se reconnaître coupable. L'affaire fut portée devant le grand cadi hanbalite al-Muwaffaq[32] qui, après l'avoir blâmé, le fit arrêter. Son livre fut retiré du marché. Cependant, l'émir al-Ǧankalī b. al-Bābā (m. 746/1345) prit fait et cause pour lui et ordonna sa libération[33]. Les notices biographiques ne mentionnent aucunement la remise en circulation de l'ouvrage après réhabilitation de son auteur. L'influence exercée par le *Wāḍiḥ* sur les traités d'amour postérieurs, comme le *Tazyīn al-aswāq fī aḫbār al-ʿuššāq* de Dāwūd al-Anṭākī (m. 1008/1599) et l'anonyme *Kitāb asʿār al-aswāq fī ašʿār al-ašwāq*[34] (contemporain du *Tazyīn*), révèle néanmoins que la censure à laquelle le livre fut soumis ne dura pas.

L'introduction du *Wāḍiḥ* cite ʿĀʾiša à quatre reprises. Muġulṭāy affirme tout d'abord que le premier amour passionné de l'histoire de l'islam fut celui de Muḥammad pour ʿĀʾiša. Il rapporte ensuite, sous l'autorité d'Abū Qays, client de ʿAbd Allāh b. ʿAmr b. al-ʿĀṣ (m. 43/663), que lorsqu'on demanda à Umm Salama, l'une des épouses du Prophète, si ce dernier embrassait ses femmes pendant le jeûne, elle répondit qu'en ce qui la concernait, il ne le faisait pas, mais qu'il en allait différemment avec ʿĀʾiša et qu'il ne parvenait pas à se retenir[35]. Ce *ḥadīṯ*, transmis par l'épouse favorite de Muḥammad elle-même dans le *Ṣaḥīḥ* d'al-Buḫārī (m. 256/870) [36] et dans celui de Muslim (m. 261/875)[37], reflète l'existence de deux factions parmi les femmes du Prophète, une conduite par ʿĀʾiša et la seconde par Umm Salama, et révèle clairement la préférence de Muḥammad pour la première[38]. Ces deux premiers passages soulignent donc la grande passion qu'il éprouvait pour l'une de ses épouses et établissent un parallèle entre son amour pour ʿĀʾiša et celui des amants dont Muġulṭāy raconte les histoires. Cités au début de l'ouvrage, ils ont pour fonction de légitimer et de rapprocher du domaine religieux le sujet que Muġulṭāy a choisi pour son livre, l'amour profane.

Muġulṭāy mentionne également un épisode bien connu de la vie du Prophète. Lorsque, pendant une razzia, Muḥammad apprit que l'âne de ʿĀʾiša s'était égaré en arrière, il serait resté figé, sans plus pouvoir se déplacer, dans l'étroit passage (*mamarr*) où il se trouvait,

31. Ibn Ḥaǧar al-ʿAsqalānī, *al-Durar al-kāmina*, IV, p. 352.
32. Il s'agit peut-être de ʿAbd al-Raḥmān b. Aḥmad b. al-Muwaffaq al-Ḥanbalī, mort en 801/1398 à plus de soixante-dix ans. Ibn Ḥaǧar al-ʿAsqalānī, *Inbāʾ al-ġumr*, IV, p. 64-65 ; voir aussi Eychenne, 2013, p. 229.
33. Ibn Ḥaǧar al-ʿAsqalānī, *al-Durar al-kāmina*, IV, p. 352.
34. Bibliothèque nationale de Tunis, ms 176 mim et Bibliothèque de la faculté de lettres de Tunis, ms 4272. Giffen, 1971, p. 45. Voir aussi à ce propos Balda-Tillier, 2015, p. 33-54.
35. *Al-Wāḍiḥ*, p. 28, ms f° 8v°, l. 8-14.
36. Muslim, *Ṣaḥīḥ Muslim*, n° 1106-1107, p. 492-493.
37. Al-Buḫārī, *Ṣaḥīḥ al-Buḫārī*, n° 1927, III, p. 25.
38. Watt, 1956.

criant de douleur : « Ô, mon épouse, ô mon épouse ! ». Ce passage fait allusion au célèbre *ḥadīṯ al-ifk* (le « *ḥadīṯ* du mensonge »), transmis par ʿĀʾiša elle-même[39]. De retour d'une expédition, le Prophète oublia sa femme lors d'une étape ; quand elle rentra au campement accompagnée par un beau jeune homme, le bruit couru qu'elle avait commis l'adultère avec lui. Elle se défendit contre ces accusations en citant la sourate de Joseph et Muḥammad reçut une révélation coranique la disculpant (Coran, XXIV, *La lumière*, 11)[40]. Le chef des « Hypocrites », ʿAbd Allāh b. Ubayy, accusé d'avoir amplifié la rumeur, fut humilié publiquement. Dans ce passage encore, Muġulṭāy établit un parallèle entre les attaques de ceux qui considèrent le *ḥadīṯ al-ʿišq* comme invalide et le « *ḥadīṯ* du mensonge » ainsi qu'entre la révélation coranique descendue sur Muḥammad afin d'innocenter son épouse et le *Wāḍiḥ*, écrit pour confondre et rabaisser les opposants au martyre d'amour. Ces comparaisons implicites n'ont pas échappé aux détracteurs de Muġulṭāy, qui l'ont donc accusé de diffamation contre ʿĀʾiša.

Muġulṭāy attribue ensuite à ʿĀʾiša une des nombreuses versions qu'il rapporte du célèbre *ḥadīṯ* sur le *ʿišq* selon lequel le mérite des amants chastes succombant à leur passion est égal à celui de ceux qui tombent à la guerre sainte, ce qui permet de leur accorder le statut de martyrs[41]. Les attaques portées contre le *Wāḍiḥ* pourraient correspondre à la réaction de savants qui refusaient de reconnaître l'authenticité de ce *ḥadīṯ* et n'acceptaient pas de faire de ʿĀʾiša, sous l'autorité de laquelle Muġulṭāy transmet ce dire, la partisane d'une passion amoureuse potentiellement adultère et illégale[42]. Cette hypothèse rejoint d'ailleurs l'avis exprimé par Ibn Ḥaǧar selon lequel les connaissances de Muġulṭāy en matière de tradition prophétique étaient limitées[43].

Le courant néo-hanbalite réfuta tout particulièrement le *ḥadīṯ al-ʿišq*. Dans sa *Rawḍat al-muḥibbīn*, Ibn Qayyim al-Ǧawziyya (m. 751/1350) avance que le mot *ʿišq* n'apparaît pas dans le Coran. Non seulement le terme va donc contre les usages linguistiques du Prophète, mais le contenu du *ḥadīṯ* entre également en conflit avec son enseignement. Six catégories d'hommes uniquement peuvent être considérés comme des martyrs et les amants n'en font pas partie[44]. D'autre part, la définition même du *ʿišq* implique l'idée

39. Voir à ce propos Miskinzoda, 2007, p. 62.

40. *Al-Wāḍiḥ*, p. 28, ms f° 8v°, l. 14-15. Walker, Sells, 1999, p. 56. Voir aussi Watt, 1956.

41. Plusieurs versions de ce *ḥadīṯ* existent, mais la plus répandue et la plus succincte est la suivante : *man ʿašiqa fa-ʿaffa fa-māta māta šahīdan* (« Celui qui aime passionnément, reste chaste et meurt, meurt en martyr »). *Al-Wāḍiḥ*, p. 19, ms f° 3r°, l. 8-10.

42. L'auteur de l'édition parue en 1997 semble partager cette opinion, car il affirme que les inculpations lancées contre Muġulṭāy ne sont probablement qu'un prétexte. Ceux qui l'ont condamné y seraient en effet mus par l'inimitié et la jalousie vis-à-vis du grand savant. Il ajoute aussi que les derniers vers de son ouvrage lui auraient valu d'être accusé de dévergondage. Cf. *al-Wāḍiḥ*, p. 11-12.

43. Ibn Ḥaǧar al-ʿAsqalānī, *al-Durar al-kāmina*, IV, p. 353.

44. Bell, 1979b, p. 135. Voir *infra*.

d'un amour excessif qui, dans la plupart des cas, se situe en dehors de la loi islamique[45]. Pour les hanbalites, qui s'étaient déjà auparavant attaqués au *Kitāb al-zahra* d'Ibn Dāwūd al-Iṣfahānī (m. 294/909), le premier à avoir cité le *ḥadīṯ* sur les martyrs de l'amour, ce dernier n'est pas acceptable. En effet, tout ce qui dépasse la mesure est pour eux négatif. De plus, cette passion déraisonnable est dirigée vers une créature de ce bas monde au lieu de s'adresser à Dieu. Ce dire du Prophète soulève également le problème de la prédestination, très débattu entre les *ʿulamāʾ* égyptiens de l'époque de Muġulṭāy. À cause de l'influence de la doctrine chiite ismaélienne, qui se faisait encore sentir auprès de certains savants, « un différend se développa parmi les *ʿulamāʾ* sunnites sur la question ancienne de savoir si les activités humaines étaient increées et préexistantes, et l'argument dégénéra en violence »[46]. Si la passion amoureuse échoit aux êtres par la volonté de Dieu, comme Muġulṭāy l'affirme, ces derniers n'en sont pas responsables et, par conséquent, leurs actions ne peuvent pas être blâmées. Leur mort, correspondant au décret divin, est donc bien un martyre.

Un autre chef d'accusation retenu contre Muġulṭāy porte sur les vers voluptueux qui concluent son ouvrage. Composés par l'auteur lui-même, ils révéleraient son impudence (*istihtār*) et son manque de religiosité[47]. Cette allégation pourrait faire écho à la violente campagne contre le vice lancée par le sultan Baybars (r. 658/1260-665/1277) en 665/1267, pour dénoncer l'usage de drogue, la consommation de vin et la prostitution au Caire, bien que le *Wāḍiḥ* ait été rédigé une cinquantaine d'années plus tard[48]. D'autres raisons non officielles qui pourraient avoir provoqué l'interdiction du livre sur le marché, puis l'arrestation de son auteur sont à chercher dans le contexte historique et idéologique de la parution du *Wāḍiḥ*[49]. Dans l'Égypte du VIIIe/XIVe siècle, « des groupes sociaux très disparates contribuèrent tous à l'activité culturelle à différents niveaux, et l'interaction de la culture, de la politique et des relations sociales était en conséquence complexe »[50].

45. Le *Lisān al-ʿarab* définit le *ʿišq* comme *farṭ al-ḥubb*, littéralement « excès d'amour ». Ibn Manẓūr, 1997, IV, p. 344.
46. Berkey, 1998, p. 400.
47. Ibn Ḥaǧar al-ʿAsqalānī, *al-Durar al-kāmina*, IV, p. 353. Les seuls vers licencieux se trouvent en réalité non pas à la fin de l'ouvrage, mais dans l'introduction. Ils sont attribués à des poètes comme Abū Hiffān (m. 195/811), Ibn al-Rūmī (283/896), Ḥamza al-Iṣfahānī (m. après 350/961), et ils étayent l'idée que l'amour ne peut se réaliser complètement que dans les plaisirs du coït et de l'embrassade. D'autres vers soutiennent l'opinion selon laquelle la chasteté est au contraire le meilleur moyen de ne pas corrompre l'amour. Cf. *al-Wāḍiḥ*, p. 73-79, ms f° 29v°, l. 16 ; f° 32r°, l. 6.
48. L. Guo, « Paradise Lost : Ibn Daniyāl's Response to Baybars' Campain against Vice », p. 219.
49. Al-Suyūṭī, *Ḏayl Ṭabaqāt al-ḥuffāẓ*, p. 140. Malgré son contenu tout à fait innocent et « politiquement correct », le *Wāḍiḥ* a récemment été censuré en Syrie, en 1997, car un journaliste syrien y a trouvé des propos non conformes à la morale.
50. Berkey, 1998, p. 377.

Jonathan Berkey mentionne plusieurs cas controversés comme exemples de cette difficulté, parmi lesquels celui du poète soufi Ibn al-Farīd (m. 632/1235). « De nombreux érudits de la loi islamique étaient troublés par ce qu'ils percevaient comme la tendance du poète au monisme et une croyance en l'incarnation divine (*ḥulūl*) »[51]. Parallèlement, la désapprobation rencontrée par le *Wāḍiḥ* pourrait représenter le rejet de certaines formes de soufisme par des théologiens stricts, tels Ibn Taymiyya (m. 728/1328), qui attaquèrent vigoureusement les excès antinomiques dans la doctrine et la pratique soufies[52]. Les Mamelouks légitimèrent en effet leur pouvoir en se présentant comme champions du sunnisme et défenseurs de l'orthodoxie[53]. De surcroît, dans Le Caire de la première période mamelouke, une grande rivalité opposait l'école hanafite, à laquelle appartenait en général l'élite savante mamelouke, à l'école chafiite, à laquelle adhéraient les *ʿulamāʾ* autochtones. Cette situation pourrait avoir joué un rôle dans l'hostilité que Muġulṭāy rencontra dans le cadre de son enseignement et de sa production littéraire[54].

2. Description de l'ouvrage

2.1. *Manuscrits et éditions imprimées*

Selon le philologue allemand Otto Spies[55], qui édita une partie de l'ouvrage pour la première fois en 1936, trois manuscrits d'*al-Wāḍiḥ al-mubīn fī ḏikr man ustušhida min al-muḥibbīn* ou *Précis des martyrs de l'amour* existent, dont deux se trouvent à Istanbul (Süleymaniye). Le troisième, qu'il n'a pas utilisé, est conservé à Yale University[56]. Le premier, le *Fātiḥ* 4143, mesure 18 × 13 cm, est écrit en graphie *nasḫī* et comprend 183 folios de 16 lignes chacun. Une annotation de la main du copiste au recto du premier folio déclare

51. Berkey, 1998, p. 378.
52. Berkey, 1998, p. 405.
53. Dans son analyse d'*al-Nūr al-lāʾiḥ* d'Ibn al-Qaysarānī, J. Van Steenbergen remarque que le discours des Qalāwūnides au VIIIe/XIVe siècle présente les souverains mamelouks comme des *muǧaddid*-s, « envoyés par Dieu pour suivre les traces du Prophète et conduire la communauté islamique, à la fin du premier siècle de domination turque, vers une version purifiée et renouvelée de sa foi ». Van Steenbergen, 2012, p. 14.
54. Sous le régime mamelouk, le sultan nommait un grand cadi pour chacune des quatre écoles de droit. Le cadi chafiite gardait néanmoins une position de supériorité, bien que l'élite militaire et religieuse mamelouke fût hanafite. Une compétition se développa ainsi entre les *maḏhab*-s hanafite et chafiite. Escovitz, 1984, p. 20-28. Selon Yossef Rapoport, la décision prise par le sultan Baybars en 663/1265 d'établir quatre juges doit être interprétée comme « une réforme institutionnelle du système judiciaire qui avait pour but de garantir à la fois l'uniformisation et la flexibilité ». Rapoport, 2003, p. 227.
55. Spies, 1936. Cette édition, qui n'a jamais été terminée, se base sur les deux manuscrits d'Istanbul.
56. Ms Landberg 77.

que l'auteur du *Wāḍiḥ* (*qāla ǧāmiʿuhu*) commença la rédaction de son ouvrage le jour de la Grande Fête de l'année 704/1304 et la termina le mardi 11 *muḥarram* 741/7 juillet 1340. Selon cette affirmation, Muġulṭāy aurait récolté (*ǧamaʿa*) puis classé par ordre alphabétique des notices sur les amants à partir de l'âge de 15 ans et pendant plusieurs dizaines d'années. Bien que la véridicité de cette information paraisse improbable, d'autres données semblent consolider cette hypothèse. Tout d'abord, Konrad Hirschler remarque l'émergence à l'époque mamelouke de bibliothèques rattachées à des établissements d'enseignement religieux. « Ces bibliothèques remplacèrent les bibliothèques instituées par le gouvernement central dans les siècles précédents et furent créées par des usagers originaires de milieux divers. Le nombre croissant de livres dans les villes et les villages garantissait l'accès à l'écrit même à ceux qui ne pouvaient pas se permettre ou ne voulaient pas acheter de manuscrits »[57]. Or, Muġulṭāy, qui enseigna dans nombre de ces institutions pieuses du Caire pendant de longues années, aurait eu tout le loisir d'en profiter, son amour précoce pour le savoir mentionné par ses biographes le poussant dans cette démarche. La typologie des *isnād*-s, qui marque une nette inclination pour la référence à un ouvrage écrit plutôt que pour l'*isnād* traditionnel, confirme la préférence de Muġulṭāy pour les « sources livresques »[58]. Quoi qu'il en soit, le manuscrit fut copié du vivant de l'auteur, bien que nous n'ayons aucune preuve que Muġulṭāy revit cet exemplaire.

Le deuxième manuscrit, le *Šahīd ʿAlī* 2160, dont les pages ont des dimensions identiques au précédent, s'étend sur 155 folios, comportant chacun 19 lignes en écriture *nasḫī*. Otto Spies précise qu'il date de 873/1468. Un manuscrit qui porte le même numéro est indiqué comme étant la source unique de l'édition de 1997[59]. L'éditeur affirme néanmoins l'avoir consulté à la bibliothèque Dār al-Kutub du Caire[60] et non pas à Istanbul.

L'impression la plus récente, non signée et datant de 1997, est la seule complète. Elle compte 405 pages. Le texte du *Wāḍiḥ* commence à la page 17. Le précède une brève présentation (p. 7-14), qui fournit des renseignements sur la biographie de Muġulṭāy, sur les ouvrages qu'il a écrits, sur la méthode que l'auteur a suivie pour rédiger le *Wāḍiḥ*, sur le manuscrit sur lequel l'éditeur s'est appuyé et sur le travail d'édition. La comparaison de la version imprimée avec le manuscrit conservé à Istanbul, le plus ancien, montre que

57. Hirschler, 2012, p. 8, 124, 138.
58. Balda-Tillier, 2012, p. 186-214. À propos de l'utilisation d'*isnād*-s contenant la mention *qarāʾtu* voir aussi Hirschler, 2012, p. 13-14.
59. Muġulṭāy, *al-Wāḍiḥ al-mubīn*. Le nom de l'éditeur n'est pas indiqué.
60. Notre recherche du *Dār al-Kutub* 2160 à la bibliothèque homonyme du Caire est restée infructueuse.

la division en deux sous-parties de la section introductive qui devance les *aḫbār* classés dans l'ordre alphabétique est l'œuvre de l'éditeur, qui a ajouté les titres suivants en tête de chaque chapitre :

- *man ʿašiqa fa-ẓafira* (« De ceux qui aimèrent passionnément et obtinrent ce qu'ils cherchaient »)[61] ;
- *aʿrāḍ al-ʿišq wa-ʿalāmātuhu* (« Les symptômes et les signes de l'amour-passion »)[62].

D'autres titres non originaux ont été insérés à l'intérieur de ces deux parties. Ils subdivisent et classent les différentes unités du texte selon les thèmes que Muġulṭāy traite. L'éditeur signale aussi, dans son introduction, qu'il a complété le manuscrit aux endroits où il était lacunaire. Il indique ses ajouts ou ses amendements entre parenthèses en mentionnant, en note, de quel autre ouvrage rapportant le même passage il a tiré ces ajouts. Il s'agit surtout du *Kitāb al-aġānī* d'Abū al-Farağ al-Iṣfahānī (m. 356/967), du *Maṣāriʿ al-ʿuššāq* d'al-Sarrāğ (m. 500/1106) et du *Ḏamm al-hawā* d'Ibn al-Ğawzī (m. 597/1200), qui précèdent tous le *Wāḍiḥ*, puis du *Tazyīn al-aswāq fī aḫbār al-ʿuššāq* de Dāwūd al-Anṭākī (m. 1008/1599) et du *Dīwān al-ṣabāba* d'Ibn Abī Ḥağala (m. 776/1375), qui lui sont postérieurs. Dans la présente étude, ces corrections ont été prises en compte uniquement lorsqu'elles étaient nécessaires à la compréhension du texte et lorsqu'elles ne contredisaient pas le manuscrit daté du vivant de l'auteur, qui constitue notre source de référence[63].

2.2. *Datation*

Si l'on croit la note du copiste, l'ouvrage fut composé entre 704/1304 et 741/1340. Dans sa biographie de Muġulṭāy, Ibn Ḥağar confirme qu'en 745/1344 le livre était lu et vendu au marché du Caire[64]. Il disparut lorsqu'il fut interdit et son auteur emprisonné, mais réapparut par la suite. Dans l'histoire littéraire, le *Wāḍiḥ* trouve sa place, par le thème qu'il débat et la conception de l'amour que Muġulṭāy élabore, dans le genre des

61. De la p. 17, ms f° 1r° à la p. 94, ms f° 38v°. La traduction du verbe *ẓafira* dans le contexte de l'amour chaste pose problème. Il signifie littéralement, selon le dictionnaire de Kazimirski (*Dictionnaire Arabe-Français*, 1860) : « atteindre, obtenir, trouver, mettre la main sur quelqu'un ou sur quelque chose et s'en emparer ». Dans le *ḥadīṯ* sur le *ʿišq*, il semble dénoter que l'amant a eu l'opportunité de satisfaire son désir, mais qu'il ne l'a pas saisie. Voir *infra*.

62. De la p. 95, ms f° 39r°, l. 1 à la p. 107, ms f° 43, l. 10.

63. C'est pour cette raison que dans cet essai, pour chaque passage du *Wāḍiḥ* mentionné, nous proposons une double référence à la page de l'édition imprimée et au folio du manuscrit.

64. Ibn Ḥağar al-ʿAsqalānī, *al-Durar al-kāmina*, IV, p. 352.

traités d'amour[65]. Du IIIe/IXe siècle à l'époque de Muġulṭāy, la littérature arabe compte une dizaine d'œuvres de ce type ; d'autres (environ six) ont été produites plus tard[66]. Il en existait probablement davantage, mais elles sont désormais perdues[67]. Le *Wāḍiḥ* s'insère donc dans une tradition déjà développée et affirmée. Nous y reviendrons.

2.3. *Les cinq parties du* Wāḍiḥ

Dans le manuscrit, la matière du *Wāḍiḥ* est scindée en cinq parties (*aǧzā'*). Ni vraiment thématiques, ni de longueur égale, ces subdivisions se fondent sur des critères qui ne sont pas facilement décelables. Elles pourraient simplement correspondre à la répartition du texte en cinq cahiers lors de la rédaction initiale de l'ouvrage par Muġulāy. Quoi qu'il en soit, les vers qui figurent à la fin de chaque section aident à la compréhension globale de l'œuvre.

- La première partie (68 pages)[68] recoupe la subdivision insérée par l'éditeur et est exclusivement consacrée au chapitre qu'il a intitulé : *De ceux qui aimèrent passionnément et qui obtinrent ce qu'ils cherchaient*[69].
- La deuxième partie (73 pages) [70] comprend le deuxième chapitre introductif, que l'éditeur a titré *Les symptômes de l'amour et ses manifestations*[71], ainsi que les chapitres classés par ordre alphabétique du *alif* jusqu'au *ǧīm*.
- La troisième partie (121 pages[72]) inclut les notices répertoriées de la lettre *ḥā'*, jusqu'au *'ayn* compris.
- La quatrième partie (111 pages[73]) contient les notices du *fā'* au *nūn*.
- La cinquième partie (22 pages[74]) comporte les notices du *hā'* au *yā'*.

65. Nous traiterons de cette question dans le détail au chapitre 3.
66. Giffen, 1971, p. 32.
67. Les citations qu'en font des auteurs postérieurs permettent de trouver la trace de certains de ces écrits. C'est le cas par exemple du *Kitāb al-riyāḍ* d'al-Marzubānī (m. 29384/993 ou 378/987), également intitulé *Kitāb al-mutayyamīn*. Muġulṭāy mentionne cet ouvrage à plusieurs reprises dans le *Wāḍiḥ*. D'autres passages de ce livre figurent dans *Maṣāri' al-'uššāq* d'al-Sarrāǧ et dans *Rawḍat al-muḥibbīn* d'Ibn Qayyim al-Ǧawziyya. Dans son essai consacré à la théorie de l'amour profane chez les Arabes, L. A. Giffen cherche à reconstruire le contenu du *Kitāb al-riyāḍ* à travers des témoignages indirects. Giffen, 1971, p. 16-20. Voir aussi *infra*.
68. De la p. 17, ms f° 1r° à la p. 94, ms f° 38v°, l. 4.
69. *Man 'ašiqa wa-ẓafira*.
70. De la p. 95, ms f° 39r°, l. 1 à la p. 168, ms f° 69v°, l. 16.
71. *A'rāḍ al-'išq wa-'alāmātuhu*.
72. De la p. 169, ms f° 70r°, l. 1 à la p. 289, ms f° 122r°, l. 16.
73. De la p. 291, ms f° 124r°, l. 1 à la p. 382, ms f° 169r°, l. 7.
74. De la p. 383, ms f° 170r°, l. 1 à la p. 405, ms f° 182r°, l. 13.

Des vers marquent la fin de chaque section et constituent une forme de commentaire et de transition vers la partie suivante. Ils semblent également contenir des éléments autobiographiques et assurent la fonction de paratexte et de métalepse[75]. La première partie se clôt ainsi sur les mots ci-dessous, que nous retranscrivons en respectant la mise en page du manuscrit :

تم الجزء الأول من الواضح المبين
في ذكر من استشهد من المحبّين
كتاباً جمعنا فيه جلّ ما تفرّق من قصص العاشقين.

> La première partie du *Précis des martyrs* de l'amour s'achève ici. C'est un livre dans lequel nous avons rassemblé les meilleures histoires sur les amants passionnés qui étaient [auparavant] dispersées[76].

Ce passage annonce la deuxième partie du *Wāḍiḥ* qui, même si elle comporte encore quelques pages introductives, contient principalement des *aḫbār* sur les amants. Après avoir évoqué le *ʿišq* d'un point de vue théorique, Muġulṭāy déclare son intention d'illustrer cette matière par des notices qui ont fonction d'exemples. L'énoncé se fonde sur le sens opposé des termes *ǧamaʿa* (« rassembler ») et *tafarraqa* (« être dispersé, divisé, séparé »), avec la nuance introduite par *ǧulla* (« meilleure, majeure partie »), et explicite le travail d'anthologue accompli par Muġulṭāy, qui n'a choisi que les meilleures histoires et celles qui servaient son propos.

À la fin de la deuxième partie, ces deux vers assurent la transition vers la section suivante[77] :

رثا لهم من ذاق الذي لقوا   فالكف فيما لقوه إماما
وجمع من أخبارهم في هواهم   أحاديث مثل الروض جيد غماما

> Quelqu'un qui a partagé leurs peines a prononcé un éloge funèbre
> Et s'est chargé de les guider, tel qu'un *imām* dans leurs souffrances
> Il a rassemblé des histoires qui racontent leur passion
> Et qui ressemblent à un jardin arrosé par la pluie.

75. Genette, 1996, p. 372-376.
76. *Al-Wāḍiḥ*, p. 94, ms f° 38v°, l. 1-4.
77. *Al-Wāḍiḥ*, p. 168, ms f° 170r°, l. 1-4.

L'auteur parle de lui-même à la troisième personne. En recourant au verbe *raṯā* (« prononcer un éloge funèbre »), il explicite son propos de glorifier les amants dont il raconte l'histoire, car il les considère comme aussi méritants que les martyrs tombés à la guerre sainte[78]. Par un procédé qui s'apparente à la métalepse de Gerard Genette, Muġulṭāy « pointe son nez » pour revendiquer sa légitimité à relater ces nobles histoires, en s'affirmant de ceux qui ont éprouvé une telle ardeur fatale. Les biographes sont trop avares de renseignements pour que nous sachions s'il fait référence à une expérience réelle ou à une simple passion « littéraire ».

Dans le deuxième hémistiche, Muġulṭāy précise qu'il s'est chargé de composer le *Wāḍiḥ* afin qu'il serve de mémorandum moral et spirituel. Le terme *imām* introduit en effet la sphère religieuse dans ses propos, l'*imām* étant le guide des musulmans[79]. Or, l'amour passionné (*ʿišq*) est souvent considéré comme une infraction aux préceptes de l'éthique et de la religion. Dans son essai *al-ʿIšq wa-l-kitāba*, Raja Benslama consacre un chapitre entier aux différents aspects de la transgression que le *ʿišq* comporte. Elle y affirme que cette émotion, qui se situe en dehors du coït légal et se soumet à la logique de l'excès menant à la confusion mentale, apparaît comme scandaleuse[80]. Elle représente donc non seulement une violation des conventions sociales, mais aussi une infraction à la loi divine. Le hanbalite Ibn Qayyim al-Ǧawziyya (m. 751/1350) va jusqu'à comparer la passion amoureuse à l'idolâtrie, le péché le plus grave qui soit en islam. Le *ʿišq* provoque en effet la dévotion et l'adoration, qui sont des attitudes que le croyant doit réserver à Dieu[81]. Par l'emploi du terme *imām*, Muġulṭāy ne donne pas seulement une légitimation religieuse au sujet qu'il traite, mais révèle aussi les intentions programmatiques qui l'ont orienté dans la rédaction du *Wāḍiḥ*. Son ouvrage se présente comme un écrit de référence et un guide spirituel supposé diriger ses lecteurs sur la trace des amants en les aidant à parcourir le chemin qui conduit au paradis. Ce n'est d'ailleurs pas par hasard si le deuxième vers évoque un jardin verdoyant, lieu associé, dans la tradition musulmane, aux plaisirs qui,

78. L'éloge funèbre a pour but, d'une part, d'exalter le défunt, en présentant sa mort comme une perte pour le clan ou pour la tribu entière, et d'autre part, d'exprimer l'espoir de continuer à profiter de sa protection. Il célébrait à l'origine un héros tribal pour ses exploits militaires : c'était un moyen, pour les membres de la tribu, de rendre hommage à ses chefs et à ses guerriers. Pellat *et al.*, 1989.

79. Le *Lisān al-ʿarab* mentionne plusieurs sens pour ce mot. L'*imām* est un exemple (*miṯāl*) ou un fil que l'on étend comme repère pour bâtir. L'*imām* peut aussi indiquer le droit chemin (*ṭarīq*). L'*imām al-ibl* est enfin le guide qui conduit les chameaux. On parle d'*imām al-qawm* pour désigner celui qui dirige sa tribu en marchant devant elle. Ibn Manẓūr, 1997, I, p. 109.

80. Benslama, 2003, p. 269.

81. Bell, 1979b, p. 139.

interdits sur terre, seront en revanche accordés en abondance aux hommes méritants dans l'au-delà. Cela sous-entend que celui qui adopte les préceptes contenus sous forme d'exemples dans le *Wāḍiḥ* suit la voie qui mène à ce lieu de délices[82].

Ces vers contiennent également une dimension littéraire et esthétique. Les histoires que l'auteur vient de narrer et celles qu'il va encore raconter sont aussi admirables qu'un verger de toute splendeur après la pluie. Du fait de leur beauté, elles sont de même « bonnes » et ne peuvent pas déplaire à Dieu, qui aime la beauté[83] et qui a créé le paradis comme le plus magnifique des jardins. Cette transition occupe un endroit central du *Wāḍiḥ* : Muġulṭāy sent vraisemblablement la nécessité de marquer ainsi une pause afin de réitérer son engagement en faveur de sa thèse et de la légitimer en même temps face aux attaques des détracteurs du martyre par amour.

Les deux vers suivants signifient la transition vers la quatrième partie[84] :

تصنيف من ذاق من سلافته　　الصفو وما فاته مكدّرها
يطوي أحاديث وجده ودموع　　العين في فيضهن تنشده[85]

C'est un ouvrage écrit par quelqu'un qui a goûté l'essence la plus pure
Et ce qu'elle contenait de souillure ne lui a pas échappé.
Il contient la narration de son chagrin et les larmes,
Par le fait même de couler, chantent ce que les plis du livre contiennent.

Dans ce passage, l'auteur du *Wāḍiḥ* parle encore une fois de lui-même à la troisième personne. Il attire l'attention du lecteur sur deux points principaux. Le premier vers met l'accent sur la pureté des histoires qu'il a racontées, comme en témoigne l'utilisation des termes *sulāfa*[86] et *ṣafū*. Ces deux mots appartiennent au même champ sémantique et entretiennent un rapport d'allitération. Dans le deuxième hémistiche, l'opposition entre limpidité et souillure renforce cette idée. Muġulṭāy fait sans doute allusion à la chasteté

82. Dans *Kitāb al-diyārāt* d'al-Šābuštī, les vergers qui entouraient les couvents, préfiguration du Paradis, sont considérés comme le locus amoenus préféré des amants, le lieu idéal pour les plaisirs de l'amour. Zakharia, 2001-2002, p. 71.
83. Dans l'*Iʿtilāl al-qulūb fī aḫbār al-ʿuššāq wa-l-muḥibbīn*, un chapitre entier est consacré aux vertus de la beauté dont l'éloge est étayé par plusieurs *ḥadīṯ*-s et vers de poésie. Al-Ḫarāʾiṭī, *Iʿtilāl al-qulūb*, p. 160-169.
84. Cf. *al-Wāḍiḥ*, p. 289, ms f° 124r°, l. 1-4.
85. Les vers de l'édition imprimée ont été rectifiés à partir du manuscrit, car, tels qu'ils étaient, ils n'étaient pas métriquement corrects (l'éditeur ne signale d'ailleurs pas la division en hémistiches) et ne faisaient pas sens.
86. Ce terme est utilisé littéralement pour parler du premier jus qui coule du raisin lorsqu'on le presse. Cf. Kazimirski, 1860.

qui caractérise ses narrations, mais il défend aussi son projet contre les attaques que ses adversaires lui ont portées ou les critiques qu'ils pourraient soulever. Pour figurer dans son recueil, les histoires des amants doivent en effet être obligatoirement pures. La matière qu'il traite n'a donc rien de scandaleux ni d'interdit. L'utilisation d'un mot comme *sulāfa*, dont la racine *S L F* a donné le terme *salaf* (« prédécesseurs »), qui n'est certainement pas le fruit du hasard, le confirme. Ce terme ferait ainsi référence à une conception islamique de l'histoire imposant la notion que l'humanité traversa, au début, un âge d'or, qui fut suivi par des périodes de décadence progressive des mœurs. C'est ce premier âge, qui coïncide avec l'époque du prophète Muḥammad, qui est toujours cité comme exemple et dont les principes de vie constituent des modèles à imiter[87]. Voici donc réapparaître, dans ces vers comme dans ceux de la deuxième transition, l'idée que Muġulṭāy aurait opéré un choix dans la masse informe des histoires d'amour afin d'y extraire l'essence la plus pure. À l'inverse, dans le deuxième hémistiche, l'auteur admet être peut-être moins noble que ses héros. Le second vers se concentre sur la souffrance qu'il a endurée pour raconter ces histoires. Le procédé littéraire de l'accumulation renforce cette vision. Au *waǧd*, terme qui indique le plus profond chagrin d'amour, suit l'évocation de larmes abondantes. Ces termes reviennent très souvent dans la poésie amoureuse et sont largement présents dans les poèmes cités dans le *Wāḍiḥ*. Par les vers qu'il compose et par les mots qu'il sélectionne, l'auteur mentionne, dans cette transition, les deux éléments essentiels qui caractérisent les *aḫbār* qu'il a choisi de narrer : la chasteté/pureté des amants et leur souffrance. Les histoires qu'il vient d'exposer et celles qui vont suivre témoignent donc de la quintessence de l'amour. Lorsqu'il les évoque, Muġulṭāy vit et partage intellectuellement les mêmes sentiments que ses héros, ce qui provoque son émotion et ses larmes. Il se déclare par conséquent encore une fois très proche des amants dont il raconte les malheurs. Le verbe *ḏāqa* (« goûter à »), employé dans le premier hémistiche du premier vers et apparaissant déjà dans la précédente transition, a une double signification. Il indique en première instance la participation physique intense de l'auteur aux maux de ses personnages, car le goût est l'un des cinq sens à travers lesquels l'homme perçoit le monde extérieur. Il contient par ailleurs une référence au goût littéraire de Muġulṭāy. Non seulement ce dernier, grâce à son talent, a su choisir les meilleures histoires, comme il le disait dans la transition antécédente, mais il a aussi su les raconter de manière à susciter une profonde émotion.

87. Chaumont, 1995.

La dernière transition, à la fin de la quatrième partie, conclut le chapitre du *nūn*[88] sur les deux vers suivants :

صنّفته مستعبراً من ألـم الفراق   مولد القلب من التبريح والاشفاق
فـي مـدّة قصيرة، كليلة التلاق   بعون ربٍّ واحـدٍ مقتدرٍ رزّاق

J'ai composé cette partie, en pleurant la douleur de la séparation.
Elle est le fruit d'un cœur fou de chagrin et rempli de pitié.
[Je l'ai rédigée] en peu de temps, alors que je me languissais de la Rencontre,
Avec l'aide de Dieu, l'Unique, le Tout Puissant, le Pourvoyeur.

L'auteur du *Wāḍiḥ* parle ici à la première personne. Après avoir raconté un très grand nombre de récits d'amour et de mort, sa compassion touche à son acmé. C'est probablement pour mieux exprimer ce sentiment qu'il prend personnellement la parole. Ce dernier couple de vers paraît constituer, dans les quatre courts poèmes qui servent de transition, une sorte de climax dans la participation émotive aux histoires qu'il relate. De ce point de vue, le recours au terme *muwallad* est significatif. Ces narrations sont nées du plus profond de son cœur et Muġulṭāy a vécu la douleur des amants. Dans le deuxième vers, il tient à souligner qu'il a écrit rapidement la quatrième partie de son livre, sous l'effet des sentiments suscités en lui par la rencontre amoureuse et semble presque se compter parmi les martyrs de l'amour. L'urgence de l'écriture est mise en relation avec une donnée autobiographique ou pseudo-autobiographique et la frontière entre écriture et vie s'efface. Ce même vers replace le propos dans la sphère du religieux. Dans le deuxième hémistiche, la référence à Dieu et à l'attente de la réunion finale[89] avec Lui légitime et rendent positive la souffrance que les amants ont endurée par amour d'une créature. Cette épreuve acquiert un sens dans la mort : la rencontre d'amour est assimilée à la celle avec Dieu et Muġulṭāy montre ainsi que passion profane entretient en réalité des liens très étroits avec l'amour divin. La limite qui sépare l'auteur et ses personnages s'efface et Muġulṭāy demande à Dieu qu'Il le traite de la même façon que les amants dont il a raconté l'histoire.

La cinquième et dernière partie du *Wāḍiḥ* se termine sur une conclusion en prose rimée et en vers, qui se développe sur deux pages environ[90]. Encore une fois, Muġulṭāy ressent la nécessité de légitimer son ouvrage. Il explique la valeur que la remémoration (*ḏikr*) revêt à ses yeux. Certains blâment cette entreprise, car, selon eux, on n'a besoin de

88. *Al-Wāḍiḥ*, p. 382, ms f° 169v°, l. 4-5.
89. Le mot *talāq(ī)* est le plus souvent utilisé pour signifier la rencontre avec Dieu. Cf. Kazimirski, 1860.
90. *Al-Wāḍiḥ*, p. 403-405, ms f° 181v°, l. 8 ; f° 182r°, l. 12.

rappeler que ce que l'on a oublié (*ḏikr ʿan al-nisyān*). Or, l'aimé doit toujours être présent à l'esprit et s'il y a oubli de l'aimé, dit Muġulṭāy, l'amant doit en subir la condamnation. La remémoration revêtit cependant une autre fonction, celle de porter la preuve de l'existence d'une chose qui n'est pas visible par tout un chacun. Telle est la mission que Muġulṭāy attribue au *Wāḍiḥ*. Son livre s'impose comme un témoignage – le « plus beau des témoignages », comme il l'affirme par la suite en comparant son œuvre à une jeune épouse dans toute sa splendeur. L'auteur exploite donc à cet endroit un jeu de mots subtil sur la racine *Š H D* dont procèdent à la fois le « témoignage » (*šahāda*) et le « martyr » (*šahīd*). Ainsi, si le *Wāḍiḥ* représente le témoignage d'un supplice considéré comme saint, son contenu ne peut qu'être louable.

Dans ce passage conclusif, le terme *ḏikr* (« citation, mention, remémoration ») et des expressions dérivées de cette racine récurrent vingt-trois fois, comme un écho à la célèbre pratique mystique que désigne le même mot, et qui permet d'atteindre le ravissement par la mention réitérée de l'appellation divine[91]. À travers ce rapprochement, la lecture d'*al-Wāḍiḥ al-mubīn fī ḏikr man ustušhida min al-muḥibbīn*, qui est fondé, comme son titre l'indique, sur le *ḏikr*, deviendrait le moyen d'accéder à un état de sainteté semblable à celui que procure l'extase provoquée par la répétition du nom de Dieu.

2.4. *L'introduction : organisation de la matière et thèmes traités*

À la division du *Wāḍiḥ* en cinq parties se superpose une répartition de sa matière en deux sections. Le livre se compose d'une longue introduction (90 pages), dans laquelle Muġulṭāy traite de questions théoriques générales concernant le concept d'amour passionné (*ʿišq*) et explique la conception de son ouvrage. Un dictionnaire bibliographique des martyrs de l'amour organisé par ordre alphabétique (294 pages) suit ce chapitre spéculatif.

L'éditeur de la version imprimée a divisé la section introductive du *Wāḍiḥ* en deux parties. Cette répartition moderne ne trouve aucune justification du point de vue littéraire. Les titres de paragraphes qui y figurent ont également été ajoutés et sont redondants.

91. Gardet, 1961. Voir aussi Rouget, 2017, p. 24-30.

Les principaux thèmes abordés dans la première moitié de l'introduction sont listés ci-dessous[92] :

1. Discussion du *ḥadīṯ* sur le *ʿišq* : arguments de ses détracteurs et réfutation par Muġulṭāy[93] ;
2. Les dangers de la passion amoureuse[94] ;
3. Discussion sur le sens du verbe *katama* (litt. « cacher, taire »)[95] ;
4. Déclarations de l'auteur concernant l'organisation de son ouvrage[96] ;
5. La passion amoureuse n'est pas opposée aux préceptes de la religion[97] ;
6. Tomber amoureux n'est pas un choix, mais une fatalité[98] ;
7. Les différentes natures de l'homme[99] ;
8. L'essence (*māhiyya*) du *ʿišq* dans les livres de médecine, chez les philosophes grecs, chez les poètes, dans les recueils d'*adab* et selon les anciens Arabes[100] ;
9. Les noms de l'amour[101] ;
10. Les divers types d'amour et leur influence sur le corps et sur l'esprit de l'amant[102] ;
11. Explication du sens, de l'étymologie et des diverses connotations attribuées aux termes qui désignent l'amour[103] ;
12. Les catégories des amants[104] ;
13. Ce qui accroît l'amour et comment se soigner de la passion amoureuse[105] ;
14. La chasteté des amants[106] ;
15. L'amour physique par les baisers et les étreintes[107].

92. *Al-Wāḍiḥ*, p. 17-94, ms f° 2r°-38r°.
93. *Al-Wāḍiḥ*, p. 17-23, ms f° 2r° ; f° 6r°, l. 9.
94. *Al-Wāḍiḥ*, p. 23-25, ms f° 6 l. 10 ; f° 7r°, l. 11.
95. *Al-Wāḍiḥ*, p. 25-26, ms f° 7r°, l. 11 ; f° 7v°, l. 9.
96. *Al-Wāḍiḥ*, p. 26-27, ms f° 7v°, l. 10 ; f° 8r°, l. 12.
97. *Al-Wāḍiḥ*, p. 27-30, ms f° 8r°, l. 13 ; f° 9v°, l. 7.
98. *Al-Wāḍiḥ*, p. 30-39, ms f° 9v°, l. 8 ; f° 13r°, l. 16.
99. *Al-Wāḍiḥ*, p. 39-40, ms f° 13v°, l. 1 ; f° 14r°, l. 3. À la fin de ce passage, un titre ajouté par l'éditeur signale le début de ce qu'il considère comme la véritable introduction (*muqaddima*). Ce titre est redondant, car l'auteur du *Wāḍiḥ* précise lui-même « qu'il se doit d'écrire une introduction dans laquelle il étudiera le *ʿišq*, ses noms, sa définition, la façon dont il a été décrit, la manière de le traiter et d'autres caractéristiques de l'amour et de ses parties ». *Al-Wāḍiḥ*, p. 40, ms f° 14r°, l. 3-5.
100. *Al-Wāḍiḥ*, p. 40-58, ms f° 14r°, l. 6 ; f° 23r°, l. 8.
101. *Al-Wāḍiḥ*, p. 59-60, ms f° 23r°, l. 8 ; f° 23v°, l. 12.
102. *Al-Wāḍiḥ*, p. 60-69, ms f° 23v°, l. 12 ; f° 27v°, l. 3.
103. *Al-Wāḍiḥ*, p. 69-71, ms f° 27v°, l. 3 ; f° 28v°, l. 12.
104. *Al-Wāḍiḥ*, p. 71-73, ms f° 28v°, l. 13 ; f° 29v°, l. 15.
105. *Al-Wāḍiḥ*, p. 73-79, ms f° 29v°, l. 15 ; f° 32r°, l. 6.
106. *Al-Wāḍiḥ*, p. 79-85, ms f° 32r°, l. 6 ; f° 34v°, l. 6.
107. *Al-Wāḍiḥ*, p. 85-94, ms f° 34v°, l. 6 ; f° 38r°, l. 14.

Ces thèmes, à la seule exception du 4, qui est propre au *Wāḍiḥ*, reflètent les arguments essentiels sur lesquels repose la conception de l'amour profane et les *topoi* à défaut desquels un ouvrage ne saurait être classé parmi les traités d'amour.

Deux grandes questions transparaissent dans la seconde partie de l'introduction (douze pages). Dans les six premières pages[108], l'auteur dresse une liste des signes permettant de reconnaître les amoureux[109]. Dans la suite[110], Muġulṭāy évoque les états de l'amour (*aḥwāl*), c'est-à-dire des diverses manières de tomber amoureux ainsi que des effets de la passion sur l'amant. Ces pages sont construites sur le même schéma que les précédentes, alternant propos théoriques en prose et citations poétiques explicatives.

2.5. *Le dictionnaire bibliographique des martyrs de l'amour*

À partir de la page 111 de l'édition[111] et jusqu'à la fin de l'œuvre, l'organisation de la matière change. Des chapitres relatant les histoires des martyrs de l'amour se succèdent par ordre alphabétique. Ce dernier est établi en référence au nom du héros (ou de l'héroïne) de chaque récit. Si l'appellation de l'amant n'est pas connue, l'identité du transmetteur est prise en considération et, à défaut, celle de la personne qui a entendu une narration de vive voix (*mušfih*) ou qui était présent lors des événements (*ḥāḍir al-qiṣṣa*). Si aucun de ces personnages n'apparaît, la notice est classée au nom de la bien-aimée (*maʿšūqa*)[112]. Chaque lettre de l'alphabet constitue un chapitre, mais l'ordre alphabétique n'est pas respecté à l'intérieur d'une même section[113]. Seules vingt-quatre lettres sont représentées. Les lettres *ḍād*, *ẓāʾ*, *ġayn*, *lām* et *wāw* manquent. Les chapitres ont une longueur variable, qui dépend du nombre des *akhbār* cités et de leur taille. Dans certains, comme au *ṯāʾ* ou au *ḫāʾ*, n'en figure qu'un seul ; d'autres sont en revanche longs, en particulier ceux du *ʿayn*, du *qāf* et du *mīm*.

La mention *šahīd/a* (« martyr/e ») ou *qatīl/a* (« victime qui ne peut être considérée comme martyr »), avec laquelle le *ḫabar* commence, sépare les notices les unes des autres. Parfois, les martyrs sont au nombre de deux (*šahīdān*), voire plus (*šuhadāʾ*). Dans l'édition imprimée, sur un total de 163 *aḫbār*, 115 racontent l'histoire d'un martyr/e, 32 parlent

108. De la p. 95 à la p. 101 dans l'édition imprimée et du f° 39v°, l. 2 au f° 42r°, l. 11.
109. À propos des signes de la passion amoureuse voir Balda-Tillier, 2014, p. 185-202.
110. De la p. 101 à la p. 107 dans l'édition imprimée et du f° 42r°, l. 11 au f° 43r°, l. 9. Le manuscrit présente une lacune dans ce passage. Le texte est coupé au f° 42r°, l. 16, qui correspond à la ligne 15 de la p. 101 dans l'édition imprimée et reprend au milieu de la ligne 7 de la p. 106.
111. Ms f° 43r°, l. 10.
112. *Al-Wāḍiḥ*, p. 26, ms f° 7v°, l. 11-12.
113. Par exemple, dans le chapitre du *rāʾ*, Ibn al-Rawwās vient avant Raǧāʾ b. ʿAmr.

d'une victime de l'amour (*qatīl/a*)[114] et 15 relatent deux martyrs[115]. La désignation d'un personnage comme martyr ou comme victime de l'amour n'est pas toujours la même dans le manuscrit et dans la version imprimée, mais les proportions entre les différentes catégories de narrations restent semblables. Quant à leur taille, les *aḫbār* les plus brefs couvrent deux lignes et demie dans la version imprimée[116]. Les histoires les plus longues sont celles qui racontent la relation de Qays b. Ḏarīḥ[117] avec sa femme Lubnā (14 pages) et la passion de Qays b. al-Mulawwaḥ ou Maǧnūn pour Laylā[118] (13 pages et demie). Elles procèdent par accumulation d'anecdotes, entrecoupées de vers célèbres, qui ne sont pas toujours présentées dans l'ordre chronologique.

3. Méthode d'écriture

3.1. *Concision, clarté et ordre alphabétique*

Dans son introduction, Muġulṭāy évoque les critères qui l'ont guidé dans la rédaction du *Wāḍiḥ*, ouvrage synthétique, qui préfère la brièveté à la prolixité (*mu'ṯiran al-īǧāz ʿalā al-iṭnāb*). Le titre, qui recourt aux synonymes *wāḍiḥ* et *mubīn*, révèle que la clarté représente également un idéal fondamental de son écriture. Aucune ambiguïté ne doit subsister dans l'esprit de ses lecteurs. Ce même objectif pousse Muġulṭāy à classer ses notices par ordre alphabétique. Aucun autre auteur de traités d'amour n'a fait un tel choix, leurs recueils adoptant un agencement thématique. La répartition alphabétique rend l'ouvrage d'un abord facile (*yaqtarib ma'ḫaduhu*) et d'une utilisation aisée (*wa-yashul tanāwuluhu*), affirme-t-il[119]. Dans les intentions énoncées, le *Wāḍiḥ* se veut une sorte de manuel aux vertus pédagogiques, de consultation simple. L'ordre alphabétique a par ailleurs plusieurs implications. Tout d'abord, il empêche toute hiérarchisation des notices, de leur contenu et des personnages. Les histoires racontées par Muġulṭāy possèdent toutes une valeur exemplaire. Celles qui concernent l'amour profane, hétéro- ou homosexuel, comme celles qui évoquent les martyrs de la dévotion divine, sont mises sur le même plan. Les amants de Dieu n'occupent pas de place privilégiée. Muġulṭāy précise au contraire que les victimes

114. Le nombre des notices sur les victimes de l'amour oscille en réalité entre trente et trente-deux à cause des variantes entre le manuscrit et la version imprimée.
115. Voir *infra*.
116. *Al-Wāḍiḥ*, p. 191, ms f° 79r°, l. 7-9 et p. 195, ms f° 80v°, l. 3-4.
117. *Al-Wāḍiḥ*, p. 312-326, ms f° 134r°, l. 16 ; f° 142v°, l. 5.
118. *Al-Wāḍiḥ*, p. 298-312, ms 128r°, l. 1 ; f° 134r°, l. 15.
119. Le mot *ma'ḫaḏ* indique littéralement « ce à l'aide de quoi l'on prend ou l'on saisit », Kazimirski, 1860 ; *al-Wāḍiḥ*, p. 26, ms f° 7v°, l. 10.

de leur passion pour une créature constituent le sujet principal de son œuvre. Il y a ajouté par analogie des récits relatifs à ceux que la lecture d'un verset coranique ou l'audition d'un sermon a tués comme matériel additionnel[120]. Tous les amants chastes sont pour Muġulṭāy des martyrs à titre égal, qu'ils décèdent à cause de leur passion profane ou qu'ils meurent de leur vénération pour Dieu. En tant que martyrs, ils jouissent des mêmes droits à la récompense céleste. Le classement alphabétique présuppose de surcroît l'absence de hiérarchie entre les personnages. Qu'ils soient califes, hommes d'État ou simples Bédouins dont les noms n'ont pas été retenus, la seule chose qui compte pour l'auteur du *Wāḍiḥ* est qu'ils ont aimé passionnément et ont succombé à cet amour.

L'organisation adoptée par Muġulṭāy implique enfin un refus d'ordonner les notices par thèmes. En dépit des variantes, le sujet de l'ouvrage demeure unique : celui d'un amour chaste et funeste. Seule une différence distingue les amants malheureux : certains sont rangés dans la catégorie des martyrs de l'amour (*šahīd*), tandis que d'autres en sont simplement des victimes (*qatīl*). Malgré le refus de hiérarchiser son propos, l'organisation des narrations au sein de chaque chapitre n'est pas due au hasard et des interactions entre *aḫbār* semblables à celles étudiées par Hilary Kilpatrick pour le *Kitāb al-aġānī* apparaissent[121]. Bien que chaque notice constitue une unité, l'auteur du *Wāḍiḥ* a disposé ses histoires selon un ordre qui répond à certains critères et à certains choix.

120. *Ḍamamtu ilayhi ǧamāʿa mimman qatalahum al-Qurʾān wa-mawāʿiẓ al-ḥisān. Al-Wāḍiḥ*, p. 26, ms f° 7v°, l. 12-13.

121. Selon H. Kilpatrick, dans le *Kitāb al-aġānī*, le *ḫabar* ne fournit pas seulement une information, mais il modifie, ajoute ou commente l'information contenue dans les *aḫbār* voisins. Les *aḫbār* acquièrent ainsi un sens particulier d'après le contexte dans lequel ils se trouvent. « Il n'est pas rare que deux articles, l'un à côté de l'autre, génèrent des contrastes thématiques ou des parallèles qui relèvent le sens des deux. Même si les articles semblent des unités autosuffisantes, à l'intérieur d'une notice donnée, l'interaction peut ajouter du sens. Elle dépend du fait de partager un caractère prédominant, une marque linguistique, un modèle de narration, des motifs importants pour l'action, une série parallèle d'épisodes ou une thèse ». Kilpatrick, 1991, p. 352, 368.

3.2. *Alternance du* ǧidd *et du* hazl

L'auteur du *Wāḍiḥ* poursuit également un but didactique consistant à égayer les intelligences fatiguées par l'étude et leur permettre de recouvrer des forces afin de les exercer dans d'autres domaines :

> قصدت به إجمام خواطر الناظرين في تصانيفي سيّما كتاب الإعلام بسنته (عليه الصلاة والسلام) وترويح القلوب المتعبة بإحالة الفكر في استخراج ودائع علمه وخباياه والتنفيس عن أذهانهم المكدودة باستيضاح غوامضه[122].

> Je me suis fixé comme objectif, en écrivant ce livre, de délasser l'esprit de ceux qui lisent mes ouvrages et, en particulier, mon *Livre d'apprentissage de la sunna du Prophète* [que la prière et le salut de Dieu soient sur lui]. J'ai voulu soulager les cœurs exténués à force de réfléchir pour dégager les richesses et les secrets que recèle sa science et alléger les cerveaux accablés par l'effort de compréhension de ce qui n'est pas clair.

La légitimité de la pratique qui consiste à alterner le sérieux et le plaisant est étayée par un dicton attribué à Abū al-Dardā' (m. 32/652), un des compagnons du Prophète, qui conseille de reposer les âmes à l'aide de sujets futiles pour les aider à suivre le droit chemin (*ḥaqq*)[123]. Une tradition explique subséquemment que ceux qui ne sont pas capables de se réjouir en chantant (*yuḥsin yataġannā*) ne peuvent pas non plus se montrer forts (*yuḥsin yataqawwā*)[124]. Le Prophète même aurait observé cette méthode pour mieux transmettre son enseignement. Il traitait un jour de l'au-delà lorsque, voyant l'apathie (*kasal*) sur le visage de ses compagnons, il se mit à parler de l'ici-bas[125]. Dans un *ḥadīṯ*, Muḥammad aurait également affirmé que chaque chose a son temps et que l'homme ne peut pas toujours étudier des questions sérieuses : le rire et le jeu lui sont aussi nécessaires[126]. Des dires et exemples semblables étayent davantage cette idée[127].

122. *Al-Wāḍiḥ*, p. 26, ms f° 7v°, l. 14 ; f° 8r°, l. 2.
123. *Al-Wāḍiḥ*, p. 26, ms f° 8r°, l. 4-5.
124. L'auteur de ce dire n'est pas nommé, probablement parce que cette sorte de proverbes est issue de la sagesse populaire. *Al-Wāḍiḥ*, p. 26, ms f° 8r°, l. 5.
125. *Al-Wāḍiḥ*, p. 26-27, ms f° 8r°, l. 6-7.
126. *Al-Wāḍiḥ*, p. 27, ms f° 8r°, l. 9-12.
127. *Al-Wāḍiḥ*, p. 27-28, ms f° 8r°, l. 13 ; f° 8v°, l. 7.

Muġulṭāy établit un parallèle entre le *Wāḍiḥ* et un autre de ses ouvrages, le *Kitāb al-iʿlām bi-sunnatihi* (*Livre d'apprentissage de la sunna du Prophète*)[128], le premier permettant d'apprécier le second. Même si parler d'amour revient à aborder un sujet futile, il faut néanmoins en débattre, ne serait-ce qu'afin d'accorder le repos aux esprits. On retrouve explicitée ici, de plusieurs manières, la traditionnelle thématique du *ǧidd* et du *hazl*. Al-Ǧāḥiẓ (m. 255/868-69) avait déjà formulé cette conception, qui prône l'alternance de questions sérieuses et amusantes. Ce dernier avance qu'une œuvre littéraire doit être à la fois instructive et divertissante, légère et grave[129]. À travers ces citations, l'auteur du *Wāḍiḥ* répond aux accusations qui lui ont été lancées ou à celles qu'il prévoit, en particulier de la part des Hanbalites qui, suivant l'exemple de leur maître Ibn Ḥanbal (m. 241/855), refusaient tout type d'amusement[130]. Parler d'amour, en somme, reposerait les esprits de sorte que, revigorés, ils puissent aborder des sujets plus sérieux.

3.3. *Un mélange de prose et de poésie*

Pour décrire le contenu de son œuvre, Muġulṭāy prend la parole à la première personne :

ولم أخله من شعر مستظرف وخبر نادر وتاريخ عجيب ونسب غريب[131].

> Je n'ai pas manqué d'y citer des poèmes charmants, des notices inusitées, des récits historiques étonnants et des généalogies rares.

Le *Wāḍiḥ* consiste en un mélange de prose et de poésie. Sur un total de 163 *aḫbār*, 39 seulement (moins de 25 %) ne contiennent pas de vers. Cette poésie (*šiʿr*) est définie comme *mustaẓraf*. Selon le *Lisān al-ʿarab*, le terme *ẓarf* indique l'ingéniosité (*barʿa*) et l'intelligence du cœur (*ḏakāʾ al-qalb*)[132], alors que le participe de la forme *istaẓrafa* souligne le charme et l'élégance. Muġulṭāy présente donc les poèmes contenus dans *Wāḍiḥ* comme inventifs et captivants à la fois.

Les vocables suivants (*ḫabar*, *tārīḫ* et *nasab*) évoquent la prose. Le mot *ḫabar* peut être traduit de façon neutre comme « unité d'information »[133]. Il fut tout d'abord utilisé pour dénommer la tradition prophétique (*ḥadīṯ*), puis l'usage de son pluriel *aḫbār* dans

128. *Al-Wāḍiḥ*, p. 26, ms f° 7v°, l. 14 ; f° 8r°, l. 2.
129. Pellat, 1963.
130. Melchert, 2006, p. 118. Voir aussi à propos du sérieux des hanbalites l'article de Zakharia, 1995, p. 217.
131. *Al-Wāḍiḥ*, p. 37, ms f° 12v°, l. 9-10.
132. Ibn Manẓūr, 1997.
133. Kilpatrick, 1991, p. 351.

les titres d'ouvrages historiques se répandit. Au singulier, il fut employé dans des écrits historiques, biographiques ou anecdotiques, pour désigner une notice. Lorsque la place de la chaîne de transmission dans la littérature profane tombe en désuétude, et que l'intérêt se déplace sur le contenu, le *ḫabar* devient synonyme de *ḥikāya*[134]. Pour ce qui est de *tārīḫ*, il semble servir ici comme un autre synonyme de *ḫabar*. Dans le *Wāḍiḥ*, le *ḫabar* (ou *tārīḫ*) commence par la mention de *šahīd/a* ou *qatīl/a* et se termine par la mort du ou des amants et par leur enterrement[135]. Quant aux termes *nādir* et *ʿaǧīb*, ils indiquent que les notices rapportées par Muġulṭāy sont insolites et étonnantes, car elles ne ressemblent pas à ce auquel les gens sont habitués dans la vie courante[136]. Leur contenu est rare et singulier, dans la mesure où elles racontent les histoires de personnages exceptionnels ou parce que Muġulṭāy a adopté une manière originale de les exposer.

La dernière composante de l'ouvrage est le *nasab*, c'est-à-dire la filiation, qui constitue le principal moyen d'organisation de la société arabo-musulmane en permettant la validation historique des liens de parenté et donc des critères de noblesse[137]. Les généalogies citées par Muġulṭāy sortent de l'ordinaire, car elles ne mesurent pas la valeur à l'aune de l'appartenance à une tribu ou à une famille. Elles se fondent sur le mérite que l'on acquiert en aimant passionnément et en mourant chaste à cause de cet amour. L'origine clanique du personnage importe si peu que la plupart des amants du *Wāḍiḥ* sont anonymes. Les Banū ʿUḏra, que la tradition considère comme la tribu des amoureux vertueux par excellence, représentent la seule exception[138]. La corrélation entre identité tribale et chasteté incarne d'ailleurs un mythe littéraire et non pas une donnée anthropologique[139]. Le *tārīḫ* et le *nasab* mentionnés par Muġulṭāy comme deux axes de son ouvrage sont autant d'éléments qui, conjugués au classement alphabétique, rapprochent le *Wāḍiḥ* des livres de *ṭabaqāt* et en fondent l'originalité par rapport aux traités d'amour qui le précèdent.

134. Wensinck, 1976.
135. Voir par exemple *al-Wāḍiḥ*, p. 144-147, ms f° 59v°, l. 2 ; f° 61r°, l. 2 ; *al-Wāḍiḥ*, p. 195-198, ms f° 80v°, l. 5 ; f° 81v°, l. 16 ; *al-Wāḍiḥ*, p. 204-206, ms f° 83v°, l. 8 ; f° 84r°, l. 16, etc.
136. Pour le terme *nādir*, le *Lisān al-ʿarab* donne la définition suivante : *mā šaḏḏa wa-ḫaraǧa min al-ǧumhūr* (ce qui est singulier et sort de l'ordinaire). Ibn Manẓūr, 1997, VI, p. 161.
137. Rosenthal, 1993.
138. Une notice du *Wāḍiḥ* est entièrement consacrée aux membres de cette tribu, parmi lesquels les amants passionnés sont particulièrement nombreux. *Al-Wāḍiḥ*, p. 117-119, ms f° 104v°, l. 4-16. Voir aussi Lecker, 2001.
139. Selon Y. Ḫalīf, ce qu'on appelle « amour *ʿuḏrī* » n'est pas uniquement caractéristique de cette tribu, mais c'est « l'amour du désert chez les Arabes de tout temps ». Les raisons qui ont fait de ce groupe le modèle de l'amour chaste, ne sont pas aisées à déterminer. Ce dernier n'est pas une exclusivité des *ʿUḏrī*-s, mais se retrouve chez d'autres habitants du désert d'Arabie, comme les Banū ʿĀmir, dont faisait partie Maǧnūn Laylā, ou les Banū Kināna, auxquels appartenait Qays b. Ḏarīḥ. Cet amour représenterait donc un sentiment « naturel » dans la société bédouine, dont les traditions particulières ont favorisé le développement. Ḫalīf, 1961, p. 9-18.

4. Désignation du public

Différentes catégories de personnes peuvent tirer profit de la lecture du *Wāḍiḥ* :

فهو للأديب مأدبة[140] وللعالم زيادة في المرتبة وللعابد تجلي وللعاشق تسلي وللمحدّث أظروفة وللشاعر أزلوفة[141] وللإخباري مغربة وللبعيد مقربة[142].

C'est une invitation à un banquet pour l'homme de lettres, un moyen d'accroître ses connaissances pour le savant. Il est [aussi important que] la manifestation divine pour le contemplateur de Dieu. Il représente un réconfort pour l'amant passionné, une trouvaille pour le traditionniste, un pas en avant pour le poète. Pour le rapporteur d'*aḫbār*, il est un objet d'étonnement et pour celui qui est éloigné le moyen de se rapprocher [du savoir].

Dans ce passage en *saǧʿ*, Muġulṭāy définit simultanément les destinataires de son œuvre et ce que chacun d'entre eux peut s'attendre à y trouver. En premier lieu, son livre peut être lu avec profit par l'*adīb*. Or, les termes *adab* et *adīb* qui signifient aujourd'hui respectivement « littérature » et « homme de lettres » ont subi une évolution sémantique importante. À l'époque de notre auteur, l'*adab* désignait à la fois un ensemble de qualités allant de la magnanimité à la bonne éducation, en passant par l'urbanité et la courtoisie[143]. Celui qui posséderait ces caractéristiques pourrait apprécier le livre de Muġulṭāy à sa juste mesure et en faire ainsi un festin pour son esprit. La lecture d'un ouvrage qui traite de figures nobles – car l'amour passionné ne peut être éprouvé que par des âmes élevées, semble dire son auteur – peut profiter uniquement à un public qui partage les mêmes

140. Le terme utilisé par Muġulṭāy pour désigner le banquet (*maʾduba*) a la même racine *A D B* que *adab* et *adīb*.

141. Les mots *uẓrūfa* et *uzlūfa* ne figurent pas dans les dictionnaires ni dans les ouvrages répertoriés sur le site www.alwaraq.net. On peut donc les considérer comme des *hapax*. Nous les avons traduits en suivant le sens général de la racine.

142. *Al-Wāḍiḥ*, p. 37-38, ms f° 12v°, l. 11-14.

143. Le terme *adab* n'est pas facile à traduire. Dans son sens classique, « mêlant l'art du bien vivre et du bien écrire, l'*adab* éclot dans le microcosme de l'élite citadine (*ḫāṣṣa*), comme une réflexion à la fois déontologique (sur le métier de secrétaire), éthique (définition des valeurs et vertus), comportementale (l'exercice du pouvoir et les relations des hommes de cour au prince, à leurs pairs et au commun) et « anthropologique », ou identitaire (reconnaître les membres de son groupe et se faire connaître par eux) ». Zakharia, 2012, p. 317. F. Gabrieli souligne aussi qu'après l'âge d'or du califat, le terme a commencé à apparaître dans la sphère plus rhétorique des « belles-lettres », où il désigne la poésie, la prose artistique et l'écriture d'anecdotes. Gabrieli, 1954.

vertus. Parmi les catégories de personnes nommées par la suite, trois d'entre elles – le savant, l'expert de *ḥadīṯ* et le rapporteur d'*aḫbār* – pourront tirer avantage du *Wāḍiḥ* afin de parfaire leur érudition. L'expression *ziyāda fī al-martaba*, ainsi que les termes *uẓrūfa* et *maġraba*, évoquent un accroissement de connaissances dans les domaines des sciences religieuses, du *ḥadīṯ* et du *ḫabar*. Par ce biais, Muġulṭāy revendique également son originalité, son traité contenant des informations inédites[144]. Le livre éclaire celui qui est en quête de la lumière divine. Les hommes de Dieu peuvent donc aussi tirer profit de sa consultation. Les amants passionnés, se trouvant dans la même situation que les héros du *Wāḍiḥ*, y verront du réconfort, puisqu'ils comprendront que le sentiment dont ils sont la proie est le propre des âmes grandes et des esprits nobles. Les poètes y découvriront leur compte : ils progresseront grâce à sa lecture. En conclusion, ceux qui seraient loin du savoir pourraient se servir de cet écrit pour s'en rapprocher. Le public auquel s'adresse Muġulṭāy doit se garder des gloses que son œuvre pourrait susciter : certains pourraient se méprendre sur le sens de son ouvrage et ainsi le méconnaître[145]. L'auteur invite enfin ses lecteurs à se méfier des interprétations outrancières, sources d'erreur, et à se fier à ses propres déclarations, puisqu'il est le seul à pouvoir juger de ses intentions. Une citation coranique[146], un dire prophétique[147] et un précepte énoncé par ʿUmar b. al-Ḫaṭṭāb[148] étayent ces affirmations.

144. *Al-Wāḍiḥ*, p. 38, ms f° 12v°, l. 15.
145. *Al-Wāḍiḥ*, p. 38, ms f° 13r°, l. 2.
146. Il s'agit du verset 12 du Coran, XLIX, *Les appartements* : « Ô vous, les Croyants ! Évitez de trop conjecturer sur autrui : certaines conjectures sont des péchés ». *Al-Wāḍiḥ*, p. 38, ms f° 13r°, l. 7.
147. « Méfiez-vous des conjectures ; c'est le discours le plus mensonger qui soit ». *Al-Wāḍiḥ*, p. 38, ms f° 13r°, l. 8.
148. « Ne fais pas de conjectures sur une parole qui sort de la bouche d'un musulman, car tu ne trouveras en elle que du bien ». *Al-Wāḍiḥ*, p. 38, ms f° 13r°, l. 9-10.

Chapitre 2

ʿIšq, martyre et islam

En exposant et commentant les avis avancés par ses prédécesseurs sur le *ʿišq* et sur le martyre, l'introduction d'*al-Wāḍiḥ al-mubīn fī ḏikr man ustušhida min al-muḥibbīn* établit les fondements qui régissent la conception de l'amour passionné étayée par Muġulṭāy. En confirmant ou infirmant ces jugements, l'auteur du *Wāḍiḥ* exprime en effet implicitement sa pensée. En ce lieu, Muġulṭāy fournit également les clés qui permettent d'interpréter les histoires qu'il a récoltées et agencées par ordre alphabétique dans la suite de l'ouvrage. Le présent chapitre tente d'expliciter cet arrière-plan théorique qui structure le *Wāḍiḥ*.

1. Les noms de l'amour et leur gradation

De nombreux mots désignent l'amour en arabe, chacun possédant des connotations différentes. Le choix d'un vocable plutôt qu'un autre représente en soi une déclaration programmatique. Certains traités, comme le *Maṣūn fī sirr al-hawā al-maknūn* d'al-Ḥuṣrī (m. 413/1022), consacrent plusieurs pages à ces noms et à leur définition[1]. Comme dans d'autres ouvrages, le *Wāḍiḥ* attribue à différents auteurs plusieurs listes de termes énumérés par intensité croissante[2].

1. Al-Ḥuṣrī, *Kitāb al-maṣūn*, p. 160-176. Selon L. A. Giffen, tous les textes théoriques relatifs à l'amour-passion contiennent une analyse lexicographique. La théorie de l'amour s'articule généralement en deux temps, la partie lexicale s'ouvrant ensuite sur les *aḥwāl* (litt. états) des amants, c'est-à-dire les circonstances de leur amour et leurs états d'âme. Giffen, 1973, p. 107. La présence d'un tel débat dans le *Wāḍiḥ* permet de le classer parmi les traités d'amour.
2. *Al-Wāḍiḥ*, p. 59-60, ms f° 23r°, l. 8 ; f° 23v°, l. 12.

Degrés de l'amour	Niftawayh[3]	Ibn Dāwūd[4]	Un autre auteur[5]	Un savant
1er	*al-irāda*	*al-istiḥsān*	*al-istiḥsān li-l-šaḫṣ*	*al-mayl ilā al-maḥbūb*
2e	*al-maḥabba*	*al-mawadda*	*irādat al-qurb*	*al-ʿalāqa*
3e	*al-hawā*	*al-maḥabba*	*al-mawadda*	*al-ḥubb*
4e	*al-ʿišq*	*al-ḫulla*	*al-maḥabba*	*al-mawadda*
5e	*al-tatayyum*	*al-hawā*	*al-ḫulla*	*al-ḫulla*
6e		*al-ʿišq*	*al-hawā*	*al-ṣabāba*
7e		*al-kalaf*	*al-ʿišq*	*al-ʿišq*
8e		*al-ġarām*	*al-tatayyum*	
9e		*al-tatayyum*	*al-walah*	
10e		*al-walah*		
11e		*al-wiswās*		

D'après le tableau ci-dessus, les termes *maḥabba* ou *ḥubb*, dérivés de la même racine, et *ʿišq*, les seuls à figurer dans les quatre listes, sont les plus utilisés. Cette donnée se trouve confirmée si nous étendons la recherche aux textes répertoriés par le site www.alwaraq.net[6] :

Termes	Nombre d'occurrences	Nombre de pages	Nombre de livres
ʿIšq	5270	3496	432
Ḥubb	73768	44716	769
Maḥabba[7]	7892	5782	532
Hayām[8]	617	469	171
Tatayyum[9]	56	46	36

Malgré la marge d'erreur que cette méthode peut comporter, la centralité de *ḥubb/maḥabba* et, dans une moindre mesure, de *ʿišq*, dans la terminologie amoureuse apparaît évidente. Ces vocables soulignent en effet tous les deux un changement de qualité dans l'intensité de

3. Sur ce grammairien et lexicographe du IVe/Xe siècle, voir Bencheikh, 1993.
4. Ibn Dāwūd (m. 294/909) prit la direction du mouvement *ẓāhiriyya* après la mort de son père, fondateur de cette doctrine. En tant que juriste, il fut impliqué dans le procès pour hérésie du mystique al-Ḥallāǧ (m. 309/922) dont il « aurait demandé la mise en accusation, pour crime capital de fausseté doctrinale (*bāṭil*), [...] en tant que théologien du *ʿišq ḏātī* (l'Amour Essentiel), identifiant Dieu avec une maladie mentale ». Massignon, 1963, II, p. 248.
5. Sans le nommer, Muġulṭāy emprunte cette liste au *Ḏamm al-hawā* d'Ibn al-Ǧawzī (m. 597/1200), p. 230.
6. Les entrées mentionnées ont été recherchées avec préfixes et suffixes.
7. Formé sur la même racine que *ḥubb*, ce terme est généralement utilisé pour faire référence à l'amour des mystiques.
8. « Folie d'un homme amoureux ».
9. « Esclavage d'amour ».

l'amour. Dans toutes les listes, la *maḥabba* désigne un degré d'amour d'intensité moindre que le *ʿišq*. Elle se situe au début de la gradation ascendante et marque le passage d'un sentiment de sympathie, d'amitié et d'affection à un sentiment d'amour d'intensité moyenne. En revanche, le *ʿišq* précède, dans trois cas sur quatre, des mots qui signifient un amour d'une telle intensité qu'il trouble l'équilibre mental de l'homme. À ce propos, Muġulṭāy cite l'analyse sémantique qu'al-Ǧāḥiẓ propose de ce mot, qu'il définit comme un excès de *maḥabba*. Ce terme spécifique, explique le célèbre savant baṣrien, indique, au contraire du générique *ḥubb*, un type particulier d'amour[10]. L'auteur du livre *al-Manṯūr wa-l-manẓūm*[11], qui n'est pas nommé, précise que l'on prétendait (*zaʿamū*) autrefois que le *ʿišq*, le *hawā* et la *maḥabba* indiquaient la même chose. On s'est ensuite rendu compte que le *ʿišq* était folie d'amour (*istihyām*), humiliation (*taḍarruʿ*) et recherche d'un refuge auprès de l'aimé (*lawḏān bi-l-maʿšūq*), alors que le *hawā* consistait dans le désir d'une chose que l'on poursuit, en s'égarant ou bien en suivant la bonne voie. Le *ḥubb* comprend tous ces sens en même temps[12]. Au début du IVᵉ/Xᵉ siècle, le célèbre mystique al-Ḥallāǧ (m. 309/922) emploie le terme *ʿišq* dans le domaine de l'amour divin. Le mot acquiert ensuite de plus en plus d'importance chez les soufis, jusqu'à concurrencer le mot *maḥabba*. Selon L. Massignon, al-Ḥallāǧ opte pour le terme *ʿišq* contre le mot *maḥabba*, car il implique pour lui la réciprocité vitale de l'amour et une attraction entre Dieu et l'âme[13]. Les deux termes *ʿišq* et *maḥabba* ne deviennent jamais synonymes : le *ʿišq* garde une connotation d'intensité dans le sentiment plus élevée et reste toujours à la limite de l'amour licite et de la passion transgressive. La liste la plus longue, celle d'Ibn Dāwūd (m. 294/909) confirme cet aspect du *ʿišq*. Ce dernier, quand il monte d'un degré, se transforme en *kalaf*, un amour exclusif de toute autre chose, auquel l'amant se donne entièrement. Le *ġarām* est lui aussi défini comme une passion entraînant à dépasser les limites du raisonnable. Avec le *tatayyum*, l'esclavage d'amour, la raison perd complètement son contrôle sur l'homme, qui n'obéit plus qu'à son maître, la passion amoureuse. Le *walah* indique pour sa part le fait d'être troublé, de perdre la tête, tandis que le *wiswās* évoque une passion obsédante qui dicte à l'homme toute action[14]. Tous les termes suivant le *ʿišq* dans la progression ascendante du sentiment amoureux désignent une passion tellement intense que la raison en perd le contrôle, alors que les mots qui le précèdent renvoient à des formes d'amour modérées

10. *Al-Wāḍiḥ*, p. 45-46, ms fᵒ 17rᵒ, l. 1-4.
11. Ce personnage correspond probablement d'Ibn Abī Ṭāhir (m. 280/893), cité dans le *Fihrist*. Ibn al-Nadīm, *al-Fihrist*, « *al-Manṯūr wa-l-manẓūm* », p. 86. Voir aussi Rosenthal, 1968.
12. *Al-Wāḍiḥ*, p. 46, ms fᵒ 17rᵒ, l. 4-9.
13. Massignon, 1963, p. 246-247.
14. Pour toutes ces définitions, voir Kazimirski, 1860.

ne perturbant pas l'esprit. Le *ʿišq* se trouve à la frontière entre ce que la raison parvient à maîtriser et ce qui échappe à son contrôle. Il occupe donc une position clé sur l'échelle de la passion amoureuse, en tant que dernier degré contrôlable par la raison.

2. Le *ḥadīṯ al-ʿišq*

Dès la première page, juste après la *basmala*, Muġulṭāy dévoile l'objectif de son ouvrage et cible les destinataires de l'enseignement qu'il veut transmettre. Le *Wāḍiḥ* est consacré à ceux qui furent malades d'amour (*ʿalīl bi-ḥubbihi*) et moururent en martyrs, unis à leur Seigneur (*multaḥiqan bi-rabbihi*), comme le Prophète le dit dans le *ḥadīṯ* : « Quiconque aime passionnément, conquiert celui qu'il désire, mais reste chaste, s'en abstient et meurt (*māta*), meurt en martyr » (*man ʿašiqa fa-ẓafira fa-ʿaffa fa-māta māta šahīdan*)[15]. L'importance que le *Wāḍiḥ* accorde à ce dire prophétique est soulignée par le long *isnād* qui l'introduit, remontant jusqu'à Ibn ʿAbbās puis au prophète Muḥammad, et par sa double mention au début de l'ouvrage, là même où Muġulṭāy annonce son projet littéraire et pose les fondations de son traité[16]. Dès lors que l'ouvrage dans son intégralité repose sur cette parole prophétique, Muġulṭāy s'efforce de mettre en œuvre une stratégie argumentative efficace pour en défendre l'authenticité, remise en question par nombre de savants.

2.1. *Les* isnād-*s du* ḥadīṯ al-ʿišq

La plupart des auteurs font précéder le *ḥadīṯ al-išq* d'une chaîne de transmission (*isnād*) complète. Quelques-uns se contentent de l'attribuer directement au Prophète. Deux auteurs seulement ne le considèrent pas comme venant de sa bouche. Le premier, Ibn Ḥazm (m. 456/1064), affirme qu'il se trouve dans les *āṯār*, mot qui désigne le plus souvent les paroles des compagnons ou des successeurs de Muḥammad[17]. Le deuxième, al-Rāġib al-Iṣfahānī (mort au début du Vᵉ/XIᵉ siècle), affirme qu'il fait partie « du *ḫabar* »[18]. Ce dire ne figure dans aucun des recueils canoniques les plus anciens et ne fait donc pas

15. *Al-Wāḍiḥ*, p. 17, ms f° 2r°, l. 7. Dans la version imprimée, le *ḥadīṯ* adopte la forme suivante : « *Man ʿašiqa fa-ẓafira fa-ʿaffa māta šahīdan* », dans laquelle le verbe *māta* figure une seule fois, à cause, probablement, d'une erreur dans l'édition du texte.
16. Concernant *Maṣāriʿ al-ʿuššāq*, Jean-Claude Vadet remarque que la présence du *ḥadīṯ* sur le *ʿišq* dans les premières pages de l'ouvrage d'al-Sarrāǧ est un indice de son importance centrale. Vadet, 1968c, p. 447.
17. Robson, 1965.
18. Al-Rāġib al-Iṣfahānī, *Muḥāḍarāt al-udabāʾ*, III, p. 45.

partie de la tradition prophétique unanimement acceptée[19]. Le *ḥadīṯ* fut transmis par deux chaînes de transmission différentes, l'une majoritaire le faisant remonter jusqu'au Prophète par le biais d'Ibn ʿAbbās (mort après 68/886-888), et l'autre par celui de ʿĀʾiša, sa femme préférée, citée par le seul al-Ḫaṭīb al-Baġdādī[20], au milieu d'autres traditions qu'il fait remonter à Ibn ʿAbbās[21]. Les deux versions sont présentées dans le *Wāḍiḥ* comme ci-dessous[22].

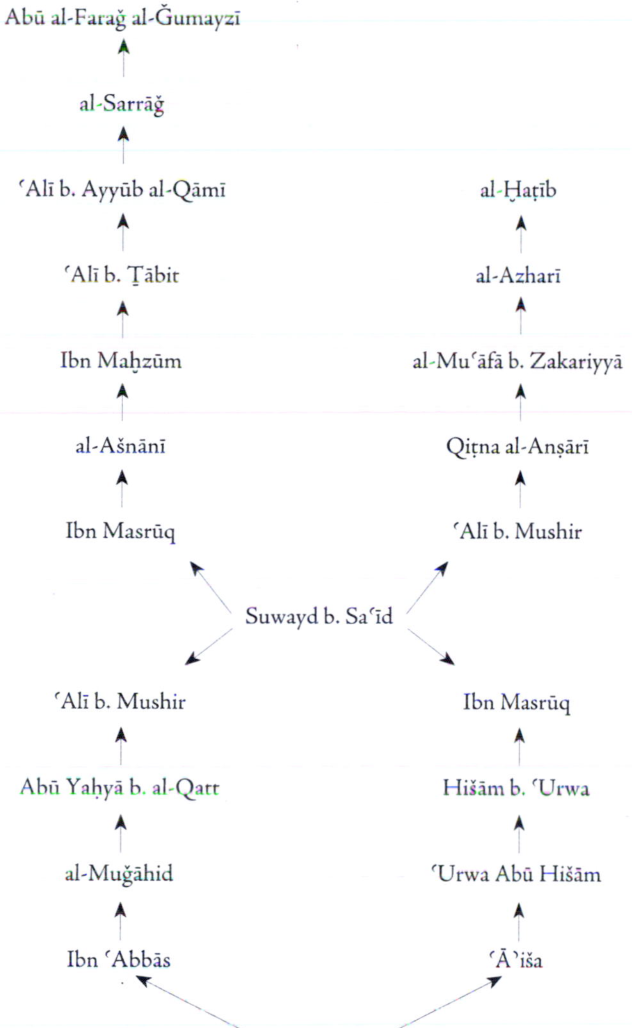

19. Cook, 2007, p. 98.
20. Al-Ḫaṭīb al-Baġdādī, *Taʾrīḫ Baġdād*, XII, p. 429.
21. Voir par exemple, al-Ḫaṭīb al-Baġdādī, *Taʾrīḫ Baġdād*, XII, p. 429. Al-Suyūṭī aussi mentionne l'existence d'une version qui fait remonter le *ḥadīṯ* à ʿĀʾiša et qu'il attribue à al-Ḫaṭīb. Al-Suyūṭī, *al-Durar*, p. 383.
22. Voir *al-Wāḍiḥ*, p. 17-18, ms f° 2r°, l. 8-14 pour l'*isnād* remontant à Ibn ʿAbbās et p. 19, ms f° 3r°, l. 8-10 pour celui qui remonte à ʿĀʾiša.

Ce schéma montre que les deux chaînes de transmission convergent vers un transmetteur commun, Suwayd b. Saʿīd (m. 240/854). L'*isnād* de gauche nomme, d'Ibn ʿAbbās jusqu'à Suwayd b. Saʿīd, des personnages célèbres pour leur fiabilité qui figurent à l'identique chez de nombreux auteurs[23]. Il en va de même pour l'*isnād* qui remonte à ʿĀʾiša. En aval de Suwayd b. Saʿīd en revanche, un grand nombre de transmetteurs différents apparaissent. Or, les études de Joseph Schacht suggèrent d'une part que plus l'*isnād* est parfait, plus la tradition a des chances d'être tardive[24] et, d'autre part, que, lorsqu'elle est pourvue d'*isnād*-s divergents qui remontent à un transmetteur commun, c'est à ce dernier que l'on doit la mise en circulation de cette tradition[25]. Le *ḥadīṯ* sur le *ʿišq* a donc probablement été diffusé par Suwayd b. Saʿīd au IIIe/IXe siècle. D'autres données accréditent cette datation. Dans la version du *ḥadīṯ* avec *katama*, plusieurs transmetteurs de la deuxième partie de l'*isnād* citent Ibn Dāwūd al-Iṣfahānī (m. 270/884). Ce dernier témoigne lui-même avoir entendu le *ḥadīṯ* de son père, dans un passage du *Kitāb al-zahra* écrit à cette même époque et considéré comme le premier ouvrage en prose à mentionner cette tradition[26]. Dans *al-Bidāya wa-l-nihāya*, Ibn Kaṯīr (m. 774/1373) raconte la mort d'Ibn Dāwūd et affirme qu'à cette occasion le *ḥadīṯ* du *ʿišq* fit son apparition (*daḫala*)[27]. Peu de temps avant Muġulṭāy, ce dire suscitait toujours la suspicion auprès de nombreux savants : au milieu du VIIe/XIIIe siècle, Ibn Abī al-Ḥadīd (m. 654/1257), dans le *Šarḥ nahǧ al-balāġa*, ressent la nécessité de préciser que le *ḥadīṯ* sur le *ʿišq* remonte bien jusqu'au Prophète (*marfūʿ*)[28].

Bien que Muġulṭāy ne soit probablement pas dupe, le *ḥadīṯ* sur le *ʿišq* est si fondamental pour le développement de sa conception de l'amour qu'il en défend l'authenticité avec pléthore d'arguments. Plus tard, le *Dīwān al-ṣabāba* d'Ibn Abī Ḥağala (m. 776/1375), et le *Tazyīn al-aswāq* de Dāwūd al-Anṭākī (m. 1008/1599) le mentionnent comme un des principaux partisans de ce *ḥadīṯ*[29]. Le *Wāḍiḥ*, ne cache point qu'au sujet de cet *isnād* certains auteurs ont exprimé des doutes, sans toutefois qu'aucune de leurs objections ne soit réfutable[30]. En réponse à ceux qui voient en Suwayd b. Saʿīd le maillon faible de la

23. Ibn ʿAbbās (m. 68/686-688) est considéré comme l'un des plus grands, si ce n'est pas le plus grand savant de la première génération de musulmans. Voir Veccia Vaglieri, 1954. Ibn Muǧāhid (mort entre 100/718 et 104/722) et ʿAlī b. Mushir (m. 179/805) sont également des transmetteurs de *ḥadīṯ* solides et, en tant que tels, ils sont considérés comme dignes de confiance. Voir Rippin, 1991 ; al-Ziriklī, « ʿAlī b. Mushir », 1990-2011, V, p. 22.
24. Schacht, 1949, p. 147.
25. Schacht, 1950, p. 175.
26. Ibn Dāwūd, *Kitāb al-zahra*, p. 117.
27. Ibn Kaṯīr, *al-Bidāya wa-l-nihāya*, XIV, p. 71.
28. Ibn Abī al-Ḥadīd, *Šarḥ nahǧ al-balāġa*, IV, p. 524.
29. Dāwūd al-Anṭākī, *Tazyīn al-aswāq* (éd. M. al-Tunǧī), I, p. 30.
30. *Al-Wāḍiḥ*, p. 19, ms f° 2v°, l. 16.

transmission ou qui le dénoncent comme le seul transmetteur du *ḥadīṯ* (*infarada*)[31], l'auteur du *Wāḍiḥ* affirme qu'al-Zubayr b. Bakkār (m. 267/870), qui fait figure d'autorité dans les domaines de la science généalogique et de la transmission de la tradition[32], le jugea comme pleinement digne de confiance (*kāna ṯiqatan muṯbitan ʿāliman*)[33]. Bien qu'Abū Aḥmad al-Ǧurǧānī (m. 373 ou 374/983 ou 984) mentionne dans *al-Kāmil* que la transmission de ce *ḥadīṯ* valut à Suwayd b. Saʿīd un désaveu[34], qu'al-Bayhaqī (m. 458/1066) conteste l'authenticité de ce *ḥadīṯ* en raison du manque de fiabilité de son transmetteur[35] et qu'al-Ṣafadī (m. 764/1363) signale que la véridicité des traditions qu'il a transmises doit être remise en cause, aux yeux de Muġulṭāy la chaîne de transmission du *ḥadīṯ* est « saine » (*isnāduhu ṣaḥīḥ*)[36]. L'*isnād* de cette tradition prophétique est même comparable au soleil : sa véridicité ne prête pas à discussion (*lā mirāyya*) et sa vérité ne fait aucun doute (*ṣaḥīḥ lā labs*)[37]. Il est digne d'être déclaré véridique, ne présente pas la moindre faiblesse et doit être défendu contre tous ceux qui le récusent[38]. Les auteurs qui proclament le contraire se trompent, comme Ibn al-Ǧawzī (m. 597/1200) qui reporte un *isnād* pris d'al-Ḫarāʾiṭī (m. 327/939), où manque un transmetteur. Cela serait dû à l'erreur d'un copiste que Muġulṭāy prétend avoir découverte. Dans *Iʿtilāl al-qulūb*, al-Ḫarāʾiṭī lui-même rapporte d'ailleurs un second *isnād*, pour sa part exact[39].

Muġulṭāy prend également appui sur la poésie pour corroborer l'authenticité du *ḥadīṯ* sur le *ʿišq*. Il cite nombre de poètes qui attribuent à celui qui meurt par amour le statut de martyr. Le choix des poèmes n'est pas guidé par le hasard. Il mentionne par exemple Abū al-Walīd al-Bāǧī (m. 474/1008), connu non seulement pour ses écrits littéraires, mais aussi pour ses connaissances en matière de théologie[40]. ʿAbd al-Karīm b. Hawzin al-Qušayrī (m. 465/1072), dont Muġulṭāy cite les vers, est aussi un théologien et un mystique d'importance[41]. Il ajoute enfin avoir analysé ce *ḥadīṯ* et son *isnād* de manière exhaustive dans son ouvrage *al-Iktifāʾ fī tanqīḥ* (*sic*) *Kitāb al-ḍuʿafāʾ*, où il a réfuté toutes les accusations contre Suwayd[42].

31. *Al-Wāḍiḥ*, p. 19, ms f° 3r°, l. 11.
32. Al-Ziriklī, 1990-2011, III, p. 42.
33. *Al-Wāḍiḥ*, p. 19, ms f° 3r°, l. 11.
34. *Al-Wāḍiḥ*, p. 19, ms f° 3r°, l. 5-6.
35. *Al-Wāḍiḥ*, p. 19, ms f° 2v°, l. 17- f° 3r°, l. 2.
36. *Al-Wāḍiḥ*, p. 19, ms f° 2v°, l. 16.
37. Ce passage et ceux qui suivent ne se trouvent que dans le manuscrit d'Istanbul (ms f° 3r°, l. 16 ; f° 3v°, l. 1). L'édition imprimée se limite à la mention d'al-Zubayr b. Bakkār.
38. *Al-Wāḍiḥ*, ms f° 3v°, l. 1-2.
39. *Al-Wāḍiḥ*, ms f° 3v°, l. 2-11.
40. Dunlop, 1958 ; *al-Wāḍiḥ*, p. 20, ms f° 4v°, l. 9-11.
41. Halm, 1982 ; *al-Wāḍiḥ*, p. 20, ms f° 4v°, l. 12-14.
42. *Al-Wāḍiḥ*, ms f° 3v°, l. 11-13.

2.2. *Première et deuxième conditions du martyre :* man ʿašiqa fa-ẓafira (*ou* katama)

Éprouver la passion amoureuse nommée *ʿišq* constitue la première condition à respecter pour le martyre d'amour dans toutes les versions de ce *ḥadīṯ*, tandis que la deuxième varie. La recherche dans les encyclopédies virtuelles des termes *man ʿašiqa* révèle que trente-trois auteurs citent ce *ḥadīṯ*, dans leurs ouvrages, sur une période qui s'étend du début du xᵉ siècle (Ibn Dāwūd, mort en 294/909, serait le premier à l'avoir cité[43]) au xixᵉ siècle (al-Šidyāq, mort en 1887), pour un total de quarante-cinq citations. Tous les auteurs ne citent pas le dire prophétique dans la même version. Après *man ʿašiqa*, par lequel le *ḥadīṯ* commence dans tous les cas, on trouve :

- soit *wa-ẓafira* (« et conquiert »), trois occurrences ;
- soit *wa-katama* (« et garde le secret »), trente-trois occurrences ;
- soit *wa-ʿaffa* (« et reste chaste »), neuf occurrences.

Muġulṭāy rapporte les deux versions les plus longues, comportant soit *ẓafira*[44] soit *katama*. Selon Dāwūd al-Anṭākī, al-Ḫaṭīb al-Baġdādī (m. 463/1071) aurait ajouté le verbe *ẓafira* dans le *ḥadīṯ* pour la première fois[45]. La racine *Ẓ F R* couvre le sens premier d'« atteindre, obtenir, trouver ; mettre la main sur quelqu'un ou sur quelque chose, et s'en emparer ». De là dérive son deuxième sens : « avoir le dessus, remporter la victoire, vaincre »[46]. Dans le *ḥadīṯ al-ʿišq*, ce verbe comprend simultanément les deux sens. Pour devenir un martyr, l'amant passionné doit conquérir l'être aimé (*ẓafira*), et gagner ainsi l'occasion d'assouvir son désir, mais plier sa nature et vaincre ses pulsions afin de rester chaste. Jean-Claude Vadet observe en effet : « Ou bien le martyre est involontaire (celui du fou) ou bien il est méritoire. Il est même des âmes particulièrement courageuses qui peuvent le chercher : cette recherche est légitime quand elle s'adresse à Dieu, qu'il s'agisse de lui sacrifier un amour humain ou de mourir pour Sa cause à la guerre sainte »[47]. Si l'auteur du *Wāḍiḥ* cite cette version du *ḥadīṯ* qui occupe pourtant une position minoritaire dans la tradition littéraire, c'est que celle-ci véhicule un sens qui sert parfaitement son propos. Le martyre d'amour ne pouvant venir que d'un *ǧihād* intérieur, il est de ce fait noble et méritoire.

43. Ibn Dāwūd al-Iṣfahānī, *Kitāb al-zahra*, p. 66.
44. *Al-Wāḍiḥ*, p. 17, ms f° 2r°, l. 7.
45. Dāwūd al-Anṭākī, *Tazyīn al-aswāq*, I, p. 14.
46. Kazimirski, 1860.
47. Vadet, 1968c, p. 479.

Dans une autre version du *ḥadīṯ*, beaucoup plus répandue, le verbe *katama* remplace *ẓafira*. Les deux verbes ne sont jamais associés. Dans la théorie de l'amour, le secret est un thème de la plus grande importance. Après Ibn Dāwūd, le premier à y avoir consacré des développements dans *Kitāb al-zahra*, d'autres auteurs ont longuement discuté pour déterminer si le secret concernait uniquement la divulgation du nom de l'aimée, comme dans la poésie courtoise, ou si l'amour devait rester scellé dans le cœurs de l'amant[48]. Le *Wāḍiḥ* rapporte différents avis sur la question[49]. La règle du secret représente un idéal éthique, mais aussi esthétique. Dans un grand nombre d'histoires d'amour, le *kitmān* conduit à la mort. De nombreux amants en sont victimes plus que de l'amour. Le secret et la folie entretiennent en outre un lien étroit. Dans le cas de Maǧnūn, la violation du secret provoque son malheur et le rend fou[50].

2.3. *Troisième condition :* ʿaffa *et/ou* ṣabara

Le martyre d'amour exige une troisième condition : la chasteté (*ʿiffa*). Cette dernière consiste, selon Ibn Manẓūr, à s'abstenir (*al-kaff*) de ce qui n'est pas licite (*lā yaḥill*) et qui ne se fait pas (*lā yuʿmal*)[51]. Bien que *ʿiffa* se traduise généralement par « chasteté », elle est compatible avec le mariage ou le concubinage légal : la « chasteté » permet en effet les relations sexuelles dès lors qu'elles sont licites[52]. L'idéal qu'elle constitue participe de la conception *ʿuḏrī*-e de l'amour. L'amant qui désire passionnément son aimé se retient de le posséder, afin d'empêcher que l'intensité du désir ne fléchisse et que son sentiment ne se refroidisse. La satisfaction du désir provoquerait l'extinction du *ʿišq*[53]. Cette logique est poussée au point que l'amant ou l'amante *ʿuḏrī*-e doivent moins aimer la personne de l'aimé que l'amour lui-même[54].

Les écrits des plus grands docteurs de la Loi, chefs de file des quatre principales écoles juridiques sunnites règlent la chasteté prônée par Muġulṭāy. La première question qu'il aborde concerne les échanges de regards ou de paroles avec des femmes étrangères à la famille. Pour Muġulṭāy, le premier regard qu'on jette sur une femme étrangère ne peut pas

48. La question du sens à attribuer à *katama* dans le *ḥadīṯ al-ʿišq* est notamment traitée dans le chapitre 7 du *Dīwān al-ṣabāba* d'Ibn Abī Ḥaǧala, p. 100-106.
49. *Al-Wāḍiḥ*, p. 25, ms f° 7r°, l. 11-15.
50. Sicard, 1984, p. 331.
51. Ibn Manẓūr, 1997, IV, p. 376-377.
52. Ghazi, 1959, p. 65.
53. Jacobi, 2002.
54. Al-ʿAẓm, 2002, p. 71.

faire l'objet d'une interdiction : il est involontaire et la raison ne peut le contrôler[55]. La Loi islamique (*šarʿ*) défend cependant de regarder une seconde fois une femme sur laquelle on n'a aucun droit, attendu que ce deuxième regard est le fruit de l'âme qui incite au mal (*manšaʾuhā min al-nafs al-ammāra*). Cette affirmation est étayée au moyen d'un dire du Prophète. Ce dernier, s'adressant à ʿAlī, lui aurait recommandé : « Ne fais point suivre le premier regard d'un second, car le premier est permis, le second interdit[56] ». Regarder une femme une deuxième fois équivaut à exposer la nature humaine à la tentation, comme le confirment des vers d'al-Šāfiʿī (m. 204/820)[57]. Pour al-Tirmiḏī (mort entre 318/936 et 320/938), le second regard est interdit, car il naît d'une volonté précise, alors que le premier est involontaire[58]. Al-Ġazālī (m. 505/1111) affirme que l'œil est le premier à commettre l'adultère et le retenir est donc essentiel. L'interdiction du regard ne doit d'ailleurs point se limiter au visage : parcourir des yeux les vêtements d'une femme suscite également le désir. Les jeunes garçons sont inclus dans l'interdiction[59]. S'abstenir de regarder permet à l'homme d'éviter de soumettre sa faible chair à la tentation.

Les chefs des quatre écoles juridiques sunnites se sont aussi prononcés sur le baiser (*al-qubla* ou *al-taqbīl*) et l'étreinte (*al-ḍamma*). Pour Abū Ḥanīfa (m. 150/767), le baiser n'est pas un péché[60] ; selon Mālik (m. 179/796), il n'est pas interdit[61] ; pour al-Šāfiʿī (m. 204/820), il est licite[62] et pour Ibn Ḥanbal (m. 241/855), il est permis, s'il procure du réconfort[63]. Saʿīd b. Musayyib (m. 93/713)[64] aurait fixé à dix par jour le nombre de baisers qu'on peut donner à l'aimé[65]. Quant au mois de ramadan, affirment Abū al-ʿĀliya (m. en 90/708-709 ou en 96/714)[66] et ʿAmr b. Dīnār (m. 167/743)[67] selon deux versions différentes, on ne peut embrasser sa femme que sept fois, huit fois dans le cas d'une amitié sincère (*ḫulla*)[68]. Les personnages cités par Muġulṭāy sont tous de grandes autorités

55. *Al-Wāḍiḥ*, p. 88, ms f° 36r°, l. 1-10.
56. Al-Ġazālī, *Iḥyāʾ ʿulūm al-dīn*, VIII, p. 1530.
57. *Al-Wāḍiḥ*, p. 88, ms f° 36r°, l. 5-7.
58. Al-Tirmiḏī, *al-Munhiyāt*, p. 97.
59. Al-Ġazālī, *Iḥyāʾ ʿulūm al-dīn*, VIII, p. 1530.
60. *Al-Wāḍiḥ*, p. 92-93, ms f° 37v°, l. 12-13.
61. *Al-Wāḍiḥ*, p. 91-92, ms f° 37r°, l. 16 ; f° 37v°, l. 1.
62. *Al-Wāḍiḥ*, p. 90-91, ms f° 36v°, l. 14 ; f° 37r°, l. 5.
63. *Al-Wāḍiḥ*, p. 92, ms f° 37v°, l. 9-10.
64. Saʿīd b. al-Musayyab fut un des sept juristes (*fuqahāʾ*) de Médine. Il transmit en particulier les dires de ʿUmar b. al-Ḫaṭṭāb. Al-Ziriklī, 1990-2011, III, p. 102.
65. *Al-Wāḍiḥ*, p. 89, ms f° 36v°, l. 2-5.
66. Abū al-ʿĀliya fut un traditionniste et commentateur du Coran considéré comme digne de confiance. Blachère, 1954b.
67. ʿAmr b. Dīnār, juriste et mufti mecquois, était réputé comme le transmetteur de *ḥadīṯ* le plus digne de confiance de son temps. Al-Ziriklī, 1990-2011, « ʿAmr b. Dīnār », V, p. 77.
68. *Al-Wāḍiḥ*, p. 90, ms f° 36v°, l. 8-9.

juridiques ou des savants versés dans les sciences religieuses. La précision de leurs réponses suggère que notre auteur accorde de l'importance à la définition précise du cadre légal dans lequel se situe l'amour dont il traite.

L'amour chaste prôné par Muġulṭāy refuse le coït, qui apparaît pourtant aux yeux de certains comme le seul moyen de préserver la relation amoureuse sur le long terme. Ḥamza al-Isfahānī (m. après 350/961), cité par Muġulṭāy, affirme en effet que l'amour (*ḥubb*) ne s'enracine que lorsque les amants ont « déchiré leurs vêtements » ; s'ils ne le font pas, il se détériore (*fasada*)[69], car sans les plaisirs de l'union sexuelle, l'amour ne peut trouver son accomplissement et sa stabilité[70]. Celle-ci constitue le « clou » (*mismār*) qui fixe l'amour. Ces pages du *Wāḍiḥ* sont les seules qui comportent des termes comme *nāka* (coïter), *waṭāʾ* (coït), *ḫuṣiya* (testicule).

Muġulṭāy n'explicite pas son opinion sur cette conception de l'amour, mais accorde sa faveur à un avis « scientifique » qui la contredit. Le désir du cœur (*šahwat al-qalb*) est mélangé avec le plaisir de l'œil (*laḏḏat al-ʿayn*) et l'amour de l'âme est noué (*maʿqūd*) au choix des humeurs (*ṭabāʾiʿ*), sauf quand l'amour n'est que le moyen d'expulser le liquide du désir (*māʾ al-šahwa*). Dans ce cas, le désir de forniquer prend possession des amants, leur concupiscence s'accroît et les amène à accomplir « ce que les femmes détestent des hommes »[71]. Ceux qui se laissent dominer par ce désir, précise Muġulṭāy, ne savent pas sublimer leurs instincts et élever leur esprit au-dessous de leur nature animale. Les savants ont en effet prouvé que l'acte sexuel, au lieu de préserver les amants des querelles et de la séparation, détruit l'amour. Le *ʿišq*, émotion mentale (*fikrī*) instable, ne s'exacerbe que dans le désir nostalgique (*šawq*) éprouvé par l'amant (*ʿāšiq*) lors de la perte et de son éloignement de l'aimé[72]. Ce passage sur l'amour charnel, dans son ensemble, agit comme un contrepoids à ce qui précède et à ce qui suit : l'éloge de la chasteté. En d'autres termes, Muġulṭāy recourt à la technique du raisonnement *a contrario* en exposant en premier lieu ce qu'il réprouve sans le dire, puis les idées auxquelles il adhère. Il laisse ainsi en apparence à ses lecteurs le soin de juger, mais il les oriente en réalité dans leur choix. Les expressions corporelles de l'amour chaste, que Muġulṭāy approuve et dont il traite dans son ouvrage, doivent ainsi se limiter à embrasser l'être aimé (*taraššuf*), à inhaler (*šamm*) son parfum, à le prendre dans les bras (*ʿināq*) sans caresse (*mass*) ni coït (*taʿarruḍ li-nikāḥ*)[73].

69. *Al-Wāḍiḥ*, p. 73-74, ms f° 29v°, l. 16 ; f° 30r°, l. 1.
70. Les vers qui illustrent ce propos sont en grande partie anonymes. Les poètes cités sont Hudba b. al-Ḫašram (m. v. 50/670), dont Ǧamīl fut le *rāwī*, Abū Hiffān (m. 227/871), Abū al-ʿAbarṭaz (*sic*), Ibn al-Rūmī (m. 283/896) et Ṣafī al-Dīn ʿAbd al-ʿAzīz b. Sarāyā al-Ḥillī (m. 749/1348). *Al-Wāḍiḥ*, p. 74-77, ms f° 30r°, l. 2 ; f° 31r°, l. 7.
71. *Al-Wāḍiḥ*, p. 77, ms f° 31r°, l. 8-12.
72. *Al-Wāḍiḥ*, p. 78, ms f° 31v°, l. 12-14.
73. *Al-Wāḍiḥ*, p. 79, ms f° 32r°, l. 6-7.

Lorsque l'amant s'isole avec l'aimé, le bédouin représente le modèle du comportement approprié. Son entretien se limite aux embrassements (*ʿināq*), aux étreintes (*ḍamma*), aux œillades (*ġamza*), aux conversations (*muḥādaṯa*), aux succions (*maṣṣ al-rīq*), aux baisers (*laṯm*) et au bonheur de la conversation (*al-aḫḏ min aṭāyib al-ḥadīṯ*)[74]. Le sédentaire lui oppose en revanche une conception de la passion amoureuse qui consiste uniquement dans le coït. Lorsque les Bédouins entendent ce qu'est l'amour aux yeux des sédentaires, ils s'écrient que ce n'est point ce que l'on appelle amour (*ḥubb*), mais plutôt un « désir de procréation » (*ṭalab walad*) ; on attend un tel comportement d'un ennemi rusé (*ʿadū makīd*) et non d'un tendre amant[75]. Le poète bédouin, paradigme de chasteté, meurt à cause de son amour, alors que le sédentaire qui habite la ville, serait-elle La Mecque, Médine ou Ṭāʾif dans le Ḥiǧāz ou, plus tard, des villes iraquiennes comme al-Baṣra, aurait, dans la tradition littéraire arabe médiévale, des mœurs beaucoup plus relâchées[76]. Cette opposition entre bédouin et sédentaire, désert et ville, chasteté et libertinisme est un *topos* littéraire connu que Muġulṭāy met à profit dans son argumentation[77].

Grâce à la chasteté, les amants acquièrent de multiples qualités telles que la crainte de l'illicite (*tawarruʿ*) et la noblesse d'esprit (*takarrum*). Leur finesse se manifeste surtout dans la composition poétique. Elle est due à la chasteté de leurs dispositions naturelles, à la sincérité (*ṣidq*) dont sont pétries leurs natures, à leurs âmes dignes (*abiyya*), à leurs cœurs purs, à leurs poitrines chastes, à leurs mœurs nobles, jamais touchées par le désir charnel. Les cœurs de ces amants sont si habitués à l'amour ardent (*ġarām*) – explique l'auteur –, qu'ils le regrettent lorsqu'il les quitte. Ils prennent donc du plaisir dans la maladie d'amour[78]. La passion devient pour eux une deuxième nature, qu'ils subliment dans l'expression poétique pour éviter de sombrer dans le péché. Cet amour-passion bédouin et chaste, phénomène spirituel et lien unique entre amant et aimé, représente la satisfaction la plus élevée du plaisir de l'esprit. Le drame se déroule entre deux amants dominés par la chasteté, le dévouement, la privation et la pureté. C'est la victoire de l'esprit sur le corps et la défaite des mauvais penchants de l'âme qui s'effacent devant l'exemplarité dans laquelle l'amant *ʿuḏrī* croît[79].

74. *Al-Wāḍiḥ*, p. 85, ms f° 34v°, l. 6-13.
75. *Al-Wāḍiḥ*, p. 85, ms f° 34v°, l. 6-13.
76. Blachère, 1965. Chez les Arabes du désert, remarque Jean-Claude Valet, l'amour normal, *ḥubb*, passe à l'amour exclusif (*ʿišq*) et tragique. Vadet, 1968c, p. 258.
77. La théorie de cet amour chaste (ou *ʿuḏrī*) élaborée à l'époque umayyade est en effet construite à partir d'un modèle de bédouinité idéale qui reflète cette image. Jacobi, 2002.
78. *Al-Wāḍiḥ*, p. 79-80, ms f° 32r°, l. 8 ; f° 32v°, l. 1.
79. Al-ʿAẓm, 2002, p. 63-64.

Revenons maintenant au *ḥadīṯ* sur le *ʿišq*. Dans certaines versions de ce dire, le verbe *ṣabara* accompagne *ʿaffa*[80]. Le terme *ṣabr* traduit la « patience », l'« endurance » ou la « constance ». Dans le Coran, il est souvent lié à la guerre. Le terme a ensuite acquis une importance particulière dans la pensée éthico-mystique qui l'a érigée en vertu cardinale. Elle permet à l'homme d'affaiblir ses instincts bestiaux et de consolider sa piété[81]. L'ajout de *ṣabara* dans le *ḥadīṯ* sur le *ʿišq* prend en premier lieu une valeur explicative : bien qu'il ait la possibilité de satisfaire son désir, l'amant, pour rester chaste, doit savoir prendre son mal en patience. Le recours au terme *ṣabr*, qui évoque le *ǧihād*, rapproche les deux champs sémantiques de la passion amoureuse et de la guerre sainte. Les martyrs de l'amour livrent dans leur âme un combat contre eux-mêmes comparable au *ǧihād* sur le camp de bataille[82]. C'est pourquoi les amants qui meurent par amour doivent être considérés comme des martyrs[83]. Dans cette lutte contre soi-même pour se maintenir chaste, la patience est une vertu qui ne peut guère faire défaut au candidat au martyre[84].

2.4. *Dernière condition* : māta

Le sens premier du verbe *māta*, par lequel le *ḥadīṯ* sur le *ʿišq* présente la dernière condition indispensable pour obtenir le statut de martyr, ne nécessite pas d'explications. De multiples liens symboliques unissent l'amour et la mort. Dans le *Wāḍiḥ*, la mort du *ʿāšiq* apparaît comme la conséquence inévitable de sa passion amoureuse, trop intense pour être supportée. Le *ʿišq* du *ḥadīṯ* constitue une force à laquelle les amants se sentent toujours soumis et qui les conduit à un destin inéluctable[85]. Sorte de folie et d'insouciance (*istihtār*)

80. Al-Ḫaṭīb al-Baġdādī cite le *ḥadīṯ* sous la forme suivante : *man ʿašiqa wa-katama wa-ʿaffa wa-ṣabara ġafara Allāh lahu wa-adḫalahu al-ǧanna* (al-Ḫaṭīb al-Baġdādī, *Taʾrīḫ Baġdād*, V, p. 262) ; la même version se trouve chez al-Qifṭī, *al-Muḥammadūn*, p. 318, chez Ibn Manẓūr, *Muḫtaṣar Tārīḫ Dimašq*, V, p. 262, et chez al-Muttaqī al-Hindī, *Kanz al-ʿummāl*, III, p. 213-214. La version d'al-Ṣafadī, *al-Wāfī bi-l-wāfayāt*, III, p. 49, diffère légèrement : *man ʿašiqa fa-katama wa-ʿaffa wa-ṣabara wa-māta šahīdan wa-daḫala al-ǧanna*. Al-Saḫāwī, cite enfin plusieurs versions de ce dire et en donne une contenant *ṣabara*, dans *al-Maqāṣid al-ḥasana*, p. 659.

81. Wensinck, 1994.

82. Kohlberg, 1996.

83. Cook, 2007, p. 98.

84. Cette version du *ḥadīṯ* n'est pas citée dans le *Wāḍiḥ*, peut-être parce que Muġulṭāy considère que *ṣabara* y constitue une redondance inutile. Le *Wāḍiḥ* cite en revanche une autre version due à al-Wāḥidī : *man ʿašiqa fa-ʿaffa wa-kaffa wa-katama fa-māta māta šahīdan*. Le verbe *kaffa* (« se retenir, s'abstenir de quelque chose » ; Kazimirski, 1860), vient donc préciser le sens de *ʿaffa*. On notera également que le verbe *katama* est placé après *ʿaffa*, ce qui n'est pas courant : dans l'ordre logique des choses, le secret devrait venir avant la chasteté. Al-Wāḥidī, *Šarḥ Dīwān al-Mutanabbī*, I, p. 82-84.

85. Al-ʿAẓm, 2002, p. 18.

qui échappe au raisonnable, au devoir et à l'habitude et lien unique entre les amants, il ne peut avoir pour conséquence qu'une mort venant couronner leur passion et sublimer leur amour[86]. L'union, impossible dans la vie à cause de la pression sociale ou du destin, peut se réaliser après la mort. La sépulture commune dans certaines des histoires rapportées par Muġulṭāy la symbolise[87].

Un certain nombre de notices met en scène des martyrs de l'amour divin, en général des mystiques. Ces derniers meurent à l'écoute d'un verset coranique ou à l'évocation de la mort[88]. Or, dans la pensée soufie comme dans la conception de l'amour chaste, la mort n'est pas vue sous un jour négatif. Nombre de soufis définissent leur effort comme une recherche inlassable de la mort. Elle constitue une condition majeure de la connaissance soufie[89]. « Les soufis établissent une distinction entre deux espèces d'âmes : la première commune à l'homme et à l'animal ; la deuxième spécifiquement humaine. La mort physique ne concerne cette dernière que dans la mesure où celle-ci lui permet de changer d'état et de demeure. C'est pourquoi la mort est considérée comme une deuxième naissance purement spirituelle[90] ». Elle permet au *ʿāšiq* aussi bien qu'au mystique d'obtenir dans l'au-delà ce qu'il ne peut pas atteindre dans sa vie terrestre.

2.5. *L'épilogue :* māta šahīdan

Le terme *šahīd* signifie littéralement « témoin », mais il désigne également le martyr[91]. Le statut que le *ḥadīṯ al-ʿišq* attribue aux victimes de l'amour ne fit jamais l'unanimité. Certains auteurs éludent le problème, en rapportant une version du *ḥadīṯ* qui ne mentionne pas directement le martyre. Elle se termine par *ġafarahu Allāh wa-adḫalahu al-ǧanna* (« Dieu lui pardonnera et l'admettra au Paradis »)[92]. Le martyre proprement dit s'obtient en effet en combattant pour Dieu à la guerre. Cependant, selon D. Cook, les traditions prophétiques tendent à élargir le concept, surtout à partir du moment où les conquêtes arabes commencent à s'essouffler. Le martyre se déplace alors de son centre originel pour

86. Al-ʿAẓm, 2002, p. 33.
87. C'est ce qui se passe par exemple dans l'histoire de Bišr et Salmā. *Al-Wāḍiḥ*, p. 124-125, ms f° 49v°, l. 3 ; f° 50r°, l. 6.
88. Voir par exemple *al-Wāḍiḥ*, p. 120-121, ms f° 48r°, l. 9 ; f° 48v°, l. 1.
89. Mensia, 1980, p. 205.
90. Mensia, 1980, p. 206.
91. Kohlberg, 1996.
92. Cinq auteurs citent une version du *ḥadīṯ* sur le *ʿišq* dans laquelle *māta* est remplacé par *ġafarahu Allāh* suivi de *wa-adḫalahu al-ǧanna* : al-Ḫaṭīb al-Baġdādī, *Taʾrīḫ Baġdād*, V, p. 262 ; Ibn Ḥamdūn, *al-Taḏkira*, VI, p. 155-156 ; al-Qifṭī, *al-Muḥammadūn*, p. 318 ; Ibn Manẓūr, *Muḫtaṣar Tārīḫ Dimašq*, XVIII, p. 163 ; al-Muttaqī al-Hindī, *Kanz al-ʿummāl*, III, p. 213-214.

investir le domaine de la mystique[93]. Une relation étroite et ancienne lie les martyrs du *ǧihād* au sens premier et les renonçants. Un certain nombre d'ascètes protosoufis participèrent au *ǧihād* contre les Byzantins au début de l'islam et furent qualifiés de martyrs. Le soufisme qui s'épanouit plus tard fut de moins en moins associé au *ǧihād* guerrier, tandis qu'émergeait l'idée d'un *ǧihād* intérieur contre ses propres instincts et ses propres désirs permettant d'atteindre l'union avec Dieu. Parallèlement, la réflexion mystique et philosophique interpréta allégoriquement la passion d'amour profane comme un amour pour Dieu[94]. Dieu créa la Beauté pour qu'on l'aime et pour que l'homme, à travers son amour pour ce que Dieu fit de beau et de bon sur terre, s'élevât jusqu'à atteindre son Créateur, le Bien absolu[95].

Un courant de poésie d'amour (*ġazal*) *ʿuḏrī* se développa par ailleurs en réaction contre le *ġazal* libertin. Le poète *ʿuḏrī* qui érigeait l'amour en épopée dans laquelle il chantait son malheur et son effort et se complaisait dans la manifestation de son héroïsme et des tourments dont il souffrait, devint ainsi le héros d'une nouvelle geste[96]. De là à considérer l'amour passionné et chaste comme une épreuve assimilée au *ǧihād*, il n'y avait qu'un pas, qui fut franchi dès l'époque omeyyade, lorsque les premières histoires sur les amants-poètes furent couchées par écrit. Les idéaux religieux islamiques influencèrent alors la conception *ʿuḏrī*-e de l'amour, qui se transforma en *ǧihād* amoureux, plus dur pour l'âme et plus terrifiant que le *ǧihād* guerrier. Ceux qui en mouraient, considérés comme des martyrs[97], espéraient recevoir une même récompense[98].

3. Le *ʿišq* dans la tradition textuelle

La position centrale détenue par le *ʿišq* érige la définition de cette émotion en enjeu crucial. Les savants, les théologiens et les mystiques décrivirent différemment le *ʿišq*, terme d'origine non coranique, en s'attelant à en expliquer la nature[99]. L'évolution

93. Cook, 2007, p. 33.
94. On peut souligner aussi qu'un auteur comme ʿAbd al-Raḥmān al-Sulamī (m. 412/1021) cite le *ḥadīṯ* dans al-Sulamī, *Ṭabaqāt al-ṣūfiyya*, p. 186.
95. Ibn Sīnā, *Risāla fī al-ʿišq*, p. 2.
96. Cook, 2007, p. 22-23.
97. Cook, 2007, p. 26.
98. Vadet, 1968c, p. 479. Voir aussi *infra*, chap. 3.
99. Arkoun, 1973, p. 118b.

historico-littéraire du terme permet de retrouver les conditions dans lesquelles évoluèrent la sensibilité et la pensée arabo-islamiques médiévales[100]. Des propos concernant le *ʿišq* dans les textes littéraires depuis le IIIe/IXe jusqu'au VIIIe/XIVe siècles sont listés ci-dessous[101] :

1. Le *ʿišq* est une maladie incurable qui amène inexorablement les amants à la folie et la mort[102].
2. Le *ʿišq* est une affinité élective (*mušākala*) entre deux âmes ou deux natures[103].
3. Le *ʿišq* est un excès d'amour (*ḥubb* ou *maḥabba*)[104].
4. Le *ʿišq* est une pratique qui permet de s'élever vers Dieu[105].
5. Le *ʿišq* est une passion qui rend l'homme esclave. Il est propre aux natures rudes et aux esprits obtus (*al-ṭibāʿ al-ġalīẓa wa-l-aḏhān al-balīda*)[106].
6. Le *ʿišq* devient, chez ceux qui en sont affectés, une pratique capable de rendre les âmes nobles[107].

100. Arkoun, 1973, p. 124-125.
101. Les définitions 1, 2, 3, 6, 7, 8, 9, 17, 20 se trouvent aussi dans le *Wāḍiḥ*, respectivement :
  1. *al-Wāḍiḥ*, p. 30, ms f° 9v°, l. 8-l. 13 et p. 40, ms f° 14r°, l. 8-9 ;
  2. p. 46-47, ms f° 17v°, l. 2-5 ;
  3. p. 45, ms f° 17r°, l. 1-3 ;
  6. p. 46, ms f° 17r°, l. 11 ; f° 17v°, l. 3 ;
  7. p. 47, ms f° 17v°, l. 12 ; 48, ms f° 17v°, l. 16- 18r°, l. 3 ; p. 48, ms f° 18r°, l. 7-8 et p. 49, ms f° 18v°, l. 3-4 ;
  8. p. 48, ms f° 18r°, l. 3-6 ;
  9. p. 45, ms f° 16v°, l. 8-9 ;
  17. p. 46-47, ms f° 17v°, l. 2-5 ;
  20. p. 42, ms f° 15r°, l. 11-13 ;
  21. p. 43, ms f° 16r°, l. 4-5.
102. Al-Ǧāḥiẓ, *The epistle*, II, p. 15 ; Ibn Qutayba (m. 276/889), *ʿUyūn al-aḫbār*, III, p. 13 ; *Rasāʾil Iḫwān al-ṣafāʾ*, p. 490 ; al-Ṭurṭūšī (m. 520/1126), *Sirāǧ al-mulūk*, p. 188 ; Ibn ʿAbd al-Barr (m. 463/1070), *Bahǧat al-maǧālis*, p. 817 ; al-Sarrāǧ (m. 500/1106), *Maṣāriʿ al-ʿuššāq*, I, p. 124 ; al-Ġazālī (m. 505/1111), *al-Tibr al-masbūk*, p. 326.
103. Al-Ǧāḥiẓ, *Rasāʾil*, p. 166 ; al-Masʿūdī (m. 345/956), *Murūǧ al-ḏahab*, III, p. 370.
104. Al-Ǧāḥiẓ, *Rasāʾil*, p. 161 ; al-Ǧawharī (m. 398/1007-1008), *al-Ṣiḥāḥ fī al-luġa*, IV, p. 1525 ; al-Rāġib al-Iṣfahānī (mort au début du Ve/XIe siècle), *Muḥāḍarāt al-udabāʾ*, III, p. 40 ; al-Ṯaʿālibī (m. 427/1035), *Fiqh al-luġa*, p. 171 ; al-Qušayrī (m. 465/1072), *al-Risāla*, p. 321 ; Ibn ʿArabī (m. 638/1240), *al-Futuḥāt al-makkiyya*, II, p. 426 ; Ibn Manẓūr (m. 711/1311-1312), 1997, *s. v.* « ʿ Š Q ».
105. *Rasāʾil Iḫwān al-Ṣafāʾ*, p. 490.
106. Al-Rāzī, *al-Rasāʾil al-falsafiyya*, p. 39-40.
107. Al-Bayhaqī (m. v. 320/932), *al-Maḥāsin wa-l-masāwiʾ*, p. 162-163 ; al-Tanūḫī (m. 384/994), *Nišwār al-muḥāḍara*, IV, p. 283 ; al-Rāġib al-Iṣfahānī, *Muḥāḍarāt al-udabāʾ*, III, p. 40 ; Ibn al-Ǧawzī (m. 560/1165), al-Muntaẓam, II, p. 100-103 ; Abū Hilāl al-ʿAskarī (mort après 400/1010), *Dīwān al-maʿānī*, p. 186 ; al-Ḥuṣrī, *Zahr al-ādāb*, IV, p. 90-91 ; Al-Tawḥīdī (m. 414/1023), *al-Baṣāʾir wa-l-ḏaḫāʾir*, II, p. 132 ; Ibn ʿAbd al-Barr, *Bahǧat al-maǧālis*, II, part 1, p. 823 ; al-Sarrāǧ, *Maṣāriʿ al-ʿuššāq*, II, p. 22 ; al-Nuwayrī (m. 733/1333), *Nihāyat al-arab* (éd. 1924), III, p. 149-150 ; al-Ibšīhī (m. après 850/1446), *al-Mustaṭraf*, II, p. 366-367.

7. Le *ʿišq* est une sorte de folie[108].
8. Le *ʿišq* est un compagnon agréable, mais tyrannique. Il domine les corps et les esprits[109].
9. Le *ʿišq* est le mouvement (*ḥaraka*) ou la sottise (*ǧahl*) d'un cœur vide (*qalb fāġir*)[110].
10. Pour le soufi, le *ʿišq* est un soulagement (*irtiyāḥ*) de la nature humaine (*ḫilqa*), une joie (*faraḥ*) de l'esprit et une allégresse qui s'insinue dans toutes les forces (*yansābu fī aǧzāʾ al-quwā*)[111].
11. Pour les bédouins, aimer passionnément consiste à embrasser, prendre dans les bras et aspirer le parfum de l'aimé (*al-šamma*), tandis que, pour le citadin, l'amour ne consiste que dans le coït[112].
12. Le *ʿišq* est pour l'esprit comme la nourriture pour le corps : si on la néglige, cela nous nuit et, si l'on en abuse, cela nous tue[113].
13. Le *ʿišq* est la joie (*ibtihāǧ*) qu'on éprouve lorsqu'on imagine la présence d'un être aimé[114].
14. Le *ʿišq* est le moteur de l'univers. Il génère le désir ardent (*šawq*), qui provoque à son tour le mouvement des astres vers le principe premier (*al-mabdaʾ al-awwal*)[115].
15. Le *ʿišq* est le lien qui unit le mystique à Dieu[116].
16. Le *ʿišq* est ce qui occupe les créatures (*ḫalq*), en les distrayant de la Vérité (*ḥaqq*)[117].
17. Le *ʿišq* est l'union des âmes dans leur essence supérieure[118].
18. Le *ʿišq* est une fumée (*duḫān*) qui monte au cerveau de l'homme et que le coït (*ǧimāʿ*) dissipe et l'audition (*samāʿ*) stimule[119].
19. Le *ʿišq* [pour une créature de ce monde] ne prend possession que de celui qui ne bouge pas (*al-wāqif al-ǧāmid*). Celui qui dirige son regard plus haut et plus loin, à chaque

108. Al-Waššāʾ (m. 325/936), *Kitāb al-muwaššā*, p. 106 ; al-Rāġib al-Iṣfahānī, *Muḥāḍarāt al-udabāʾ*, III, p. 39 ; al-Sarrāǧ, *Maṣāriʿ al-ʿuššāq*, I, p. 15 et I, p. 125-126.
109. Al-Sarrāǧ, *Maṣāriʿ al-ʿuššāq*, I, p. 11-12.
110. Al-Rāġib al-Iṣfahānī, *Muḥāḍarāt al-udabāʾ*, III, p. 40 ; al-Tawḥīdī, *al-Imtāʿ wa-l-muʾānasa*, IV, p. 79 ; al-Šahrastānī (m. 548/1153), *al-Milal wa-l-niḥal*, II, p. 143 ; al-Nuwayrī, *Nihāyat al-arab* (éd. 1924), II, p. 135.
111. Al-Rāġib al-Iṣfahānī, *Muḥāḍarāt al-udabāʾ*, III, p. 49.
112. Al-Tawḥīdī, *al-Imtāʿ wa-l-muʾānasa*, II, p. 56 ; al-Sarrāǧ, *Maṣāriʿ al-ʿuššāq*, II, p. 31.
113. Al-Tawḥīdī, *al-Baṣāʾir wa-l-ḏaḫāʾir*, II, p. 168.
114. Ibn Sīnā (m. 428/1037), *al-Naǧāt fī al-manṭiq*, p. 435.
115. Ibn Sīnā, *al-Išārāt wa-l-tanbīhāt*, II, p. 41.
116. Abū Nuʿaym al-Iṣfahānī (m. 430/1028), *Ḥilyat al-awlyāʾ*, IX, p. 336.
117. Al-Bīrūnī (m. 442/1050), *Taḥqīq ma li-l-hind*, p. 38.
118. Ibn Ḥazm (m. 456/1064), *Ṭawq al-ḥamāma*, p. 62.
119. Al-Ġazālī, *Iḥyāʾ ʿulūm al-dīn*, VI, p. 1139.

fois qu'il pense à ce qui manque à une créature pour devenir digne de la *maḥabba*, voit les défauts de celui qu'il pourrait aimer et change l'objet de son amour[120].

20. Le *ʿišq* est une aspiration qui naît dans le cœur et y rassemble des désirs. Plus il augmente d'intensité, plus s'accroissent l'agitation, le trouble, l'angoisse et l'insomnie de celui qui en est affecté. Le sang devient alors brûlant. La bile s'enflamme et se transforme en atrabile. Lorsque l'atrabile se met à bouillonner, la pensée se détériore[121].
21. Le *ʿišq* consiste dans l'aveuglement des sens (*ʿamā al-ḥiss*) à apercevoir les défauts de l'être aimé[122].

Ces explications révèlent l'existence de deux conceptions du *ʿišq*, l'une positive et l'autre négative. D'une part, la tradition textuelle considère le *ʿišq* comme un sentiment tout-puissant, dépassant la mesure du raisonnable ; il est excès, transgression et dépassement des limites. La « *sunna* » du *ʿišq* refuse les lois de la durée et ses valeurs ; elle renverse les idées de l'amant à propos de ses devoirs, du bien, du licite et de l'illicite[123]. L'excès d'amour est contraire aux valeurs morales, sociales et religieuses, qui se fondent essentiellement sur l'idée du juste milieu[124]. Il possède ses rites et ses lieux sacrés et se positionne en relation métaphorique avec la religion[125]. Maǧnūn annonce par exemple qu'il accomplit la prière en direction du campement de Laylā[126]. Dans plusieurs histoires, les amants récitent des vers d'amour en tournant autour de la Kaʿba[127]. Certains auteurs considèrent qu'il a sur l'homme une action néfaste, car il le pousse à vouloir assouvir ses désirs par tous les moyens, licites ou illicites. La raison ne maîtrise plus le *ʿāšiq*, qui se comporte comme un insensé. D'autres évoquent l'aveuglement de l'amant devant les défauts de l'aimé. Le premier, par ordre chronologique, à attribuer une connotation négative au terme *ʿišq* est, à notre connaissance, Abū Bakr al-Rāzī (m. 313/925 ou 323/934) dont les idées furent plus tard reprises et élaborées par le courant hanbalite. Pour ses adeptes, le *ʿišq* ne peut toucher que les cœurs et les esprits vides, que des préoccupations plus élevées n'occupent pas. C'est une passion basse qui n'atteint ni les philosophes ni les êtres capables de tourner leur esprit vers un objet plus élevé. L'interprétation du *ʿišq* comme transgression est liée à celle du *ʿišq* comme mélancolie, une maladie de l'esprit considérée comme une forme d'insanité.

120. Ibn al-Ǧawzī, *Ṣayd al-ḫāṭir*, p. 112.
121. Ibn Abī Uṣaybiʿa (m. 668/1270), *ʿUyūn al-anbāʾ*, I, p. 51.
122. Al-Nuwayrī, *Nihāyat al-arab* (éd. 1924), II, p. 135.
123. Al-ʿAẓm, 2002, p. 34.
124. Benslama, 2003, p. 244.
125. Benslama, 2003, p. 376.
126. Benslama, 2003, p. 376.
127. Benslama, 2003, p. 376.

Plusieurs théories médicales figurent ainsi parmi les explications de ce phénomène. Elles l'analysent en recourant à la théorie des humeurs[128] et soulignent le dérèglement que le *ʿišq* provoque dans le corps et dans l'esprit des amants.

Par ailleurs, si cet excès d'amour que l'on appelle *ʿišq* provoque la maladie et la folie, il affine néanmoins les esprits des amants et les anoblit : l'homme est poussé à améliorer sa nature afin de plaire à l'aimé. « Si l'amour *ʿišq* signifie une forte attirance pour la beauté physique et l'inclination extrême pour celui qui possède une belle âme et un caractère doux, il est sans conteste extrêmement fécond et bienfaisant. À ce titre, l'amour doit être considéré comme une grâce divine et une image de marque des peuples évolués [129] ».

4. Le *ʿišq* selon Muġulṭāy

Muġulṭāy choisit de réserver au *ʿišq* une position centrale, bien qu'il préfère employer la racine *Ḥ B B* et le terme *muḥibb-ūn/īn* dans le titre qu'il donne à son ouvrage. En rapportant les conceptions diverses de cette émotion, telles que les avaient formulées ses prédécesseurs, il prend part à la discussion sur la nature du *ʿišq* qui avait commencé quatre siècles auparavant. Les enjeux principaux consistent à résoudre l'ambiguïté de cette émotion et à définir l'espace normatif qui lui permet de s'exprimer dans le cadre de l'islam. Muġulṭāy insiste en particulier sur la difficulté que les savants rencontrent à définir l'essence (*māhiyya*) du *ʿišq*. Les avis sur son essence ou sur ses caractéristiques sont nombreux, mais les auteurs qui le définissent sont rares. La plupart des savants se contentent d'énumérer ses causes, d'expliquer ses débuts ou de traiter des questions annexes. Muġulṭāy tente à la fois de se montrer exhaustif et de pousser plus avant que ses prédécesseurs la réflexion et l'analyse.

128. *Al-Wāḍiḥ*, p. 42-43, ms f° 15r°, l. 2-5.
129. Arazi, 1990, p. 41.

4.1. *Le ʿišq est affinité élective*

La *mušākala* ou *munāsaba* (affinité élective) fait naître le *ʿišq* et détermine le sort des amants[130] :

إذا امتزجت جواهر النفس بوصل المشاكلة أنتجت لمع نور ساطع تستضيء به بواصر العقل وتتصور من ذلك اللمح نور خاص بالنفس متصل بجواهرها يسمّى عشقًا[131].

> Si les essences de l'âme se mélangent à travers l'affinité, il se produit un éclat de lumière étincelante qui éclaire les yeux de la raison. Cette lumière en génère une autre qui est propre à l'âme. Elle est liée à son essence et s'appelle *ʿišq*.

Selon cette conception, à l'origine de l'amour réside une affinité entre les âmes amantes. Cette explication permet de définir le *ʿišq* par sa cause (*ʿilla*)[132]. Elle repose sur la fatalité, car les affinités se décident avant la naissance de l'homme, selon une théorie placée sous l'autorité d'importants philosophes grecs. Platon, Socrate, Aristote, Aristodème (*sic*), Archimède et Aristophane auraient tous été d'accord pour affirmer que les âmes sont mues par l'aspiration à s'unir avec une autre, à laquelle elles sont semblables et affines, depuis le temps où elles n'étaient pas encore logées dans un corps[133]. L'affinité garantit la longévité de l'amour, qui autrement disparaîtrait rapidement[134] pour laisser la place à l'ennui, toujours aux aguets lorsque les amants ne se connaissent pas réciproquement (*taʿārafa*)[135]. Elle permet que les amants soient tous les deux malades ou en bonne santé en même temps, même s'ils se trouvent l'un en Occident et l'autre en Orient[136]. Elle étend donc sa puissance même à distance.

130. La *munāsaba* (ressemblance) ou *mušākala* est un concept parallèle à celui de *similitudo* en Occident. On le trouve dans les ouvrages de Platon et d'Aristote. À l'instar d'autres éléments grecs dans la théorie musulmane de l'amour, l'idée d'affinité n'a néanmoins pas été empruntée directement aux écrits de Platon et d'Aristote ou à ceux de leurs successeurs, mais appartient à un ensemble de traditions attribuées aux plus grands personnages de l'Antiquité. Parmi ces derniers, on peut citer Hippocrate et Galien. Bell, 1979b, p. 108.
131. *Al-Wāḍiḥ*, p. 46-47, ms f° 17v°, l. 2-5.
132. Ǧadʿān, 1981, p. 88.
133. *Al-Wāḍiḥ*, p. 48, ms f° 18r°, l. 8-12.
134. *Al-Wāḍiḥ*, p. 50, ms f° 18r°, l. 15 ; f° 19v°, l. 2.
135. *Al-Wāḍiḥ*, p. 51, ms f° 19r°, l. 3-15.
136. *Al-Wāḍiḥ*, p. 53-54, ms f° 20r°, f° 15r° ; f° 15v°, l. 4.

La *mušākala* occupe une place importante dans l'argumentaire de Muġulṭāy. Présenté comme son résultat, le ʿ*išq* devient pour lui un mélange d'esprits (*imtizāǧ al-rūḥ bi-l-rūḥ*)[137] dans lequel l'amour charnel n'a pas de place : il naît et se développe dans le cerveau et ne se communique aux sens que dans un second temps[138]. Un tel genre d'amour ne peut qu'être chaste, car les relations charnelles risquent de le détruire. Il a une durée illimitée, sans début ni fin. Il commence avant la naissance des êtres humains et ne se termine pas avec la mort du corps, puisqu'il trouve son siège dans l'âme, qui préexiste au corps et lui survit. La *mušākala* permet à Muġulṭāy d'introduire une dimension eschatologique dans sa conception du ʿ*išq*, où le martyre lie étroitement l'amour et la mort. L'affinité peut aussi naître de l'influence des astres. Selon Ptolémée, affirme l'auteur du *Wāḍiḥ*, le ʿ*išq* naît de la position du soleil, de la lune et des étoiles au moment de la naissance des individus[139].

4.2. *Le ʿišq est maladie et folie*

Une fois que les amants se sont retrouvés grâce à l'affinité élective qui les relie, leur passion amoureuse se développe comme une maladie mentale mortelle (*mudnif*)[140]. Selon le *Kitāb imtizāǧ al-rūḥ* d'al-Taymī[141], le ʿ*išq* frappe aveuglément les amants, provoquant en eux un état de faiblesse tant du corps que de l'esprit et suscitant un comportement déraisonnable et un dépérissement. Le mal d'amour consiste en effet dans une altération et un dérèglement complet des fonctions vitales et mentales les plus naturelles de l'homme. Le malade d'amour ne mange plus, ne bouge plus, mais reste couché sur son lit. La couleur de sa peau est changée et il ne parle guère, se contentant de pleurer et de soupirer. Son état avoisine celui du mort.

Les philologues forgèrent *ad hoc* diverses « étymologies » qui décrivent le développement du mal d'amour par le biais de métaphores botaniques. La plupart, et parmi eux al-Zaǧǧāǧī, cité par Muġulṭāy, affirment que de la racine ʿ *Š Q* dérive le terme ʿ*ašiqa*, une plante qui verdit, puis jaunit et s'affine en s'asséchant (*tadiqqu*). Selon d'autres, ce végétal parasite comparable au lierre verdit, puis jaunit[142]. Le verdoiement et le jaunissement qui se succèdent dans le développement de la plante correspondent respectivement, pour l'homme, à la naissance de l'amour et à la maladie suivie de la mort.

137. *Al-Wāḍiḥ*, p. 55, ms f° 21v°, l. 1-3.
138. *Al-Wāḍiḥ*, p. 56, ms f° 21r°, l. 7 ; f° 22v°, l. 3.
139. *Al-Wāḍiḥ*, p. 57, ms f° 22r°, l. 14 ; f° 22v°, l. 6.
140. *Al-Wāḍiḥ*, p. 30, ms f° 9v°, l. 8-13.
141. Cet ouvrage, probablement perdu, n'est à notre connaissance pas recensé dans les dictionnaires bibliographiques.
142. *Al-Wāḍiḥ*, p. 70-71, ms f° 28r°, l. 10 ; f° 28v°, l. 7.

Ibn Sīnā (m. 429/1037), comme d'autres médecins cités par Muġulṭāy, compare le ʿišq au trouble de l'esprit appelé mélancolie[143]. Pythagore l'aurait expliqué comme une forme de folie due au déséquilibre huméral[144]. Cette théorie des humeurs apparaît dans plusieurs traités d'amour. La pathologie des maladies mentales, qui constitue une partie relativement restreinte de la médecine arabe et grecque, est interprétée comme un dérèglement dans l'équilibre qui régit les quatre humeurs principales, le sang, le flegme, la bile et l'atrabile, qui provoque la mélancolie[145]. Hans Hinrich Biesterfeldt et Dimitri Gutas ont réparti les passages qui traitent du mal d'amour en quatre catégories[146] : ceux qui présentent une version brève de la théorie des humeurs[147], ceux dans lesquels apparaît une version longue[148], ceux qui en donnent une version qui mélange les deux précédentes, et ceux, enfin, dans lesquels on trouve une version dramatisée[149]. La version donnée par Muġulṭāy, qui mélange à la tradition littéraire une théorie médicale attribuée à Pythagore, peut être définie comme hybride.

D'autres définitions proposées par Muġulṭāy rapprochent l'amour passionné de la folie[150]. Il compare le ʿišq à un monarque capricieux (*malik ġašūm*) et à un souverain injuste (*musalliṭ ẓalūm*). Les cœurs s'en approchent, les esprits (*al-albāb*) s'y laissent mener et les âmes se soumettent à lui ; la raison devient sa prisonnière, le regard son messager et son moyen d'expression (*lafẓ*). Son siège demeure inconnu. Il s'ouvre facilement un chemin jusqu'au cœur, mais l'en déloger est difficile[151]. Quelques lignes plus bas, l'auteur décrit comment la folie prend peu à peu possession de l'amant :

دقّ عن الأفهام مسلكه وخفي عن الأبصار موضوعه وحارت العقول عن كيفية تمكّنه غير أنّ ابتداء حركته وعظم سلطانه من القلب ثم يتغشّى على سائر الأعضاء فيبدي الرعدة في الأطراف والصفرة في الألوان واللجلجة في الكلام والضعف في الرأي والزلل والعثار حتى ينسب صاحبه إلى الجنون[152].

143. *Al-Wāḍiḥ*, p. 40, ms f° 14r°, l. 8-9.
144. *Al-Wāḍiḥ*, p. 42, ms f° 15r°, l. 11-13.
145. Biesterfeldt, Gutas, 1984, p. 21.
146. Biesterfeldt, Gutas, 1984, p. 24-25.
147. Cette version se trouve notamment chez Ibn Dāwūd, *Kitāb al-zahra*, p. 17
148. C'est le cas chez al-Masʿūdī, *Murūǧ al-ḏahab*, IV, p. 242.
149. Al-Daylamī, *Kitāb ʿaṭf al-alif*, p. 29-30.
150. Socrate le définit comme un type de folie, *al-Wāḍiḥ*, p. 47, ms f° 17v°, l. 12 ; un bédouin dit qu'il est à mi-chemin entre la magie et la folie, *al-Wāḍiḥ*, p. 48, ms f° 17v°, l. 16 ; f° 18r°, l. 3 ; Abū Wā'il al-Awḍāḥī tient le même propos, *al-Wāḍiḥ*, p. 48, ms f° 18r°, l. 7-8 ; selon le *Kitāb al-mutayyamīn* d'al-Marzubānī, Abū Zuhayr al-Madīnī aurait parlé du ʿišq en tant que folie, avilissement (*ḏull*) et maladie des gens raffinés. *Al-Wāḍiḥ*, p. 49, ms f° 18v°, l. 3-4.
151. *Al-Wāḍiḥ*, p. 48, ms f° 18r°, l. 3-6.
152. *Al-Wāḍiḥ*, p. 49, ms f° 18r°, l. 14 ; f° 18v°, l. 3.

> Son chemin est trop subtil pour être compris, son contenu se dérobe aux regards, les esprits s'égarent s'ils cherchent à savoir comment il s'installe. Le début de son mouvement et sa plus grande puissance s'exercent dans le cœur, puis il enveloppe tous les membres. Le tremblement apparaît dans les extrémités, le teint devient pâle, puis [les amants] se mettent à balbutier, leurs idées s'affaiblissent, se troublent et se brouillent jusqu'à ce qu'on appelle celui qui présente ces symptômes fou.

Bien que le mal qui le ronge soit d'une force brutale, Muġulṭāy ne le présente jamais comme nuisible, mais, bien au contraire, cite des *aḫbār* où il apparaît clairement comme un objet d'admiration[153]. Il n'en va pas autrement pour la folie, la manifestation la plus spectaculaire de la maladie d'amour[154]. Maǧnūn Laylā, qui incarne l'image du fou d'amour explicite clairement cette ambivalence de l'insanité mentale. « La passion de Maǧnūn ressemble à une flamme qui consomme tout et cherche à détruire tout ce qui se trouve sur son chemin »[155]. Cependant, sa folie suscite également l'intérêt des mystiques et le fou de Laylā devient un saint chez les poètes persans[156].

153. Voir par exemple la notice des pages 116-117 où la maladie d'amour est considérée comme une manifestation du raffinement ou celle aux pages 339-342, dans laquelle la chasteté observée par Ibn Dāwūd, qui est la cause de son mal, est regardée avec une grande admiration.
154. L'ambiguïté du regard porté sur l'insanité mentale au Moyen Âge est d'ailleurs une caractéristique commune à l'Occident et à l'Orient. L'emploi usuel du terme doit en effet être distinct de son emploi métaphorique. Michel Foucault remarque qu'au cœur du Moyen Âge, en Europe, les fous étaient mis à l'écart de la société des hommes, comme les lépreux l'avaient été auparavant. Au contraire, à la fin du Moyen Âge, la « folie est aussi le mouvement par lequel on tente de s'arracher à l'humain pour accéder à Dieu. Folie que cette renonciation au monde, folie que l'abandon total à la volonté de Dieu, folie que cette recherche dont on ne sait pas le terme ». Foucault, 1972, p. 21.
155. Dols, 1992, p. 321.
156. Dols, 1992, p. 321-323.

4.3. *Le ʿišq est aveuglement, ignorance et excès*

Muġulṭāy affirme que, selon Aristote, le *ʿišq* consiste en un aveuglement face aux défauts de l'être aimé[157]. Un *ḥadīṯ* attribué au Prophète, selon lequel l'amour (*ḥubb*) rend sourd et aveugle[158], étaye cette définition. Muġulṭāy cite également une autre explication du terme *ʿišq* qu'il attribue au célèbre Aréopagite :

العشق جهل عارض صادف قلبًا فاغرًا لا شغلَ له من التجارة والصناعة[159].

> Le *ʿišq* est une forme d'ignorance qui frappe accidentellement et de manière inopinée le cœur vide de celui que ni commerce ni métier ne préoccupent.

De nombreux ouvrages comportent cette définition de l'amour-passion, mais deux différences importantes apparaissent dans la version citée par Muġulṭāy. La plupart des autres passages comparables omettent le participe *ʿāriḍ* (accidentel), par lequel on insiste sur le fait que l'amour frappe les cœurs de manière inopinée[160]. Tous les autres auteurs se contentent de dire que le *ʿišq* ne frappe que « les cœurs vides », sans préciser que l'expression s'applique à ceux qui ne pratiquent aucune activité professionnelle (*lā šuġla lahu min al-tiǧāra wa-l-ṣināʿa*). Or, sans cette deuxième partie, la définition du *ʿišq* prend une connotation négative, puisqu'elle devient l'occupation d'un cœur oisif qui n'en a pas de plus haute. En spécifiant la nature de ce vide, à savoir l'absence de commerce ou de métier manuel, Muġulṭāy modifie le sens de cette explication et attribue au *ʿišq* une valeur positive, attendu qu'il devient le propre d'un esprit qui s'élève au-dessus des préoccupations manuelles et matérielles.

157. *Al-Wāḍiḥ*, p. 43, ms f° 16r°, l. 4-5.
158. *Al-Wāḍiḥ*, p. 43, ms f° 16r°, l. 5-6.
159. *Al-Wāḍiḥ*, p. 45, ms f° 16v°, l. 8-9.
160. La définition mentionnant à la fois *ʿāriḍ* et *ṣādif* se trouve uniquement chez trois auteurs relativement tardifs : al-Tawḥīdī (m. 414/1023), *al-Baṣāʾir wa-l-ḏaḫāʾir*, IV, p. 79 ; al-Zamaḫšarī (m. 538/1144) dans *Rabīʿ al-abrār*, III, p. 122 et Dāwūd al-Anṭākī (m. 966/1559), dans *Tazyīn al-aswāq* (éd. Dār al-Kutub), I, p. 47. Ibn Qayyim al-Ǧawziyya (m. 751/1350), mentionne la même définition du *ʿišq* que dans le *Wāḍiḥ*, mot pour mot, mais il la fait suivre par une autre qui désigne l'amour-passion comme le mauvais choix (*suʾ al-iḫtiyār*) d'une âme vide. Ibn Qayyim al-Ǧawziyya, *Rawḍat al-muḥibbīn*, p. 153.

Une autre interprétation du ʿišq, semblable à la précédente, est attribuée au philosophe grec Diogène. Le ʿišq consiste dans le mauvais choix (*suʾ al-iḫtiyār*) d'un cœur vide. Muġulṭāy atténue cette connotation négative par les deux vers qu'il fait suivre[161]. Il explique que ce mauvais choix résulte d'un manque de connaissance. Les deux poètes cités se plaignent en effet que l'amour (ici *hawā*) les a frappés à mort avant d'avoir pu le reconnaître et par conséquent s'en garder. Lorsqu'ils tombent amoureux, les amants jouissent de circonstances atténuantes : un médecin, interrogé sur sa nature (*māhiyya*), aurait affirmé que l'amour n'affecte jamais l'amant par son choix ou par son désir (*ḥirṣ*). Il faut donc être compatissant à leur égard et les aider[162]. C'est un mal incurable et les amants n'ont d'autre moyen de s'en défendre qu'espérer que Dieu leur accorde Sa grâce[163]. Selon le cadi Abū ʿUmar Muḥammad b. Aḥmad b. Sulaymān b. Ayyūb al-Nawqātī (m. 382/992), auteurs de la *Miḥnat al-ẓirāf*, les amants, atteints par un mal qu'ils n'ont pas choisi, ne doivent pas être blâmés : les hommes ne sont condamnables que pour les actions dont ils sont maîtres et non pour celles imputables au destin[164].

4.4. *Les « états » des amants*

Quelle que soit sa nature, le ʿišq est responsable des « états » (*aḥwāl*) dans lesquels les amants viennent à se trouver. Décrire les différents moyens par lesquels l'amant tombe amoureux, les états d'âme et les émotions qu'il ressent, les aides et les difficultés qu'il rencontre constitue un passage obligé dans tous les traités d'amour. Les vicissitudes des amants et les variétés d'amour sont présentées à travers des histoires, des anecdotes et des vers qui servent à illustrer le cas décrit[165]. Dans le *Wāḍiḥ*, il est d'abord question de

161. Selon le manuscrit, qui diffère de l'édition imprimée, le premier vers est attribué à Qays b. al-Mulawwaḥ (Maǧnūn Laylā) :

atānā hawāhā qabla an aʿrifa al-hawā *fa-ṣādafa qalban ḫāliyan fa-tamakkanā*

(Je suis tombé amoureux d'elle avant même de savoir ce qu'aimer veut dire. La passion a saisi un cœur vide et en a pris possession).

Le deuxième vers est attribué à Muslim b. al-Walīd (m. 208/823) :

taʿallaqtukum min qabla an aʿrifa al-hawā *fa-lā taqtulūnī innanī mutaʿallimū*

(Je me suis attaché à vous avant de connaître la passion. Ne me tuez pas, maintenant que je suis en train d'apprendre à la connaître !)

Al-Wāḍiḥ, p. 45, ms f° 16v°, l. 12-15.

162. *Al-Wāḍiḥ*, p. 30, ms f° 9v°, l. 8-13.

163. *Al-Wāḍiḥ*, p. 43, ms f° 15v°, l. 10-12. Ce propos est attribué à Abū Bakr b. Dāwūd, auteur du *Kitāb al-zahra* et est suivi, dans le manuscrit uniquement, par une explication technique sur la nature de la maladie d'amour. Ms f° 15v°, l.12 ; f° 16r°, l. 1.

164. *Al-Wāḍiḥ*, p. 37, ms f° 12v°, l. 2-6.

165. Giffen, 1973, p. 107-108. *Al-Wāḍiḥ*, p. 94-107, ms f° 38r°, l. 8- f° 43, l. 10.

ce qui suscite l'amour, puis des signes auxquels on peut s'apercevoir qu'une personne est amoureuse[166], de différentes façons de tomber amoureux[167] et des comportements des hommes et des femmes en amour[168].

4.4.1. De ce qui suscite l'amour

Une théorie mystico-psychologique, mentionnée dans le *Maṣūn fī sirr al-hawā al-maknūn* d'al-Ḥuṣrī[169] et reprise par Muġulṭāy, explique comment la passion amoureuse (*hawā*) naît dans les cœurs :

فهم دلالة[170] الإخلاص بصدق[171] الحال دون نطق المقال عن مقابلة الشكلين ومماثلة المثلين[172].

> [L'amour est suscité par] la compréhension de ce qui prouve une dévotion sincère, à travers l'atteinte d'un état de connaissance véritable qui ne passe pas par la parole, mais se base sur la correspondance des deux formes et sur la ressemblance entre deux êtres similaires.

Ce passage, dont la source n'est pas indiquée et qui ne se trouve, à notre connaissance, dans aucun autre texte[173] à l'exception du *Maṣūn*, insiste sur l'idée du secret, de sa révélation et sur la connaissance du cœur et de l'âme. Nombre de termes et de concepts utilisés semblent faire référence à la mystique. La citation évoque tout d'abord la communication d'une dévotion sincère (*iḫlāṣ*) qui advient par un véritable état mystique (*ṣidq al-ḥāl*) et non par la parole. Cette dévotion permet au mystique, lorsque le mystère est levé, qu'il a eu l'Illumination et qu'il a découvert la Vérité et atteint la Connaissance, de voir apparaître les secrets de l'amant et de l'aimé. Le terme *iḫlāṣ* indique en général une vertu intérieure du musulman croyant, qui implique la sincérité (*ṣidq*) de sa foi et de ses actions dans la religion. Dans la méditation soufie, l'*iḫlāṣ* consiste dans le secret de la connaissance

166. *Al-Wāḍiḥ*, p. 95-101, ms f° 39r°, l. 12 ; f° 42r°, l. 11.
167. *Al-Wāḍiḥ*, p. 101-103, ms f° 42r°, l. 11-16.
168. *Al-Wāḍiḥ*, p. 103-107, ms f° 42v°, l. 1 ; f° 43r°, l. 9.
169. Al-Ḥuṣrī, *Kitāb al-maṣūn*, p. 105.
170. Dans l'édition imprimée : دلة.
171. Dans l'édition imprimée : تصدق.
172. *Al-Wāḍiḥ*, p. 94, ms f° 38r°, l. 8-10.
173. Cette affirmation se base sur une recherche effectuée dans les ouvrages présents sur le site www.alwaraq.net.

intérieure (*ʿilm bāṭin*) révélée à Muḥammad par l'ange Gabriel. Selon le grand mystique hanbalite al-Anṣārī (m. 481/1089), l'*iḫlāṣ* constitue l'effort de l'âme pour se purifier de tous ses appétits[174].

Il s'agit dans les deux cas d'une expérience intérieure que seuls les amants ayant des affinités peuvent vivre et qui ne peut pas s'exprimer par la parole. Lorsque les âmes des amants atteignent cet état de compréhension réciproque, les voiles se déchirent et les secrets se révèlent au grand jour, devenant intelligibles. Les amants acquièrent ainsi une connaissance qui les élève au rang des connaisseurs (*maqām al-ʿārifīn*). L'utilisation du terme *maqām* renvoie aux étapes par lesquelles l'âme du mystique transite dans son chemin vers la connaissance et vers Dieu[175]. Le texte insiste aussi sur le terme *sirr*, répété au pluriel à deux reprises, et sur l'idée de vérité que véhiculent des mots comme *ṣidq* (2 fois) et *ḥaqq*. Le cœur constitue en effet pour les mystiques le siège de la connaissance des choses divines et de l'état intérieur (*sirr*)[176]. Ce passage, qui surgit de manière inattendue et comme en sourdine à la fin de la première partie du traité, suggère que l'amour pour une créature ne diffère guère de l'amour divin, attendu que tous les deux consistent dans un chemin initiatique menant à une émotion noble réservée aux élus. Muġulṭāy utilise *hawā* pour indiquer ce chemin de connaissance mystique[177], bien que ce terme possède une connotation de passion amoureuse transgressive et immodérée dans ses désirs. Sa valeur fait l'objet de discussion dans les traités d'amour. Si dans *Kitāb al-maṣūn fī sirr al-hawā al-maknūn* d'al-Ḥuṣrī (m. 413/1022), le mot *hawā* n'avait aucune connotation négative, un siècle et demi avant Muġulṭāy, Ibn al-Ǧawzī (m. 579/1200) fustige ceux qui s'y adonnent dans son *Ḏamm al-hawā* (*Blâme de la passion amoureuse*). Muġulṭāy intervient dans le débat en cherchant à prouver que le *hawā*, lorsqu'il ne découle pas de bas instincts, mais naît d'une affinité élective entre deux âmes, représente la lumière qui conduit les cœurs humains à la vraie connaissance.

Selon les anciens sages (*ḥukamāʾ al-awāʾil*), explique Muġulṭāy, l'homme possède trois natures (*nafs*) dont l'une, l'âme rationnelle (*al-nafs al-nāṭiqa* ou *al-ʿaql*), tend vers la connaissance et la vertu. Dirigée par le principe d'équité, elle indique le droit chemin et incite à accomplir de bonnes actions. L'âme animale (*ḥayawāniyya*) et nerveuse (*ʿaṣabiyya*) incline en revanche vers la force, la domination et la suprématie, et l'âme appétissante (*šahwāniyya*) aime à satisfaire ses besoins naturels et à s'accoupler. Ces deux dernières natures, guidées par la passion, s'opposent à la raison (*ʿaql*) ; elles ne tendent qu'au plaisir

174. Gardet, 1966.
175. Gardet, 1965.
176. Gardet, 1961.
177. Tout le passage que nous avons rapporté représente en effet la réponse à la question : « *fa-mā muṯīr al-hawā min al-maḥbūb ?* ». *Al-Wāḍiḥ*, p. 94, ms f° 38r°, l. 8.

et ne mènent qu'au mal. Ces âmes se combattent sans cesse dans l'esprit des hommes. Elles ne s'entendent jamais et tendent toujours vers des objectifs divergents. Si le *ʿaql* est soumis aux autres natures, le jugement se fourvoie, la frontière entre le bien et le mal se brouille, la confusion mentale augmente et l'homme est précipité dans la perdition. Si la raison l'emporte, l'homme, guidé par la lumière divine, se conduit en juste. Cette théorie des trois âmes qui font la nature de l'homme se trouve dans la *Risāla fī al-ʿišq* d'Ibn Sīnā (m. 428/1037), qui explique pour sa part qu'elles s'influencent réciproquement et qu'elles causent ainsi la naissance du *ʿišq*. L'origine de ce dernier se situe dans l'âme animale, mais une fois qu'il est né, sa nature dépend de l'âme qui domine les autres. « L'amour d'une belle forme génère le désir de s'unir conjugalement, mais ce désir n'appartient qu'à l'âme animale. Il est hideux, et l'amour raisonnable n'en est affranchi que si cet amour animal est tout à fait subjugué[178] ».

Le *ʿišq* représente donc un correctif à cette stricte dichotomie entre *nafs* et *ʿaql*. Il se réalise dans la rencontre fortuite de l'âme appétissante avec ce qui correspond à sa nature, qu'elle trouve beau et vers lequel elle est attirée. Le regard de l'âme vers cet être qu'elle apprécie se fixe ensuite et s'y habitue, mais si l'aimé se dérobe, elle le cherche et son désir s'accroît, au point que sa pensée est complètement transportée vers lui, que l'esprit en est entièrement ravi et que les maladies (mentales) se déclarent[179]. Une fois atteint par le mal d'amour, l'amant qui aspire au martyre sublime le désir que son âme passionnelle provoque en lui par la pratique de l'amour chaste guidé par la raison. Le *ʿišq* devient ainsi le moyen de rendre sa raison plus forte que les désirs de l'âme animale.

4.4.2. Les signes de l'amour

Une fois que la passion amoureuse est née, des signes (*ʿalāmāt*) montrent qu'elle s'est installée[180]. Ce thème est traditionnel dans les traités d'amour et Ibn Ḥazm (m. 456/1064), par exemple, y consacre le deuxième chapitre de son *Ṭawq al-ḥamāma*, auquel Muġulṭāy a beaucoup puisé[181]. Le *Wāḍiḥ* est néanmoins plus exhaustif et le nombre de signes auxquels

178. Ibn Sīnā, *Risāla fī al-ʿišq*, p. 9.

179. *Al-Wāḍiḥ*, p. 39-40, ms f° 13v°, l. 1 ; f° 14v°, l. 3. Voir aussi Ibn Sīnā, *Risāla fī al-ʿišq*, p. 2-3, 8. Ce même passage se retrouve dans le *Ḏamm al-hawā* d'Ibn al-Ǧawzī, qui l'attribue lui aussi aux savants des Anciens. Ibn al-Ǧawzī, *Ḏamm al-hawā*, p. 233.

180. *Al-Wāḍiḥ*, p. 95, ms f° 39r°, l. 12. À ce propos, voir Balda-Tillier, 2014, p. 185-201.

181. Ibn Ḥazm, *Ṭawq al-ḥamāma*, p. 92-103. Le copiste du manuscrit de Dār al-Kutub sur lequel se base l'édition imprimée avait probablement déjà remarqué la ressemblance entre ces deux passages, car dans cette dernière, les signes de l'amour sont introduits par la même phrase qui apparaît dans le *Ṭawq al-ḥamāma*, alors que cette phrase est absente du manuscrit d'Istanbul. Cf. Ibn Ḥazm, *Ṭawq al-ḥamāma*, p. 92 et *al-Wāḍiḥ*, p. 95.

on peut reconnaître l'amour y est plus élevé[182]. Cette précision reflète le souci de clarté exprimé par l'auteur dans ses déclarations programmatiques. Si son œuvre se prétend un manuel sur l'amour, comme Muġulṭāy l'affirme, il est fondamental pour ses usagers de pouvoir reconnaître les signes qui montrent que l'on aime. Le *Wāḍiḥ*, comme le *Ṭawq*, présente deux séries de signes. La première en comprend quatorze. La seconde, précédée de la mention « signes inverses » (*ʿalāmāt mutaḍādda*), en compte quinze.

L'œil étant la porte de l'âme et une fenêtre ouverte sur ses secrets, le plus expressif des signes de l'amour consiste dans le regard fixe (*idmān*) irrésistiblement attiré par l'être aimé au point de ne voir rien d'autre (*ḥabs naẓarihi ʿalā maḥbūbihi wa-lā yarā ġayrahu*)[183]. L'amant peut néanmoins ressentir la nécessité de détourner les yeux par pudeur et de fixer le sol lorsque le regard de l'aimé se pose sur lui (*iġḍāʾuhu ʿinda naẓar maḥbūbihi*). Parfois, il préfère que sa vue soit obscurcie par les larmes plutôt qu'elle soit occupée par autre chose que l'aimé (*šuġl al-ʿaynayn bi-l-damʿ ʿan al-naẓar ilā ġayr al-maḥbūb*)[184].

Les dix signes qui suivent peuvent tous être regroupés en deux catégories : celle du changement par rapport au comportement habituel et celle du trouble[185]. Au premier groupe appartiennent la jalousie intense (*kaṯrat al-ġayra*), le désir de tuer pour obtenir son but (*maḥabbat al-qatl li-yabluġa ġāyatahu*), l'acceptation de n'importe quel discours de la part de l'aimé (*al-iqbāl bi-l-ḥadīṯ, fa mā yakād yuqbil ʿalā siwā maḥbūbihi*), la grande générosité (*an yaǧūda al-muḥibb bi-kull mā yaqdur*). Seuls les deux derniers signes se trouvent chez Ibn Ḥazm. Ces quatre marques de l'amour partagent la caractéristique de constituer des réactions excessives et déraisonnables, puisque l'amant est obnubilé et son jugement oblitéré par sa passion amoureuse. Ils montrent la force que la passion amoureuse peut exercer sur l'amant et le caractère transgressif de la conception de l'amour prônée par le *Wāḍiḥ*[186]. L'amant révèle ensuite son trouble en accélérant le pas vers le lieu où se trouve l'aimé afin de s'asseoir à côté de lui (*al-isrāʿ bi-l-sayr naḥwa al-makān allaḏī yakūnu fīhi wa-l-taʿammud li-l-quʿūd bi-qurbihi*)[187] et en se montrant stupéfié et effrayé à la vue

182. Nous en comptons vingt-neuf dans le *Wāḍiḥ* et quinze dans le *Ṭawq*, dont un seul, le fait de veiller tard dans la nuit (*sahar*) ne figure pas dans le *Wāḍiḥ*.

183. *Al-Wāḍiḥ*, p. 95-96, ms f° 39r°, l. 12-16. Cf. Ibn Ḥazm, *Ṭawq al-ḥamāma*, p. 92.

184. *Al-Wāḍiḥ*, p. 96, ms f° 39v°, l. 1-4. Le texte du manuscrit est différent de celui de l'édition imprimée sur lequel nous nous sommes basée pour l'analyse de ce passage.

185. Seul un signe, le fait d'aimer les voisins de l'aimé (*an yuḥibba ǧīrānahu wa-man sākanahu*) n'a pu être classé dans ces deux groupes. *Al-Wāḍiḥ*, p. 97, ms f° 40r°, l. 11-12.

186. Le Prophète a loué la jalousie dans le *ḥadīṯ* suivant : « *lā ḫayra fī-man lā yuġār* » (« Il n'y a rien de bien dans celui dont on n'est pas jaloux [ou sur lequel on ne veille pas jalousement] »). Elle est cependant blâmée lorsqu'elle dépasse les limites du raisonnable. Al-Rāġib al-Iṣfahānī, *Muḥāḍarāt al-udabāʾ*, III, p. 232. Voir aussi à ce propos l'article de Pernilla Myrne, 2014, p. 46-65.

187. *Al-Wāḍiḥ*, p. 97, ms f° 39v°, l. 15 ; f° 40r°, l. 4. Cf. aussi *Ṭawq al-ḥamāma*, p. 93.

de son aimé (*baht yaqaʿu wa-rawʿa tabdū ʿalā al-muḥibb ʿinda ruʾyat man yuḥibbu*)[188] ou de quelqu'un qui lui ressemble, ou en entendant son nom (*iḍṭirāb yabdū ʿalā al-muḥibb ʿinda ruʾyat man yušbihu maḥbūbahu aw ʿinda samāʿ ismihi*)[189]. La pâleur de son visage et son incapacité à parler (*iṣfirār lawn al-ʿāšiq wa-ḥabs lisānihi*)[190], l'excessive gaieté et le fait de se sentir à l'étroit alors qu'on a toute la place nécessaire (*al-inbisāṭ al-kaṯīr al-zāʾid wa-l-taḍāyuq fī al-makān al-wāsiʿ*)[191] disent ensuite sa passion. Ce sont des signes, qui, à la différence des précédents, se manifestent sur le visage de l'amant et sont perceptibles de l'extérieur. Ils n'ont rien d'excessif ni d'étrange, attendu qu'ils se limitent à manifester des réactions que l'on peut facilement observer chez des amoureux.

Des symptômes différents et opposés (*ʿalāmāt mutaḍādda*) se manifestent dans les esprits troublés des amants[192], mais ce qui est en apparence opposé est en réalité semblable (*al-aḍdād andād*) et une chose, lorsqu'elle est poussée à son excès, se transforme en son opposé. Ces signes sont au nombre de quinze[193] et peuvent être répartis dans les quatre catégories suivantes :

1. **Les attitudes de l'œil** (le fait de ne voir que l'aimé, le fait de se détourner du regard de l'aimé, les larmes lorsqu'on ne voit pas l'aimé, l'œil sec lorsqu'on pense à l'aimé ou lors des adieux).
2. **Le désir de souffrir en raison de son amour** (le désir d'être tué, la joie lors de l'éloignement, le désir d'entendre les gens dire du mal de l'aimé).
3. **La douleur et le trouble provoqués par l'amour** (l'intense jalousie, la pâleur et l'incapacité de parler, les soupirs prolongés, l'incapacité à adresser des reproches à l'aimé, le fait de s'abandonner aux larmes par sollicitude, la grande compassion pour l'aimé).
4. **L'amour pour les proches de l'être aimé** (l'amour pour les voisins et pour la famille de l'aimé).

188. *Al-Wāḍiḥ*, p. 97, ms f° 40r°, l. 5-7. Cf. aussi *Ṭawq al-ḥamāma*, p. 93-94. Le verbe *yaqaʿu* ne se trouve que dans le manuscrit.
189. *Al-Wāḍiḥ*, p. 97, ms f° 40r°, l. 8-11. Cf. aussi *Ṭawq al-ḥamāma*, p. 93.
190. *Al-Wāḍiḥ*, p. 97, ms f° 40r°, l. 13-15.
191. *Al-Wāḍiḥ*, p. 98, ms f° 40v°, l. 4-9. Cf. aussi *Ṭawq al-ḥamāma*, p. 95.
192. *Al-Wāḍiḥ*, p. 98, ms f° 40v°, l. 10-15 et *Ṭawq al-ḥamāma*, p. 95-96. Les vers proclament :

ʿAlāmatu al-ʿāšiqi ʿinda al-liqā — *raʿšatuhu wa-l-naẓaru al-ḫafiḍu*
Al-damʿu mina ʿaynayni yarfaḍu — *wa-l-šawqu fī aḥšāʾihi ġaḍḍu*

Le tressaillement et le regard baissé sont les signes [qui se manifestent chez] l'amant quand il rencontre l'aimé. Les larmes coulent à flots, mais le désir ardent le suffoque à l'intérieur.
193. *Al-Wāḍiḥ*, p. 98-101, ms f° 40v°, l. 10 ; f° 42r°, l. 11.

Les signes contenus dans la première catégorie révèlent que le regard s'oriente chez l'amant vers un seul et unique objet, à l'exclusion de tout autre. Muġulṭāy décrit un sentiment absolu, qui n'admet pas de concurrence. C'est parce que cet amour occupe pleinement l'esprit de l'amant qu'il aime aussi les proches et les voisins de son aimé, comme l'indiquent les signes de la quatrième catégorie. Tout lien, même secondaire, avec l'aimé, est aimable et aimé. La conception du *ʿišq* propre au *Wāḍiḥ* inclut une valorisation en termes religieux du désir de souffrir, de la douleur et du trouble.

4.4.3. Les différentes manières de tomber amoureux et les comportements des amants

Muġulṭāy énumère les manières de tomber amoureux avant de voir l'aimé et décrit le comportement des amants, hommes et femmes[194]. À cet endroit du texte, le manuscrit et la version imprimée présentent des différences. Le manuscrit d'Istanbul est beaucoup plus succinct. Des diverses façons de concevoir une passion amoureuse, il ne retient que la possibilité de s'éprendre d'une trace (*aṯar*) ou d'une image aperçue dans le sommeil[195]. Muġulṭāy trouve ici l'occasion de raconter sa première histoire d'amour et de mort. Un homme s'enamoura de la trace laissée sur un mur par la main d'une femme. Son état ne cessant d'empirer, ses parents l'éloignèrent et effacèrent cette trace. Quand l'amoureux revint et ne la trouva plus, il se mit à pleurer jusqu'à en mourir[196].

5. Les règles de l'*ars amandi* selon Muġulṭāy ou le manuel du parfait martyr d'amour

Après avoir défini la nature du *ʿišq*, en avoir décrit la naissance, les effets sur les amants et les dangers, Muġulṭāy présente les règles à suivre par le *ʿāšiq* afin de se maintenir dans le droit chemin.

194. *Al-Wāḍiḥ*, p. 103-107.
195. Ms f° 42r°, l. 12 et ms f° 42r°, l. 14-15. Les cas omis dans le manuscrit comprennent ceux qui tombent amoureux d'une description (*bi-l-waṣf*) ou à l'écoute d'une mélodie (*li-samāʿi naġma*), au toucher (*bi-l-lams*), d'un parfum (*bi-l-šamm*) ou au premier regard (*min naẓra*), d'une femme *djinn* qu'ils voient dans leur sommeil. *Al-Wāḍiḥ*, p. 101-103.
196. Ms f° 42r°, l. 12-14.

5.1. ʿIšq *louable*, ʿišq *blâmable*

La raison humaine doit tout d'abord distinguer divers types de *ʿišq* – affirme Muġulṭāy[197]. Le *ʿišq* est blâmable lorsqu'il correspond à un amour ardent (*waǧd*) qui entend attirer l'aimé à soi dans le seul but de soulager l'amant de ses tourments. Les hommes doivent s'en abstenir en prenant certaines précautions et en adressant des prières à Dieu pour qu'Il ne leur inflige pas des maux qu'ils ne peuvent pas supporter[198]. La faiblesse des hommes trouve une expression particulière dans le manque de patience dont ils font souvent preuve à la vue des femmes[199]. Un *ḥadīṯ*, cité dans le *Ṣaḥīḥ* de Muslim (m. 261/875), met ensuite en garde contre la tentation représentée par les belles femmes et affirme que le seul remède à ce mal consiste à se tourner vers ses épouses. Un autre dire rappelle que le Prophète n'a laissé après lui de cause de discorde plus grande que les femmes[200]. Enfin, des paroles prophétiques insistent sur l'attirance qu'exercent les femmes ou les jeunes éphèbes imberbes[201]. Devant la puissance de l'attraction amoureuse, même le Prophète, qui constitue pourtant le modèle d'une moralité sans faille, a éprouvé des difficultés à résister.

Le *ʿišq* est en revanche louable lorsqu'il se manifeste par un amour nostalgique (*waǧd*) nourri de vénération (*hayba*), chérissant l'imagination (*ʿayn al-ḫayāl*) lors de l'éloignement[202]. Ce *ʿišq* licite (*ḥalāl*) est capable d'améliorer la nature de l'homme et d'en atténuer les défauts[203]. La raison humaine y est encline et le préfère aux autres formes de passion, car il affine les esprits. Par son biais, l'intelligence règle ces derniers comme une balance, les polit, les purifie[204], les rend légers et parfumés[205]. Ce *ʿišq*, émotion spirituelle d'âmes nobles, capable d'éduquer une élite d'hommes raffinés, doit néanmoins se conformer à des règles strictes pour se maintenir dans le cadre éthique prescrit par l'islam et pouvoir aboutir au martyre[206]. Afin d'étayer davantage son propos, Muġulṭāy recourt également à

197. *Al-Wāḍiḥ*, p. 60, ms f° 23r°, l. 12-16.
198. « Notre Seigneur ! Ne nous charge pas de ce que nous ne pouvons pas porter ». *Coran*, II, 286. *Al-Wāḍiḥ*, p. 23-25, ms f° 6r°, l. 10 ; f° 7r°, l. 11.
199. *Al-Wāḍiḥ*, p. 23, ms f° 6r°, l. 14-15 et Coran, IV, 27.
200. *Al-Wāḍiḥ*, p. 23, ms f° 6r°, l. 16 ; f° 6v°, l. 4.
201. *Al-Wāḍiḥ*, p. 24-25, ms f° 6v°, l. 15 ; f° 7v°, l. 11.
202. *Al-Wāḍiḥ*, p. 60, ms f° 23v°, l. 12-16.
203. *Al-Wāḍiḥ*, p. 60-61, ms f° 23v°, l. 16 ; f° 24r°, l. 7.
204. *Al-Wāḍiḥ*, p. 61, ms f° 24r°, l. 8-9.
205. *Al-Wāḍiḥ*, p. 61, ms f° 24r°, l. 11 ; f° 24v°, l. 1.
206. Le *Wāḍiḥ* rapporte à ce propos la réponse donnée par Ṯumāma b. Ašras à al-Ma'mūn lorsque ce dernier l'interrogea sur la nature de l'amour. *Al-Wāḍiḥ*, p. 46, ms f° 17r°, l. 11 ; f° 17v°, l. 3.

des théories philosophiques. Selon Mahryālīs (*sic*) dans son livre *L'organisation des corps* (*Tadbīr al-aǧsām*)[207], la passion amoureuse, en prenant le dessus, détourne les sens des hommes de la recherche du plaisir[208].

5.2. *Légitimité du* ʿišq *au regard de l'éthique musulmane*

L'amour passion n'est ni considéré comme un sujet répréhensible (*mustankar*) dans la révélation (*tanzīl*) ni proscrit (*maḥẓūr*) par la loi islamique : le premier grand amour dans l'islam fut celui du Prophète pour ʿĀʾiša[209]. Il en était si amoureux qu'il l'embrassait même pendant le jeûne. Lorsque, continue l'auteur du *Wāḍiḥ*, pendant une razzia, l'âne (ou le chameau, dans le manuscrit) qui transportait ʿĀʾiša divagua, le Prophète, inquiet, resta à l'entrée d'un passage (*mamarr*), criant : « Ô ma pauvre épouse, ô ma pauvre épouse[210] ! » Abraham allait voir son esclave Hāǧar[211] tous les jours sur le dos de Burāq[212], ne pouvant supporter d'être séparé d'elle[213].

Le *ʿišq* ne correspond pas à un choix délibéré et ceux qui en sont frappés ne doivent pas être réprouvés (*inkār*). Il est au contraire recommandable (*yustaḥabb*) de les aider et de leur manifester de la compassion[214]. Le Prophète lui-même aurait eu pitié d'un amoureux, comme le montre la célèbre histoire de Barīra[215]. Sommée de choisir entre demeurer avec son mari et se séparer de lui, elle opta pour le divorce. Follement amoureux d'elle, son

207. Aucun renseignement n'est disponible sur cet auteur et sur son ouvrage comme le mentionne en note l'édition imprimée.

208. « Sache que les sens valides et les membres du corps sont naturellement portés à respecter l'âme divine. Quand l'âme désire quelque chose, elle penche vers ce qu'elle aime au point qu'elle devient plus proche d'elle que de son propre corps. Pour cette raison, les sens et les membres du corps se détournent de tous les plaisirs et toutes les faveurs qui s'offrent à eux, pour chercher ce qu'ils aiment, et s'abstiennent en partie de ces plaisirs, pour respecter la passion qui les a touchés. *Al-Wāḍiḥ*, p. 29-30, ms f° 9r°, l. 13 ; f° 9v°, l. 2.

209. *Al-Wāḍiḥ*, p. 28, ms f° 8r°, l. 8-10.

210. *Al-Wāḍiḥ*, p. 28, ms f° 8r°, l. 14-15.

211. Hāǧar est l'esclave qui donna à Abraham son fils Ismaël. Paret, 1969. *Al-Wāḍiḥ*, p. 28, ms f° 9r°, l. 2-3.

212. Burāq est en principe l'animal ailé sur lequel Muḥammad accomplit son voyage nocturne de La Mecque à Jérusalem (*isrāʾ*). Robinson, 1991.

213. L'édition imprimée donne aussi l'exemple de Joseph que son père Jacob aurait préféré à tous ses frères, par amour (*ʿišq*) de sa mère Rachel. Cet exemple ne figure pas dans le manuscrit. *Al-Wāḍiḥ*, p. 29.

214. *Al-Wāḍiḥ*, p. 30, ms f° 9v°, l. 8-13. Dans son article sur le pur et l'impur en islam, A. Mahjoub rappelle par exemple que les chiites ont établi cinq degrés dans le pur (*ḥalāl*) et l'impur (*ḥarām*). Entre ces deux extrémités se trouve le *mustaḥabb*, terme qui indique tout acte qui, du point de vue religieux, est recommandable, c'est-à-dire qu'il crée des mérites, sans que le refus de son accomplissement donne lieu au péché. Mahjoub, 1990, p. 41.

215. Barīra était une esclave dont ʿĀʾiša acheta la liberté et qui resta avec elle en qualité de servante. Robson, 1959.

ex-mari se mit à la suivre partout en pleurant. Elle resta ferme sur sa décision, bien que le Prophète l'eût suppliée de renoncer à la séparation[216]. De nombreuses histoires montrent également que les premiers califes et de grandes personnalités de l'islam naissant aimèrent ou éprouvèrent de la pitié pour les amants, déployèrent leurs efforts pour les réunir[217] et adressèrent des prières à Dieu en leur faveur[218]. Tous, et en particulier Muḥammad, considéré comme l'*homo islamicus* idéal, approuvèrent la passion amoureuse. Ils furent blâmés pour cela, mais ils se défendirent, arguant qu'il faut se montrer miséricordieux avec les amants et qu'une oraison pour leur bien-être vaut mieux que le pèlerinage au mois de *rağab*[219].

Ces histoires sont les seules du livre à traiter d'un amour qui se conclut par un heureux mariage et non par la mort des amants. L'accent est mis non pas sur l'histoire d'amour, mais sur le bienfait accompli pour réunir les amants. Permettre à deux amoureux de se marier

216. *Al-Wāḍiḥ*, p. 30, ms f° 9v°, l. 13 ; f° 10r°, l. 1.

217. On raconte qu'Abū Bakr (m. 12/634) entendit une esclave réciter des vers d'amour, l'acheta à son maître et l'envoya à celui qu'elle aimait, en disant que les femmes sont cause de discorde entre les hommes : nombreux sont les hommes généreux qui sont morts pour elles ou les hommes intègres qui se sont perdus. *Al-Wāḍiḥ*, p. 31, ms f° 10r°, l. 2-9.
Le troisième calife ʿUṯmān b. ʿAffān (m. 35/655) plaida en faveur d'une esclave qui vint demander de l'aide à un des *Anṣār* pour être réunie à son cousin qu'elle aimait depuis toujours. *Al-Wāḍiḥ*, p. 31, ms f° 10r°, l. 9-13.
On amena devant ʿAlī b. Abī Ṭālib (m. 40/661) un jeune homme qui avait été surpris dans une maison pendant la nuit. Il expliqua par des vers qu'il n'était pas un voleur, mais que l'amour uniquement avait motivé son geste. *Al-Wāḍiḥ*, p. 31, ms f° 10r°, l. 13 ; f° 10v°, l. 5.
Quand Muʿāwiya (m. 60/680) entendit une esclave, dont il était fort amoureux, chanter des vers d'amour pour un bien-aimé qu'elle avait laissé dans son pays, il l'y renvoya. *Al-Wāḍiḥ*, p. 32, ms f° 10v°, l. 5-9.
Le calife Sulaymān b. ʿAbd al-Malik (m. 99/717) possédait un éphèbe et une esclave qui échangeaient des vers d'amour. Quand il sut leur passion, il les maria et leur offrit une importante dot, bien qu'il en fût jaloux. *Al-Wāḍiḥ*, p. 34, ms f° 11v°, l. 3-13.
Al-Muhallab (m. 82/702), un des plus éminents généraux de l'armée arabe au Ier siècle, entendit un jeune homme chanter des vers d'amour pour une esclave et la lui donna, y ajoutant cinq mille dinars. *Al-Wāḍiḥ*, p. 35-36, ms f° 12r°, l. 2-6.
On raconte que Zubayda, la femme de Hārūn al-Rašīd (m. 193/809), ayant lu des vers d'amour malheureux gravés sur un mur le long de la route qui conduit à La Mecque, déploya tous ses efforts pour réunir en mariage l'auteur de ces vers et sa bien-aimée. Elle considéra ensuite cette action comme un de ses plus grands bienfaits. *Al-Wāḍiḥ*, p. 33-34, ms f° 11r°, l. 11 ; f° 11v°, l. 3 et *al-Wāḍiḥ*, p. 30, ms f° 9v°, l. 3.

218. Il s'agit de Zayd b. Ṯābit (m. 45/665), un des compagnons du Prophète (al-Ziriklī, 1990-2011, III, p. 56) et d'Abū Sā'ib al-Maḫzūmī, un pieux lecteur du Coran.

219. *Al-Wāḍiḥ*, p. 32-33, ms f° 10r°, l. 9-10 ; f° 10r°, l. 15 ; f° 11v°, l. 10. Entre les deux histoires, Muġulṭāy insère le célèbre épisode dans lequel Umm al-Banīn, la sœur du calife ʿUmar b. ʿAbd al-ʿAzīz (m. 101/720), demanda à la pieuse ʿAzza le sens d'un vers de son amant Kuṯayyir, qui lui reprochait de ne pas avoir tenu une promesse. Elle expliqua alors à la grande dame qu'elle lui avait promis un baiser, mais que la pudeur l'avait empêchée d'honorer cette promesse. Umm al-Banīn lui ordonna de se montrer fidèle à sa parole, car elle prendrait sur elle la faute que cela représentait, si faute y avait. *Al-Wāḍiḥ*, p. 32, ms f° 10v°, l. 11-14.

équivaut à les sauver et à leur redonner la vie, comme l'affirme le marchand d'esclaves, héros d'une de ces histoires, en citant un verset de la sourate de la *Table servie* : « Celui qui sauve un seul homme est pareil à celui qui a sauvé l'humanité entière »[220]. Il en résulte que l'amour passionné est dans tous les cas légitime : s'il est heureux, les amants sont sauvés par le mariage et, s'il est malheureux et si les amants restent chastes malgré tout, il est récompensé dans l'au-delà. Celui qui résiste au désir provoqué par cette passion et reste chaste acquiert en effet tant de mérite qu'il touche à la perfection[221]. Ces récits soulignent aussi que puisqu'on ne peut pas résister à l'amour, la meilleure chose consiste à réunir les amants. Dans le raisonnement de Muġulṭāy, les bienfaits de l'amour ne se limitent donc pas aux amants eux-mêmes, mais permettent aussi aux cœurs nobles d'accomplir des actions méritantes.

6. La conception de l'amour profane chez Muġulṭāy ou l'islamisation du *ʿišq* par le martyre d'amour

Muġulṭāy puise à des sources diverses pour définir le *ʿišq* et les règles à suivre pour le rendre licite. Un inextricable mélange de citations et de renvois impossible à démêler compose l'introduction du *Wāḍiḥ*. En choisissant de nommer explicitement certaines de ses sources et d'en passer d'autres sous silence, Muġulṭāy fournit cependant quelques indices sur ses affinités littéraires et sur ses connaissances. Il se repose sur deux types de sources, écrites pour les unes (les titres d'ouvrages sont mentionnés explicitement) et orales pour les autres (chaînes de transmission)[222]. Des trente et un ouvrages cités par leur titre, sept correspondent à des traités d'amour. Nous y reviendrons plus loin. Par ailleurs, Muġulṭāy puise ses citations chez un grand nombre d'auteurs considérés comme des experts dans leur domaine et donc les plus à même d'étayer chaque question. Pour expliquer le sens du terme *ʿišq* du point de vue philologique, il cite des grammairiens et

220. Coran, V, *Table servie*, 32. *Al-Wāḍiḥ*, p. 35, ms f° 12r°, l. 1.
221. Sicard, 1984, p. 331.
222. Nous sommes consciente de l'artificialité de cette division à une époque où la connaissance était en grande partie acquise par le livre. Il est néanmoins significatif de voir que la citation de sources livresques est remarquablement plus élevée dans le *Wāḍiḥ* que dans les traités d'amour qui le précèdent. Nous avons traité en détail de cette question dans Balda-Tillier, 2012, p. 186-214. Pour une liste complète des auteurs cités dans l'introduction, voir l'Annexe I. Notre analyse des sources de l'introduction ne prend pas en compte les noms qui figurent dans les chaînes de transmission.

linguistes comme al-Farrā'[223], Ibn al-A'rābī[224], Ibn al-Sikkīt[225] ou al-Ṯa'ālibī[226]. Lorsqu'il cite des *ḥadīṯ*-s, il les place sous l'autorité des deux plus grands traditionnistes reconnus, al-Buḫārī et Muslim[227]. Sa culture s'étend aussi à la science grecque dont nous trouvons des citations de seconde main. Muġulṭāy mentionne ainsi plusieurs auteurs grecs anciens comme Platon[228], Aristote[229], Diogène le Cynique (al-Kalbī)[230], Socrate[231], Hippocrate[232], Galien[233], Arastis (*sic*) l'astrologue[234] et Ptolémée[235], qui sont appelés à témoigner sur des questions concernant la nature de l'amour, la théorie de l'affinité et celle qui explique l'amour entre deux êtres par l'influence des étoiles.

L'auteur du *Wāḍiḥ* ne cite, dans son introduction, que deux auteurs qui vécurent au IIe siècle de l'hégire. Quatorze appartiennent au IIIe siècle, onze au IVe, huit aux Ve, huit au VIe, un seul au VIIe et quatre au VIIIe. Il tire donc ses renseignements d'ouvrages qui couvrent six siècles, mais il privilégie les maîtres des IIIe et IVe siècles de l'hégire. Il ne semble pas s'intéresser aux auteurs du siècle qui précède immédiatement le sien, mais il puise volontiers ses citations chez ses contemporains. Quant aux poèmes, Muġulṭāy attribue des vers à cinquante-quatre personnages. Parmi ceux que nous avons pu identifier,

223. Al-Farrā' est le surnom du grammairien Abū Zakariyyā' Yaḥyā b. Ziyād (m. 207/822). Cf. Blachère, 1964. *Al-Wāḍiḥ*, p. 71, ms f° 28r°, l. 16 ; f° 28v°, l. 1.
224. Ibn al-A'rābī (m. 231/846) est un philologue de l'école de Kūfa. Cf. Pellat, 1968b. *Al-Wāḍiḥ*, p. 71, ms f° 28v°, l. 2-3.
225. Ibn Sikkīt (m. 244/858) est un célèbre philologue et lexicographe. Ed., 1969. *Al-Wāḍiḥ*, p. 70, ms f° 27v°, l. 16 ; f° 28r, l. 1.
226. Auteur d'importants traités de philologie tels que le *Fiqh al-luġa wa-sirr al-'arabiyya* (m. 429/1038). Rowson, 1999. *Al-Wāḍiḥ*, p. 70, ms f° 28r°, l. 3-4.
227. Al-Buḫārī (m. 256/870), célèbre traditionniste auteur du *Ṣaḥīḥ*, fut considéré à partir du IVe siècle de l'hégire comme la principale autorité, avec Muslim, en matière de *ḥadīṯ*. Robson, 1960. *Al-Wāḍiḥ*, p. 23-24, ms f° 6v°, l. 1-4 ; f° 6v°, l. 8-9.
Muslim (m. 261/875), un des plus grands collecteurs de traditions prophétiques, écrivit aussi un *Ṣaḥīḥ*, qui - avec celui de Buḫārī - représente le recueil de *ḥadīṯ*-s le plus consensuel parmi les experts de cette discipline. Juynboll, 1992. *Al-Wāḍiḥ*, p. 23-24, ms f° 6v°, l. 1-4 ; f° 6v°, l. 8-9.
Parmi les transmetteurs et experts de *ḥadīṯ* réputés mentionnés dans le *Wāḍiḥ*, citons encore Abū al-Raqa'maq (m. 399/1009), et Muḥammad b. Isḥāq al-Sarrāǧ (m. 925/313), auteur d'un Musnad, traditionniste réputé digne de confiance (al-Ziriklī, 1990-2011, VI, p. 29).
228. *Al-Wāḍiḥ*, p. 43, ms f° 16r°, l. 2.
229. *Al-Wāḍiḥ*, p. 43, ms f° 16r°, l. 4 ; p. 45, ms f° 16v°, l. 8.
230. *Al-Wāḍiḥ*, p. 45, ms f° 16v°, l. 11.
231. *Al-Wāḍiḥ*, p. 47, ms f° 17v°, l. 12.
232. *Al-Wāḍiḥ*, p. 55, ms f° 21r°, l. 15 et p. 66 où est cité le *Kitāb al-azmina* de cet auteur.
233. *Al-Wāḍiḥ*, p. 56, ms f° 21v°, l. 7.
234. *Al-Wāḍiḥ*, p. 57, ms f° 22, l. 4.
235. *Al-Wāḍiḥ*, p. 57, ms f° 22, l. 14.

un seul vécut à l'époque antéislamique[236], quatre moururent au Iᵉʳ siècle de l'hégire[237], douze au IIᵉ siècle[238], treize au IIIᵉ[239], cinq au IVᵉ[240], cinq au Vᵉ[241]. Deux poètes enfin vécurent à la même époque que notre auteur[242]. Muġulṭāy privilégie donc des poètes des cinq premiers siècles de l'islam et, en particulier, ceux des IIᵉ et IIIᵉ siècles de l'hégire. Ce choix ne semble pas anodin, car, selon Régis Blachère, c'est à cette période précisément qu'advient la transfiguration du poète tribal en héros de roman « courtois » et que le *ġazal*

236. Il s'agit de Ṭarafa al-Ǧāhilī (b. al-ʿAbd), mort vers 550 de l'ère chrétienne. *Al-Wāḍiḥ*, 55, ms f° 21r°, l. 12-13.
237. Il s'agit de Qays b. al-Mulawwaḥ appelé Maǧnūn Laylā, (qui, s'il a réellement existé, a probablement vécu dans la première moitié du Iᵉʳ, VIIᵉ siècle), *al-Wāḍiḥ*, p. 45, ms f° 16v°, l. 12-13 et p. 47, ms f° 17v°, l. 13-14) ; Ibn Aḥmar (mort pendant le califat de ʿUṯmān), p. 73, ms f° 29v°, l. 1-3 ; Hudba b. al-Ḫašram (m. 50/670), p. 74, ms f° 30r°, l. 9-12 ; et Saʿīd b. al-Musayyab (m. 94/713), p. 89, ms f° 36r°, l. 15 ; f° 36v°, l. 5.
238. Il s'agit de ʿUrwā b. Uḏayna (mort au début IIᵉ/VIIIᵉ), p. 53, ms f° 20v°, l. 9-13 ; Ǧarīr (m. 110/728-9), p. 78, ms f° 31v°, l. 1-2 ; al-Kumayt (m. 126/743), p. 64, ms f° 25v°, l. 7-8) ; le calife ʿAbd al-Malik b. Marwān (m. 132/749-50), p. 20, ms f° 5r°, l. 4-5 ; Ayman b. Ḫuraym (qui vécut à l'époque umayyade), p. 77, ms f° 31r°, l. 12-13 ; Ibn al-Dumayna (m. au début de la période abbasside), p. 52, ms f° 19v°, l. 13-14 et 82, ms f° 33r°, l. 2-6 ; Ṣāliḥ b. ʿAbd al-Quddūs (m. 167/783), p. 67, ms f° 26v°, l. 15-16 ; al-Ḥusayn b. Muṭayr (m. 169/785), p. 63, ms f° 25r°, l. 15 ; f° 25v°, l. 1 et p. 81, ms f° 32v°, l. 16 ; f° 33r°, l. 2 ; Ibrāhīm b. Harma (m. 170/786), p. 80, ms f° 32v°, l. 1-2 ; al-Muʾammal b. Umayl (m. vers 190/805), p. 37, ms f° 12r°, l. 11-13 ; al-ʿAbbās b. al-Aḥnaf (m. 193/808), p. 63, ms f° 25r°, l. 13-14, p. 66, ms f° 26v°, l. 3-5, p. 72, ms f° 29r°, l. 8-11 et p. 74, ms f° 30r°, l. 7-9 et Abū Nuwās (m. 198/813), p. 22, ms f° 5v°, l. 14 ; f° 6r°, l. 3, p. 54, ms f° 20v°, l. 9 ; f° 21r°, l. 3 et p. 55, ms f° 21r°, l. 13-15.
239. Muḥammad b. Umayya (dont la date de mort est inconnue, mais qui naquit en 200/815), p. 67, ms f° 22v°, l. 8-10) ; al-Šāfiʿī (m. 204/820), p. 54, ms f° 21r°, l. 4-5 ; al-Ḥakam b. Hišām (m. 206/822), p. 72, ms f° 29r°, l. 1-6 ; Abū ʿUyayna (qui vécut à l'époque d'al-Maʾmūn), p. 53, ms f° 20r°, l. 9-13 ; al-Muslim b. al-Walīd (m. 208/823), p. 26, ms f° 7v°, l. 6-8, 45, ms f° 16v°, l. 14-15, p. 64 (le nom de ce poète n'est pas cité à l'endroit correspondant du ms), p. 80, ms f° 32v°, l. 8 et 105 (page qui manque dans le manuscrit) ; Abū Tammām (m. en 231 ou en 232/845 ou en 846), p. 67, ms f° 26v°, l. 10-11) ; Dīk al-Ǧinn (m. 235 ou 236/849-50), p. 26, ms f° 8v°, l. 8-9 ; al-Fatḥ b. Ḫāqān (m. 247/861), p. 21, ms f° 5v°, l. 2-4 ; Abū ʿAbd al-Raḥmān al-ʿAṭwī (m. 250/864), p. 81, ms f° 32v°, l. 14-15 ; Abū Hiffān (m. 255/869), p. 75, ms f° 30v°, l. 5-6) ; Ibrāhīm b. al-Mudabbir (m. 279/892-3), p. 92, ms f° 37v°, l. 5-7 ; Ibn al-Rūmī (m. 283/896), p. 76, ms f° 30v°, l. 15 ; f° 31 l. 2 (le manuscrit ne mentionne pas le nom du poète, mais uniquement ses vers) et p. 67, ms f° 26v°, l. 13-14) ; Ibn al-Muʿtazz (m. 296/908), p. 67, ms f° 26v°, l. 16 ; f° 27r°, l. 2 et p. 88, ms f° 35v°, l. 15 ; f° 36r°, l. 1.
240. Abū Ǧaʿfar al-Ṣaḫāwī, (m. 321/933), p. 93-94, ms f° 38r°, l. 2-7 ; al-Muhallab (Niftawayh, m. 323/935), p. 35-36, ms f° 12r°, l. 2-5 et p. 83, ms f° 33v°, l. 3-6 ; al-Ḫubzaruzzī (Naṣr b. Aḥmad, m. 327/939), p. 57, ms f° 22r°, l. 7-9 ; Ḥamza al-Iṣfahānī (m. 350/961), p. 74, ms f° 30r°, l. 1-3 ; al-Wāʾwāʾ (m. vers 390/999), p. 68, ms f° 27r°, l. 3-4.
241. Al-Šarīf al-Raḍī (m. 406/1016), p. 81, ms f° 32v°, l. 10-13 ; Ibn Abī Ḥaṣīna (m. 457/1065), p. 67, ms f° 26v°, l. 12-13 ; Abū Bakr al-Ḫaṭīb (m. 463/1071), p. 90, ms f° 36v°, l. 10-14) ; al-Qušayrī (m. 465/1072), p. 20, ms f° 4v°, l. 12 ; f° 5r°, l. 1 ; Abū al-Walīd al-Bāǧī (m. 474/1081), p. 20, ms f° 4r°, l. 9-11.
242. Šihāb al-Dīn Maḥmūd (m. 725/1325), p. 20, ms f° 5r°, l. 1-3 et 82, ms f° 33r°, l. 7-11) et ʿAbd al-ʿAzīz b. Sarāyā al-Ḥillī (m. après 747/1346-47), p. 77, ms f° 31r°, l. 6-7.

commence à se fixer dans une tradition destinée à devenir stable[243]. Parmi les poètes les plus cités figure Muslim b. al-Walīd (m. 208/823), surtout connu comme panégyriste, et dont les poèmes d'amour, qui s'appuient sur un fond traditionnel, ont subi l'influence de ʿUmar b. Abī Rabīʿa (m. 93/712 ou 103/721)[244]. Ses vers sont mis à contribution pour montrer l'importance de la chasteté et les effets sur l'amant du désir maîtrisé[245]. Les vers d'al-ʿAbbās b. Aḥnaf sont cités à quatre endroits[246]. Ils expriment tout d'abord l'idée que rien n'est bon chez ceux qui n'aiment pas passionnément[247] ; puis celle que les amants doivent être plaints pour les souffrances qu'ils endurent[248] ; que les rois et les hommes puissants ne peuvent pas aimer comme les autres, attendu qu'ils considèrent leurs aimés comme des objets qu'ils possèdent[249]. Un vers déclare enfin que l'amour ne devient véritable que lorsqu'il est consommé[250]. Ces citations, qu'elles soient en poésie ou en prose, sont autant de clins d'œil à ses lecteurs, avec lesquels elles créent une complicité fondée sur l'attente et sur un savoir partagé entre initiés.

7. Conclusion

À partir des sources et des arguments mentionnés dans son introduction[251], Muġulṭāy élabore sa propre conception de l'amour, basée sur les points essentiels suivants :

1. Le *ʿišq* est imposé, que ce soit à la naissance ou en amont, et il n'est en aucun cas un choix délibéré[252].

243. Blachère, 1961, p. 132. Voir aussi *infra*, chap. 3.
244. Kratschkowsky, 1992.
245. Des vers de Muslim b. al-Walīd révèlent par exemple comment les larmes peuvent trahir l'amant pourtant désireux de cacher son amour (*al-Wāḍiḥ*, p. 26 ; ms f° 7v°, l. 6-8). Dans d'autres vers, le poète déclare que l'amour l'a frappé à mort alors qu'il en était encore à apprendre sa signification (*al-Wāḍiḥ*, p. 45 ; ms f° 16v°, l. 14-15). Muġulṭāy le cite ensuite pour étayer l'idée que la vie sans amour ne vaut pas d'être vécue (*al-Wāḍiḥ*, p. 64 sans correspondance dans le manuscrit), puis que le seul amour louable est celui qui s'accompagne de la chasteté (*al-Wāḍiḥ*, p. 80 ; ms f° 32v°, l. 8). Enfin, un de ses vers affirme que, dans le cœur du poète, un seul amour peut trouver sa place (*al-Wāḍiḥ*, p. 105/folio manquant dans le manuscrit).
246. Blachère, 1954a.
247. *Al-Wāḍiḥ*, p. 63, ms f° 25r°, l. 13-14.
248. *Al-Wāḍiḥ*, p. 66, ms f° 26v°, l. 3-5.
249. *Al-Wāḍiḥ*, p. 72, ms f° 29r°, l. 8-11.
250. *Al-Wāḍiḥ*, p. 74, ms f° 30r°, l. 7-9.
251. Ces sources sont listées dans l'Annexe I, *Sources de l'introduction*.
252. *Al-Wāḍiḥ*, p. 58, ms f° 22v°, l. 10-13.

2. Cette fatalité ne touche par la *mušākala* que les âmes qui sont également vertueuses[253]. Le ʿ*išq* ne peut pas naître entre deux êtres aux défauts semblables.
3. Lorsqu'il prend possession d'un cœur, le ʿ*išq* ne le quitte plus et y provoque la folie, la maladie et la mort.
4. Bien qu'il cause des maux, le ʿ*išq* n'est nuisible qu'en apparence. En réalité, la souffrance et le désir qu'il provoque peuvent être sublimés et permettre à l'homme de s'élever jusqu'à Dieu par le biais du martyre d'amour.

Le ʿ*išq* est donc une force que l'homme ne peut pas maîtriser. Même s'il était répréhensible, l'homme ne pourrait lui opposer aucune résistance, comme le dit ʿUmar b. al-Ḫaṭṭāb (m. 23/644) à un homme qui lui avoue avoir vu une femme et en être tombé amoureux[254]. Dans cette conception de l'amour, observe L. Massignon, « l'inquiétude du désir insatisfait, quand elle survit au coït, surpasse le sexe et la matière et devient une maladie qui est funeste pour le corps, mais qui peut aussi devenir une invitation de la beauté à mourir d'extase »[255]. Tel est bien le sort des amants de Muġulṭāy : même s'ils en avaient eu la possibilité, déclarent-ils, ils n'auraient pas franchi les limites du licite[256]. Muġulṭāy démontre ainsi que ce sentiment excessif et qui ne saurait être heureux est, pour lui, « un sentiment trop fort pour que l'amant connaisse un destin banal ; l'amour transcende l'être humain par la souffrance, et le poète amant devient héros[257] ». Pour Muġulṭāy, aimer une créature passionnément permet en effet au ʿ*āšiq* de s'élever au-dessus d'autres hommes et d'acquérir la grandeur d'esprit refusée aux natures rudes, incapables d'éprouver ce noble sentiment. La vie ne vaut pas la peine d'être vécue, du moins pour l'homme noble (*karīm*), s'il n'aime pas[258]. Seuls les hommes durs (*ǧāfī al-ḫilqa*) et affectés d'une malformation corporelle (*nāqiṣ aw manqūṣ al-binya*) ne tombent pas amoureux[259]. En citant ce propos qu'il attribue à Ibn Abī Ṭāhir (m. 204/819-820), Muġulṭāy fait de l'amour l'attribut essentiel non seulement de l'homme noble, mais de toute personne normalement constituée. Ne pas aimer devient ainsi une tare, même si tous ne peuvent aspirer à la perfection du ʿ*āšiq*.

L'« islamisation » de la passion amoureuse ʿ*uḏrī*-e passe également par l'établissement d'un lien étroit entre l'amour profane et l'amour divin. Une conception qui se développe à partir du Vᵉ/XIᵉ siècle fait en effet du premier le moyen de s'élever jusqu'à Dieu. « Le ʿ*išq* désigne le désir irrésistible de s'approprier un objet ou un être aimable. Il traduit donc

253. *Al-Wāḍiḥ*, p. 56, ms fᵒ 22rᵒ, l. 3.
254. *Al-Wāḍiḥ*, p. 30, ms fᵒ 9vᵒ, l. 4-5.
255. Massignon, 1963, p. 247.
256. *Al-Wāḍiḥ*, p. 82-85, ms fᵒ 33vᵒ, l. 7 ; fᵒ 34vᵒ, l. 6.
257. Sicard, 1984, p. 331.
258. *Al-Wāḍiḥ*, p. 63-64, ms fᵒ 25rᵒ, l. 13 ; fᵒ 25vᵒ, l. 9.
259. *Al-Wāḍiḥ*, p. 65, ms fᵒ 26vᵒ, l. 6-8.

chez celui qui l'éprouve une déficience, un manque qu'il faut à tout prix combler, pour atteindre la perfection. Voilà pourquoi il comporte des degrés hiérarchisés, comme les perfections visées pour l'âme et pour le corps. Mais ses motivations, multiples en apparence, se ramènent à une idéalité [...] qui hante, avec plus ou moins d'insistance, tous les êtres : c'est l'aspiration (*tawqān*) vers la beauté que Dieu a manifestée dans ce monde en créant Adam à son image »[260]. Le *ʿišq* devient ainsi une expression de la nostalgie (*šawq*) et « par la nostalgie du beau, l'homme peut obtenir, avec ou sans l'amour humain, un avant-goût de la condition céleste »[261]. C'est ainsi que le récit des amours profanes entre Maǧnūn et Laylā se transforme en histoire d'amour divin[262].

De plus, selon les paroles d'Anūširwān[263] que Muġulṭāy rapporte, le jeune homme le plus éloquent est celui qui rédige des livres où il décrit la passion amoureuse (*hawā*) ou l'aimé[264]. L'émotion amoureuse devient ainsi le prérequis essentiel de l'écriture et le *Wāḍiḥ* la plus noble et la plus sublime des œuvres, ayant pour sujet le plus élevé des thèmes. Muġulṭāy adopte ainsi une conception intellectuelle et philosophique complexe du *ʿišq*, où l'attirance de l'homme vers une créature de ce bas monde n'est pas seulement naturelle et inévitable, mais devient également le chemin à emprunter par les esprits nobles. En se soumettant à sa dure discipline et à ses tourments, les amants passionnés accomplissent le plus méritoire des *ǧihād*-s, en s'élevant au-dessus de leur condition humaine et en atteignant Dieu par le biais du martyre. Quiconque décrit le combat et prescrit les règles de ce martyre s'adonne par conséquent à la plus méritoire des activités d'écriture.

260. Arkoun, 1973, p. 124-125.
261. Vadet, 1968c, p. 381-382.
262. À ce propos, voir notamment l'article de M. Ġanīmī Hilāl, « *Maǧnūn Laylā bayna al-adab al-ʿarabī wa-l-adab al-fārisī* », p. 144-159, ou l'ouvrage du même auteur, *Laylā wa-l-Maǧnūn fī al-adabayn al-ʿarabī wa-l-fārisī*.
263. Roi sassanide qui régna de 531 à 579 d'après Morony, 1980.
264. *Al-Wāḍiḥ*, p. 63, ms f° 25r°, l. 10-11.

Chapitre 3

Origines et développements de la prose amoureuse

Al-Wāḍiḥ *al-mubīn fī ḏikr man ustušhida min al-muḥibbīn* de Muġulṭāy réinterprète de manière originale la tradition *ʿuḏrī*-e et s'insère dans un genre littéraire vieux de plusieurs siècles. Sa compréhension ne peut par conséquent pas faire l'impasse d'une reconstitution chronologique qui identifie les étapes ayant marqué la naissance et le développement de la prose amoureuse, depuis l'apparition de ses premières propriétés discursives particulières jusqu'à la codification et à la consolidation des éléments qui la caractérisent[1].

Au seuil de l'époque abbasside, les poètes bédouins de la période antéislamique et du début de l'islam devinrent des héros d'histoires romantiques. Des récits mettant en scène ces poètes-amants, auteurs et protagonistes de prologues amoureux (*nasīb*)[2] et de poèmes de *ġazal*, et leurs bien-aimées, commencèrent à circuler[3]. Ils expliquaient à quelle occasion ils avaient composé les vers qui leur étaient attribués[4]. Ces narrations projetées dans un passé bédouin idéalisé affichaient une prédilection pour les poètes du désert appartenant à la tradition *ʿuḏrī*-e, qui s'opposait à celle des villes. Selon cette conception, les poètes issus de la tribu des Banū ʿUḏra seraient les représentants d'une vision pure, innocente et sobre de la vie. En réalité, comme le précise Katia Zakharia, cette « vision de la bédouinité tient à l'image d'Épinal davantage que de l'anthropologie historique. Il y a là plutôt un télescopage entre l'origine tribale de certains poètes et l'un des sens de *ʿuḏrā* : virginité[5] ». Plus qu'un groupe tribal, l'adjectif *ʿuḏrī* désigne donc une conception de l'amour et un

1. Todorov, 1987, p. 33.
2. Jacobi, 1993.
3. Sur l'origine du *nasīb* et du *ġazal* voir Bauer, Neuwirth, 2005, p. 17 ; Jacobi, 2009, p. 201.
4. À ce sujet, voir Blachère, 1961, p. 131-136.
5. Toelle, Zakharia, 2003, p. 72. Voir aussi Jacobi, 2002.

code de conduite entre amants dont les caractéristiques principales sont l'introspection et la fusion complète avec l'aimé. Attiré par une forme idéalisée, une « âme sœur » qu'il élit, l'amant se détourne de la réalité et construit avec elle une affinité spirituelle qui l'amène à fuir tout contact matériel et sexuel et à préférer la mort à l'accomplissement de son désir [6].

Selon R. Blachère, il est difficile de dater la création de ces récits, mais on peut supposer qu'elle subit l'influence du goût et des mœurs iraquiens [7]. Dès le IIe/VIIIe siècle, en Iraq et au Ḥiǧāz, les logographes s'intéressèrent à des héros comme ʿUrwa b. Ḥizām, Ǧamīl, Maǧnūn qui, transformés en modèles de courtoisie, furent mis en vedette par les chanteurs de la cour des califes Hārūn al-Rašīd et al-Maʾmūn cent ans plus tard [8]. Tout au long du IIIe/IXe siècle, le concept d'amour *ʿuḏrī* évolua en nuançant parfois son caractère de passion unique et absolue [9].

1. Naissance et développement de la prose amoureuse : les ouvrages sur l'amour dans le *Fihrist*

Les histoires des *ʿUḏrī*-s furent collectées dans des ouvrages partageant des éléments en commun, dans le fond comme dans la forme, qui peuvent être catégorisés comme des traités d'amour [10]. La vingtaine d'écrits de ce genre conservés à ce jour représente la pointe de l'iceberg comparée au nombre de ceux dont les titres ne nous sont parvenus que grâce au *Fihrist* d'Ibn al-Nadīm (m. 385/995) [11] et au *Kašf al-ẓunūn* de Ḥāǧǧī Ḫalīfa (m. 1067/1657) [12], deux dictionnaires bibliographiques couvrant à eux deux la période du IIe/VIIIe siècle au XIe/XVIIe siècle [13].

6. Jacobi, 2002 ; Massignon, 1975, I, p. 397.
7. Blachère, 1965.
8. Blachère, 1961, p. 131-136.
9. Vadet, 1968c, p. 474 ; Toelle, Zakharia, 2003, p. 72.
10. La référence au genre littéraire se fonde ici sur conception de Karl Viëtor selon laquelle dans « les genres littéraires [...] s'est opérée, entre des contenus déterminés et des éléments formels déterminés, une liaison qui représente une solution optimale aux problèmes, sans cesse renaissants, de la mise en forme ; aussi cette liaison aurait-elle acquis la force de la tradition ». Viëtor, 1986, p. 13. Voir aussi Chraïbi, 1998, p. 29.
11. Ibn al-Nadīm, *al-Fihrist*.
12. Ḥāǧǧī Ḫalīfa, *Kašf al-ẓunūn*.
13. Le *Kašf al-ẓunūn*, dictionnaire bibliographique encyclopédique écrit au IXe/XVIIe siècle, poursuit l'œuvre entreprise par Ibn al-Nadīm. Ḥāǧǧī Ḫalīfa liste et classe 14 500 livres existants à son époque, avec de brefs commentaires sur chacun. Şaik Gökyay, 1976. Parmi les ouvrages que cet auteur recense, un certain nombre traite probablement d'amour courtois. Les résultats de la recherche systématique des termes *ʿišq*, *ʿāšiq*, *ʿuššāq*, *ḥubb*, *muḥibb(ūn/īn)*, *maḥbūb*, *mutayyam(ūn/īn)*, *ġarm*, *qiyān*, *ġazal*, *aḫbār*, *Laylā*, *Ǧamīl*, *Maǧnūn*, *rawḍa*, *nuzha*, *qulūb* n'ont cependant pas donné de résultats suffisamment significatifs pour être mentionnés ici.

Sur un total de sept mille huit cent cinquante-deux ouvrages mentionnés, le *Fihrist* d'Ibn al-Nadīm (m. 385/938) cite cent quatre-vingt-quatre livres perdus qui concernant l'amour, sur une durée de deux cents ans. À cela s'ajoute une dizaine d'écrits conservés. Selon les données du *Fihrist*, 2,4 % (plus d'un livre sur cinquante) de la production littéraire des premiers siècles de l'islam traitait ce sujet. L'index du *Fihrist*[14] fait état de vingt-six auteurs qui auraient contribué au genre et dont les œuvres ne nous sont pas parvenues. En voici la liste, accompagnée, quand il est possible, du titre de leurs ouvrages[15] :

1. Yūnus al-Kātib (m. 148/765)[16] : *Kitāb al-qiyān*[17].
2. Al-Šarqī b. al-Quṭāmī (m. 150/767 ou 155/772)[18].

14. Le travail de repérage des ouvrages sur l'amour qui figurent dans le *Fihrist* se fonde uniquement sur les titres mentionnés par Ibn al-Nadīm, ce qui implique une certaine marge d'erreur, un titre ne préjugeant pas forcément du contenu d'un ouvrage. Bien que spéculatifs, les résultats de ce dépouillement ne semblent pas dépourvus d'intérêt pour notre investigation sur les origines du genre.

15. Cette liste ne prend pas en compte les auteurs dont les ouvrages nous sont parvenus. Bien qu'ils soient cités dans le *Fihrist*, nous n'avons pas non plus noté Platon, auteur d'un *Kitāb Ḥarmīdis fī al-ʿiffa* et du *Kitāb al-ḥiss wa-l-laḏḏa* (Ibn al-Nadīm, *al-Fihrist*, p. 401 et p. 402), et Mani qui a écrit une *Risālat Abā fī al-ḥubb* (Ibn al-Nadīm, *al-Fihrist*, p. 520), car ces ouvrages, qui sont des traductions, ne peuvent être comptés parmi les productions de la littérature arabe.

16. Yūnus al-Kātib (m. 148/765), le plus ancien de ces auteurs, est plus connu sous le nom d'Yūnus al-Muġannī. Persan d'origine, il écrivit des livres célèbres sur les chansons et les chanteurs qui devinrent une référence de base dans ce domaine. Il est dit qu'Ibrāhīm al-Mawṣilī y puisa de la matière pour ses ouvrages. Al-Ziriklī, 1990-2011, VIII, p. 261.

17. Ibn al-Nadīm, *al-Fihrist*, p. 233.

18. Al-Šarqī b. al-Quṭāmī, Ibn Daʾb, Hišām al-Kalbī et al-Hayṯam b. ʿAdī sont nommés parmi les auteurs de trente-six ouvrages sur l'amour. Il est donc impossible d'attribuer chaque écrit à son rédacteur. Voici en revanche la liste complète des titres: *Kitāb Muraqqiš wa-Asmā* ; *Kitāb ʿAmr b. ʿAǧlān wa-Hind* ; *Kitāb ʿUrwa wa-ʿAfrāʾ* ; *Kitāb Ǧamīl wa-Buṯayna* ; *Kitāb Kuṯayyir wa-ʿAzza* ; *Kitāb Qays wa-Lubnā* ; *Kitāb Maǧnūn Laylā* ; *Kitāb Tawba wa-Laylā* ; *Kitāb al-Ṣimma b. ʿAbd Allāh wa-Riyyā* ; *Kitāb Ḥawšiyya wa-Ibn Ṭaṯriyya* ; *Kitāb Malhā wa-Taʿalluq* ; *Kitāb Yazīd wa-Ḥabāba* ; *Kitāb Qābūs wa-Muniyya* ; *Kitāb Asʿad wa-Laylā* ; *Kitāb Waḍḍāḥ al-Yaman wa-Umm al-Banīn* ; *Kitāb Umaym b. ʿImrān wa-Hind* ; *Kitāb Muḥammad b. al-Ṣalt wa-Ǧannat al-Ḫuld* ; *Kitāb al-ʿAmr b. Ḍirār wa-Ǧamāl* ; *Kitāb Saʿd wa-Asmā* ; *Kitāb ʿUmar b. Abī Rabīʿa wa-Ǧamaʿa* ; *Kitāb al-Mustaḥill wa-Hind* ; *Kitāb Bākir wa-Laḥẓa* ; *Kitāb Malīka wa-Nuʿm wa-ibn al-wazīr* ; *Kitāb Aḥmad wa-Dāḥa* ; *Kitāb al-fatā al-kūfī mawlā Maslama wa-ṣāḥibatuhu* ; *Kitāb ʿAmmār wa-Ǧamāl wa-Sawāb* ; *Kitāb al-Ġamr b. Malik wa-Qabūl* ; *Kitāb ʿAmr b. Zayd al-Ṭāʾī wa-Laylā* ; *Kitāb ʿAlī b. Isḥāq wa-Samna* ; *Kitāb Iliyās wa-Ṣafwa* ; *Kitāb Maʿṭūn wa-Ratīla wa-Saʿāda* ; *Kitāb Ḥarrāfa wa-ʿAšraq* ; *Kitāb al-Maḫzūmī wa-l-Hudaliyya* ; *Kitāb ʿAmr b. al-ʿAnqafīr wa-Nahd bint Zayd Manāt* ; *Kitāb Murra wa-Laylā* ; *Kitāb Ḏī al-Rumma wa-Mayy*. Ibn al-Nadīm, *al-Fihrist*, p. 478.

Al-Šarqī b. al-Quṭāmī (150/767 ou 155/772) fut un transmetteur d'ancienne poésie arabe et d'*aḫbār*. Les sources ne citent aucun titre d'ouvrage qu'il aurait écrit, mais son autorité est souvent invoquée dans le domaine des proverbes. Il est mentionné surtout comme conteur. Heinrichs, 1996.

3. Ibn Da'b (m. 171/787)[19].
4. Hišām al-Kalbī (m. 204/819 ou 206/821)[20].
5. Al-Hayṯam b. ʿAdī (m. 206/821 ou 207/822 ou 209/824).
6. Sahl b. Hārūn (m. 215/830)[21] : *Kitāb al-Huḏaliyya wa-l-Maḫzūmī ; Kitāb al-wāmiq wa-ʿAḏrā*[22].
7. Al-Madā'inī (m. 215/830 ou 224/839 ou 225/840 ou 288/843)[23] : *Kitāb al-mutayyamīn*[24].
8. Isḥāq al-Mawṣilī (m. 235/850)[25] : *Kitāb aḫbār ḏī al-Rumma ; Kitāb aḫbār Ǧamīl ; Kitāb aḫbār Kuṯayyir*[26] ; *Kitāb al-qiyān ; Kitāb qiyān al-Ḥiǧāz*[27].
9. Al-Burǧulānī (m. 238/852)[28] : *Kitāb al-mutayyamīn*[29].
10. Muḥammad b. Ḥabīb (m. 245/860)[30] : *Kitāb al-muwaššā*[31].
11. Ibn Šāh al-Ẓāhirī (m. 252/866)[32] : *Kitāb aḫbār al-ġilmān ; Kitāb aḫbār al-nisā'*[33].

19. Traditionniste et généalogiste, *rāwī* et poète de Médine, ʿĪsā b. Da'b (m. 171/787), avait une grande connaissance des généalogies et des anciens poètes. Pellat, 1968c.
20. Les données biographiques affirment que Hišām al-Kalbī (m. 204/819 ou 206/82) éprouva de l'intérêt pour toutes les branches du savoir et, selon le *Fihrist*, il écrivit plus de 150 ouvrages. Le contenu de ses ouvrages fut repris par ses disciples, directs ou indirects, comme Muḥammad b. Ḥabīb (m. 245/860), Ibn Durayd (m. 321/933), al-Ṭabarī (m. 310-923), Abū al-Faraǧ al-Iṣfahānī (m. 326/967) et d'autres qui ont beaucoup emprunté à al-Kalbī, en le citant souvent vaguement. Atallah, 1974. À propos des notices du *Wāḍiḥ* transmises par Ibn Durayd, voir aussi Annexes II, *B. Les transmetteurs les plus nommés*, 3. Ibn Durayd (m. 321/933).
21. D'origine persane, Sahl b. Hārūn (m. 215/830) fut un poète et un prosateur d'une grande réputation. Il montra beaucoup d'intérêt pour l'héritage littéraire persan. Parmi ses nombreuses traductions du persan, on compte le roman *Wāmiq wa-ʿAḏrā'* qui aurait été composé à l'époque d'Anūširwān. Zakeri, 1995.
22. Ibn al-Nadīm, *al-Fihrist*, p. 192.
23. Al-Madā'inī, Abū al-Ḥasan ʿAlī b. Muḥammad b. ʿAbd Allāh b. Abī Sayf fut un historien arabe dont la vie est en grande partie inconnue. Il écrivit des *aḫbār* concernant les poètes et les chanteurs. Deux de ses ouvrages nous sont parvenus, le *Kitāb al-murdifāt min Qurayš* et le *Kitāb al-taʿāzī*. Sezgin, 1984.
24. Ibn al-Nadīm, *al-Fihrist*, p. 167.
25. Isḥāq b. Ibrāhīm al-Mawṣilī (m. 235/850) étudia le Coran, le *ḥadīṯ* et l'*adab*. Ce fut un grand musicien, qui apprit la musique par son père Ibrāhīm al-Mawṣilī. Fück, 1973.
26. Ibn al-Nadīm, *al-Fihrist*, p. 230.
27. Ibn al-Nadīm, *al-Fihrist*, p. 227-228.
28. Muḥammad b. al-Ḥusayn al-Burǧulānī (m. 238/852) est cité dans *al-Wāfī bi-l-wafayāt* d'al-Ṣafadī (II, p. 250), selon lequel il aurait écrit des livres d'ascèse et de dévotion.
29. Ibn al-Nadīm, *al-Fihrist*, p. 321.
30. Muḥammad b. Ḥabīb (m. 245/860) eut la réputation d'être un grand savant, surtout dans les domaines de la poésie, de la généalogie et de l'histoire. Lichtenstädter, 1991.
31. Ibn al-Nadīm, *al-Fihrist*, p. 171.
32. Le *Fihrist* reconnaît en Ibn al-Šāh al-Ẓāhirī (m. 252/866) un excellent homme de lettres raffiné. Ibn al-Nadīm, *al-Fihrist*, p. 246.
33. Ibn al-Nadīm, *al-Fihrist*, p. 246.

12. Al-Zubayr b. Bakkār (m. 256/870)[34] : *Aḫbār Ǧamīl, Aḫbār Tawba wa-Laylā ; Aḫbār al-Maǧnūn ; Kitāb aḫbār Kuṯayyir*[35].
13. Abū al-ʿAnbas al-Ṣaymarī (m. 275/888)[36] : *Kitāb al-ʿāšiq wa-l-ʿuššāq*[37].
14. Ibn Qutayba (m. 276/889)[38] : *Kitāb al-nisāʾ wa-l-ġazal*[39].
15. Ibn Abī Ḫayṯama (m. 279/892)[40] : *Kitāb al-mutayyamīn*[41].
16. Ibn Abī Ṭāhir (m. 280/893)[42] : *Kitāb al-muwaššā ; Kitāb al-muġramīn*[43].
17. Sahl al-Tustarī (m. 283/896)[44] : *Kitāb daqāʾiq al-muḥibbīn*[45].
18. Al-Ṭalḥī (m. 291/904)[46] : *Kitāb al-mutayyamīn*[47].
19. Ibn al-Marzubān (m. 309/921)[48] : *Kitāb al-mutayyamīn ; Kitāb al-nisāʾ wa-l-ġazal*[49].
20. Abū Bakr al-Rāzī (m. 313/925 ou 323/935)[50] : *Kitāb al-awhām wa-l-ḥarakāt wa-l-ʿišq*[51].
21. Abū al-Faraǧ al-Iṣfahānī (m. 326/967)[52] : *Kitāb al-qiyān*[53].

34. Al-Zubayr b. Bakkār (m. 256/870) de Médine, fut expert en *aḫbār*, généalogiste, poète et transmetteur. Hopkins, 1969.
35. Ibn al-Nadīm, *al-Fihrist*, p. 177.
36. Abū al-ʿAnbas al-Ṣaymarī (m. 275/888) doit son nom au fait qu'il fut cadi à Ṣaymara. Originaire de Kūfa, il fut un homme de lettres et un astrologue. Ibn al-Nadīm, *al-Fihrist*, p. 244.
37. Ibn al-Nadīm, *al-Fihrist*, p. 244.
38. Ibn Qutayba (m. 276/889) fut un des plus grands polygraphes sunnites du IIIe/IXe siècle. Il était à la fois théologien et littérateur. Lecomte, 1968.
39. Ibn al-Nadīm, *al-Fihrist*, p. 124. Un des chapitres du *ʿUyūn al-aḫbār* contient un *Kitāb al-nisāʾ*.
40. Abū Bakr Aḥmad b. Zuhayr b. Ḥarb Ibn Abī Ḫayṯama (m. 279/892) fut traditionniste, généalogiste, historien et poète. Le seul ouvrage qui subsiste de lui est le *Kitāb al-tārīḫ*. Pellat, 1968a.
41. Ibn al-Nadīm, *al-Fihrist*, p. 379.
42. Ibn Abī Ṭāhir Ṭayfūr (m. 280/893), littérateur, historien de Bagdad et poète, il écrivit des ouvrages de critique littéraire, d'anecdotes et des anthologies de poèmes. Rosenthal, 1968. Sur cet auteur, voir aussi Toorawa, 2005.
43. Ibn al-Nadīm, *al-Fihrist*, p. 235-236.
44. Sahl al-Tustarī al-Mutaṣawwif (m. 283/896) fut un soufi important. Il avait un cercle de disciples parmi lesquels on compte al-Ḥallāǧ. Böwering, 1995.
45. Ibn al-Nadīm, *al-Fihrist*, p. 322.
46. Al-Ṭalḥī, Abū Isḥāq Ṭalḥa b. ʿUbayd Allāh (m. 291/904) de Baṣra, convive d'al-Muwaffaq (m. 278/891), transmit des *aḫbār* et fut un *rāwī*. Al-Ṣafadī, *al-Wāfī bi-l-wafayāt*, XVI, p. 288.
47. Ibn al-Nadīm, *al-Fihrist*, p. 181.
48. Selon Ibn al-Nadīm, Abū ʿAbd Allāh b. Ḫalaf Ibn al-Marzubān (m. 309/921) fut surtout un transmetteur d'*aḫbār*, de poésie et d'anecdotes, mais aussi un expert dans les sciences coraniques. Il aurait traduit une cinquantaine d'ouvrages du persan. Troupeau, 1991.
49. Ibn al-Nadīm, *al-Fihrist*, p. 241.
50. Al-Rāzī, physicien, alchimiste et philosophe nourri de philosophie de Galien, profita des traductions philosophiques et médicales des textes grecs. Goodman, 1994.
51. Ibn al-Nadīm, *al-Fihrist*, p. 472.
52. Il s'agit du célèbre auteur du *Kitāb al-Aġānī*.
53. Ibn al-Nadīm, *al-Fihrist*, p. 184.

22. Qudāma b. Ǧaʿfar (m. entre 328/939 et 337/948)[54] : *Kitāb nuzhat al-qulūb wa-zād al-musāfir*[55].
23. Ibn H̱allād al-Rāmahurmuzī (m. 360/971)[56] : *Kitāb rabīʿ al-mutayyam fī aḫbār al-ʿuššāq*[57].
24. Al-Marzubānī (m. 378/987)[58] : *Kitāb al-riyāḍ*[59].
25. Ibn Ḥaǧīb al-Nuʿmān (m. 423/1031)[60] : *Kitāb aḫbār al-nisāʾ*[61].
26. Abū Ayyūb al-Madīnī (?)[62] : *Kitāb qiyān al-Ḥiǧāz ; Kitāb qiyān Makka*[63].

Le schéma ci-dessous montre l'évolution quantitative de la production littéraire amoureuse entre 150/765 et 450/1058 en prenant en compte les dates de mort des auteurs :

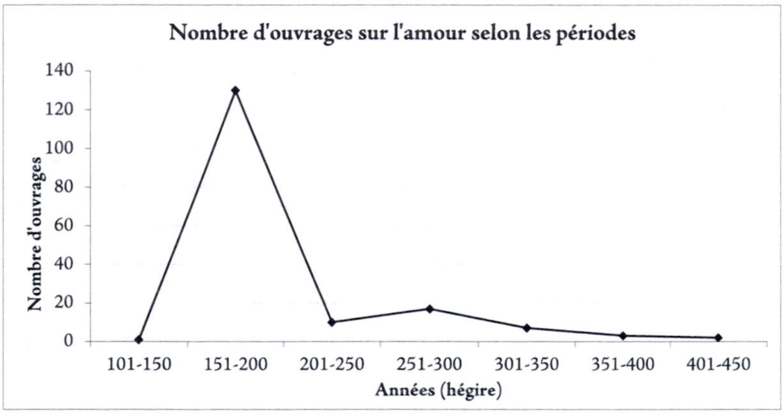

54. Philologue et historien, il fut un des premiers à effectuer une étude systématique des figures de style. Il montra un grand intérêt pour la philosophie grecque, comme le révèle son analyse de la fonction des quatre vertus cardinales (*ʿaql, šaǧāʿa, ʿadl* et *ʿiffa*) dans le panégyrique, l'élégie et la satire. Bonebakker, 1980.
55. Ibn al-Nadīm, *al-Fihrist*, p. 209.
56. Abū Muḥammad al-Ḥasan b. ʿAbd al-Raḥmān b. H̱allād al-Rāmahurmuzī (m. environ en 360/971) fut connu dans la littérature arabe sous le nom d'Ibn H̱allād. Juynboll, 1994.
57. Ibn al-Nadīm, *al-Fihrist*, p. 249.
58. Abū ʿUbayd Allāh Muḥammad b. ʿImrān al-Marzubānī est un linguiste et traditionniste dont les travaux, à son époque, étaient mieux considérés que ceux d'al-Ǧāḥiẓ. Sellheim, 1989.
59. Ibn al-Nadīm, *al-Fihrist*, p. 213.
60. Secrétaire et anthologue, Ibn Ḥaǧib al-Nuʿmān (m. 423/1031) vécut à l'époque des Bouyides. Grand connaisseur de littérature, il rédigea une anthologie de poèmes récités par les poètes de la cour. Vadet, 1968b.
61. Ibn al-Nadīm, *al-Fihrist*, p. 216-217.
62. Cet auteur a été mentionné en dernier, car nous n'avons pas trouvé sa date de mort. Les seuls renseignements disponibles sur ce personnage proviennent du *Fihrist*. Abū Ayyūb al-Madīnī, originaire de Médine, est l'auteur de *Kitāb qiyān al-Ḥiǧāz* et *Kitāb qiyān Makka*. Il fut raffiné et homme de lettres, connaisseur des chansons et des chanteurs et il écrivit de nombreux ouvrages à ce sujet. Ibn al-Nadīm, *al-Fihrist*, p. 239.
63. Ibn al-Nadīm, *al-Fihrist*, p. 239.

La prose d'amour fit son apparition à partir du milieu du IIe/VIIIe siècle[64], mais sa véritable floraison se situa dans les cinquante ans qui suivent (de 151/765 à 201/816), période pour laquelle Ibn al-Nadīm mentionne 131 ouvrages (soit 71 % de la totalité des livres traitant de l'amour relevés dans le *Fihrist*) dans un chapitre intitulé « noms des amants [*ʿuššāq*] qui ont aimé pendant la *ǧāhiliyya* et la période islamique »[65], dans une section qui concerne les conteurs de veillées (*musāmirūn*) et de fables (*muḫarrifūn*)[66]. La nature de ces écrits n'est pas définissable : les titres composés du mot *Kitāb* (livre) et des noms de deux amants ainsi que les en-têtes des paragraphes du *Fihrist* qui les citent (*Nom des amants qui ont aimé pendant la ǧāhiliyya et l'époque islamique et sur lesquels on a écrit*[67] ; *Noms des autres amants dont on a raconté l'histoire dans les livres*[68] ; *Noms des amants dont les histoires se racontent pendant les veillées*[69]) portent à croire qu'il s'agissait de brèves monographies sur un couple d'amoureux, plutôt que de véritables traités[70]. Deux des quatre auteurs de ces monographies[71], Ibn al-Kalbī (m. 204/819) et Hayṯam b. ʿAdī (m. 207/822) sont mentionnés par Régis Blachère comme ayant contribué activement à la transfiguration du héros-poète bédouin en amant *ʿuḏrī* que les données du *Fihrist* confirment bien avoir eu lieu à cette époque[72].

64. Le seul auteur mentionné par le *Fihrist* à avoir vécu avant cette date est Yūnus al-Kātib. Son ouvrage, le *Kitāb al-qiyān* traite probablement des esclaves chanteuses de Médine, sa ville d'origine, où se trouvait une des plus importantes écoles de musique pour *qiyān*. Pellat, 1976b. Cet auteur est cité 26 fois comme transmetteur dans les *Aġānī* et représente probablement une des sources les plus anciennes concernant l'histoire du chant. Il est impossible de savoir si son ouvrage parlait d'amour et de quelle façon, mais il est probable que l'amour ait occupé une place importante dans les poèmes chantés par les *qiyān*. Abū al-Faraǧ al-Iṣfahānī, *Kitāb al-aġānī*, p. 48, 622 et 2881.
65. Ibn al-Nadīm, *al-Fihrist*, p. 478-481.
66. Ibn al-Nadīm, *al-Fihrist*, p. 475.
67. *Asmāʾ al-ʿuššāq allaḏīna ʿašiqū fī al-ǧāhiliyya wa-l-islām wa-ullifa fī aḫbārihim kutub*. Ibn al-Nadīm, *al-Fihrist*, p. 478.
68. *Asmāʾ al-ʿuššāq min sāʾir al-nās mimman ullifa fī ḥadīṯihim kitāb*. Ibn al-Nadīm, *al-Fihrist*, p. 478.
69. *Asmāʾ al-ʿuššāq allaḏīna tadḫul aḥādīṯuhum fī al-samar*. Ibn al-Nadīm, *al-Fihrist*, p. 478.
70. Le mot *kitāb* était d'ailleurs ambigu à l'époque et il pouvait indiquer un véritable livre aussi bien qu'un cahier de brouillon servant d'aide mémoire. Selon G. Schœler en effet le mot *kitāb* « désigne toute espèce d'écrit, la note et le cahier de brouillon aussi bien que le contrat, l'inscription sur pierre et le véritable livre ». Schœler, 2002, p. 22. Ces ouvrages appartenaient probablement à la « tradition moyenne » : « ils sont transmis par écrit, mais se racontent parfois ; leurs manuscrits sont rédigés dans une langue qui n'est ni l'arabe classique ni le dialectal ; ils sont en prose, mais contiennent également de la prose rimée et des poèmes ; ils brassent des thèmes du folklore tout en échappant à ce genre ; ils sont cités par des traditions savantes, recherchés et lus par des califes, puis désavoués et rejetés ». Chraïbi, 1998, p. 37.
71. ʿIsā b. Da'b, al-Šarqī al-Qutāmī, Hišām al-Kalbī et al-Hayṯam b. ʿAdī.
72. ʿIsā b. Da'b, al-Šarqī al-Qutāmī, Hišām al-Kalbī et al-Hayṯam b. ʿAdī.

Le demi-siècle compris entre 201/816 et 250/864 compte cinq auteurs et huit ouvrages perdus auxquels il faut ajouter la *Risālat al-ʿišq wa-l-nisā* et la *Risālat al-Qiyān* d'al-Ǧāḥiẓ, qui nous sont parvenues. Les textes attribués à Sahl b. Hārūn (m. 215/830 ou 224/839 ou 225/840 ou 228/843) et à Isḥāq b. Ibrāhīm al-Mawṣilī (m. 235/850), dont le titre est composé du mot *kitāb* suivi de deux prénoms, constituaient probablement aussi des monographies sur des couples d'amants. L'intitulé du *Kitāb al-mutayyamīn* (*Livre des amants passionnés*) choisi par al-Madāʾinī (m. 228/843) pour son ouvrage présuppose en revanche qu'il comporte un recueil de plusieurs histoires, accompagnées peut-être d'une partie théorique. Ce prosateur est cité par Blachère comme le premier, chronologiquement, des logographes baṣriens (les précédents venaient de Kūfa) et Muġulṭāy le nomme comme source indirecte de deux de ses notices[73]. Un autre *Kitāb al-mutayyamīn* fut écrit par al-Burǧulānī (m. 238/852), auteur que le *Fihrist*[74] classe parmi les mystiques et les soufis, et dont le livre traite probablement de l'amour divin. Il n'est pas mentionné par Muġulṭāy. L'intervalle de temps considéré se conclut avec Muḥammad b. Ḥabīb (m. 245/860), auteur d'un *Kitāb al-muwaššā*, dont le titre demeure opaque et ne permet pas de présumer du contenu. Il est néanmoins possible qu'il ressemble à l'ouvrage portant le même titre et composé un siècle plus tard par al-Waššāʾ (m. 325/936). Au cours de la période examinée, la conception de l'amour courtois demeure encore assurément à l'état embryonnaire.

Entre 251/865 et 300/912, le *Fihrist* liste huit compilateurs et quinze livres perdus. Le *Kitāb al-ʿišq* d'al-Saraḫsī (m. 286/899), le *Kitāb al-zahra* d'Ibn Dāwūd al-Iṣfahānī (m. 297/910) appartiennent aussi à cette période, ce qui porte à dix-sept le total des ouvrages sur l'amour pour cette période. Abū al-ʿAbbās Aḥmad b. Muḥammad al-Saraḫsī (m. 286/899) écrivit un *Kitāb al-ʿišq*[75], très lacunaire, mais dont la tradition littéraire conserve de nombreux fragments[76]. Ibn Šāh al-Ẓāhirī (m. 252/866), auteur d'un *Kitāb aḫbār al-ġilmān*, et d'un *Kitāb aḫbār al-nisāʾ*, marque probablement d'un cachet zahirite ses spéculations théoriques[77]. Ses pas sont suivis cinquante ans plus tard par Ibn Dāwūd (m. 297/910), qui appartient au même courant doctrinal. Al-Zubayr b. Bakkār (m. 256/870), l'un des principaux informateurs du *Kitāb al-aġānī*[78] que Régis Blachère compte parmi les logographes les plus tardifs, est mentionné comme transmetteur dans *Kitāb al-zahra*[79],

73. *Al-Wāḍiḥ*, p. 344-345, ms fº 151vº, l. 12 ; fº 152rº, l. 2 et p. 367, ms fº 162vº, l. 7-15.
74. Ibn al-Nadīm, *al-Fihrist*, p. 321.
75. Ḥāǧǧī Ḫalīfa, *Kašf al-ẓunūn*, II, p. 1339.
76. Rosenthal, 1951, p. 135-142 ; Abbott, 1946, p. 162-163.
77. Ibn al-Nadīm, *al-Fihrist*, p. 246.
78. Abū al-Faraǧ al-Iṣfahānī, *Kitāb al-aġānī*, Index III, p. 355.
79. Ibn Dāwūd, *Kitāb al-zahra*, p. 27, p. 39 et 82.

Kitāb al-muwaššā[80], et *Maṣāriʿ al-ʿuššāq*, où il figure à douze reprises[81]. Le *Wāḍiḥ* le cite dans l'*isnād* de deux *aḫbār*[82]. Le titre *Kitāb al-ʿāšiq wa-l-ʿuššāq* laisse supposer qu'Abū al-ʿAnbas al-Ṣaymarī (m. 275/888) aurait écrit un recueil d'histoires d'amour, mais il est impossible de savoir si l'ouvrage incluait un volet théorique. Son contemporain, le célèbre Ibn Qutayba (m. 276/889), écrivit un *Kitāb al-nisāʾ wa-l-ġazal* aujourd'hui disparu. Parmi les livres conservés du même auteur, les *ʿUyūn al-aḫbār* contiennent une partie nommée *Kitāb al-nisāʾ*[83], dans laquelle se trouve un chapitre intitulé : « Sur les amants, à l'exception des poètes »[84], rapportant quatre de ces récits. Rien n'est connu de la vie d'Ibn Abī Ḫayṯama (m. 279/892) hormis qu'il étudia le *ḥadīṯ* et le *fiqh* auprès d'Ibn Ḥanbal et l'histoire auprès d'al-Madāʾinī, auteur également d'un *Kitāb al-mutayyamīn* perdu[85]. Il pourrait s'agir du premier traité d'inspiration hanbalite. Les biographes soulignent qu'Ibn Abī Ṭāhir Ṭayfūr (m. 280/893), auquel sont attribués un *Kitāb al-muwaššā* et un *Kitāb al-muġramīn*, s'intéressait de façon particulière à la poésie[86]. Son *Kitāb al-muġramīn* est le seul écrit dans l'intitulé duquel la racine *Ġ R M* désigne la passion amoureuse[87]. Le *Kitāb daqāʾiq al-muḥibbīn* de Sahl al-Tustarī (m. 283/896) traitait probablement de l'amour divin, comme le suggèrent la biographie de son auteur et le titre de son ouvrage. Le mot *daqāʾiq* indique « le point subtil d'une doctrine [88] » ; le complément du nom qui le suit (*al-muḥibbīn*) fait référence à la *maḥabba*, terme mentionné dans le Coran (III, 31 ; XX, 39, etc.) et préféré au *ʿišq* par les soufis à partir d'al-Ḥallāǧ (m. 309/922)[89]. Il évoque le désir essentiel que le mystique éprouve pour Dieu et désigne l'attribut qui remplit le cœur du dévot. Les titres des livres qui ne nous sont pas parvenus et le contenu de ceux conservés amènent à croire qu'un débat idéologique sur la passion profane et sur la place qu'elle doit occuper dans la religion islamique se tint dans la période entre 251/865 et 300/912. Quatre cents ans plus tard, Muġulṭāy (m. 762/1361) renouvellera dans son traité la discussion sur cette même question.

80. Al-Waššāʾ, *Kitāb al-muwaššā*, Index, p. 297.
81. Al-Sarrāǧ, *Maṣāriʿ al-ʿuššāq*, Index, p. 313.
82. *Al-Wāḍiḥ*, p. 198-199, ms f° 81v°, l. 16 ; f° 82r°, l. 11 et p. 388-396, ms f° 172r°, l. 15 ; f° 177r°, l. 5.
83. Ibn Qutayba, *ʿUyūn al-aḫbār*, IV, p. 1-147.
84. *Bāb al-ʿuššāq siwā al-ʿuššāq al-šuʿarāʾ*. Ibn Qutayba, *ʿUyūn al-aḫbār*, IV, p. 128-137.
85. Pellat, 1968a.
86. Rosenthal, 1968.
87. Selon le *Lisān al-ʿarab*, le terme *ġarm* indique « le tourment, le mal continu, l'affliction, l'amour et la passion qui persistent et dont on ne peut pas se débarrasser (*al-lāzim min al-ʿaḏāb wa-l-šarr al-dāʾim wa-l-balāʾ wa-l-ḥubb wa-l-ʿišq wa-mā lā yustaṭāʿ an yutafaṣṣā minhu*) », Ibn Manẓūr, 1997, V, p. 31.
88. Kazimirski, 1860, I, p. 716.
89. Arkoun, 1973, p. 118b.

Entre 301/913 et 350/961, Ibn al-Nadīm recense quatre auteurs et cinq ouvrages, tous perdus, auxquels s'ajoutent l'*Iʿtilāl al-qulūb* d'al-Ḫarāʾiṭī (m. 327/938) et le *Kitāb al-muwaššā* d'al-Waššāʾ (m. 325/936), soit sept livres au total. Le *Kitāb al-mutayyamīn* et le *Kitāb al-nisāʾ wa-l-ġazal* d'Ibn al-Marzubān (m. 309/921) représentent une importante source pour Muġulṭāy, qui les cite copieusement dans le *Wāḍiḥ*[90]. La formation de philosophe d'Abū Bakr al-Rāzī (m. 313/925 ou 323/935) ainsi que l'intitulé de son écrit permettent d'avancer l'hypothèse que le *Kitāb al-awhām wa-l-ḥarakāt wa-l-ʿišq* traitait de l'amour-passion d'un point de vue philosophico-médical ou astrologique, en se rapprochant peut-être de la *Risāla fī al-ʿišq* d'Ibn Sīnā (m. 428/1037). Les fragments conservés révèlent l'influence de la théorie platonicienne et néo-platonicienne[91]. Le *Kitāb al-qiyān* d'Abū al-Faraǧ al-Iṣfahānī (m. 326/967) a été reconstruit à partir de citations[92]. Le livre reconstitué se compose de quarante notices sur de célèbres esclaves chanteuses[93]. Enfin, le titre *Kitāb nuzhat al-qulūb wa-zād al-musāfir* de Qudāma b. Ǧaʿfar (m. entre 328/939 et 337/948) suggère que cette oeuvre débattait de l'amour divin. Plusieurs auteurs ayant eu une grande influence sur les développements ultérieurs du genre écrivirent à cette époque : une nouvelle approche philosophique du *ʿišq* naît dans des ouvrages encyclopédiques, dans lesquels un chapitre à ce sujet devient incontournable.

La période entre 351/962 et 400/1009 est dominée par Abū ʿUbayd Allāh b. ʿImrān al-Marzubānī (m. 378/987), un des auteurs arabo-musulmans les plus prolifiques dans le vaste domaine de l'*adab* et dont le *Kitāb al-riyāḍ* ou *Kitāb al-mutayyamīn*, perdu, est souvent nommé dans les traités postérieurs[94], les *Maṣāriʿ al-ʿuššāq* d'al-Sarrāǧ en particulier[95]. Selon le *Fihrist*, ce livre contenait « des notices sur les amants (*aḫbār al-mutayyamīn*), la mention de l'amour (*ḥubb*), de ses subdivisions (*mā yatašaʿʿabu minhu*), de son commencement

90. *Al-Wāḍiḥ*, p. 117-119, ms fᵒ 46vᵒ, l. 9 ; fᵒ 47vᵒ, l. 13 ; p. 124-125, ms fᵒ 49vᵒ, l. 3 ; fᵒ 50rᵒ, l. 6 ; p. 156-158, ms fᵒ 63rᵒ, l. 12 ; fᵒ 64rᵒ, l. 14 ; p. 185-186, ms fᵒ 76vᵒ, l. 15 ; fᵒ 77rᵒ, l. 7 ; p. 204-206, ms fᵒ 83vᵒ, l. 8 ; fᵒ 84rᵒ, l. 16 ; p. 206-207, ms fᵒ 85rᵒ, l. 2 ; fᵒ 86rᵒ, l. 4 ; p. 241-246, ms fᵒ 99rᵒ, l. 3 ; fᵒ 101vᵒ, l. 11 ; p. 252-253, fᵒ 104vᵒ, l. 2-16 ; p. 261-269, ms fᵒ 108rᵒ, l. 11 ; fᵒ 112vᵒ, l. 15 ; p. 274-275, ms fᵒ 115rᵒ, l. 16 ; fᵒ 115vᵒ, l. 13 ; p ; 298-312, ms 128rᵒ, l. 1 ; fᵒ 134rᵒ, l. 15 ; p. 368-369, ms fᵒ 163rᵒ, l. 13 ; fᵒ 163vᵒ, l. 4 et p. 375-376, ms fᵒ 165vᵒ, l. 8 ; fᵒ 166rᵒ, l. 6. Voir aussi Annexes II, *B. Les autres sources écrites*, 2. Muḥammad b. Ḫalaf b. al-Marzubān (m. 309/921).

91. « Pour lui [...], l'âme était coéternelle avec Dieu, la matière et le temps. Par suite de son amour pour la matière, Dieu a été obligé d'accomplir ce que l'âme était incapable d'accomplir seule, à savoir l'union avec les formes matérielles. [...] Grâce à l'illumination de l'intellect, l'âme, qui avait été tellement absorbée par les formes matérielles et les plaisirs sensibles, s'éveille enfin et prend conscience de son vrai destin en se mettant à chercher sa réhabilitation dans le monde intelligible, qui est sa vraie demeure ». Fakhry, 1989, p. 127.

92. Voir par exemple al-Ṯaʿālibī, *Yatīmat al-dahr*, II, p. 278 ; Ibn Ḫallikān, *Wafayāt al-aʿyān*, III, p. 308 ; al-Yāfiʿī, *Mirʾāt al-ǧinān wa-ʿibrat al-yaqẓān fī maʿrifat ḥawādiṯ al-zamān*, II, p. 359.

93. Abū al-Faraǧ al-Iṣfahānī, *Kitāb al-qiyān*.

94. Sellheim, 1989.

95. Giffen, 1971, p. 18.

et de sa fin ; ses noms, ses types et ses dérivations, que les linguistes (*ahl al-luġa*) ont rapportés, accompagnés de citations de poètes ayant vécu à l'époque antéislamique, du temps du Prophète, au début de l'islam, et ainsi que de ceux qu'on appelle modernes[96] ». Le *Kitāb al-riyāḍ* présentant les thèmes typiques de ce genre de traités, il peut être conséquemment classé parmi ces ouvrages. Dans son essai sur la théorie de l'amour profane chez les Arabes, Lois Anita Giffen l'insère d'ailleurs dans sa liste, bien qu'il soit perdu[97]. Elle se fonde pour cela sur le témoignage d'Ibn al-Nadīm et sur trois fragments qui sont cités, pour le premier, dans le *Kitāb al-maṣūn* d'al-Ḥuṣrī (m. après 413/1022)[98], pour le deuxième dans les *Manāzil al-aḥbāb* de Šihāb al-Dīn Maḥmūd (m. 725/1325) et pour le troisième dans *al-Wāḍiḥ al-mubīn* de Muġulṭāy (m. 762/1361).

Entre 401/1010 et 450/1058, le *Fihrist* cite un seul auteur et un seul ouvrage auquel s'ajoute le *Kitāb al-maṣūn fī sirr al-hawā al-maknūn*, d'al-Ḥuṣrī (mort après 413/1022). Ibn Ḥāǧib al-Nuʿmān (m. 423/1031) est l'auteur d'un *Kitāb aḫbār al-nisāʾ* qui devait vraisemblablement contenir un ou plusieurs chapitres sur l'amour comme le traité homonyme d'Ibn Qayyim al-Ǧawziyya (m. 751/1350)[99]. Les titres attribués à Abū Ayyūb al-Madīnī (?), *Kitāb qiyān al-Ḥiǧāz* et *Kitāb qiyān Makka*, fournissent par leur transparence une indication sur les personnages dont cet auteur parle, mais il est impossible de savoir combien de notices étaient consacrées à l'amour dans chaque livre et de quel amour, chaste ou moins chaste, il était question.

2. Les ouvrages conservés

L'essai de L. A. Giffen *Theory of Profane Love among the Arabs, the Development of the genre* recense les traités conservés et en détaille le contenu dans le but de dégager une théorie de l'amour profane. Les paragraphes suivants s'appuient en partie sur ce travail, en particulier pour établir la liste de ces œuvres. Des compléments, des modifications et des enrichissements seront apportés ici à l'étude accomplie par L. A. Giffen afin de mieux situer le *Wāḍiḥ* par rapport aux autres ouvrages du même genre.

96. Ibn al-Nadīm, *al-Fihrist*, p. 213.
97. La reconstruction d'un livre comme le *Kitāb al-Riyāḍ*, à partir de citations trouvées dans d'autres ouvrages pose problème, car il est difficile de déterminer si une citation de seconde main peut être considérée comme fidèle au texte original ou si, en revanche, un auteur qui en cite un autre modifie inévitablement, d'une façon ou d'une autre, le contenu qu'il emprunte.
98. Giffen, 1971, p. 19-20.
99. Ibn Qayyim al-Ǧawziyya, *Aḫbār al-nisāʾ*. Le chapitre en question porte le titre suivant : « Chapitre dans lequel on mentionne ce que la passion amoureuse provoque comme fautes et comme manifestations de la folie » (*Bāb yuḏkar fīhi sīrat al-ʿišq ilā al-aḫlāq wa-l-ẓunūn*), p. 28-60.

Selon L. A. Giffen, entre le IIe/VIIIe et le XIe/XVIIe siècle, les vingt et un traités conservés ci-dessous suivent un fil conducteur décelable[100] :

1. *Risāla fī al-ʿišq wa-l-nisāʾ* et *Risālat al-qiyān* d'al-Ǧāḥiẓ (m. 255/869).
2. Un essai anonyme et sans titre qui contient une citation de *Kitāb al-ʿišq* d'al-Saraḫsī (m. 286/899)[101].
3. *Kitāb al-zahra* d'Ibn Dāwūd al-Iṣfahānī (m. 297/910).
4. *Kitāb al-muwaššā* d'al-Waššāʾ (m. 325/936).
5. *Iʿtilāl al-qulūb* d'al-Ḫarāʾiṭī (m. 327/938).
6. *Kitāb al-maṣūn fī sirr al-hawā al-maknūn* d'al-Ḥuṣrī (mort après 413/1022).
7. *Ṭawq al-ḥamāma fī al-ulfa wa-l-ullāf* d'Ibn Ḥazm (m. 456/1064).
8. *Maṣāriʿ al-ʿuššāq* d'al-Sarrāǧ (m. 500/1106).
9. *Ḏamm al-hawā* d'Ibn al-Ǧawzī (m. 597/1200).
10. *Rawḍat al-qulūb* d'al-Šayzarī[102].
11. *Rawḍat al-ʿāšiq wa-nuzhat al-wāmiq* d'al-Kisāʾī[103].
12. *Manāzil al-aḥbāb wa-manāzih al-albāb* de Šihāb al-Dīn Maḥmūd (m. 725/1325).
13. *Rawḍat al-muḥibbīn wa-nuzhat al-muštāqīn* d'Ibn Qayyim al-Ǧawziyya (m. 751/1350).
14. *Kitāb al-wāḍiḥ al-mubīn fī ḏikr man ustušhida min al-muḥibbīn* de Muġulṭāy (m. 762/1361).
15. *Dīwān al-ṣabāba* d'Ibn Abī Ḥaǧala (m. 776/1375).
16. *Aswāq al-ašwāq fī maṣāriʿ al-ʿuššāq* d'al-Biqāʿī (m. 885/1480).
17. *Tazyīn al-aswāq bi-tafḍīl ašwāq al-ʿuššāq* de Dāwūd al-Anṭākī (m. 1008/1599).

100. Giffen, 1971, p. 3-50.
101. Al-Saraḫsī fut le plus important des disciples du philosophe al-Kindī (m. approx. 252/866). Il contribua à la diffusion de philosophie grecque dans l'aire arabo-musulmane, mais il eut également une propension marquée vers l'*adab*. Rosenthal, 1995. Son ouvrage en trois folios est conservé sous forme de manuscrit au Top Kapi Saray, Ahmet III 3483, folios 238a-204b et contient un passage, particulièrement important pour la définition de la nature de l'amour-passion (*māhiyyat al-ʿišq*), cité par Muġulṭāy dans le *Wāḍiḥ*: *wa-li-hada qāla Aḥmad b. al-Ṭayyib al-Saraḫsī: lamma lam yatahayya' li-l-nafs ittihād al-ğismayn, ṭalabat ittiḥād al-nafsayn fa-tabʿaṯ hawā al-maʿšūq wa-muwāfaqatihi li-takūn nafs al-maʿšūq wāṣilatan ilā maḥabbatihi min al-ʿāšiq wa-ṣārat al-nafsān wāḥidatan li-ittiḥādihimā bi-l-muwāfaqa* (« À ce propos, Aḥmad b. al-Ṭayyib al-Saraḫsī a dit : "Lorsque l'âme n'est pas à même de réaliser l'union de deux corps, elle cherche l'union des âmes. Elle éveille la passion de l'aimé pour que l'âme de l'aimé s'aperçoive de l'amour de son amant et que les deux âmes ne fassent plus qu'une seule" »). *Al-Wāḍiḥ*, p. 58, ms f° 22v°, l. 10-13. Selon F. Rosenthal, ce passage expose une conception de l'amour d'origine grecque, bien que la brièveté du fragment ne permette pas d'en acquérir la certitude. Rosenthal, 1951, p. 136.
102. Al-Šayzarī, dont l'ouvrage n'est pas cité par L. A. Giffen, aurait écrit pour Ṣalāḥ al-Dīn (m. 589/1193). Semah, 1977, p. 188.
103. Rien n'est connu de ce personnage, sauf que son livre était dédié à Abū al-Muẓaffar Mūsā b. Sayf al-Dīn Abū Bakr, mort en 634-635/1237. Giffen, 1971, p. 30.

18. *Kitāb asʿār al-aswāq fī ašʿār al-ašwāq* d'un anonyme.
19. *Munyat al-muḥibbīn wa-buġyat al-ʿāšiqīn* de Marʿī b. Yūsuf (m. 1033/1624).
20. *Ġawānī al-ašwāq fī maʿānī al-ʿuššāq* de Muʿīn al-Dīn b. Aḥmad b. Abī Fatḥ al-Balḫī, connu comme Ibn al-Bakkāʾ (m. 1040/1630)[104].
21. *Ṣubābat al-muʿānī wa-ṣabbābat al-maʿānī* d'al-Salaṭī[105].

2.1. *Les textes fondateurs du genre*

La *Risāla fī al-ʿišq wa-l-nisāʾ* et *la Risālat al-Qiyān* d'al-Ǧāḥiẓ (m. 255/869), pour la définition du concept de *ʿišq*, le *Kitāb al-zahra* d'Ibn Dāwūd (m. 297/910), pour les règles de l'amour telles que le secret, le regard et le martyre, le *Kitāb al-muwaššā* d'Ibn al-Waššāʾ (m. 325/936), pour son éthique de l'amour raffiné, constituent les textes fondateurs du genre, sources d'inspiration pour Muġulṭāy.

2.1.1. **La définition du *ʿišq* : la *Risāla fī al-ʿišq wa-l-nisāʾ* et la *Risālat al-qiyān* d'al-Ǧāḥiẓ (m. 255/869)**

Abū ʿUṯmān ʿAmr b. Baḥr al-Ǧāḥiẓ fut un des premiers à consacrer des écrits théoriques au phénomène du *ʿišq*[106]. Malgré leur structure atypique, deux de ses essais, la *Risāla fī al-ʿišq wa-l-nisāʾ*[107] et la *Risālat al-qiyān*, peuvent être considérés comme l'origine du genre. À l'époque d'al-Ǧāḥiẓ, le nouveau contexte historique et les nouvelles valeurs morales qu'imposa l'islam firent du *ʿišq* un sentiment problématique qu'il convenait

104. Le texte du *Ġawānī al-ašwāq*, qui n'est pas mentionné par L. A. Giffen, a été édité en 2008 par G. Kanazi.
105. Cet auteur eut son essor en 1065/1655 environ.
106. Dans son article de l'*Encyclopédie de l'Islam*, M. Arkoun, après avoir remarqué que le terme *ʿišq* n'apparaît pas dans le Coran, observe que : « Un des essais les plus anciens sur le *ʿišq* est la *Risāla fī al-ʿišq* de Ǧāḥiẓ, mais un colloque sur ce sujet s'était déjà tenu devant Yaḥyā b. Ḫālid al-Barmakī d'après al-Masʿūdī (*Murūǧ*, VI, p. 368-386) ». Arkoun, 1973, p. 124-125. Cf. *infra*.
107. La *Risāla fī al-ʿišq wa-l-nisāʾ* est, selon Ch. Pellat, le résultat de l'amalgame entre deux, voire trois textes d'al-Ǧāḥiẓ : une *Risāla fī al-ʿišq*, un *Kitāb al-nisāʾ* et sans doute aussi un *Faṣl mā bayna al-riǧāl wa-l-nisāʾ*. Pellat, 1984, p. 117.

d'analyser et de définir[108]. Aucune passion n'est en effet comparable au *ʿišq*[109], qui ne se déploie que dans l'excès et le dépassement des limites fixées par la raison[110]. Abdallah Cheikh-Moussa précise que :

> « L'accent est mis sur la notion d'excès, de superflu (*faḍl*), un excès qui est à prendre au sens de défaut moral. Cette affirmation se base à son tour sur deux types d'approches, l'une quantitative et l'autre qualitative. En effet, le *ʿišq* est de prime abord mesuré à l'aune du *ḥubb* […]. Le *ḥubb* constitue donc la mesure, le juste milieu, la perfection. Quant au *ʿišq*, il est un *ḥubb* débordant, excessif ; c'est un trop-plein d'amour et donc un amour immoral, puisque la vertu se situe dans le juste milieu entre deux vices, l'excès d'un côté, le manque de l'autre[111] ».

Le *ʿišq* menace à la fois l'individu, qu'il soit membre de la *ḫāṣṣa*, *ʿāqil* ou *adīb*, et l'édifice social dans son entier ; al-Ǧāḥiẓ estime donc devoir le dénoncer[112]. Cette passion absolue « qui rend l'homme fou ou qui provoque sa mort de chagrin » (*al-ʿišq allāḏī yuhīmu lahu al-insān alā wağhihi aw yamūtu kamdan*), qui enfreint les lois religieuses, morales, et celles de la raison[113], représente néanmoins le parangon des toutes les vertus[114].

Dans le *Kitāb al-qiyān* (ou *Risālat al-qiyān*), qui traite des rapports entre les esclaves chanteuses et leurs maîtres et des plaisirs qu'elles dispensent[115], cette contradiction intrinsèque au *ʿišq* est expliquée par la maladie d'amour[116]. À ce mal mortel qui affecte le corps

108. Cheikh-Moussa, 1990, p. 73.

109. Preuve en est, selon al-Ǧāḥiẓ, qu'un homme auquel on demanderait de prêter serment pour Dieu ou de faire vœu d'accomplir le pèlerinage à La Mecque le ferait sans difficulté, alors que si on lui demandait de répudier sa femme, il se mettrait en colère. Al-Ǧāḥiẓ, *Rasāʾil*, p. 147.

110. « Le terme *ʿišq* désigne ce qui dépasse l'amour. Tout amour ne s'appelle pas *ʿišq*, mais se dit *ʿišq* seulement ce qui dépasse la mesure de l'amour, de la même façon que la prodigalité dépasse les limites de ce qu'on appelle générosité ». Al-Ǧāḥiẓ, *Risālat al-Nisāʾ*, III, p. 139-140.

111. Cheikh-Moussa, 1990, p. 74.

112. Cheikh-Moussa, 1990, p. 73-74.

113. Cheikh-Moussa, 1990, p. 74.

114. « Parler de l'amour revient donc à évoquer toute une série de conceptions établies et d'attitudes que l'amant idéal se doit d'avoir ». Sicard, 1984, p. 326-327.

115. « La *Risālat al-Qiyān* […] occupe dans la littérature arabo-musulmane sur l'amour, une place particulière ; d'abord parce qu'elle s'intéresse au problème de l'amour à travers le cas des esclaves-chanteuses ; ensuite parce qu'elle serait la première œuvre en prose à traiter du sujet sous forme d'un essai. […] Enfin, les *qiyān* occupent une place particulière parce qu'[…] al-Ǧāḥiẓ tente de théoriser le problème et de codifier l'attitude de "l'honnête homme" face à l'amour ». Sicard, 1984, p. 326.

116. Al-Ǧāḥiẓ, *Rasāʾil*, II, p. 166.

par nombre de symptômes[117] correspond un principe universel, qui dirige le comportement de toutes les créatures[118], et une force de la nature que l'honnête homme doit apprendre à maîtriser. Pour al-Ǧāḥiẓ, « il faut [...] établir une harmonie, un *modus vivendi* entre le *ʿišq* et la raison. Mais [...] cette harmonie suppose le commandement de la raison, la part virile de l'homme, et sa domination sur la part féminine, les sens. La passion ainsi "gérée" [...] devient une instance éducative pour le membre de l'élite puisqu'elle est l'occasion de mettre à l'épreuve son *ʿaql*, son *adab* et l'empire qu'il exerce sur lui-même[119] ». Ainsi, le *ʿišq* contrôlé devient une valeur positive à l'aune de laquelle l'individu doit former son caractère[120]. Muġulṭāy emprunte à al-Ǧāḥiẓ cette conception dichotomique et paradoxale du *ʿišq*, dont il essaie de résoudre la contradiction par le biais du martyre d'amour.

2.1.2. Secret et obéissance : le *Kitāb al-zahra* de Muḥammad b. Dāwūd al-Iṣfahānī (m. 297/910)

Dans le *Kitāb al-zahra*, Ibn Dāwūd expose sa pensée sur l'amour, fruit d'une synthèse originale et solide provenant de cultures et de traditions diverses. Cette anthologie poétique en cent chapitres comporte un nombre correspondant d'affirmations théoriques expliquées et étayées par des poèmes[121]. Dans la première partie (cinquante chapitres), Ibn Dāwūd décrit la passion amoureuse et ses causes (*waṣf kawn al-hawā wa-asbābihi*) et se défend contre les attaques portées à sa conception, en argumentant que le contenu attractif de son œuvre entend faire changer d'avis ceux qui refusent l'amour passionné (*ʿišq*) et la passion amoureuse (*hawā*)[122]. Pour expliquer l'origine du *ʿišq* et justifier de sa licéité dans l'islam, Ibn Dāwūd, comme plus tard Muġulṭāy, croise la tradition religieuse avec des

117. « C'est proprement un mal qui affecte aussi bien le corps que l'esprit et l'âme, un fléau qu'aucun remède ne peut combattre ». Cheikh-Moussa, 1990, p. 115.
118. R. Ben Salama, *al-ʿIšq wa-l-kitāba*, p. 325.
119. Cheikh-Moussa, 1990, p. 118.
120. Le deuxième texte, par ordre chronologique, à nous être parvenu est un bref (quatre folios) essai sur l'amour, anonyme et sans titre. Il est contenu dans le manuscrit Topkapi Saray, Ahmet III, folios 238a-240b. Nous n'en traitons pas dans le détail, car les renseignements limités dont nous disposons ne permettent pas de déterminer son influence sur le *Wāḍiḥ*. Voir Giffen, 1971, p. 5.
121. Vadet, 1968a ; Ibn Dāwūd al-Iṣfahānī, *Kitāb al-zahra*, p. 4.
122. Ibn Dāwūd al-Iṣfahānī, *Kitāb al-zahra*, p. 3.

explications philosophiques. Ces deux auteurs citent tout d'abord le *ḥadīṯ* : « Les esprits sont des armées sur le pied de guerre, ceux qui se reconnaissent entrent en intimité, ceux qui sont opposés se rejettent »[123], puis la théorie platonicienne de la *munāsaba* :

> Dieu, qu'Il soit loué, créa toutes les âmes arrondies comme une balle, puis les divisa en deux et mit chaque moitié dans un corps différent. Tout corps qui rencontre celui dans lequel se trouve l'autre moitié de son âme l'aime à cause de son ancienne affinité avec lui[124].

Le *ʿišq* naît donc avant l'homme, qui ne peut s'opposer au « jeu nullement prévisible » de deux forces : la volonté et le déterminisme[125]. « Le corps crée un excès de bile noire qui occupe le cerveau et entraîne la folie, le suicide ou la mort[126] » et l'esprit de l'amant passionné devient le prisonnier de la mélancolie[127]. Malgré tous les maux qu'il cause, « l'amour ne peut que désirer la beauté. Il est une fatalité aveugle [...] et toute la dignité d'une âme d'élite est de la subir sans y céder »[128]. Le *ʿišq* mesure par conséquent la noblesse et l'élévation morale.

Pour parvenir à le maîtriser, un des préceptes fondamentaux consiste à cacher sa passion à tout le monde (*kitmān*), y compris à l'aimé, un autre dans l'obéissance, qui « tient le milieu entre la nature et la volonté »[129]. Le désir, qui naît du regard, doit être régulé par l'obéissance, qui, à son tour, le scelle dans les cœurs. Ces règles sont canonisées dans la version du *ḥadīṯ al-išq* selon lequel *man ʿašiqa fa-affa fa-katama fa-māta fa-huwa māta šahīdan* (*Celui qui aime passionnément, qui reste chaste, qui le cache et en meurt, celui-ci meurt en martyr*)[130]. Ibn Dāwūd, qui aurait été le premier à le mentionner dans un traité d'amour, l'incarne aussi symboliquement dans la tradition littéraire[131]. Une histoire, racontée entre autres par Muġulṭāy[132], relate que son ami le plus proche, Nifṭawayh, alla le voir sur son lit de mort et lui demanda d'expliquer la cause de sa maladie. Ibn Dāwūd accusa de tous

123. الأرواح جنود مجنّدة فما تعارف منها ائتلف وما تناكر منها اختلف. Ibn Dāwūd al-Iṣfahānī, *Kitāb al-zahra*, p. 14 ; *al-Wāḍiḥ*, p. 55, ms f° 21r°, l. 11-12.

124. الله جلّ ثناؤه خلق كلّ روح مدوّرة الشكل على هيئة الكرة ثمّ قطعها أيضًا فجعل في كلّ جسم نصفًا وكلّ جسم لقي الجسم الذي فيه النصف الذي قطع من النصف الذي معه كان بينهما عشق المناسبة القديمة.
Ibn Dāwūd al-Iṣfahānī, *Kitāb al-zahra*, p. 15.

125. Ibn Dāwūd, *Kitāb al-zahra*, p. 16 ; Vadet, 1968c, p. 296.

126. Dols, 1992, p. 316.

127. Ibn Dāwūd, *Kitāb al-zahra*, p. 18.

128. Massignon, 1975, I, p. 388.

129. Vadet, 1968c, p. 301.

130. Ibn Dāwūd, *Kitāb al-zahra*, p. 66.

131. Giffen, 1971, p. 88.

132. *Al-Wāḍiḥ*, p. 18 et p. 19, ms f° 2r°, l.16 ; f° 2v°, l. 16.

ses maux les deux aspects dont se compose la passion : le regard licite (*al-naẓar al-mubāḥ*) et le plaisir interdit (*al-laḏḏa al-maḥẓura*). Au premier il fallait faire remonter l'origine de cette émotion, alors que le *ḥadīṯ* prophétique que son père lui avait transmis l'avait empêché de céder au second[133]. Bien que cette histoire soit vraisemblablement fictive, elle montre l'engagement prêté à Ibn Dāwūd dans la défense de sa conception de l'amour profane.

Dans le *Wāḍiḥ*, deux notices attribuées à Ibn Dāwūd explicitent les principes du *kitmān* et de l'obéissance[134]. Dans la première, le dévoilement du secret provoque la mort de l'amant ; dans la seconde, l'amant préfère mourir plutôt que de céder à la tentation. Bien que le *Wāḍiḥ* puise abondamment dans le répertoire poétique du *Kitāb al-zahra*, six *aḫbār* en prose seulement sont communs aux deux ouvrages[135]. Les récits sur les amants malheureux se trouvent déjà sur toutes les lèvres, explique Ibn Dāwūd, et ils ont donc été omis de son traité[136], qui se limite à relater le trépas de Ǧamīl Buṯayna[137] et celle de ʿAqīla bint al-Ḍaḥḥāk b. al-Nuʿmān b. Munḏir[138]. Il expose pareillement une narration tirée de la *Sīra al-nabawīyya* d'Ibn Hišām[139] et rapporte deux histoires de double suicide, l'un par noyade et l'autre par défenestration[140]. La dernière de ces notices communes met en scène un jeune homme des Banū Kilāb qui meurt après avoir décrit en vers la forte émotion que suscite l'éclair sur un cœur passionné. Le *ḫabar* est attribué à Ibn Durayd (m. 934/322)[141]. Dans tous les cas les deux auteurs se servent de ces récits pour fonder leur conception de l'amour, soit à travers les personnages, comme Ǧamīl, l'amant *ʿuḏrī* par excellence et le premier à avoir mentionné dans ses vers le martyre d'amour, soit par leur structure, dont le modèle fut ensuite repris sans cesse par la tradition littéraire amoureuse.

133. Muġulṭāy raconte son histoire dans deux passages du *Wāḍiḥ*, au tout début de son ouvrage, en guise d'introduction, puis dans la notice consacrée au martyre du juriste zahirite. *Al-Wāḍiḥ*, p. 18-19, ms f° 2r°, l. 16 ; f° 2v°, l. 16 et p. 339-342, ms f° 149r°, l. 12 ; f° 150r°, l. 15.
134. *Al-Wāḍiḥ*, p. 121-122, ms f° 48v°, l. 13 ; f° 49r°, l. 2 et p. 180-181, ms f° 75v°, l. 9 ; f° 76r°, l. 6. Voir Annexe II, *Les sources des notices*, A. *Les traités d'amour*, 1. Ibn Dāwūd (m. 297/910).
135. Dans *Kitāb al-zahra*, ces vers ne sont pas accompagnés par des *aḫbār*. Cf. par exemple *al-Wāḍiḥ*, p. 239, ms f° 97v°, l. 7-13 ; *al-Zahra*, p. 181 ; *al-Wāḍiḥ*, p. 241, ms f° 98v°, l. 14-15 et *al-Zahra*, p. 195 ; *al-Wāḍiḥ*, p. 249, ms f° 102 b, l. 15-16 et *al-Zahra*, p. 42.
136. Ibn Dāwūd, *Kitāb al-zahra*, p. 7.
137. Ibn Dāwūd, *Kitāb al-zahra*, p. 73 et *al-Wāḍiḥ*, p. 158-168, ms f° 64v°, l. 11 ; f° 69v°, l. 2.
138. Ibn Dāwūd, *Kitāb al-zahra*, p. 161-163 et *al-Wāḍiḥ*, p. 282-284, ms f° 119r°, l. 4 ; f° 119v°, l. 14.
139. Ibn Dāwūd, *Kitāb al-zahra*, p. 351-352 ; *al-Wāḍiḥ*, p. 173-179, ms f° 72r°, l. 14 ; f° 75r°, l. 13 et Ibn Hišām, *al-Sīra al-nabawīyya*, IV, p. 428-436.
140. Ibn Dāwūd, *Kitāb al-zahra*, p. 352-354 ; *al-Wāḍiḥ*, p. 284, ms f° 119v°, l. 16 ; f° 120r°, l. 8 et p. 284-288, ms f° 120v°, l. 8 ; f° 121r°, l. 13.
141. Ibn Dāwūd, *Kitāb al-zahra*, p. 227 et *al-Wāḍiḥ*, p. 349-350, ms f° 154r°, l. 9 ; f° 154v°, l. 11.

2.1.3. Le *ʿišq* comme jeu : le *Kitāb al-muwaššā* ou *al-Ẓarf wa-l-ẓurafāʾ* d'al-Waššāʾ (m. 325/936)

Le *Kitāb al-muwaššā* représente une étape fondamentale dans le processus d'islamisation de l'amour *ʿuḏrī* et dans la transmission de ses valeurs de la société bédouine vers un milieu urbain raffiné. Tel qu'il l'annonce dans son introduction, le but principal d'al-Waššāʾ consiste à expliquer le concept de raffinement (*ẓarf*), les lois (*šarāʾiʿ*) de la prudhommerie[142] (*murūʾa*) et la définition du savoir-vivre (*adab*)[143]. *Murūʾa*, *adab* et *ẓarf* sont entièrement soumis à la chasteté (*ʿiffa*)[144], qui ne doit pas se limiter au domaine amoureux, mais s'étendre à toutes les relations sociales, comme expression de la nostalgie pour un passé *ʿuḏrī* mythique[145]. Les raffinés cités comme exemple dans *Kitāb al-muwaššā* prônent une continence faite de « signes sans baisers et de proximité sans toucher[146] ».

Un chapitre entier est consacré à ceux que la passion a tués. Les héros de ces histoires sont le plus souvent des Bédouins et al-Waššāʾ « s'imagine que leurs aventures étaient des prodiges de constance amoureuse, défiant le temps et les hommes. Il admire la "constance" des amants parfaits et il a même la tendance à n'admirer que cela en eux. [...]. Le véritable amour est fidélité par-delà la mort[147] ». La passion amoureuse (*hawā*) crée l'honnête homme (*adīb*), en lui permettant d'acquérir de nombreuses vertus et en lui indiquant une manière noble et raffinée de se comporter[148] ; cependant, l'*adīb* penche

142. Ce terme chargé de plusieurs connotations ne peut donc être traduit en français que de manière approximative. Farès, 1992. Pour Mohammad Farid Ghazi, elle consiste dans « un faisceau de qualités physiques, mais aussi et surtout morales, qui se présentent à nous comme les véritables "valeurs" de la société islamique ». Ghazi, 1959, p. 64.

143. Al-Waššāʾ, *Kitāb al-muwaššā*, p. 9. La remarque que nous avons faite dans la note précédant pour *murūʾa* est aussi valable pour le terme *adab*, qui doit être traduit différemment, selon le contexte. Gabrieli, 1954 ; Zakharia, 2012, p. 317.

144. Selon Muhammad Ferid Ghazi, « on doit traduire *ʿiffa* par "chasteté", mais grandeur d'âme serait mieux, puisque [...] elle pourrait s'accompagner de mariage ». Ghazi, 1959, p. 65.

145. Benslama, 2003, p. 365, 367.

146. Al-Waššāʾ, *Kitāb al-muwaššā*, p. 73.

147. Vadet, 1968c, p. 344.

148. Al-Waššāʾ, *Kitāb al-muwaššā*, p. 74. La capacité de la passion amoureuse de forger l'homme policé représente un leitmotiv dans la prose arabe médiévale. Voici par exemple un passage tiré d'*al-Muntaẓam* d'Ibn al-Ǧawzī (510/1116-597/1200) sur les vertus engendrées par la passion amoureuse :

فقال: اعشقوا، فإن العشق يطلق اللسان العيي، ويفتح حيلة البليد والمخبل، ويبعث على التنظف وتحسين اللباس، وتطييب المطعم، ويدعو إلى الحركة والذكاء، ويشرف الهمة.

« Aimez, car le *ʿišq* délie la langue du bègue, rend le stupide et l'irresponsable astucieux. Il pousse à la propreté, au bien-parler et au bien-manger, il appelle l'action et l'intelligence et rend l'homme honorable ». Ibn al-Ǧawzī, *al-Muntaẓam*, II, p. 100-103.

Le même passage exactement se trouve dans al-Tanūḫī, *Nišwār al-muḥāḍara*, IV, p. 282-285. Au vᵉ/xᵉ siècle, al-Rāġib al-Iṣfahānī, reprend le même thème dans son *Muḥāḍarāt al-udabāʾ*, II, p. 40.

pour une forme plus modérée d'amour que celle des Bédouins, qui n'amène pas forcément au martyre[149]. L'émotion mortelle du *Kitāb al-zahra* et du *Wāḍiḥ* devient un jeu social dans *Kitāb al-muwaššā*. Pour cette raison, Muġulṭāy ne cite pas directement cet auteur, bien qu'il se soit sans doute inspiré de son ouvrage notamment en ce qui concerne la *ʿiffa*.

2.2. *Le courant hanbalite*

Plusieurs rédacteurs d'ouvrages à caractère moralisant et d'inspiration religieuse, tels qu'al-Ḫarā'iṭī (m. 327/939), al-Sarrāǧ (m. 500/1106), Ibn al-Ǧawzī (m. 597/1200), Ibn Qayyim al-Ǧawziyya (m. 751/1350) appartiennent à l'école juridique hanbalite. Ces livres qui représentent « la réponse des milieux pieux et orthodoxes aux écrits d'auteurs comme Ibn Dāwūd[150] » s'opposent à la tradition littéraire sur l'amour et les amants en s'appuyant sur le Coran, le *ḥadīṯ* et des anecdotes pieuses[151], sans que cela les empêche d'éprouver une certaine fascination pour ce phénomène et de l'admirer lorsqu'il est chaste.

2.2.1. Le premier traité d'amour hanbalite : l'*Iʿtilāl al-qulūb fī aḫbār al-ʿuššāq wa-l-muḥibbīn* d'al-Ḫarā'iṭī (m. 327/939)

Dans le Coran et dans le *ḥadīṯ*, le *hawā* est considéré comme « désir détestable, libido, ce qui déplaît à Dieu, car il détourne l'homme de sa dévotion et de son obéissance à Dieu[152] ». Le cœur de celui qui en affecté doit être soumis à une discipline stricte fondée sur la chasteté pour en prévenir la corruption. L'*Iʿtilāl al-qulūb fī aḫbār al-ʿuššāq wa-l-muḥibbīn* d'al-Ḫarā'iṭī (m. 327/939)[153] condamne le *hawā* et ceux qui le suivent jusqu'en devenir les esclaves[154], mais sa conception de la passion oscille néanmoins entre le « désir de plaire à Dieu et une fascination pour le phénomène de l'amour passionné, qu'il vaut mieux éviter ou au moins essayer de contenir dans les concepts d'*adab* et de *murū'a* et dans les idéaux de la poésie *ʿuḏrī*[155] ».

149. Vadet, 1968c, p. 343.
150. Giffen, 1971, p. 15-16.
151. Giffen, 1971, p. 114.
152. Giffen, 1971, p. 121.
153. Abū Bakr Muḥammad b. Ǧaʿfar al-Sāmarrī al-Ḫarā'iṭī, qui enseigna le *ḥadīṯ* à Damas. Ed., 1978.
154. Giffen, 1971, p. 15-16.
155. Giffen, 1973, p. 121.

La discussion menée par al-Ḫarā'iṭī sur la valeur du *hawā* influença le *Wāḍiḥ* qui reprend dans l'introduction certaines de ses mises en garde contre ces dangers. Quant aux notices, Muġulṭāy en puise six[156]. Trois (2, 3 et 5) relatent des histoires de martyrs, les trois autres évoquent de simples victimes. Le contenu des *aḫbār* 4 et 6 a été raccourci dans le *Wāḍiḥ*[157] ; tandis que l'auteur de l'*Iʿtilāl* s'attarde à décrire les circonstances ayant précédé la mort par amour de l'esclave d'al-Fatḥ b. Ḫāqān ou de celle d'al-Mutawakkil, suivie par celle de leur maître, Muġulṭāy ne raconte que succinctement le décès des personnages en question. Les événements antécédents, à savoir l'achat de la captive dans une des notices[158] et la dispute entre al-Mutawakkil et Maḥbūba, puis leur réconciliation, dans l'autre[159], ne l'intéressent pas : ils constituent une sorte de cadre que Muġulṭāy ne considère pas comme essentiel. D'autres ouvrages conservent également une version abrégée de quatre de ces notices (2, 3, 5 et 6), en particulier le *Ḏamm al-hawā* d'Ibn al-Ǧawzī[160]. Muġulṭāy la choisit, en se focalisant sur l'issue de l'histoire et n'attribuant guère d'importance aux préliminaires.

2.2.2. Le ḥanbalisme hésitant : les *Maṣāriʿ al-ʿuššāq* d'al-Sarrāǧ (m. 500/1106)[161]

Malgré l'appartenance de son auteur au courant hanbalite[162], les *Maṣāriʿ al-ʿuššāq* (*Trépas des amants*), un recueil d'histoires tragiques concernant majoritairement les mystiques[163], se rapproche du *Wāḍiḥ*. D'inspiration semblable, les deux ouvrages partagent soixante-six notices (40 %), bien qu'al-Sarrāǧ ne soit explicitement cité par Muġulṭāy

156. Voir Annexe II, *Les sources des notices*, A. *Les traités d'amour*, 2. Al-Ḫarā'iṭī (m. 327/939).
157. *Al-Wāḍiḥ*, p. 275, ms fº 115vº, l. 13 ; fº 116vº, l. 1 ; p. 345, ms fº 152rº, l. 3-10.
158. *Al-Wāḍiḥ*, p. 293-295, ms fº 125vº, l. 7 ; fº 126rº, l. 11.
159. *Al-Wāḍiḥ*, p. 345, ms fº 152rº, l. 3-10.
160. *Al-Wāḍiḥ*, p. 275, ms fº 115vº, l. 13 ; fº 116vº, l. 1 et 345, ms fº 152rº, l. 3-10 et Ibn al-Ǧawzī, *al-Muntaẓam*, p. 277-279.
161. Al-Sarrāǧ fut un célèbre traditionniste hanbalite de Bagdad, dont l'œuvre poétique est remarquable. Il se serait consacré en priorité à deux types de travaux littéraires : la versification de livres sur le *fiqh*, ou à sujet religieux, et les livres d'*adab* moralisateur. Leder, 1995.
162. Pour Jean-Claude Vadet, « al-Sarrāǧ est incontestablement un hanbalite et avec lui se confirme un fait nouveau : la mainmise de l'école hanbalite sur la transmission courtoise. Mainmise essentiellement doctrinale chez les autres hanbalites, mais qui garde chez al-Sarrāǧ un caractère affectif et littéraire ». Vadet, 1968c, p. 385. Pour Joseph Norman Bell, en revanche, l'influence du hanbalisme sur les *Maṣāriʿ* n'est pas une évidence. Ce livre contient peu de notices « moralisantes », ce qui prouverait que les préoccupations d'al-Sarrāǧ étaient différentes de celles de ses successeurs comme Ibn al-Ǧawzī et Ibn Qayyim al-Ǧawziyya. Bell, 1979a, p. 235.
163. Bell, 1979a, p. 245.

comme source que pour sept d'entre elles (4 %)[164]. Les récits communs comportent en général dans le *Wāḍiḥ* des chaînes de garants raccourcies en comparaison avec celles des *Maṣāriʿ*[165]. Elles remontent notamment à Muḥammad b. Ḫalaf al-Marzubān[166], à Ibn Durayd[167] et à al-Tanūḫī[168], lesquels figurent aussi parmi les principaux informateurs d'al-Sarrāǧ[169]. Les deux auteurs puisèrent donc probablement aux mêmes sources. Sur la totalité des notices partagées, treize ont pour sujet l'amour mystique, tandis que les autres rapportent des passions profanes.

Dans ces dernières, les personnages et leurs histoires ne correspondent pas aux modèles traditionnels, dans lesquels un jeune homme vit un amour contrarié et à l'issue dramatique avec sa cousine[170]. Il s'agit de narrations originales et singulières, et non pas de variations autour d'un cliché. Le récit de l'amour entre deux canards (1) met en scène des animaux ; la notice 2, relative à une femme qui devient pieuse et qui, en mentionnant le nom de son aimé pendant que le médecin coupe dans sa chair, parvient à ne pas ressentir la douleur, est unique dans son genre[171]. Dans l'histoire du fou qui réside dans le couvent de Ḥirqal[172] (3), les deux amis qui lui rendent visite font face à une réaction inattendue. L'effet de surprise qui marque la chute est souligné par le *rāwī* lui-même. La rencontre dans l'au-delà entre Muḥammad b. al-Ḥusayn al-Ḍabbī et ʿAbd al-ʿAzīz b. al-Šāh al-Taymī, qui s'étaient chéris sur terre rend leur histoire (4) hors du commun, en introduisant une dimension eschatologique inhabituelle[173]. La tendresse qui unissait un maître soufi à son disciple (7), dont le premier meurt sur la tombe du second, mêle ces deux dimensions. Les deux derniers *aḫbār* (5 et 6) décrivent pour l'une le trépas d'une *qayna* à cause d'un amour non

164. *Al-Wāḍiḥ*, p. 124, ms f° 49r°, l. 12- f° 49v°, l. 3 ; p. 201-204, ms f° 82r°, l. 12- f° 83v°, l. 8 ; p. 227-230, ms f° 92r°, l. 11- f° 93r°, l. 1 ; p. 239-240, ms f° 98r°, l. 2- f° 98v°, l. 2 ; p. 241 f° 98v°, l. 11- f° 99r°, l. 3 ; p. 279, ms f° 117r°, l. 16- f° 117v°, l. 9 ; p. 342, ms f° 150r°, l. 16- f° 150v°, l. 7. Voir aussi Annexe II, *Les sources des notices*, A. *Les traités d'amour*, 3. Al-Sarrāǧ (m. 500/1106).

165. Au sujet du raccourcissement des *isnād*-s voir Balda-Tillier, 2012, p. 191.

166. *Al-Wāḍiḥ*, p. 156-158, ms f° 63r°, l. 12- f° 64r°, l. 14 ; p. 184, ms f° 76v°, l. 15- f° 77r°, l. 7 ; p. 204-206, ms ; p. 206-207, ms f° 84r°, l. 16 ; f° 85r°, l. 2 ; p. 261-269, ms f° 85r°, l. 2 ; f° 86r°, l. 4 ; p. 298-312, ms f° 128r°, l. 1- f° 134r°, l. 15 ; p. 359-360, ms f° 158v°, l. 3- f° 159r°, l. 2.

167. *Al-Wāḍiḥ*, p. 195-198, ms f° 80v°, l. 5- f° 81v°, l. 16 ; p. 247-248, ms f° 102r°, l. 5 ; f° 102v°, l. 5 ; p. 251-252, ms f° 103v°, l. 12 ; f° 104v°, l. 4 ; p. 269-270, ms f° 112v°, l. 16- f° 113r°, l. 9 ; p. 282-284, ms f° 119r°, l. 4- f° 119v°, l. 14 ; p. 334 f° 146r°, l. 13- f° 147v°, l. 9 ; p. 349-350, ms f° 154r°, l. 9-f° 154v°, l. 11.

168. *Al-Wāḍiḥ*, p. 189-191, ms f° 178r°, l. 2- f° 178v°, l. 14 ; p. 232-233, ms f° 96v°, l. 2- f° 96v°, l. 8 ; p. 295, ms f° 126v°, l. 11-127r°, l. 9.

169. Bell, 1979a, p. 236, p. 238 et p. 239.

170. Ḫalīf, 1961, p. 22.

171. *Al-Wāḍiḥ*, p. 201-204, ms f° 82r°, l. 12 ; f° 83v°, l. 8.

172. *Al-Wāḍiḥ*, p. 227, ms f° 92r°, l. 10 ; f° 93v°, l. 7.

173. *Al-Wāḍiḥ*, p. 239-240, ms f° 98r°, l. 2 ; f° 98v°, l. 2.

réciproque, une issue rare pour cette catégorie de femme[174]. Quant à la seconde, l'identité de l'homme maigre et émacié qui meurt à La Mecque reste mystérieuse ainsi que la véritable cause de son décès[175]. Les histoires communes entre le *Wāḍiḥ* et les *Maṣāriʿ* sortent de l'ordinaire. L'auteur du *Wāḍiḥ* semble y recourir pour illustrer les diverses voies par lesquelles les créatures parviennent au martyre. Le terme *maṣāriʿ* fut souvent utilisé dans des textes racontant le sacrifice suprême sur le champ de bataille[176]. Or, ces récits ont « fasciné les musulmans à travers les âges. La mort au combat est le sommet des aspirations du croyant[177] ». Le terme *maṣāriʿ* est associé donc en pointillé à l'abnégation de ceux qui ont donné leur vie à la guerre sainte. Par conséquent, les personnages évoqués dans les *aḫbār* que Muġulṭāy présente sous le nom de son illustre prédécesseur sont d'emblée entourés d'une aura de sainteté. Il en résulte que le côté transgressif de ses passions extraordinaires est atténué et seule demeure l'admiration devant ces comportements héroïques.

2.2.3. L'apogée de la pensée hanbalite sur l'amour : le *Ḏamm al-hawā* d'Ibn al-Ǧawzī (m. 597/1200)

Ibn al-Ǧawzī exerça une influence importante sur le ḥanbalisme à l'époque ayyoubide[178]. Son *Ḏamm al-hawā* constitue, dans la forme et dans le contenu, le modèle parfaitement reconnaissable de la *Rawḍat al-qulūb* d'Ibn Qayyim al-Ǧawziyya (m. 751/1350), écrit un siècle et demi plus tard[179]. Le caractère moralisant de l'ouvrage, qui perce déjà dans son titre, est confirmé par sa matière. Ibn al-Ǧawzī défend un enseignement traditionnel sur l'amour en réaction à certaines pratiques soufies et aux théories d'Ibn Dāwūd et d'Ibn Ḥazm[180]. Par sa remise en question du désir et de la passion amoureuse, le *Ḏamm al-hawā* diffère du *Wāḍiḥ* et les conceptions de ces auteurs ne s'accordent guère.

Ibn al-Ǧawzī se présente en qualité d'un médecin ou d'un éducateur qui vise à guérir la convoitise charnelle et le désir funeste[181]. L'argumentation du *Ḏamm al-hawā* est structurée comme un sermon de nature religieuse, morale et philosophico-éthique. L'âme, siège de toutes les passions[182] que l'homme doit s'efforcer de contrôler par la raison et

174. *Al-Wāḍiḥ*, p. 279, ms f° 117r°, l. 16 ; f° 117v°, l. 8.
175. *Al-Wāḍiḥ*, p. 241, ms f° 98v°, l. 11 ; f° 99r°, l. 3.
176. Voir à ce propos l'article de Ǧarrār, 1993, p. 27-121, qui parle du livre d'Ibn Mubārak (m. 181/797), le premier à avoir été écrit sur ce sujet. On peut citer également le *Mašāriʿ al-ašwāq ilā Maṣāriʿ al-ʿuššāq*, d'Abū Zakariyyā Aḥmad b. Ibrāhīm b. Muḥammad al-Dimyāṭī, qui est plus tardif.
177. Kohlberg, 1996, p. 209-213.
178. Laoust, 1968.
179. Bell, 1979b, p. 9.
180. Bell, 1979b, p. 19.
181. Leder, 1984, p. 70.
182. *Al-nafs maǧbūla ʿalā ḥubb al-hawā*. Ibn al-Ǧawzī, *al-Muntaẓam*, p. 36.

par la patience, doit être alertée contre la tentation et se protéger de ce qui peut affecter le cœur par divers moyens, comme la récitation du Coran[183]. Malgré sa vision négative, Ibn al-Ǧawzī consacre un chapitre entier à la récompense (*ṯawb*) qui attend ceux qui ont aimé passionnément, sont restés chastes et ont caché leurs sentiments[184]. Selon Joseph Norman Bell, Ibn al-Ǧawzī accepte la tradition sur les martyrs[185] ; Stefan Leder va même plus loin en affirmant qu'en s'abstenant de tout commentaire pour faire parler le *ḥadīṯ*, le savant hanbalite laisse entendre qu'il évalue positivement l'amour pur et les conséquences qu'il entraîne. Si la mort à cause la passion amoureuse est reconnue comme un tragique incident semblable aux épidémies, aux catastrophes naturelles ou à la noyade, le martyre est conféré aux amants à ce titre et non pas pour leur engagement vers un objectif élevé ou des valeurs morales louables[186]. Par ailleurs, l'auteur du *Ḏamm al-hawā* considère comme nécessaire l'accomplissement du *hawā* dans un cadre légal[187].

Dans son introduction, Muġulṭāy cite Ibn al-Ǧawzī à trois reprises[188], dont la première, la plus intéressante, concerne une controverse théologique dans laquelle son opinion est rapportée pour être réfutée[189]. Dans le *ḥadīṯ* selon lequel le Prophète aurait conseillé aux maris, lorsqu'ils voyaient une femme qui leur plaisait, de rentrer satisfaire leurs appétits auprès de leurs épouses, Ibn al-Ǧawzī relève deux éléments contradictoires : le fait de se distraire de son désir avec le même type de plaisir (*al-tasallī ʿan al-maṭlūb bi-ǧinsihi*) et celui d'attribuer l'admiration que l'on éprouve pour une personne à la force du désir (*al-iʿlām bi-anna sabab al-iʿǧāb quwwat al-šahwa*). L'auteur du *Wāḍiḥ* rétorque qu'Ibn al-Ǧawzī oublie le dire du Prophète conformément auquel il n'aurait laissé aux hommes après lui de cause de discorde plus grande que genre féminin.

Quant aux notices, le *Wāḍiḥ* et le *Ḏamm al-hawā* en ont vingt-trois en commun dont cinq ne dépassant pas la demi-page sont explicitement rattachées au nom d'Ibn al-Ǧawzī[190]. Le style dépouillé et sévère de ces notices correspondant à sa poétique, Muġulṭāy n'en raccourcit qu'une seule[191]. Cependant, le but poursuivi par ces deux auteurs est diamétralement opposé. Sur les cinq *aḫbār* cités par Muġulṭāy, trois (3, 4 et 5) mettent en scène

183. Respectivement Ibn al-Ǧawzī, *al-Muntaẓam*, p. 36, 52, 56 et 62.
184. Ibn al-Ǧawzī, *al-Muntaẓam*, p. 256-258.
185. Bell, 1979b, p. 26.
186. Leder, 1984, p. 271-272.
187. Leder, 1984, p. 159.
188. *Al-Wāḍiḥ*, p. 23, ms f° 6v°, l. 4 ; p. 35, ms f° 12r°, l. 2 ; p. 35, ms f° 12r°, l. 2 ; p. 41, ms f° 14r°, l. 16 où Muġulṭāy le nomme Abū al-Faraǧ.
189. *Al-Wāḍiḥ*, p. 23, ms f° 6v°, l. 4 et Ibn al-Ǧawzī, *Ḏamm al-hawā*, p. 122.
190. Voir Annexe II, *Les sources des notices*, A. *Les traités d'amour*, 4. Ibn al-Ǧawzī (m. 597/1200).
191. Dans le cas de la dernière des notices (*al-Wāḍiḥ*, p. 260, ms f° 108r°, l. 2-8), nous ne pouvons pas vérifier cette donnée, car elle est tirée d'un ouvrage perdu d'Ibn al-Ǧawzī. De plus, nous n'avons pas trouvé trace de cette notice ailleurs que dans le *Wāḍiḥ*.

des victimes de l'amour[192] qui ne peuvent pas être considérées comme des martyrs. Deux des protagonistes de ces histoires (3 et 4) sont des suicidés et le troisième (5) commet le gravissime péché d'apostasie. Malgré les fautes dont ces personnages se sont rendus coupables, Muġulṭāy, à la différence d'Ibn al-Ǧawzī, les juge exemplaires. Dans le *ḫabar* (2) du jeune raffiné qui décide de mourir afin que se réalisent des vers proclamant que le véritable amant ne peut pas supporter la douleur de la séparation sans décéder[193], l'auteur du *Wāḍiḥ* ajoute une bénédiction à l'annonce de son trépas, à la fin de la narration. Grâce aux mots *raḥimahu Allāh taʿālā* (« Que Dieu le Très-Haut ait pitié de son âme »), le personnage principal, qui pourtant commet un suicide passif, devient un martyr.

2.2.4. Le hanbalisme modéré : les *Manāzil al-aḥbāb wa-manāzih al-albāb* de Šihāb al-Dīn Maḥmūd (m. 725/1325)

L'auteur des *Manāzil al-aḥbāb wa-manāzih al-albāb* fut un cadi hanbalite. Son ouvrage influença ses successeurs, en particulier Muġulṭāy, qui le connaissait bien[194]. Šihāb al-Dīn Maḥmūd présente l'amour profane comme une vertu aux yeux de Dieu : il faut aimer quelqu'un en Dieu et par l'amour de Dieu[195]. Ce *topos* figure dans nombre d'écrits sur le sujet[196]. L'attention de Šihāb al-Dīn se concentre néanmoins sur les caractères distinctifs de cette ardeur, en essayant de tracer avec précision l'image de l'amant idéal. Bédouin, il tomba amoureux de sa cousine ou d'une voisine depuis sa plus tendre enfance et pendant toute sa vie, au point d'en mourir de douleur et de consomption[197]. Le *ḥadīṯ* sur le *ʿišq* dans sa forme la plus complète, celle qui comporte le verbe *katama* (garder le secret), introduit le chapitre des *Manāzil* sur la chasteté[198]. Sans expliciter son avis, Šihāb al-Dīn laisse

192. Les notices des pages 191, ms f° 79r°, l. 7-9 et p. 210-211, ms f° 86v°, l. 7-12 sont précédées par la mention *qatīl*, alors que celle de la page 278, ms f° 117r°, l. 9-16 parle d'un *qatīl* et d'une *šahīda*.
193. *Al-Wāḍiḥ*, p. 120, ms f° 48r°, l. 1-9.
194. Le *Wāḍiḥ* cite directement comme source les *Manāzil al-aḥbāb* dans trois notices dont deux se suivent (*al-Wāḍiḥ*, p. 255-259, ms f° 106r°, l. 2 ; f° 108r°, l. 3 et p. 259-260, ms f° 108r°, l. 4 ; f° 108v°, l. 1 et p. 337-338, ms f° 148r°, l. 4 ; f° 148v°, l. 3). Il existe néanmoins des différences de perspective dans la conception de l'amour prônée par ces deux auteurs dont une apparaît évidente dans le *ḫabar* qu'ils consacrent à ʿAbbās b. al-Aḥnaf. Le *Wāḍiḥ* raconte la mort du célèbre poète en martyr de l'amour, advenue après qu'il eût récité des vers pour son aimée. *Al-Wāḍiḥ*, p. 253-255, ms f° 104v°, l. 16-106r°, l. 2. Šihāb al-Dīn cite en revanche l'avis d'al-Ǧāḥiẓ selon lequel l'amour d'al-Aḥnaf pour Fawz n'est qu'un prétexte poétique. Šihāb al-Dīn Maḥmūd, *Manāzil al-aḥbāb*, p. 24.
195. Šihāb al-Dīn Maḥmūd, *Manāzil al-aḥbāb*, p. 11-17.
196. Giffen, 1971, p. 32.
197. Šihāb al-Dīn Maḥmūd, *Manāzil al-aḥbāb*, p. 41 et p. 45.
198. Šihāb al-Dīn Maḥmūd, *Manāzil al-aḥbāb*, p. 67.

entendre que l'abstinence empêche l'homme de transgresser la Loi divine en s'érigeant en rempart contre le désir[199]. Il place par conséquent le martyre sur le champ de bataille et le sacrifice d'amour sur un pied d'égalité[200].

2.2.5. Un traité contemporain du *Wāḍiḥ* : la *Rawḍat al-muḥibbīn wa-nuzhat al-muštāqīn* d'Ibn Qayyim al-Ǧawziyya (m. 751/1350)

La *Rawḍat al-muḥibbīn* d'Ibn Qayyim al-Ǧawziyya[201] étaie de manière exhaustive la pensée et l'enseignement de cet auteur sur l'amour[202]. Dans l'introduction, la *maḥabba* est placée à l'origine de l'univers qu'elle a créé. Tous les mouvements du monde supérieur et inférieur adviennent par elle, ceux des astres comme ceux des anges et des animaux, grâce à l'accord (*muwāfaqa*) entre l'amant et l'aimé[203]. Chez l'homme, elle conduit à la béatitude[204]. En partant de cette présupposition, la *Rawḍa* est conçue pour aider les croyants à subordonner leurs affections secondaires à l'adoration suprême (*maḥabba*) qu'ils doivent à Dieu[205] et à soumettre la passion (*hawā*) à la raison, principe qu'Ibn al-Ǧawzī avait déjà prôné dans son *Ḏamm al-hawā*[206]. Le *išq*, assimilé au *hawā*, apparaît dans la *Rawḍa* comme un concept négatif, une innovation linguistique tardivement introduite dans la langue arabe par les poètes, sans qu'elle ne soit consacrée ni par le Coran, ni par la tradition prophétique, ni même par la poésie préislamique[207]. Un tel amour passionné, continue

199. Šihāb al-Dīn Maḥmūd, *Manāzil al-aḥbāb*, p. 67-77.

200. قتيل الجفون الفواتر في سبيل حبّه كقتيل السيوف البواتر في سبيل ربّه إلا أنّ هذا يغسل بدموعه وهذا يغسل في نجيعه وهذا في حال حياته ميّت يرمق وهذا في مماته حيّ يرزق.
Celui qui est tué par les paupières languissantes sur le chemin de l'amour est comme la victime des épées tranchantes sur le chemin de son Seigneur, à la seule différence que le premier se purifie dans ses larmes et le second dans son sang. Le premier, tout en étant vivant, est mort et dépérit ; le second, pourvu de ce qui est nécessaire à la vie, est vivant tout en étant mort.

201. Ibn Qayyim al-Ǧawziyya fut le plus célèbre disciple d'Ibn Taymiyya (m. 728/1328). Il adhéra à toutes les idées de son maître et les diffusa par ses écrits. Sa carrière fut médiocre à cause de l'opposition que le néo-hanbalisme d'Ibn Taymiyya rencontra parmi les hommes d'État mamelouks. À cause de sa loyauté envers son maître, Ibn Qayyim al-Ǧawziyya fut persécuté, fit de la prison et fut même torturé. Laoust, 1968b ; Giffen, 1971, p. 36.

202. Bell, 1979b, p. 92 et p. 99.

203. Ǧadʿān, 1981, p. 97.

204. *Li-l-maḥabba wuǧidat al-arḍ wa-l-samawāt wa-ʿalayhā fuṭirat al-maḫlūqāt wa-lahā taḥarrakat al-aflāk al-dāʾirāt wa-bihā waṣalat al-ḥarakāt ilā ġayātihā wa-ittaṣalat bidāyātuhā bi-nihāyātihā wa-bihā ẓafirat al-nufūs bi-maṭālibihā wa-ḥaṣalat ʿalā nayl māʾaribiha wa-taḫallaṣat min maʿāṭibihā wa-ittaḫaḏat ilā rabbihā sabīlan.* Ibn Qayyim al-Ǧawziyya, *Rawḍat al-muḥibbīn*, p. 17-18.

205. Bell, 1979b, p. 99.

206. Ibn Qayyim al-Ǧawziyya, *Rawḍat al-muḥibbīn*, p. 24.

207. Bell, 1979a, p. 135.

Ibn Qayyim al-Ǧawziyya, peut être chaste ou débauché[208], mais toujours décrit comme un excès, il ne peut jamais être attribué à Dieu[209]. Les médecins le considèrent comme une maladie obsessionnelle (*maraḍ wiswāsī*) qui ressemble à la mélancolie et prend possession de l'esprit de l'homme[210]. Les philosophes le définissent comme un désir ardent (*ṭamʿ*) qui naît dans le cœur et se développe au point de troubler les humeurs par un dérèglement qui amène à la folie et/ou à la mort[211].

Ibn Qayyim al-Ǧawziyya nie également que le *ḥadīṯ al-ʿišq* puisse appuyer une conception courtoise. Ce dernier, s'il s'adresse à une créature, est comparable à l'idolâtrie, le pire péché que le musulman puisse commettre. Dans l'*isnād* de ce dire, plusieurs transmetteurs ne peuvent pas avoir eu de contact entre eux. Son contenu entre en conflit avec l'enseignement prophétique : seules six catégories d'hommes peuvent être considérées comme des martyrs et les amants ne figurent pas dans cette liste. Le jugement porté par Ibn Qayyim al-Ǧawziyya sur ce *ḥadīṯ* s'oppose donc diamétralement à celui de Muġulṭāy. Les deux traités contemporains représentent en réalité une manière de pamphlets écrits pour défendre l'une ou l'autre de ces deux conceptions de l'amour. La *Rawḍa* fait des amants courtois les pires pécheurs, alors que dans le *Wāḍiḥ* les mêmes personnages, en tant que martyrs, s'élèvent au rang des saints. Muġulṭāy et Ibn Qayyim al-Ǧawziyya incarnent donc les deux pôles opposés du débat sur le *ʿišq* au VIIIe/XIVe siècle : preuve en est que ni la *Rawḍat al-muḥibbīn* ni son auteur ne sont jamais cités dans le *Wāḍiḥ*[212].

2.3. *Les héritiers d'Ibn Dāwūd et l'évolution du genre*

Deux auteurs imitèrent Ibn Dāwūd, l'un, al-Ḥuṣrī, en accordant une importance fondamentale au secret (*kitmān*) et l'autre, Ibn Ḥazm, en suivant les préceptes de la même école juridique, le ẓāhirisme. Un troisième, al-Šayzarī, se situe à part, car sa conception de l'amour mélange chasteté et sensualité.

208. Ibn Qayyim al-Ǧawziyya, *Rawḍat al-muḥibbīn*, p. 44.
209. Ibn Qayyim al-Ǧawziyya, *Rawḍat al-muḥibbīn*, p. 44.
210. Ibn Qayyim al-Ǧawziyya, *Rawḍat al-muḥibbīn*, p. 153. Le *Wāḍiḥ* reprend la même définition de l'amour mot pour mot en l'attribuant à Avicenne (p. 40, ms f° 14r°, l. 8-13).
211. Ibn Qayyim al-Ǧawziyya, *Rawḍat al-muḥibbīn*, p. 153.
212. أمّا العشق فهو أمرّ هذه الأسماء وأخبثها وقلّ ما ولعت به العرب وكأنهم ستروا اسمه وكنّوا عنه بهذه الأسماء فلم يكد تجده في شعرهم القديم وإنّما أُولع به المتأخّرون ولم يقع هذا اللفظ في القرآن ولا في السنة إلا في حديث سويد بن سعيد.
Quant au *ʿišq*, c'est le plus triste de ces noms [de l'amour] et le plus vicieux. Peu nombreux sont les anciens Arabes qui l'ont affectionné, comme s'ils l'avaient caché et désigné par ces [autres] mots. Il est rare qu'on le trouve dans leurs anciens poèmes, alors que les poètes tardifs l'ont beaucoup utilisé. Il n'est mentionné ni dans le Coran ni dans la *sunna* à l'exception du *ḥadīṯ* de Suwayd b. Saʿīd. Ibn Qayyim al-Ǧawziyya, *Rawḍat al-muḥibbīn*, p. 43.

2.3.1. L'importance du secret et l'introduction du soufisme : le *Kitāb al-maṣūn fī sirr al-hawā al-maknūn* d'al-Ḥuṣrī (m. après 413/1022)

Abū Isḥāq Ibrāhīm b. ʿAlī b. Tamīm al-Ḥuṣrī[213] consacre une attention particulière aux différents types et degrés de l'amour[214]. Ses énumérations et ses définitions, plus exhaustives que celles des autres auteurs, amenèrent Muġulṭāy à établir sa propre liste à partir du *Maṣūn*[215].

Le *kitmān* (secret d'amour), comme le titre du livre le rappelle, occupe une position centrale dans l'ouvrage d'al-Ḥuṣrī qui y explique quand on doit, ou quand on peut, garder ses sentiments secrets[216]. Dans le *Maṣūn*, le secret, obligation morale, mais aussi vécu intérieure de l'amant, s'exprime par le *ḏikr*, la langue du cœur, par laquelle il évoque

213. Al-Ḥuṣrī naquit et vécut à Kairouan, dans la Tunisie actuelle. Très peu de détails sont connus sur sa vie. Célèbre poète et homme de lettres, il devint une figure de grande importance auprès de la jeunesse de Kairouan qui, en suivant ses cours, profita de son érudition et de ses idées sur l'*adab*. Son ouvrage le plus connu, après le *Kitāb al-maṣūn fī sirr al-hawā al-maknūn*, est le *Zahr al-ādāb wa-ṯamar al-albāb*. Bouyahia, 1967.

214. Al-Ḥuṣrī, *Kitāb al-maṣūn*, p. 160-176.

215. Tous les termes présents dans le *Maṣūn* ne sont pas dans la liste du *Wāḍiḥ* qui est moins fournie. *Al-Wāḍiḥ*, p. 69, ms f° 27v°, l. 4-15.

En voici la liste dans son intégralité. Les termes en gras sont communs au *Wāḍiḥ* et au *Maṣūn* :

المقة والشغف والوجد والكلف والتتيم والأسف والجوى والدنف والصبوة والصبابة والكؤوب والكآبة والشجو والخلابة والبلابل والحسرات والتباريح والغمرات والسدم والوهل والهيام والوجل وشجي والشجن واللاعج والحزن والكمد والوصب والاكتئاب والنصب واللذع والحرق والتسهيد والأرق والرق والجزع والخوف والهلع والترح والولوع والارتياع والنزوع والغلة والغليل والبكاء والعويل والتلهف والحنين والتحرق والأنين والاستكانة والتبلد والحيرة والتلدد واللوعة والفتون والفجائع والشجون والمس والجنون واللمم والخبل والرسيس والتبل والوسواس والدله والاستهتار والوله والنحول والبلا والحين والردى والداء المخامر والضنى والكبد الحرى والعين العبرى والعقل المختلس والنفس المحتبس واللب المسلوب والدمع المسكوب.

L'affection, l'amour violent et passionné, l'amour ardent, le fait d'être épris, l'esclavage d'amour, le chagrin, le fait d'éprouver une violente affliction de l'âme, la maladie longue et grave, l'amour tendre, l'amour de jeune homme, la tristesse, **l'affliction profonde, le chagrin, la tromperie, la peine, les soupirs, la grande affliction, les abîmes** [de la mort], **l'amour éperdu, la peur**, la folie de l'homme amoureux, la peur, le souci, **le chagrin, le fait de causer une douleur brûlante, la tristesse, la détresse, la maladie, la dépression**, l'épreuve, **le cœur consommé d'amour, la brûlure**, l'insomnie, **l'insomnie, la tendresse, l'inquiétude, la peur, la frayeur**, le chagrin, le désir ardent, l'épouvante, le fait de se mettre en mouvement à cause du désir, la soif qui brûle les entrailles, le feu, le pleure, le gémissement, le désir, **la nostalgie, l'ardeur du désir, la plainte, l'humilité, l'engourdissement**, la confusion, l'atermoiement, **le trouble, l'envoûtement**, la peine, **le chagrin, la démence, la folie, la folie, la confusion mentale, les premiers symptômes de l'amour**, la faiblesse, l'obsession démoniaque, l'amour qui fait tourner la tête, l'insouciance, la passion, la maigreur, le malheur, l'anéantissement, la mort, **la maladie**, l'obsession, la maigreur, le cœur brûlant d'amour, l'œil larmoyant, **l'esprit distrait, les soupirs retenus, le cœur saccagé, la larme versée**.

216. Benslama, 2003, p. 206

continuellement son aimé et se le figure. La vie du *ʿāšiq* s'apparente de l'expérience et de la voie soufies[217] et l'amour profane prend les traits du soufisme[218]. L'aimé ne quitte jamais l'esprit de l'amant, de la même façon que Dieu est sans cesse présent dans la pensée du mystique. En oscillant en permanence entre l'humain et le divin, le *Maṣūn* considère le *hawā* comme une force d'une puissance inouïe, lorsqu'elle s'exerce sur un individu, l'amène à acquérir des caractéristiques surhumaines le rapprochant de Dieu. Écrit au IVe/Xe siècle[219], l'ouvrage rend compte de la consolidation des liens entre amour profane et divin.

2.3.2. L'intérêt pour le quotidien et le contemporain : le *Ṭawq al-ḥamāma fī al-ulfa wa-l-ullāf* d'Ibn Ḥazm (m. 456/1064)

Le *Ṭawq al-ḥamāma* d'Ibn Ḥazm a fait couler beaucoup d'encre[220]. Il ne sera pas tant question ici de présenter l'état actuel de la recherche sur cet ouvrage que de relever les éléments qui, dans la théorie du juriste andalou, peuvent avoir influencé, directement ou indirectement, Muġulṭāy. La prééminence est donnée à la narration en prose, au service de laquelle se trouve la poésie par laquelle s'expriment les amants[221]. À la différence de Muġulṭāy, Ibn Ḥazm cite des poèmes de sa propre composition. Bien que le *Ṭawq* reste fidèle à la tradition orientale[222], les critiques ne manquent pas de souligner l'originalité de ce traité et le ton autobiographique qu'il adopte, marqué par la sincérité[223]. Ibn Ḥazm a souvent été témoin des histoires qu'il raconte et déclare ne pas s'intéresser aux récits des anciens Arabes (*al-aʿrāb al-muqaddamūn*), comme d'autres l'ont fait : les notices qui les concernent ont déjà été transmises par un grand nombre d'auteurs. L'orientation du *Ṭawq* diffère donc de celle du *Wāḍiḥ*, qui se veut un ouvrage encyclopédique.

217. Benslama, 2003, p. 209.
218. Benslama, 2003, p. 211.
219. Giffen, 1971.
220. Sur la théorie selon laquelle la lyrique et la prose amoureuse arabe auraient influencé le développement de l'amour courtois en Occident, voir Gorton, 1974, p. 11-16 ; Pérès, 1947, p. 107-130. Cette influence a été remise en question par l'étude de Thomas Bauer sur l'amour et la poésie d'amour. Bauer, 1998, p. 65-73.
221. Giffen, 1971, p. 24.
222. Martinez, 1987, p. 1.
223. Arié, 1990, p. 225.

Le ʿišq n'a pour Ibn Ḥazm d'autre cause que le lien entre les coeurs : il représente un accord des esprits et une fusion spirituelle[224] stipulant l'affinité entre leurs natures[225]. Malgré cette influence du platonisme, l'amour décrit dans le *Ṭawq* n'est pas « platonique »[226]. L'âme humaine n'accueille pas que des sentiments nobles, mais conçoit parfois des passions qui s'opposent à la raison et la mènent à sa perte. L'Ibn Ḥazm réaliste sait qu'il est ardu de s'en tenir à la chasteté, qu'il prône en tant que moralisateur et savant religieux[227]. Contrairement à Muġulṭāy, il ne pense pas que parler de l'amour soit un thème d'édification spirituelle[228].

Muġulṭāy ne met sous le nom d'Ibn Ḥazm que quatre notices, qui se déroulent en al-Andalus et sont racontées directement par l'auteur du *Ṭawq al-ḥamāma*[229]. Dans une de ces notices, Ibn Ḥazm identifie même le personnage principal comme un de ses amis d'enfance. Les *isnād*-s du *Wāḍiḥ* restent fidèle à leur source en se contentant, à une exception près, de faire état du témoignage d'Ibn Ḥazm[230].

2.3.3. L'amour sensuel et l'amour chaste côte à côte : la *Rawḍat al-qulūb* d'al-Šayzarī (VIe/XIIe siècle)

On ne possède que peu d'informations sur l'auteur de cette *Rawḍa*, qui fut nommé juge à Tibériade. La date de sa mort demeure inconnue, mais son moment de gloire peut être situé dans le dernier quart du XIIe siècle[231]. Son livre se veut exhaustif : il traite de toutes les formes de l'amour en s'interrogeant sur la nature du *ʿišq* et de la *maḥabba* et sur ce qui les sépare[232]. Les histoires qui y sont narrées rendent compte de divers aspects de cette passion, depuis l'attachement fidèle et chaste jusqu'à celui fondé sur le seul désir sexuel[233]. Malgré cette différence avec le *Wāḍiḥ*, ce dernier représente chronologiquement

224. Ibn Ḥazm, *Ṭawq al-ḥamāma*, p. 85.
225. Ibn Ḥazm, *Ṭawq al-ḥamāma*, p. 86.
226. C'est peut-être pour cette raison que les chercheurs se sont souvent interrogés sur les relations entre l'œuvre du savant andalou, la lyrique courtoise et la poésie des troubadours. Voir à ce propos Abu-Haidar, 2001 ; Arié, 1990.
227. ʿAbbās, 2000, p. 273, 276.
228. Abu-Haidar, 2001, p. 246.
229. Dans la version imprimée figure un autre *ḫabar* qui aurait été transmis par Ibn Ḥazm. Nous ne l'avons pas mentionné car il ne se trouve pas dans le ms. Cf. *al-Wāḍiḥ*, p. 270, l. 4-9 et ms fo 113ro, l. 9. Pour ces notices, voir Annexe II, *Les sources des notices*, A. *Les traités d'amour*, 5. Ibn Ḥazm (m. 456/1064).
230. *Al-Wāḍiḥ*, p. 112, ms fo 43vo, l. 7 ; fo 46ro, l. 16.
231. Semah, 1977, p. 189-190.
232. Al-Šayzarī, *Rawḍat al-qulūb*, p. 5.
233. Al-Šayzarī, *Rawḍat al-qulūb*, Introduction de G. J. Kanazi, p. 12.

le premier ouvrage de ce genre à mentionner al-Šayzarī. Les auteurs ayant vécu à la même époque que Muġulṭāy (Šihāb al-Dīn Maḥmūd et Ibn Qayyim al-Ǧawziyya) ne semblent pas connaître ce traité.

Le quatrième chapitre de la *Rawḍa* est consacré aux victimes de la passion amoureuse, ce qui le rapproche du *Wāḍiḥ*, bien qu'al-Šayzarī n'y parle jamais des martyrs ni ne cite le *ḥadīṯ* sur le *ʿišq*[234]. Parmi les six *aḫbār* attribués par Muġulṭāy à al-Šayzarī, tirés pour la majorité de ce chapitre[235], figure l'histoire inédite du suicide commis par la femme d'un militaire turc en stationnement à Šayzar, lorsqu'elle croit que son mari, d'humeur sombre à cause d'une dispute avec un de ses adversaires, ne l'aime plus[236]. Quant aux autres, elles furent abrégées, à une seule exception près[237].

L'anecdote expliquant la raison de la conversion massive à l'islam de moines dans un couvent chrétien (4) permet de comprendre comment Muġulṭāy réduit certaines des notices qu'il cite[238]. Le tableau qui suit met en parallèle les deux versions de cette anecdote dans le *Wāḍiḥ* et la *Rawḍa*, en les divisant en quatre séquences narratives.

234. Al-Šayzarī, *Rawḍat al-qulūb*, p. 87.

235. Voir Annexe II, *Les sources des notices*, A. *Les traités d'amour*, 6. al-Šayzarī (qui vécut au VIe/XIIe siècle).

236. Al-Šayzarī, *Rawḍat al-qulūb*, p. 88 ; *al-Wāḍiḥ*, p. 337, ms fo 147vo, l. 9 ; fo 148ro, l. 4.

237. *Al-Wāḍiḥ*, p. 144, ms fo 59ro, l. 8 ; fo 59vo, l. 2 ; p. 216-217, ms fo 88vo, l. 13 ; fo 89ro, l. 14 ; p. 260-261, ms fo 108vo, l. 8 ; fo 109ro, l. 3 et p. 337, ms fo 147vo, l. 9 ; fo 148ro, l. 4.

238. Une troisième version de cette histoire se trouve dans Abū al-Faraǧ al-Iṣfahānī, *al-Diyārāt*, « *Dayr al-Anwār* », p. 48-52, qui, elle aussi, est plus longue que celle du *Wāḍiḥ*.

Notice de la *Rawḍat al-qulūb*	Notice du *Wāḍiḥ*
خرجت من الأنبار في بعض أسفاري إلى العمورية من بلاد الروم ونزلت في بعض الطريق بدير يقال له دير الأنوار بقرية قريبة من العمورية فخرج إليّ صاحب الدير المقدم على الرهبان به وكان اسمه عبد المسيح فأدخلني الدير فوجدت فيه أربعين راهباً فأكرموني تلك الليل بضيافة حسنة. ثم رحلت عنهم في الغد وقد رأيت من كثرة اجتهادهم وعبادتهم ما لم أره قط من غيرهم. فقضيت غرضي من العمورية ثم رجعت إلى الأنبار فلما كان العام المقبل حججت فبينما أنا أطوف حول البيت الشريف إذا رأيت عبد المسيح الراهب يطوف أيضاً ومعه خمسة نفر من أصحابه الرهبان. فلما أثبتّ معرفته تقدّمت إليه وقلت له : أنت عبد المسيح الراهب. قال : بل أنا عبد الله الراغب في عفو الله. فجعلت أقبّل شيبته وأبكي ثم أخذت بيده وملت إلى جانب الحرم وقلت له: بحقّ من هداك إلا أخبرتني عن سبب إسلامك فقال: Pendant un de mes voyages, je sortis d'al-Anbār pour me rendre à Amorium dans le pays des Byzantins. Sur mon chemin, je m'arrêtai dans un couvent appelé Dayr al-Anwār, dans un village à côté d'Amorium. Le père supérieur, nommé ʿAbd al-Masīḥ, vint à ma rencontre et m'y fit entrer. J'y trouvai quarante moines qui m'offrirent l'hospitalité. Ils s'efforçaient d'être très pieux, ce que je n'avais jamais vu chez d'autres. Le lendemain, je repartis. Je fis ce que j'avais à faire à Amorium puis je rentrai à al-Anbār. L'année suivante, je me rendis en pèlerinage et, pendant que je tournais autour de la Kaʿba, j'aperçus ʿAbd al-Masīḥ qui circumambulait aussi avec quatre de ses compagnons. Après m'être assuré que c'était bien lui, j'allai le voir, pour lui demander : "Es-tu le moine ʿAbd al-Masīḥ ? ". Il me répondit : "Non, je suis ʿAbd Allāh, celui qui espère le pardon de Dieu". Je me mis à embrasser ses cheveux blancs et à pleurer, puis je pris sa main et l'entraînai à l'écart pour lui dire : "Par Celui qui t'a indiqué le droit chemin, raconte-moi comment tu es devenu musulman".	كان بالعمورية راهب يسمى عبد المسيح أسلم فسئل عن سبب إسلامه فقال[239] : Il y avait à Amorium un moine appelé ʿAbd al-Masīḥ qui s'était converti à l'islam. Lorsqu'on lui demanda la raison de sa conversion, il raconta…
«لقد كان عجباً وذلك أن جماعة من زهاد المسلمين وعبّادهم مرّوا بالقرية التي فيها ديرنا فأرسلوا شاباً منهم يشتري لهم طعاماً فرأى في السوق جارية نصرانية تبيع الخبز وهي من أحسن النساء وأجملهنّ صورة ولمّا نظر إليها افتتن بها وسقط لوجهه مغشياً عليه. فلما أفاق رجع إلى أصحابه وأخبرهم بما أصابه وقال لهم: امضوا لشأنكم فلست بذاهب معكم. فعذلوه ووعظوه فلم يلتفت إليهم فانصرفوا وتركوه»[240]. C'est une histoire étonnante. Un groupe d'ascètes et d'hommes pieux musulmans passèrent par le village dans lequel se trouvait notre couvent et envoyèrent l'un d'eux chercher de la nourriture. Ce dernier vit au marché une jeune fille chrétienne qui vendait du pain et qui était des plus belles. Au premier regard, il fut épris d'elle et tomba évanoui face contre terre. Quand il reprit connaissance, il retourna chez ses camarades, leur raconta ce qui était arrivé et leur dit : "Allez-vous-en, je ne viendrai pas avec vous". Ils le désapprouvèrent et le sermonnèrent, mais il ne leur prêta pas attention. Ils s'en allèrent alors et le laissèrent seul.	كان عندنا شاب مسلم فهوى جارية نصرانية تبيع الخبز وكان لا يبرح ناظراً إليها[241]. Il y avait chez nous un jeune musulman qui tomba amoureux d'une chrétienne qui vendait le pain. Il ne cessait point de la regarder.
فدخل القرية وجلس على باب حانوت تلك المرأة فسألته عن حاجته فأخبرها أنه عاشق لها فأعرضت عنه. ومكث في موضعه ثلاثة أيام لم يطعم طعاماً وهو شاخص إلى وجهها. فلما رأته لا ينصرف عنها ذهبت إلى أهلها وجيرانها فأخبرتهم خبره فأطلقوا عليه الصبيان يرجمونه بالحجارة فرجموه حتى رضخوا رأسه وهشموا وجهه وأدموا أضلاعه وهو مع ذلك لا ينصرف فعزم أهل القرية على قتله. فجاءني رجل منهم وأخبرني بحاله فخرجت إليه فرأيته طريحاً فمسحت وجهه وحملته إلى الدير وداويت جراحه فأقام عندي أربعة عشر يوماً. ولما قدر على المشي خرج من الدير وأتى باب حانوت المرأة وجلس ينظر إليها وقالت له: والله قد رحمتك فهل لك أن تدخل في ديني حتى أتزوجك؟ فقال: معاذ الله أن أسلخ من دين التوحيد وأدخل في دين الشرك فقالت قم وادخل معي داري واقض مني أربك وانصرف راشداً فقال ما كنت بالذي أذهب عبادة اثنتي عشرة سنة بشهوة لحظة واحدة فقالت: انصرف عني حينئذ! قال: لا يطاوعني قلبي. فأعرضت عنه بوجهها ففطن له الصبيان وأقبلوا عليه يرجمونه بالحجارة فسقط على وجهه وهو يقول: إني وليّ الله الذي نزّل الكتاب وهو يتولّى الصالحين. فخرجت من الدير وأتيته فطردت عنه الصبيان ورفعت رأسه من الأرض فسمعته يقول: اللهم اجمع بيني وبينها في الجنة. فحملته إلى الدير فمات قبل أن أصل به. فخرجت به عن القرية وحفرت له قبراً ودفنته[242]. Il entra dans le village et s'assit à la porte de la boutique où était cette femme. Elle lui demanda ce qu'il voulait et il lui dit qu'il était amoureux d'elle. Elle se détourna alors de lui. Puis il resta là où il était pendant trois jours, sans ni boire ni manger, à regarder fixement son visage. Quand elle vit qu'il ne s'en allait pas, elle alla consulter sa famille et ses voisins pour les informer. Ces derniers lui envoyèrent des enfants qui lui jetèrent des pierres. Ils le lapidèrent au point de lui casser la tête, ils lui meurtrirent la figure et lui brisèrent les côtes, mais, malgré cela, il ne se déplaça pas. Les gens du village décidèrent alors de le tuer. Un homme parmi eux vint me prévenir de son état. Je sortis pour lui porter secours et je vis qu'il gisait à terre. Je nettoyai le sang de son visage et je le transportai au couvent où je soignai ses blessures. Il resta avec moi quatorze jours, mais, dès qu'il put marcher, il se rendit à la porte de la boutique où se trouvait la femme et s'assit la regarder. Quand elle le vit, elle se leva et alla lui dire : "Par Dieu, j'ai eu pitié de toi. Te convertirais-tu au christianisme, afin de m'épouser ? ". Il répondit : "Que Dieu me préserve de me départir de la religion de l'Unicité pour entrer dans celle de l'associationnisme". Elle proposa alors : "Entre chez moi, assouvis ton désir et pars." Il refusa, déclarant : "Je ne suis pas de ceux qui se détournent d'une adoration de Dieu qui a duré douze ans pour le plaisir d'un instant. " Elle s'exclama alors : "Va-t'en tout de suite". Il lui répondit : "Mon cœur ne m'obéit pas". Elle s'écarta de lui, mais les enfants s'aperçurent de sa présence et s'avancèrent pour lui jeter des pierres. Il tomba sur le visage en disant : "Je me soumets au Dieu qui a fait descendre le Livre et qui tient les Justes sous sa protection". Je me rendis après de lui, je chassai les enfants, je soulevai sa tête de terre et je l'entendis murmurer : "Que Dieu nous réunisse au paradis". Je le transportai jusqu'au couvent, mais il expira avant d'y arriver. Je sortis avec sa dépouille du village, je creusai une tombe et l'y ensevelis.	فلما علمت به سلّطت عليه الصغار يضربونه ويصيحون به وكان يفعل ذلك به كل يوم. فلما علمت صدقه دعته إلى نفسها حراماً فأبى فعرضت عليه التنصّر وتزويجها فأبى فسلّطت عليه الصغار فأثخنوه قتلاً. قال عبد المسيح فأدركته وهو عائه لما به وهو يقول: اللهم اجمع بيننا في الجنّة ومات[243]. Lorsqu'elle s'aperçut de sa présence, elle le jeta en pâture aux enfants qui le frappaient et lui criaient dessus. Cela se passait tous les jours. Quand elle comprit qu'il était sérieux, elle lui proposa tout d'abord de forniquer, puis de se convertir au christianisme et de l'épouser. Il refusa à chaque fois . Elle lui envoya les petits qui lui assenèrent des coups jusqu'à le tuer. ʿAbd al-Masīḥ ajouta : "Je l'ai rejoint alors qu'il était en fin de vie. Il priait Dieu de les réunir au paradis. Puis il mourut."

239. *Al-Wāḍiḥ*, p. 260.
240. Al-Šayzarī, *Rawḍat al-qulūb*, p. 129.
241. *Al-Wāḍiḥ*, p. 260-261.
242. Al-Šayzarī, *Rawḍat al-qulūb*, p. 129-130.
243. *Al-Wāḍiḥ*, p. 261.

Notice de la *Rawḍat al-qulūb*	Notice du *Wāḍiḥ*
فلما دخل الليل وذهب نصفه صرخت تلك المرأة في فراشها صرخة عظيمة فاجتمع إليها أهلها وأهل القرية وسألوها عن قصتها فقالت: بينما أنا نائمة إذ دخل عليَّ ذلك الرجل المسلم فأخذ بيدي وانطلق بي إلى الجنة فلما صار بي إلى بابها منعني خازنها من الدخول إليها وقال إنها محرمة على الكافرين فأسلمت على يده ودخلت معه الجنة فرأيت فيها من القصور والأشجار ما لا أُحسن أصفه لكم. ثم إنه أخذني إلى قصر من الجوهر وقال: هذا القصر لي ولك وأنا لا أدخله إلا بك وإلى خمس ليال تكونين عندي إن شاء الله تعال! ثم مد يده إلى شجرة على باب القصر فقطف منها تفاحتين وقال: كلي هذه التفاحة أخبىء الأخرى حتى تراها الرهبان. فأكلت التفاحة فلم أر أطيب منها ثم انه أخذ بيدي وخرج بي حتى أوصلني إلى داري. ثم أخرجت التفاحة من جيبها فأشرقت في ظلمة الليل كأنها كوكب دري فجاءوا بالمرأة إلينا إلى الدير ومعها التفاحة لم نر شيئاً مثلها من فواكه الدنيا. فأخذت السكين وشققتها على عدد أصحابي فما رأينا ألذ من طعمها ولا أطيب من ريحها فقلنا: لعل هذا شيطان تمثل لها ليغويها عن دينها فأخذها أهلها وانصرفوا. ثم إنها امتنعت من الأكل والشرب فلما كان الليلة الخامسة قامت من فراشها وخرجت من بيتها حتى أتت قبره فألقت نفسها عليه وماتت ولم يعلم بها أحد من أهلها. فلما كان وقت الصباح أقبل على القرية شيخان مسلمان عليهما ثياب من الشعر ومعهما امرأتين كذلك فقالا: يا أهل القرية إن لله عندكم ولية من أوليائه قد ماتت مسلمة ونحن نتولاها دونكم. فطلب أهل القرية تلك المرأة ووجدوها على القبر ميتة فقالوا: هذه صاحبتنا ماتت على ديننا ونحن نتولاها. واشتد الخصام والتنازل بينهم فقال أحد الشيخين: إن علامة إسلامها أن يجمع رهبان الدير الأربعون ويجذبونها عن القبر فإن انجذبت معهم فهي نصرانية ويتقدم منا واحد يجذبها فإن انجذبت معه فهي مسلمة. فرضي أهل القرية بذلك فجمعت رهبان الدير الأربعون وأتيناها لنحملها ولا نقدر على حملها فربطنا في وسطها حبلاً غليظاً وجذبها الرهبان الأربعون أجمعون فانطلق الجمل ولم تتحرك. فتقدم أهل القرية وفعلوا كذلك فلم تتحرك من موضعها. فلما عجزنا عن حملها بكل حيلة قلت لأحد الشيخين: تقدم أنت واحملها فتقدم إليها وجللها بردائه وقال: بسم الله الرحمان الرحيم على ملة رسول الله صلى الله عليه وسلم. ثم حملها في حضنه وانصرف بها إلى غار هناك ووضعها فيه وجاءت المرأتان فغسلتاها وكفّنتاها ثم حملها الشيخان وصلّيا عليها ودفناها إلى جانب قبر ذلك الزاهد وانصرفا ونحن نشاهد هذا كله. فلما خلا بعضنا إلى بعض قلنا: إن الحق أحق أن يتبع وقد وضح لنا الحق بالمشاهدة والعيان ولا برهان على صحة دين الإسلام أوضح لنا مما رأيناه. ثم أسلمتُ أنا وأسلم رهبان الدير الأربعون وجميع أهل القرية. ثم أنا بعثنا إلى بلد الجزيرة نستعدي فقيهًا عالمًا يعلمنا شرائع الإسلام وأحكام الدين فجاءنا رجل فقيه صالح فعلّمنا وجه العبادة وأحكام الإسلام ونحن اليوم على خير كثير ولله الحمد والمنّة على ذلك[244]. Au cœur de la nuit, cette femme poussa un grand cri, alors qu'elle était dans son lit. Sa famille et les gens du village se rassemblèrent autour d'elle et lui demandèrent de raconter ce qui advenait. Elle commença : "J'étais endormie lorsque cet homme musulman vint me voir. Il me prit par la main et m'amena au paradis. Quand nous arrivâmes à sa porte, le gardien m'empêcha de la franchir en m'apprenant qu'il était interdit aux mécréants. Je me convertis donc à l'islam grâce à lui et j'entrai avec lui dans le jardin d'Eden. J'y vis des palais et des arbres que je ne serais pas capable de vous décrire. Puis il me conduisit à un château de pierres précieuses et me dit : "Ce palais est pour toi et pour moi. Je n'y pénétrerais pas sans toi. Dans cinq nuits, tu seras auprès de moi, si Dieu le Très-Haut le veut". Puis il tendit la main vers un arbre qui se trouvait à l'entrée du palais et cueillit deux pommes en disant : 'Mange cette pomme et prends cette autre avec toi, pour que les moines la voient.' Je mangeai la pomme : jamais je n'en avais goûté d'aussi bonne". Il me prit ensuite par la main, nous sortîmes et il me ramena chez moi ». Puis elle sortit la pomme de sa poche et elle brilla dans l'obscurité de la nuit, comme si elle était une étoile resplendissante. Les gens amenèrent la femme, qui avait la pomme, chez nous au couvent. Je n'avais jamais rien vu de semblable, parmi les fruits de ce monde. Je pris un couteau pour la couper en autant de parts qui correspondaient à mes compagnons. Nous n'avions jamais rien goûté de meilleur, ni de plus parfumé. Nous pensâmes que Satan lui était peut-être apparu, pour la détourner de sa religion. Les membres de sa famille vinrent la chercher et s'en allèrent. Elle cessa de manger et de boire et, la cinquième nuit, elle se leva de son lit, sortit de chez elle pour se rendre sur la tombe [du jeune musulman], se jeta dessus et mourut, sans que personne ne soit au courant. Le lendemain matin, deux cheikhs musulmans couverts d'un habit de bure se présentèrent au village, accompagnés par deux femmes vêtues de la même façon. Ils proclamèrent : "Ô gens du village, il y a parmi vous une des amies de Dieu qui est décédée en étant musulmane, nous allons la prendre en charge à votre place". Les habitants du village cherchèrent cette femme et la trouvèrent morte sur le tombeau. Ils dirent alors : "Elle est des nôtres, elle a expiré dans notre religion et c'est à nous de la prendre en charge". La dispute s'envenima entre les deux parties, jusqu'à ce qu'un de deux cheikhs proposât : "Nous aurons la preuve qu'elle est musulmane si les quarante moines du couvent se réunissent et essayent de la soulever de la tombe. S'ils y parviennent, cela veut dire qu'elle est chrétienne. Puis un de nous essayera de faire la même chose. S'il y parvient, cela veut dire qu'elle est musulmane". Les habitants du village acceptèrent cette proposition. Nous, les quarante moines du couvent, fûmes réunis, mais nous ne pûmes pas la déplacer. Nous attachâmes alors une grosse corde à sa taille et tirâmes tous. La corde se cassa, mais elle ne bougea pas. Les gens s'avancèrent pour faire la même chose, mais elle ne quitta pas sa place. Quand je me rendis compte qu'il n'y avait pas de moyen pour nous de l'emmener, je dis à un des cheikhs : "Va la chercher et emmène-la". Il s'approcha, la couvrit avec son habit et prononça : 'Au nom de Dieu, le Clément et le Miséricordieux et dans la religion de l'Envoyé de Dieu (la prière et le salut de Dieu sur lui)'. Puis il la prit dans ses bras et alla la déposer dans une grotte. Les deux femmes allèrent la laver et l'envelopper dans un linceul. Puis les deux cheikhs vinrent la chercher, récitèrent sur elle leurs prières, l'enterrèrent à côté de la tombe où gisait l'ascète et s'en allèrent. Nous étions spectateurs de tout cela et, quand nous restâmes seuls, nous nous dîmes : "La Vérité mérite d'être suivie. Nous l'avons vue avec nos propres yeux. Il ne peut pas y avoir de preuve plus évidente de la Vérité de l'islam que celle dont nous avons été les témoins". Puis, je me convertis ainsi que les quarante autres moines et tous les gens du village. Nous envoyâmes ensuite chercher dans la péninsule arabique un savant pour qu'il nous apprenne la Loi et la religion islamique. Il nous vint un homme expert en droit, qui nous apprit comment adorer Dieu dans l'islam. Nous sommes aujourd'hui dans le plus grand bonheur. Que Dieu soit loué pour cela.	فلما كان الليل رأت الجارية الشاب. قالت: فأخذ بيدي وانطلق بي إلى الجنة فلما أرادت أن أدخلها منعت لأجل الكفر. قالت: فأسلمت ودخلت معه فرأيت شيئاً عظيمًا ورأيت قصراً من الجوهر فقال: هذا لي ولك وأنا لا أدخله إلا بك ولي خمس ليال تكونين عندي فلما استفاقت أسلمت وجلست عند قبره وماتت في الليلة الخامسة. وكان ذلك سبب إسلامي[245]. Pendant la nuit, la fille vit le jeune homme en rêve. Elle raconta : "Il me prit par la main et il me conduisit au paradis, mais quand je voulus y pénétrer, j'en fus empêchée parce que j'étais mécréante. Je me convertis à l'islam, j'entrai avec lui et j'eus alors une vision grandiose : un château de pierres précieuses. Il me dit : "C'est pour toi et pour moi et je n'y entrerai qu'avec toi. Dans cinq nuits, tu y seras avec moi". Quand elle se réveilla, elle s'assit auprès de sa tombe et mourut la cinquième nuit. C'est pour cette raison que je me suis converti à l'islam.

244. Al-Šayzarī, *Rawḍat al-qulūb*, p. 130-133.
245. *Al-Wāḍiḥ*, p. 261.

Muġulṭāy supprime les éléments qui font du récit de la *Rawḍat al-qulūb* un conte « musulman » destiné à édifier le peuple et à renforcer sa foi, comme l'évocation de La Mecque et du paradis, l'apparition dans l'histoire d'objets magiques, ou de phénomènes miraculeux, introduits pour convaincre que l'islam est la religion de la vérité[246]. Son intérêt ne se focalise que sur le martyre d'amour du jeune musulman. La notice est en effet précédée par la mention *šahīd* et non pas *šahīdān* : seules la souffrance et la mort par amour du jeune ascète sont chargées de sens aux yeux de Muġulṭāy. De plus, l'auteur du *Wāḍiḥ* choisit de déplacer son récit d'un village à côté de la ville byzantine d'Amorium vers l'intérieur de cette même ville, prise par les musulmans après une longue résistance. Quarante-deux habitants de cette ville, faits prisonniers, furent exécutés et célébrés ensuite par les chrétiens comme martyrs dans les *Acta XLII martyrum Amoriensium*[247]. Muġulṭāy entend ainsi opposer le martyre d'amour d'un musulman au souvenir du supplice subi à cet endroit par des chrétiens. La version originelle de la notice, qui se trouve dans la version reconstituée du *Kitāb al-diyārāt* d'Abū al-Farağ al-Iṣfahānī, et qui correspond à celle que reprend la *Rawḍat al-qulūb*, révèle que l'initiative de couper le récit revient probablement à l'auteur du *Wāḍiḥ*, qui voulut faire de sa version de cette histoire un récit différent[248].

Les trois autres notices que Muġulṭāy tire de la *Rawḍat al-qulūb* présentent al-Šayzarī comme témoin oculaire et se déroulent donc dans l'espace et le temps délimités de l'actuelle Syrie (Alep et Ḥamā) à l'époque de Ṣalāḥ ad-Dīn[249].

2.3.4. Un traité perdu : la *Rawḍat al-ʿāšiq wa-nuzhat al-wāmiq* d'al-Kisāʾī (VIIe/XIIIe siècle)

Un seul manuscrit existe de la *Rawḍat al-ʿāšiq wa-nuzhat al-wāmiq* d'Aḥmad b. Sulaymān b. Ḥumayd al-Kisāʾī al-Šāfiʿī, dont la consultation s'est révélée jusqu'à présent impossible[250]. Dans son article sur les œuvres arabes et persanes qui traitent de l'amour, Hans Ritter

246. Il s'agit de : 1. l'histoire de la visite du *rāwī* au couvent d'al-Anwār et de sa rencontre avec le père supérieur du couvent à La Mecque, avant les événements ; 2. la première agression que subit le jeune homme et après laquelle il est soigné au couvent ; 3. l'histoire de la pomme délicieuse que la femme ramène du paradis ; 4. la dispute entre les habitants du village et les musulmans autour de la dépouille de la jeune femme, pour savoir à qui revient le droit de l'enterrer.

247. Canard, 1956.

248. Abū al-Farağ al-Iṣfahānī, *al-Diyārāt* (ouvrage reconstitué), p. 48-52.

249. Il s'agit des notices suivantes : al-Šayzarī, *Rawḍat al-qulūb*, p. 95-97 ; p. 97-98 et p. 87-89. Elles sont précédées, dans l'ordre, par des *isnād*-s du type « *raʾaytu bi-Ḥalab sanat sittīn wa-ḫamsamiʾa* », « *raʾaytu bi-Ḥamā* » et « *fa-ammā man šāhadnāhum fa-minhum* ».

250. Il s'agit du ms Ahmet III 2373 fº 1-63 conservé dans la bibliothèque du Topkapi Saray à Istanbul et achevé en 769/1367. Giffen, 1971, p. 30. Quant à son auteur, sa date de mort n'est pas connue, mais son ouvrage fut dédié à Abū al-Muẓaffar Mūsā b. Sayf al-Dīn Abū Bakr, mort en 634-635/1237.

retranscrit le début du manuscrit, qui contient la dédicace de son auteur à l'ayyoubide Abū al-Muẓaffar Mūsā b. Sayf al-Dīn Abū Bakr. Al-Kisāʾī déclare aussi que son livre est consacré aux notices des amants persans et arabes et aux vertus (*manāqib*) des amoureux (*ahl al-hawā*)[251].

2.4. *Contemporains et successeurs de Muġulṭāy : témoignages de l'impact du* Wāḍiḥ

Malgré la censure qui frappa le *Wāḍiḥ* du vivant de son auteur, l'ouvrage ne disparut pas longtemps de la circulation, comme le révèlent les citations qu'en firent les successeurs de Muġulṭāy.

2.4.1. Un traité presque contemporain : le *Dīwān al-ṣabāba* d'Ibn Abī Ḥaǧala (m. 776/1375)

Le *Dīwān al-ṣabāba* d'Ibn Abī Ḥaǧala fut rédigé peu de temps après le *Wāḍiḥ*. Son auteur, après avoir étudié l'*adab* à Damas, devint le chef d'un monastère soufi à l'extérieur du Caire, ce qui le rapproche davantage de Muġulṭāy qui vécut, lui aussi, au Caire. Bien que hanafite, son credo se rapprochait du ḥanbalisme d'Ibn Taymiyya[252], qu'il admirait. Son ouvrage jouit d'une certaine popularité jusqu'au dix-neuvième siècle, en Orient comme en Occident, où il inspira le *De l'amour* de Stendhal[253]. Le livre contient un grand nombre de citations du Coran et du *ḥadīṯ*, mais compte aussi des anecdotes parfois audacieuses et une abondance de vers de poésie, ce qui en fait, selon la définition de Beatrice Gruendler, un recueil d'*adab* pieux, comparable à l'*Iʿtilāl al-qulūb*[254]. Le *ḥadīṯ* sur le *ʿišq* est mentionné dans le chapitre final, qui traite des amants dits chastes[255]. Il est introduit

251. Voici la transcription du passage lacunaire, rapporté par H. Ritter : « *Qāla al-ʿAbd al-Faqīr Aḥmad b. Sulaymān b. Ḥumayd al-Kisāʾī al-Šāfiʿī… Al-ḥamdu li-l-llāh bi-maknūnāt al-sarāʾir…wa-baʿd lammā kāna awlā mā tuqurriba bihi ilā al-mulūk min al-adab wa-aḥrā mā ḫadamū bihi aḫbār al-ẓurafāʾ min al-ʿaǧam wa-l-ʿarab wa-kāna aḥsan mā suṭira min aḫbārihim wa-duwwina min āṯārihim min al-maḥabba wa-l-muḥibbīn wa-manāqib ahl al-hawā [..] an aǧmaʿ Kitāban […] wa-an aḫdim bihi ḫizānat al-mawlā al-sulṭān al-malik al-ašraf […] Abū Muẓaffar Mūsā ibn mawlā-nā wa-sayyidinā sulṭān al-Islām…Sayf al-Dīn Abū Bakr Ibn Ayyūb Ḫalīl Amīr al-Muʾminīn […] wa-ǧaʿalahu wasīla ilā intiẓām fī sulūk al-mamālik wa-l-ḫuddām wa-ḏarīʿa li-l-inḍimām ilā ʿabīd al-riqq wa-l-anʿām* ». Ritter, 1933, p. 88.

252. À ce sujet voir Ibn Taymiyya, *al-Rasāʾil*.

253. Giffen, 1971, p. 39.

254. Gruendler, 2009, p. 121.

255. Ibn Abī Ḥaǧala, *Dīwān al-ṣabāba*, p. 251-270.

par l'histoire narrant la mort d'Ibn Dāwūd, comme dans le *Wāḍiḥ*[256]. Ibn Abī Ḥağala défend la véridicité de ce *ḥadīṯ* en se plaçant sous l'autorité de Muġulṭāy[257], puis discute du sens de *katama* (cacher) et affirme que la chasteté et le secret ne sont pas nécessaires pour devenir un martyr[258] : la souffrance et la mort par amour suffisent[259]. Le *Dīwān al-ṣabāba* témoigne de l'impact que le *Wāḍiḥ* eut dans l'histoire du genre et de la valeur attribuée par ses contemporains à la pensée de Muġulṭāy.

2.4.2. Le *Wāḍiḥ* et ses successeurs : le *Tazyīn al-aswāq fī aḫbār al-ʿuššāq* de Dāwūd al-Anṭākī (m. 1008/1599)

Le *Tazyīn al-aswāq fī aḫbār al-ʿuššāq* (connu aussi sous le titre de *Tazyīn al-aswāq bi-tafṣīl ašwāq al-ʿuššāq*) de Dāwūd al-Anṭākī fut écrit deux cent cinquante ans après le *Wāḍiḥ*. Son auteur même le présente comme le chef-d'œuvre conclusif du genre littéraire auquel il appartient et comme le sceau d'un discours sur l'amour développé pendant des siècles[260]. Dans cette perspective, il mentionne le *ḥadīṯ* sur le *ʿišq* et expose l'historique de son élaboration. Il cite ceux qui défendent son authenticité et ceux qui, au contraire, le considèrent comme faux[261], sans prendre position, mais en affirmant que son seul intérêt consiste à connaître et faire connaître le moyen de satisfaire Dieu afin d'accéder au paradis. L'homme ne peut plaire à Dieu que par la chasteté, fondement de la sagesse (*asās al-ḥikma*) et par le secret d'amour (*katm*). Seul celui qui est doué d'une âme élevée peut se tenir à ces deux vertus[262].

Le nom de Muġulṭāy est cité douze fois dans le *Tazyīn*. Le premier de ces douze passages concerne le célèbre *ḥadīṯ* du *ʿišq*[263]. Lorsque Dāwūd al-Anṭākī parle des *ʿuḏrī*-s, tribu illustre pour les amants chastes qui en sont issus, il mentionne l'avis de Muġulṭāy d'après lequel le *ʿišq* se développe différemment selon les personnes affectées. Il est plus intense, dit-il, quand il s'attaque à des esprits vides qui peuvent se représenter sans cesse leur aimé sans par ailleurs pouvoir l'atteindre. Son ardeur est en revanche moindre auprès des rois[264], qui se consacrent à beaucoup d'autres occupations. Plus loin, le nom de l'auteur du *Wāḍiḥ* apparaît à quatre reprises dans un passage consacré à ceux qui ont rendu leur

256. *Al-Wāḍiḥ*, p. 18-19, ms fº 2rº, l. 16 ; 2vº, l. 16.
257. Ibn Abī Ḥağala, *Dīwān al-ṣabāba*, p. 257.
258. Ibn Abī Ḥağala, *Dīwān al-ṣabāba*, p. 257.
259. Gruendler, 2009, p. 122.
260. Leder, 2011, p. 45.
261. Dāwūd al-Anṭākī, *Tazyīn al-aswāq*, p. 14.
262. Dāwūd al-Anṭākī, *Tazyīn al-aswāq*, p. 14.
263. Dāwūd al-Anṭākī, *Tazyīn al-aswāq*, p. 14.
264. Dāwūd al-Anṭākī, *Tazyīn al-aswāq*, p. 20.

dernier souffle à cause de leurs amours[265]. Dāwūd al-Anṭākī y cite quatre notices sur des victimes de l'amour divin. Muġulṭāy les avait lui-même tirées d'Ibn Abī al-Dunyā[266]. Dans le chapitre suivant, dédié aux victimes d'un amour porté à des esclaves chanteuses[267], le *Wāḍiḥ* est encore cité à quatre endroits[268]. Son nom réapparaît ensuite dans le chapitre sur les amours de Qays et Lubnā[269] et dans celui qui contient les notices transmises par al-Aṣmaʿī[270]. La dernière mention de Muġulṭāy concerne l'histoire d'un jeune homme anonyme qui meurt par amour[271]. À l'époque de Dāwūd al-Anṭākī, Muġulṭāy était donc considéré comme une autorité en matière de martyre de l'amour : sa pensée marqua une étape importante dans la conception de l'amour profane.

3. Les autres sources du *Wāḍiḥ*

Les traités d'amour ne représentent qu'une partie des écrits sur le sujet. D'autres ouvrages (des traités de mystique, des œuvres encyclopédiques et des livres de médecine ou de philosophie) qui traitent du *ʿišq* et/ou racontent des histoires d'amants ont servi de source à Muġulṭāy.

3.1. *Les approches philosophiques et mystico-philosophiques du* ʿišq *ayant influencé le* Wāḍiḥ

Les textes philosophiques influencés par la tradition platonicienne marquèrent le développement de la littérature amoureuse. Le *Wāḍiḥ*, dont l'auteur adopte une démarche éclectique, s'en inspire en partie.

265. Dāwūd al-Anṭākī, *Tazyīn al-aswāq*, p. 50-52, 54.
266. Cet auteur arabe (m. 281/894) fut le précepteur de plusieurs califes. Il mena une existence ascétique et pieuse et la plus grande partie de ses écrits sont édifiants. Dietrich, 1968.
267. Dāwūd al-Anṭākī, *Tazyīn al-aswāq*, p. 57-73.
268. Dāwūd al-Anṭākī, *Tazyīn al-aswāq*, p. 61, 63, 64 et 71.
269. Dāwūd al-Anṭākī, *Tazyīn al-aswāq*, p. 90.
270. Il s'agit d'une notice qui raconte la mort de deux amants. Dāwūd al-Anṭākī, *Tazyīn al-aswāq*, p. 203.
271. Dāwūd al-Anṭākī, *Tazyīn al-aswāq*, p. 215.

3.1.1. Les *Rasāʾil Iḫwān al-Ṣafāʾ* (écrites probablement entre 350 et 375/961 et 986)

Les *Frères de la Pureté*, un groupe d'adeptes de la doctrine ismaélienne, écrivirent un recueil de cinquante-deux épîtres (*rasāʾil*) résumant des principes destinés à assurer le bonheur de l'homme dans sa demeure terrestre comme celui de son âme dans l'au-delà[272]. La sixième *Risāla* traite de l'essence de l'amour (*māhiyyat al-ʿišq*)[273] et contient deux éléments fondamentaux pour la conception de la passion amoureuse en Islam : une discussion sur sa nature et une description des états des amants[274]. L'essai s'ouvre sur une tentative de définir l'essence du *ʿišq* entre un homme et une femme et rappelle que les philosophes et les savants ont exprimé nombre d'avis différents à ce sujet[275]. L'amour passionné, argumentent les *Iḫwān*, fut tout d'abord caractérisé comme une maladie. Ses effets, comme l'insomnie, la maigreur, etc., poussent certains à le considérer comme un trouble psychologique (*maraḍ nafsānī*). D'autres, n'ayant trouvé de remède pour le soigner ni de médicament pour soulager ses victimes de leur malheur et de leur souffrance, le regardent plutôt comme une « folie divine »[276]. Les savants et les médecins grecs conseillaient d'amener le malade au temple de Vénus, d'offrir une aumône pour lui, de prier, de faire des sacrifices et de demander à la prêtresse d'intercéder pour sa guérison[277] et appelaient l'état de celui qui est amoureux « mélancolie »[278]. Il fut également décrit comme un excès d'amour (*maḥabba*), un fort penchant vers un certain type d'être ou de personne à l'exclusion de tout autre, comme une passion (*hawā*) vis-à-vis d'un caractère physique semblable (*ṭabʿ muškil fī al-ǧasad*) ou d'une image de genre similaire (*ṣūra mumāṯila fī al-ǧins*), ou encore comme un ardent désir d'union (*šiddat al-šawq ilā al-ittiḥād*). Pour l'auteur de cette *risāla*, cette dernière définition représente la plus véridique[279]. Toutes ces explications ne sont guère éloignées de celles qui se trouvent dans le *Wāḍiḥ*.

272. Marquet, 1970.
273. *Rasāʾil Iḫwān al-Ṣafāʾ*, p. 269-286.
274. Reyna, 1995, p. 185.
275. *Rasāʾil Iḫwān al-Ṣafāʾ*, p. 279.
276. *Rasāʾil Iḫwān al-Ṣafāʾ*, p. 270.
277. *Rasāʾil Iḫwān al-Ṣafāʾ*, p. 271.
278. *Rasāʾil Iḫwān al-Ṣafāʾ*, p. 271.
279. *Rasāʾil Iḫwān al-Ṣafāʾ*, p. 272.

3.1.2. Le *Kitāb ʿaṭf al-alif al-maʾlūf ʿalā al-lām al-maʿṭūf* d'al-Daylamī (m. au début du vᵉ/xɪᵉ siècle)

Le *Kitāb ʿaṭf al-alif* constitue le premier travail en forme que nous ayons sur l'amour mystique, lequel n'est jamais séparé de l'amour profane[280]. L'ouvrage d'al-Daylamī pose en effet nombre d'interrogations communes aux traités d'amour profane comme le statut des victimes de l'amour[281] et le *ḥadīṯ* sur le *ʿišq*, mentionné dans un chapitre sur la passion louable[282]. ʿAlī b. Ḥasan al-Daylamī est une personnalité mal connue. « Il ne fut pas uniquement un philosophe, il fut également connaisseur de la pratique et de l'ascèse mystique »[283]. Dans son livre, il expose des éléments de provenance hétéroclite propres « à nous faire saisir toutes les associations que la question de l'amour met en jeu dans la pensée médiévale »[284].

Dans son introduction, al-Daylamī explique l'intention qui l'a guidé dans la rédaction de son ouvrage. Il a décidé de parler de l'amour parce qu'il le considère comme l'état d'âme le plus connu et le plus élevé chez les hommes[285]. Dans *Kitāb al-alif*, l'amour naturel ou humain s'entremêle au divin : les deux sont désignés par le mot *maḥabba*, naissent de la beauté et représentent le seul moyen d'arriver à Dieu[286]. Animé d'un désir d'exhaustivité, le traité mystique d'al-Daylamī rapporte les conceptions que diverses catégories de savants ont élaborées. Il présente tout d'abord la théorie d'astrologues comme Ptolémée, qui expliquent l'harmonie naturelle des esprits par le fait que les deux thèmes de la nativité (le soleil et la lune) se trouvaient dans la même maison au moment de la naissance des amants[287]. Al-Daylamī évoque ensuite l'avis des médecins, pour lesquels l'amour peut être un sentiment inné ou une maladie. Quoi qu'il en soit à l'origine, en s'implantant au fond de l'âme humaine, la passion amoureuse provoque un trouble croissant susceptible de conduire à la folie[288]. Les théologiens affirment qu'elle est le fruit de l'affinité (*mušākala*) et le signe auquel on reconnaît la fusion des esprits (*tamāzuǧ al-arwāḥ*). Quant aux soufis, selon Ḏū al-Nūn al-Miṣrī, l'origine de l'amour qu'ils éprouvent se situe dans l'intimité (*al-ulfa*) avec l'aimé[289]. Dans le chapitre sur l'être et la quiddité de l'amour[290], al-Daylamī

280. Vadet, 1980, p. 1.
281. Chapitre 22 : « *Fī ḏikr man māta minhum ʿišqan* ». Al-Daylamī, *Kitāb ʿaṭf al-alif*, p. 113-125.
282. Al-Daylamī, *Kitāb ʿaṭf al-alif*, p. 56.
283. Vadet, 1980, p. 10.
284. Vadet, 1980, p. 2
285. Al-Daylamī, *Kitāb ʿaṭf al-alif*, p. 2, traduit par J.-Cl. Vadet.
286. Al-Daylamī, *Kitāb ʿaṭf al-alif*, p. 6-7, 12.
287. Al-Daylamī, *Kitāb ʿaṭf al-alif*, p. 29.
288. Al-Daylamī, *Kitāb ʿaṭf al-alif*, p. 29-30.
289. Al-Daylamī, *Kitāb ʿaṭf al-alif*, p. 32.
290. *Fī nafs al-maḥabba wa-māhiyyati-hā*. Al-Daylamī, *Kitāb ʿaṭf al-alif*, p. 40.

rapporte aussi les théories de philosophes, comme Platon, selon lesquels Dieu a créé les esprits en forme de sphère[291]. La plupart de ces doctrines figurent dans le *Wāḍiḥ*[292]. Les personnages mentionnés dans les deux ouvrages, qu'il s'agisse de Bišr et Hind[293] ou de Maǧnūn[294], permettent de les rapprocher.

3.1.3. La *Risāla fī al-ʿišq* d'Ibn Sīnā (m. 428/1037)

Ibn Sīnā, connu en Occident sous le nom d'Avicenne, fut physicien, philosophe et médecin[295]. Son essai sur le *ʿišq* s'appuie en grande partie sur la doctrine de Plotin[296]. Il contient sept chapitres dans lesquels le célèbre penseur traite de l'amour de Dieu pour l'homme et de celui de l'homme pour Dieu des points de vue philosophique et théologique[297]. Selon sa théorie, le mouvement de l'amour est double : descendant (à partir de Dieu) et ascendant (montant vers Dieu)[298]. Le *ʿišq*, affirme-t-il, est une force universelle qui embrasse toute la création[299]. Il constitue la cause de l'existence de tous les éléments terrestres. Tout être tend vers la perfection qu'il ne peut acquérir qu'en désirant le Bien suprême, c'est-à-dire Dieu. L'amour divin, aboutissement de tout bien particulier, représente seul le Bien suprême et absolu[300]. L'amour pour une chose ou une créature et celui des créatures pour Dieu ne sont que des degrés différents d'une échelle qui monte jusqu'à Dieu.

Il existe trois types d'âmes, continue Ibn Sīnā : les âmes végétatives (*al-basāʾiṭ al-ġayr al-ḥayya*), animales (*ḥayawāniyya*) et raisonnables (*al-nāṭiqiyya*). À ces trois âmes correspondent trois formes d'amour. La première est mue par trois forces, l'alimentation, la croissance et la propagation[301]. Les mouvements de la seconde dépendent de l'instinct

291. Al-Daylamī, *Kitāb ʿaṭf al-alif*, 40. Selon Dimitri Gutas, la théorie des esprits en forme de sphères est dérivée du mythe d'Aristophane contenu dans le *Banquet* de Platon. Elle est entrée dans la tradition arabe notamment par le biais du *Imtizāǧ al-rūḥ* d'al-Tamīmī (ou al-Taymī) (m. 370/980) qui n'est pas conservé, mais dont nous possédons un fragment exposant cette théorie. Il serait ensuite devenu célèbre grâce au *Kitāb al-zahra* d'Ibn Dāwūd qui l'associe à deux *ḥadīṯ*-s prophétiques et à de célèbres vers de Ǧamīl. Gutas, 2005, p. 39-40, 49.

292. La théorie médicale, attribuée à Pythagore, est exposée à la page 42-43, ms f° 15r°, l. 12 ; f° 15v°, l. 9. Muġulṭāy parle de l'affinité comme cause de l'amour dans le *Wāḍiḥ*, p. 50-51, ms f° 19r°, l. 4, l. 15. La théorie astrologique est expliquée à la page 57, ms f° 22r°, l. 14 ; f° 22v°, l. 6.

293. Al-Daylamī, *Kitāb ʿaṭf al-alif*, p. 118-119 et *al-Wāḍiḥ*, p. 125-131, ms f° 50 l. 6 ; f° 53r°, l. 12.

294. Al-Daylamī, *Kitāb ʿaṭf al-alif*, p. 186 et *al-Wāḍiḥ*, p. 298-312, ms f° 128r°, l. 1 ; f° 134r°, l. 16.

295. Goichon, 1969.

296. Ibn Sīnā, *Risāla fī al-ʿišq*, p. 2.

297. Etin, 2003, p. 331.

298. Etin, 2003, p. 341.

299. *Sarayān quwwat al-ʿišq fī kull wāḥida min al-huwiyyāt*. Ibn Sīnā, *Risāla fī al-ʿišq*, p. 2.

300. Ibn Sīnā, *Risāla fī al-ʿišq*, p. 2-5.

301. Ibn Sīnā, *Risāla fī al-ʿišq*, p. 7.

d'amour et du principe contraire, l'aversion[302]. L'âme raisonnable et l'âme animale, cette dernière à condition d'être influencée par la précédente, chérissent toujours ce qui est beau et harmonieux de composition et de construction[303]. L'amour d'une belle chose engendre la pulsion animale de la prendre dans ses bras, de l'embrasser et de s'accoupler. C'est un appétit hideux dont l'amour raisonnable est affranchi[304]. La plus haute forme d'amour pour une créature n'appartient qu'à des âmes nobles, qui savent limiter leurs désirs et rester chastes. Elle exerce une influence positive en élevant l'âme vers Dieu et facilitant l'union avec Lui[305]. En dépassant la séparation traditionnelle entre activité animale et comportement rationnel et entre la passion physique et le spirituel, Avicenne donne à l'âme animale un rôle de partenaire de l'âme rationnelle : les deux collaborent afin de rapprocher l'homme de Dieu. Fusionnée à l'âme rationnelle, l'âme animale gagne en excellence et en noblesse, en avoisinant les degrés les plus hauts[306]. Cette idéalisation de l'amour chaste devient un culte de l'amour pour l'amour[307]. Cette conception alimente la réflexion de Muġulṭāy sur la position que l'amour doit occuper dans la vie spirituelle de l'homme et l'aide à établir le droit de l'amour profane à prendre place dans l'existence du bon musulman, même lorsque cette dernière est tournée vers Dieu.

3.1.4. La *Rawḍat al-taʿrīf bi-l-ḥubb al-šarīf* d'Ibn al-Ḫaṭīb (m. 776/1375)

Ibn al-Ḫaṭīb, auteur contemporain de Muġulṭāy, fut historien et vizir à Grenade et ses œuvres représentent une source inégalable pour la connaissance de l'histoire et de la culture arabo-islamique entre la fin du VIIe/XIIIe siècle et le début du VIIIe/XIVe siècle[308]. La *Rawḍat al-taʿrīf bi-l-ḥubb al-šarīf*, ouvrage mystico-philosophique sur l'amour de Dieu (*al-ḥubb ou al-maḥabba*) traite de l'origine sémantique de certains termes employés pour nommer ce sentiment en fournissant des indications sur le sens que ces mots revêtaient pour ses contemporains[309]. La *maḥabba* englobe toute forme d'amour et possède de nombreuses connotations[310]. Le *ḥubb* peut désigner un récipient (*ināʾ*) que l'on remplit d'eau. Il comble en effet le cœur de l'amant au point qu'il ne laisse plus de place pour autre

302. Ibn Sīnā, *Risāla fī al-ʿišq*, p. 8.
303. Ibn Sīnā, *Risāla fī al-ʿišq*, p. 16.
304. Ibn Sīnā, *Risāla fī al-ʿišq*, p. 16.
305. Grunebaum, 1952, p. 233.
306. Grunebaum, 1952, p. 233.
307. Grunebaum, 1952, p. 234.
308. Bosch-Vilá, 1968.
309. Ibn al-Ḫaṭīb, *Rawḍat al-taʿrīf*, p. 333-351.
310. Ibn al-Ḫaṭīb, *Rawḍat al-taʿrīf*, p. 334.

chose[311]. L'amoureux qui ne peut cesser d'évoquer son aimé est comparable au chameau lorsqu'il s'accroupit et ne parvient plus à se relever (*aḥabba al-baʿīr*)[312]. Par ailleurs, continue l'auteur de la *Rawḍa*, le mot *ḥabba* porte le sens de « graine», ce qui en fait l'origine de la vie pour les plantes. De la même façon, des vertus (*faḍāʾil*) et des qualités (*malakāt*) trouvent leur origine dans le *ḥubb*[313]. Le *ḥibb*, terme qui désigne la boucle d'oreille (*qurṭ*), est assimilable à l'amour parce que celle-ci est strictement attachée (*mulzima*) à l'oreille, comme l'amour au cœur de l'homme, et parce qu'elle la suit lorsque la tête bouge et s'agite[314]. Le *ḥabb al-māʾ*, explique-t-on encore dans la *Rawḍa*, représente une énorme quantité d'eau, attendu que l'amour est dans le cœur une affaire de la plus grande importance. Il meut les cœurs et les fait bouillonner en provoquant le *ḥabb*, terme qui exprime l'effet que la tombée de la pluie ou le bouillonnement causent à la surface de l'eau[315]. Du mot *ḥubb* dérive également l'expression *ḥabab al-asnān*, la blancheur des dents semblable en amour à la pureté et à la candeur[316]. L'équivalence sémantique entre les formulations « il a voulu faire ceci » (*arāda an yafʿala kaḏa*) et « il a aimé faire ceci » (*aḥabba an yafʿala kaḏa*) montre enfin que la *maḥabba* relève d'une volonté bien assurée, une allusion à la conception soufie selon laquelle elle est désir et volonté (*irāda*) de s'approcher de Dieu.[317].

L'étymologie de *hawā* révèle la position de l'auteur de la *Rawḍa* vis-à-vis de ce sentiment condamné par Ibn al-Ǧawzī et par le courant de pensée hanbalite. Le terme équivaudrait à *suqūṭ* (chute) et indiquerait le penchant du cœur à se retourner rapidement au gré de ses inclinations, ce qui implique une connotation négative.[318] Enfin, le *ʿišq* représente pour Ibn al-Ḫaṭīb ce qui dépasse la limite du *ḥubb* et qu'il est impossible de cacher[319]. Ibn al-Ḫaṭīb emploie donc *maḥabba* là où Muġulṭāy aurait utilisé *ʿišq*.

311. Ibn al-Ḫaṭīb, *Rawḍat al-taʿrīf*, p. 334.
312. Ibn al-Ḫaṭīb, *Rawḍat al-taʿrīf*, p. 334.
313. Ibn al-Ḫaṭīb, *Rawḍat al-taʿrīf*, p. 334-335.
314. Ibn al-Ḫaṭīb, *Rawḍat al-taʿrīf*, p. 335.
315. Ibn al-Ḫaṭīb, *Rawḍat al-taʿrīf*, p. 335.
316. Ibn al-Ḫaṭīb, *Rawḍat al-taʿrīf*, p. 336.
317. Ibn al-Ḫaṭīb, *Rawḍat al-taʿrīf*, p. 338.
318. Ibn al-Ḫaṭīb, *Rawḍat al-taʿrīf*, p. 339.
319. Ibn al-Ḫaṭīb, *Rawḍat al-taʿrīf*, p. 340.

3.2. *Les anthologies poétiques et les ouvrages généraux d'*adab *ayant inspiré le* Wāḍiḥ

D'autres types d'ouvrages furent une source d'inspiration pour le *Wāḍiḥ*, des anthologies poétiques aussi bien que des ouvrages plus généraux consacrant nombre de notices aux poètes-amants ou dans lesquels figure un chapitre sur l'amour profane.

3.2.1. La *Urǧūza* sur l'amour de Abān al-Lāḥiqī (m. 200/815-816)

Cette *Urǧūza*[320] ne nous est parvenue qu'en partie et de manière indirecte[321]. Selon G. Kanazi, l'ouvrage du poète Abān al-Lāḥiqī[322], qui précède chronologiquement les deux *Risāla*-s d'al-Ǧāḥiẓ, représente le plus ancien texte conservé contenant une conception de l'amour profane ayant pu influencer Muġulṭāy.

3.2.2. Les *Murūǧ al-ḏahab* d'al-Masʿūdī (m. 345/956)

Les *Murūǧ al-ḏahab* constituent la principale œuvre conservée à ce jour d'al-Masʿūdī qui y cite cent soixante-cinq sources écrites, parmi lesquelles on trouve, en plus des auteurs arabes, des traductions de Platon, d'Aristote et de Ptolémée, ainsi que des versions arabes des monuments de la littérature pehlvie[323]. À deux endroits des *Murūǧ*, al-Masʿūdī consacre plusieurs paragraphes à l'amour (*ʿišq*) et à ses conceptions[324]. Une discussion advient lors d'une séance (*maǧlis*) qui se tient chez Yaḥya b. Ḫālid al-Barmakī (m. 190/850). Participent à la réunion des savants musulmans et des représentants d'autres courants idéologiques et religieux (*ġayruhum min ahl al-raʾy wa-l-niḥal*) qui s'expriment librement sur l'amour-passion (*ʿišq*)[325]. Pour ʿAlī b. Hayṯam, *imām* chiite[326], l'amour émane d'un océan de subtilité, de finesse (*min baḥr al-laṭāfa*) dans la créature et de pureté

320. La *urǧūza* est un poème de mètre *raǧaz* dont chaque vers est constitué d'un seul hémistiche avec un nombre de syllabes correspondant à la moitié de ceux d'autres vers. Heinrichs, 1993.
321. Cent huit vers de cette *urǧūza* sont conservés dans *Kitāb al-awrāq* d'al-Ṣūlī (m. 335/946).
322. Abān al-Lāḥiqī fut poète à la cour des Barmakides et composa des panégyriques pour les membres de cette famille ainsi que pour le calife Hārūn al-Rašīd (193/809). Stern, 1954.
323. Pellat, 1989.
324. Al-Masʿūdī, *Murūǧ al-ḏahab*, III, p. 370-371 où il est question de définir le *ʿišq* et IV, p. 55-58 où l'on rapporte des histoires d'amour. Ce dernier passage n'intéressant pas notre propos, nous ne traiterons que du premier.
325. Al-Masʿūdī, *Murūǧ al-ḏahab*, III, p. 370-371.
326. Ce savant apparaît dans les discussions sur le chiisme avant al-Maʾmūn (m. 205/820). Grunebaum, 1952, p. 235.

dans la substance (*ṣafāʾ al-ǧawhar*)[327]. Pour al-Naẓẓām Ibrāhīm b. Yasār (m. 231/845), un des plus grands théoriciens muʿtazilites, le *ʿišq* est plus délicat que le mirage, plus prompt que le vin circulant dans les veines. C'est une argile parfumée (*ṭīna ʿāṭira*), pétrie dans le vase de la séduction (*ʿuǧinat fī ināʾ al-ǧalla*). La plupart des personnages présents au *maǧlis* s'accordent à dire que l'amour ne peut naître que de l'affinité (*al-mušākala*) et qu'il est fusion de deux natures et de deux âmes[328]. La théorie selon laquelle Dieu a créé les esprits en forme de sphères est aussi exposée[329]. Muḥammad b. al-Huḏayl al-ʿAllāf (m. 226/840-841), un théologien mutazilite[330], définit le *ʿišq* comme une gorgée bue au bassin du malheur.[331] Hišām b. al-Ḥakam al-Kūfī (m. 179/795-796), représentant de la tendance imamite[332], affirme que l'amant est perdu, s'il se laisse prendre dans le filet de l'amour. Ibrāhīm b. Yasār avance que l'amour, lorsqu'il devient excessif, se transforme en confusion mentale meurtrière (*ḫabal qātil*) et en corruption sans issue (*fasād muʿḍil*)[333]. Un médecin décrit les effets de l'amour sur le corps humain. Les quatre humeurs sont perturbées et quand la passion amoureuse atteint son paroxysme, elle provoque la mort ou le suicide de l'amant[334]. Le texte des *Murūǧ* posa un jalon dans le développement de la théorie de l'amour et fut repris par plusieurs auteurs postérieurs, dont Muġulṭāy, qui montre sa connaissance approfondie de l'ouvrage.

3.2.3. Le *Kitāb al-aġānī* d'Abū al-Faraǧ al-Iṣfahānī (m. 356/967)

Le *Kitāb al-aġānī* d'Abū al-Faraǧ al-Iṣfahānī, célèbre recueil de chansons que le musicien Ibrāhīm al-Mawṣilī sélectionna sur ordre du calife Hārūn al-Rašīd, constitue une référence en matière de poésie amoureuse et nombreux sont les auteurs de traités d'amour à l'avoir cité[335]. Muġulṭāy transmet neuf notices sous le nom d'Abū al-Faraǧ al-Iṣfahānī[336]. Leurs *isnād*-s se limitent dans la plupart des cas à la mention de l'auteur du *Kitāb al-aġānī*, bien que des chaînes de transmission de longueur variable soient citées dans la source.

327. Al-Masʿūdī, *Murūǧ al-ḏahab*, III, p. 371 et traduction par B. De Meynard, P. De Courteille et Ch. Pellat, *Les Prairies d'or*, tome IV, p. 1048.
328. Pour la traduction de ce passage, voir al-Masʿūdī, *Murūǧ al-ḏahab*, IV, p. 1049.
329. Ihsān Abbās remarque que la structure de cette discussion, ainsi que les thèmes traités rapprochent ces pages du *Murūǧ* du *Banquet* de Platon. ʿAbbās, 2000, III, p. 236-239. Voir aussi Platon, *Le Banquet*, p. 50 ; Gutas, 1988, p. 48.
330. Nyberg, 1954.
331. Al-Masʿūdī, *Murūǧ al-ḏahab*, III, p. 371.
332. Madelung, 1967.
333. Al-Masʿūdī, *Murūǧ al-ḏahab*, III, p. 372.
334. Al-Masʿūdī, *Murūǧ al-ḏahab*, III, p. 373.
335. Nallino, 1954, p. 118a.
336. Voir Annexe II, *B. Les transmetteurs les plus nommés*, 4. Abū al-Faraǧ al-Iṣfahānī (m. 356/967).

Quant au contenu, le *Wāḍiḥ* tire du *Kitāb al-aġānī* (ou du *Kitāb al-qiyān*) des *ḫabar*-s concernant des amants parmi les plus renommés de la littérature amoureuse médiévale, comme Ǧamīl et Buṯayna ou Qays et Lubnā[337]. Or, ces histoires sont racontées dans un grand nombre d'ouvrages : citer le *Kitāb al-aġānī* représente donc un choix délibéré de Muġulṭāy, qui préfère recourir à une source des plus anciennes et des plus remarquables. La plupart des notices qui mettent en scène ces mêmes personnages (4, 6, 7 et 8) se trouvent dans les *Maṣāriʿ al-ʿuššāq*, mais dans aucun cas la version citée par Muġulṭāy ne correspond exactement à celle d'al-Sarrāǧ. Les différences dans les *isnād*-s des *Aġānī* et des *Maṣāriʿ* confirment également qu'il devait exister plusieurs variantes dans l'histoire d'un même poète-amant. Les figures évoquées dans le *Wāḍiḥ* à partir des *Aġānī* jouissent d'une valeur symbolique importante. Parmi eux, Ǧamīl, jugé comme un des plus grands poètes d'amour, fut aussi regardé comme le chef de file des poètes morts par amour[338]. Un *ḫabar* est ensuite consacré à ʿAlī b. Adīm qui vécut au début de l'époque abbasside[339] et qui est considéré comme l'ultime poète à être mort par amour, comme indiqué dans le *ḫabar* qui le concerne[340]. Muġulṭāy choisit de placer symboliquement le premier et le dernier représentant de l'amour *ʿuḏrī* sous le nom d'un même transmetteur. L'auteur du *Wāḍiḥ* reconnaît de cette manière l'autorité de son grand prédécesseur en matière de poésie amoureuse et se présente comme son disciple et successeur. Si le *Kitāb al-aġānī* constitue le recueil de poésie et de notices sur les poètes par excellence au IVe/Xe siècle, le *Wāḍiḥ* se veut *le* catalogue des martyrs de l'amour au VIIIe/XIVe siècle.

3.2.4. La *Nihāyat al-arab fī funūn al-adab* d'al-Nuwayrī (m. 733/1333)

Šihāb al-Dīn al-Nuwayrī vécut à la même époque et dans la même ville que Muġulṭāy – Le Caire des Mamelouks –, et il entretint des rapports d'amitié avec lui. Sa *Nihāyat al-arab fī funūn al-adab*, un ouvrage monumental qui compte plus de neuf mille pages, livre à la postérité sous la forme d'un *compendium* le fruit de l'expérience et de la culture de son auteur[341]. L'œuvre est divisée en cinq « arts » (*funūn*) dont le premier contient la description de l'univers. Le deuxième, axé sur l'homme, inclut un chapitre intitulé « *fī al-ġazal wa-l-nasīb wa-l-hawā wa-l-maḥabba wa-l-ʿišq* »[342] dans lequel al-Nuwayrī établit

337. À propos de l'histoire de Qays et Lubnā et des variations qui affectent ce récit chez les différents auteurs, voir l'article de Sakkal, 2008, p. 107-120.

338. Voir à ce propos l'article de F. Gabrieli sur Ǧamīl. Gabrieli, 1938-1939, p. 40-71.

339. « *Fī ṣadr al-dawla al-ʿabbāsiyya* ». Cf. al-Marzubānī, *Muʿǧam al-šuʿarāʾ*, p. 283.

340. *Al-Wāḍiḥ*, p. 272, ms f° 114v°, l. 8 ; Abū al-Faraǧ al-Iṣfahānī, *al-Qiyān*, p. 92 ; al-Sarrāǧ, *Maṣāriʿ al-ʿuššāq*, I, p. 205.

341. Chapoutot-Remadi, 1993.

342. Al-Nuwayrī, *Nihāyat al-arab*, II, p. 125-197.

un lien étroit entre la passion amoureuse et la littérature[343]. Le terme *hawā* possède le mérite d'affiner les esprits et de les rendre capables de composer de la poésie amoureuse (*ġazal*). Al-Nuwayrī accorde également une grande attention au *ʿišq* et traite les questions de son essence, de sa réalité (*ḥaqīqatuhu*), de ses causes et de ce qui a été dit pour le louer ou le désapprouver[344]. Particulièrement intéressants sont les arguments que l'auteur de la *Nihāyat al-arab* rapporte en faveur ou en défaveur du *ʿišq* : ils permettent de voir se profiler à l'horizon la querelle entre les partisans de l'amour profane, qui chantent ses louanges, et ses détracteurs, qui s'y opposent et le blâment en tant que maladie entraînant les hommes jusqu'à la bestialité[345] et n'atteignant jamais les individus de bon jugement (*ḥuṣafā*) et les savants[346].

4. Conclusion

Dans l'écriture du *Wāḍiḥ*, les emprunts de Muġulṭāy à ses prédécesseurs jouent le rôle de modèles, ce qui lui permet de créer un ouvrage conforme aux règles du genre et de revendiquer une place dans la tradition littéraire. Son intertextualité éclectique met à contribution de nombreux textes non littéraires appartenant à des domaines du savoir « parents » de l'*adab*, comme la philosophie, la médecine ou la pensée mystique. Un tel procédé octroie de la légitimité à son oeuvre en conjuguant la nécessité de plaire et celle d'instruire, deux éléments indispensables dans la littérature arabo-islamique médiévale[347]. Il crée par ailleurs auprès de son public érudit qui connaît les ouvrages de ses prédécesseurs, un horizon d'attente.

Muġulṭāy ne s'arrête pas néanmoins à ce premier stade de compilation. Les choix qu'il opère dans la citation ou dans l'omission d'un passage théorique, dans le développement ou dans l'abrègement d'une narration, brouillent ces expectations et brisent les certitudes de son auditoire. Dans la brèche qu'il a ainsi ouverte, Muġulṭāy introduit de façon subtile et graduelle l'affirmation de sa position idéologique originale, montrant par un raisonnement quasi syllogistique que sa version est la plus logique et la plus islamique. La nécessité

343. لنبدأ بذكر الهوى، لأنه السبب الباعث على الغزل، وذلك أنه إذا حلّ في الأجسام ارتاحت النفوس، ورقت القلوب وانجذبت الخواطر وصفت الأذهان، وسهل على القرائح فأبرزته الألسن.
Commençons par mentionner la passion, car elle est la cause qui provoque le *ġazal*. En effet, lorsqu'elle s'installe dans les corps, les âmes s'épanouissent, les cœurs s'affinent, les pensées sont attirées, les esprits sont purifiés, les facultés sont aiguisées et les langues déliées. Al-Nuwayrī, *Nihāyat al-arab*, p. 125.

344. Al-Nuwayrī, *Nihāyat al-arab*, p. 125.

345. Al-Nuwayrī, *Nihāyat al-arab*, p. 146.

346. Al-Nuwayrī, *Nihāyat al-arab*, p. 138, 145.

347. Todorov, 1987, p. 15.

d'approuver le martyre d'amour et de s'opposer à la vision hanbalite condamnant le *ʿišq* apparaît alors comme une évidence. Cette relecture de la tradition amoureuse serait-elle la cause, ou l'une des causes, de la censure qui toucha le *Wāḍiḥ* ? Cette hypothèse n'est pas à exclure. L'appartenance de Muġulṭāy à l'élite hanafite d'origine mamelouke ne l'aida vraisemblablement pas à défendre sa position dans un Caire dominé à son époque par les *ʿulamāʾ* égyptiens chafiites[348]. Ses successeurs ne purent cependant pas faire l'impasse sur sa conception du *ʿišq*, et en vinrent à citer le *Wāḍiḥ* avec respect et admiration.

348. Voir *supra*, chap. 1.

Chapitre 4

Typologie du récit d'amour : la construction d'un modèle

La partie du *Wāḍiḥ* qui suit l'introduction se compose de cent soixante-trois notices organisées en vingt-trois sections (*abwāb*) qui respectent l'ordre alphabétique et contiennent un nombre d'*aḫbār* variable, allant d'un à quarante-six. Dans le projet rédactionnel de Muġulṭāy, elles revêtent la fonction d'exemples explicitant les préceptes théoriques qu'il a précédemment énoncés. Elles sont examinées dans cette perspective dans le présent chapitre qui consiste en une étude narratologique des personnages principaux et secondaires qui y figurent, suivie d'une analyse des lieux évoqués en tant qu'univers spatial générant leur spécificité diégétique[1].

1. Le statut post-mortem des amants : *šahīd* ou *qatīl* ?

Du point de vous de la structure, toutes les notices du *Wāḍiḥ* comportent trois parties : le statut post-mortem de l'amant, le *sanad* et le *matn*, représenté par l'histoire. Chaque unité narrative est séparée de celle qui la suit par la mention *šahīd/a* (ou *šahīdān* ou *šuhadā'*) ou *qatīl/a* (ou *qatīlān* ou *qutalā'*)[2]. Elle distingue les amants remplissant les conditions nécessaires pour être considérés comme des martyrs et les simples victimes de l'amour[3].

1. L'espace sera analysé comme faisant partie de la narration et déterminant les caractéristiques du personnage. Genette, 1996, p. 106.
2. Nous trouvons à la fois *šahīd* et *qatīl* dans une seule notice (*al-Wāḍiḥ*, p. 287, ms f° 117 l. 9).
3. Cette mention qui figure dans le manuscrit datant de l'époque de Muġulṭāy doit être considérée comme originale.

Dans la structure de l'histoire, cette énonciation, qui fait partie du paratexte, agit comme une prolepse[4], en définissant d'emblée le modèle comportemental du personnage dont elle traite et en permettant au lecteur d'anticiper sur le récit[5].

1.1. *Définition du terme* šahīd

Dans son sens premier, le terme *šahīd* signifie le témoin[6]. Les savants musulmans assurent néanmoins qu'il désigne le martyr dans deux sourates du Coran[7], qui parlent « de récompense en faveur de ceux qui meurent pour la cause de Dieu »[8]. Le *ḥadīṯ* précise le statut exceptionnel auquel le martyr accède et les privilèges dont il jouit. Tous ses péchés lui sont pardonnés et les tourments du tombeau lui sont épargnés ; lors de sa mort, une couronne de gloire descend sur sa tête ; son âme s'envole au paradis sous la forme d'un oiseau vert ; il peut sauver de l'enfer soixante-dix personnes choisies par lui et il a droit, dans l'au-delà, à soixante-douze houris[9]. La tradition islamique distingue le martyr du suicidé. Bien que le Coran n'interdise pas explicitement la mort volontaire[10], le *ḥadīṯ* ne laisse aucun doute sur sa condamnation : le suicidé, quelles que soient les circonstances, est exclu du paradis[11]. Les sources juridiques débattent du statut légal de celui qui se tue pour échapper à la douleur insupportable que lui causent ses blessures de guerre ou de

4. Genette, 1996, p. 154-170.
5. Colonna, 2007, p. 152.
6. Kohlberg, 1996.
7. La première est la Sourate de *Muḥammad* (Coran, XLVII, 4-6) : « Lorsque vous rencontrez les incrédules, frappez-les à la nuque jusqu'à ce que vous les ayez abattus : liez-les alors fortement ; puis vous choisirez entre leur libération et leur rançon afin que cesse la guerre. Il en est ainsi : si Dieu l'avait voulu, il se serait débarrassé d'eux, mais il a voulu vous éprouver les uns par les autres. Il ne rendra pas vaines les actions de ceux qui sont tués sur le chemin de Dieu : il les dirigera et il les réformera, puis il les introduira dans le Jardin qu'il leur fait connaître ». La deuxième est représentée par la Sourate de *La famille de ʿImrān* (Coran, III, 169) : « Ne crois surtout pas que ceux qui sont tués dans le chemin de Dieu sont morts. Ils sont vivants ! ». Traduction D. Masson. Cf. aussi Seidensticker, 1998b, p. 64.
8. Kohlberg, 1996, p. 209.
9. Kohlberg, 1996, p. 209 ; Seidensticker, 1998b, p. 65.
10. Le verset coranique 29 de Coran, IV, *Les femmes*, souvent cité sur la question du suicide : *lā taqtulū anfusa-kum* (litt. « ne tuez pas vos âmes »), peut aussi être interprété comme l'interdiction de s'entretuer, en prenant *anfus* dans le sens de la réciprocité. Rosenthal, 1971.
11. Rosenthal, 1971.

celui qui, impatient de rejoindre Dieu, cherche délibérément la mort au combat en s'exposant aux attaques de l'ennemi[12]. Elles résolvent le problème en prenant en considération l'intention qui guide l'acte[13].

David Cook remarque qu'avec la diminution du nombre des morts à la guerre après les premières conquêtes, la notion de *šahīd* s'élargit au-delà du champ de bataille. D'autres catégories furent alors introduites[14], parmi lesquelles on compte les victimes de l'amour. À partir de la fin du VIe/IXe siècle, le *ǧihād* devint une sorte de purification spirituelle et le terme *šahīd* ne désigna plus uniquement une personne morte au combat, mais également celui qui décède prématurément d'une mort non violente[15]. Cette conception élargie du martyre englobe trois grands groupes. Dans le premier se trouvent les morts avant l'heure, que ce soit au service de Dieu, en raison de leur foi, par maladie ou par accident[16]. Dans cette catégorie se comptent aussi, traditionnellement, les martyrs de l'amour[17], auxquels le mal d'amour échoit indépendamment de leur volonté[18]. Le deuxième groupe comprend ceux qui décèdent de mort naturelle pendant qu'ils accomplissent un acte méritoire ou après avoir conduit une existence vertueuse en résistant à leur âme appétitive : ceux-là sont considérés comme des martyrs au titre du grand *ǧihād*[19]. Cette lutte intérieure de l'homme contre ses désirs matériels et charnels s'applique autant aux amants de Dieu qu'aux amants d'une créature soumis à l'impératif de chasteté. Les martyrs de l'amour profane entrent donc dans cette catégorie. Troisièmement, se comptent parmi les *šuhadā'* les « martyrs vivants » qui, voués au grand *ǧihād*, combattent leur *nafs* avec succès[20]. C'est un type de lutte auquel se livrent aussi les amants du *Wāḍiḥ*. Dans son essai *Opfer, Tod und Liebe*, Friederike Pannewick explique comment le passage du martyre sur le champ de bataille au martyre d'amour s'est produit en littérature. L'islam aurait remplacé la mort héroïque du guerrier préislamique par le martyre du combattant au service de Dieu, en conservant la fascination qui entoure ce type de mort[21]. Le paradigme de cette transposition s'incarne dans le poète *ʿuḏrī* Ǧamīl (m. 81/701), un personnage historique dont la littérature s'est emparée pour l'ériger en prototype de l'amant chaste (*imām al-muḥibbīn*

12. Benslama, 1999, p. 40.
13. Denaro, 1996, p. 36. Sur l'intention dans la recherche du martyr, voir aussi al-Dimyāṭī, *Mašāriʿ al-ašwāq*, II, p. 594. Ce même auteur discute aussi longuement le sens du verset 195 du Coran, II, *La vache* : « Ne vous exposez pas, de vos propres mains, à la perdition » (trad. D. Masson).
14. Cook, 2007, p. 33, 98-99, à propos des martyrs de l'amour.
15. Pannewick, 2012, p. 80.
16. Benslama, 1997, p. 50 ; Kohlberg, 1996, p. 211.
17. Kohlberg, 1996, p. 211.
18. Benslama, 1997, p. 52.
19. Benslama, 1997, p. 52.
20. Kohlberg, 1996, p. 212.
21. Pannewick, 2012, p. 35.

en arabe) : tout concourt, sur les plans physique, mental, intellectuel, affectif et moral, à faire de lui le paradigme de la passion[22]. La construction autour de ce personnage d'une légende qui repose sur les vers qui lui sont attribués servit de modèle à l'élaboration de nombreuses autres figures de poètes amants *ʿuḏrī*-s[23]. Les deux vers suivants, extraits de son *dīwān*, constituent un des premiers témoignages d'une assimilation du *ǧihād* (effort) du combattant à celui de l'amant chaste :

> Ils me disent : « Fais un effort, Ǧamīl, au combat ! »
> Mais par quel effort m'évertuerais-je, si ce n'est pas pour elles
> Tout discours entre elles est empreint de gaieté ;
> quiconque pourtant elles tuent meurt en martyr[24].

1.2. *Les victimes de l'amour et leur fonction dans le projet littéraire de Muġulṭāy*

Contrairement à ce que l'on pourrait croire au vu du titre, le *Wāḍiḥ* ne traite pas uniquement des martyrs de l'amour. Une trentaine de ses notices concernent ses simples victimes (*qutalāʾ*). Déviant du modèle préconisé par l'islam, les *qutalāʾ* permettent par leur statut d'exceptions de réfléchir à la conception du martyre d'amour prônée par Muġulṭāy et de mieux définir par défaut les règles à respecter afin de rester dans ce cadre.

1.2.1. Les animaux

La première condition d'accès au martyre consiste dans l'appartenance au genre humain. Trois récits dans le *Wāḍiḥ* mettent en scène respectivement un couple de canards inséparables, dont la femelle mourut de chagrin lorsque le mâle fut égorgé[25] ; un petit oiseau qui s'éteignit à l'écoute d'un sermon de Samnūn[26] sur la *maḥabba*[27] et l'âne noir du

22. Gabrieli, 1938-1939, p. 40-71.
23. Gabrieli, 1962.
24. Ǧamīl b. Maʿmar, *Šarḥ dīwān Ǧamīl Buṯayna*, p. 88.
25. *Al-Wāḍiḥ*, p. 124, ms f° 49r°, l. 12 ; f° 49v°, l. 3.
26. Samnūn b. Ḥamza al-Zāhid (m. 298/910-911), surnommé *al-muḥibb* (l'amant), fut un soufi particulièrement célèbre pour son amour de Dieu, qu'il plaçait au-dessus même de la connaissance (*maʿrifa*). Reinert, 1997.
27. *Al-Wāḍiḥ*, p. 220-221, ms f° 90r°, l. 5-8.

prophète Muḥammad, qui se précipita dans un puits suite au décès de son maître[28]. Ces « fables » revêtent la valeur d'*exempla* : les créatures de Dieu humanisées confirment, par leur sacrifice, l'universalité, l'origine divine et donc l'« islamité » de la passion amoureuse. Ces animaux n'en deviennent cependant pas pour autant des « martyrs ».

1.2.2. Les païens

De grandes personnalités de l'époque préislamique ou des débuts de l'islam, comme ʿAbd Allāh b. al-ʿAǧlān (m. vers 574) et son épouse Hind[29] et al-Ṣimma b. ʿAbd Allāh al-Quṯayrī (m. 8/630) et sa cousine Rayyā[30], se comptent au nombre des simples victimes de l'amour. Selon Régis Blachère, Muraqqiš al-Akbar (m. vers 550) fut probablement avant tout un poète de tribu, purement arabe[31]. L'image qu'en donne Muġulṭāy diffère, se rapprochant en revanche de sa légende qui, après avoir été « soumise aux préjugés, aux tendances des anthologues et logographes iraquiens ou hegaziens des IIe-IIIe/VIIIe-IXe siècles »[32], donna naissance à un *Roman de Muraqqiš et d'Asmā'*, dont l'auteur est inconnu et qui circulait à Bagdad vers le milieu du IIIe/IXe siècle[33]. Le récit de l'amour de Muraqqiš pour

28. *Al-Wāḍiḥ*, p. 401-402, ms f° 180r°, l. 3-15.
29. ʿAbd Allāh b. al-ʿAǧlān fut un poète de la *ǧāhiliyya* (m. vers 574) que l'on compte parmi les grands amants (Bausani, 1965). Son talent poétique le poussa à assumer le rôle de *sayyid* de sa tribu (Hooker, 1996). Une notice sur ʿAǧlān se trouve aussi dans le *Nišwār al-muḥāḍara* d'al-Tanūḫī (m. 384/994), V, p. 158-159 et dans *Maṣāriʿ al-ʿuššāq* d'al-Sarrāǧ (m. 500/1006), II, p. 27. Muġulṭāy s'appuie quant à lui sur *al-Tārīḫ al-kabīr* (*Kitāb al-aġānī*) d'Abū al-Faraǧ al-Iṣfahānī, *al-Diyārāt*, XIX, p. 102-105. Tandis que l'édition imprimée le considère comme une simple victime de l'amour, le manuscrit ne précise pas si ʿAbd Allāh b. al-ʿAǧlān peut être considéré comme un martyr.
30. Al-Ṣimma b. ʿAbd Allāh (m. 95/814) fut un poète de *ġazal* bédouin de l'époque omeyyade. Considéré comme un des grands amants, il vécut dans le désert iraquien, puis dans le Šām. Il mourut au Ṭabaristān lors d'une expédition contre le Daylam. Al-Ziriklī, 1990-2011, III, p. 209. *Al-Wāḍiḥ*, p. 216-217, ms f° 88v°, l. 13 ; f° 89r°, l. 14. Al-Ziriklī, 1990-2011, III, p. 209. et IV, p. 103. Il épousa Hind, mais sa famille l'obligea à la répudier, car elle ne lui donnait pas d'enfants (*al-Wāḍiḥ*, p. 230-236, ms f° 93r°, l. 7 ; f° 96v°, l. 15) et la séparation causa sa folie et son suicide.
31. Muraqqiš connu tout d'abord comme un grand poète de la *ǧāhiliyya*, ne devint un héros de romans d'amour qu'au IIe/VIIIe siècle. Pellat, 1992 ; Blachère, 1960, p. 30-40. Les anthologistes ont préservé une douzaine de ses poèmes qui chantent Asmā' et d'autres femmes, les campagnes militaires auxquelles il participa, etc. Muraqqiš était amoureux de sa cousine depuis sa plus tendre jeunesse, mais, pendant son absence, son oncle la maria à un autre, bien qu'elle lui fût promise. À son retour, on lui annonça la mort de sa bien-aimée, mais, ayant découvert la vérité, Muraqqiš partit à sa recherche. Tombé malade sur le chemin, il fut abandonné souffrant par ses compagnons de voyage ; il parvint enfin à entrer en contact avec son aimée qui l'amena chez elle où il ne tarda pas à mourir. *Al-Wāḍiḥ*, p. 360-364, ms f° 159r°, l. 2 ; f° 160v°, l. 12.
32. Blachère, 1960, p. 30.
33. Blachère, 1960, p. 38-39.

Asmā' apparaît dans les *Aġānī* dans les mêmes termes que dans le *Wāḍiḥ*[34]. Cependant, Abū al-Farağ transmet aussi une autre version de cette histoire selon laquelle un homme riche des Murād demanda Asmā' en mariage en même temps que Muraqqiš et le père de la jeune fille préféra l'accorder au premier. Le jeune homme voulut alors se venger en assassinant le mari de Asmā', mais ses frères l'en empêchèrent. Cette version de l'histoire, qui ne correspond pas à la poétique du *Wāḍiḥ*, y est omise. Elle n'est du reste pas la plus populaire. D'après sa biographie, Musāfir b. ʿAmr (m. vers 613) se rendit auprès d'al-Nuʿmān b. Munḏir en délégation et il y fut reçu avec tous les honneurs[35]. Cette donnée historique est couplée d'une invention littéraire selon laquelle il voyagea afin de demander au souverain une dot lui permettant d'épouser Hind. Les *Aġānī*, suivis en cela par le *Wāḍiḥ*, transmettent trois versions de sa mort par amour dans lesquelles la fiction s'empare de certains éléments de la vie du poète pour y greffer une histoire d'amour[36].

Le récit que Muġulṭāy reprend de la *Sīra al-nabawiyya* d'Ibn Hišām occupe une place spéciale. Il se situe à l'époque islamique et se base sur un épisode de la vie du Prophète. Lors de l'expédition de Ḫālid b. al-Walīd chez les Banū Ğaḏīma, un prisonnier de la tribu vaincue, appelé ʿAlqama, demanda à saluer une dernière fois sa bien-aimée avant d'être exécuté. Quand il eut la tête coupée, la jeune femme se jeta sur son corps sans vie et périt[37]. Lorsque le Prophète fut informé du méfait de son général, il exprima sa désapprobation. Une différence non négligeable sépare néanmoins le récit de la *Sīra* de celui du *Wāḍiḥ*. Alors que dans la *Sīra*, Muḥammad est opposé à la mise à mort de tous les guerriers des Banū Ğaḏīma, dans le *ḫabar* de Muġulṭāy, il est spécifiquement contraire à l'exécution de ʿAlqama : le Prophète reproche à ses hommes leur manque de compassion vis-à-vis du sacrifice d'amour accompli par le jeune homme et laisse entendre qu'il aurait souhaité que sa vie soit épargnée.

La transfiguration du poète bédouin de l'époque préislamique ou du début de l'islam en héros de roman d'amour, que ce soit al-Ṣimma, Ibn ʿAğlān, Muraqqiš, Musāfir ou ʿAlqama, précède d'une dizaine de siècles Muġulṭāy, lequel se limite à la reprendre à son compte entièrement ou en partie. Cependant, mélanger ces personnages aux martyres par

34. Abū al-Farağ al-Iṣfahānī, *al-Diyārāt*, V, p. 189-193.
35. Il s'agit d'un des plus nobles membres de la famille des Banū Ummayya. Al-Ziriklī, 1990-2011, VII, p. 213.
36. Abū al-Farağ al-Iṣfahānī, *al-Diyārāt*, VIII, p. 148-151 et *al-Wāḍiḥ*, p. 364-366, ms fº 160vº, l. 13 ; fº 161vº, l. 12
37. Ibn Hišām, *al-Sīra al-nabawiyya*, IV, p. 428-436 et *al-Wāḍiḥ*, p. 173-175, ms fº 72rº, l. 14 ; fº 73rº, l. 16. D'autres versions de cette même notice donnent plus de détails sur l'identité et sur la vie du jeune homme. Avant l'expédition de Ḫālid b. al-Walīd, ʿAbd Allāh b. ʿAlqama était tombé amoureux d'une fille d'un autre clan, nommée Ḥubayša. Orphelin, il n'était pas assez riche pour pouvoir demander sa main, ce qui lui causa beaucoup de chagrin. Les siens lui montrèrent alors les plus belles femmes de son clan, mais ils n'arrivèrent pas à le détourner de son amour. La même notice se trouve aussi dans le *Ḏamm al-hawā* d'Ibn al-Ğawzī, p. 374-378. Pour les différentes versions de cette histoire, voir aussi Balda-Tillier, à paraître.

amour, profane ou divin, et les comparer de cette manière implicitement constitue un procédé original. Ces figures mythiques représentent en effet pour Muġulṭāy les ancêtres, les fondateurs et les archétypiques de sa conception de l'amour profane. Leur seule faute consiste à être nés avant l'islam ou à ne pas l'avoir accepté, bien que leur comportement soit exemplaire et parfois même plus louable que celui des musulmans.

1.2.3. Les suicidés

Se donner la mort empêche également d'obtenir le statut de martyr dans seize notices du *Wāḍiḥ*. Dix d'entre elles constituent des récits types de suicide par amour, déclinés selon trois paradigmes[38]. Dans le premier cas, un jeune homme demande au calife l'autorisation d'écouter chanter une de ses esclaves. Le souverain accorde au postulant la grâce qu'il quémande ; après avoir entendu ce chant, le jeune homme se précipite du haut de la terrasse (ou par la fenêtre). Sa bien-aimée suit son exemple[39]. Dans le deuxième, un couple d'amants de condition servile se jette dans le Tigre et se noie, après que la jeune femme eût évoqué la mort dans des vers d'amour.[40] Dans le troisième, un jeune homme

38. Al-Šayḫ, 1997, p. 19.

39. *Al-Wāḍiḥ*, p. 189-191, ms f° 78r°, l. 2 ; f° 78v°, l. 14 ; p. 284-288, ms f° 119v°, l. 14 ; f° 121r°, l. 13 et p. 293-295, ms f° 125v°, l. 7 ; f° 126v°, l. 11. Une quatrième notice (p. 273-274, ms f° 114v°, l. 15 ; f° 115r°, l. 15) peut être ajoutée, car elle présente une intrigue semblable, mais ne se termine pas par un suicide (la notice commence tout simplement par *ayḍan*, « aussi »). Elle raconte qu'un jeune Andalou se trouva obligé de vendre son esclave, mais la regretta ensuite tellement qu'il essaya de la racheter. Devant le refus de l'acheteur de la lui rendre, sous prétexte qu'il l'aimait plus que lui, le litige fut porté devant le roi. Pour décider qui des deux avait le plus de droits sur l'esclave, le souverain les mit à l'épreuve en leur demandant de se jeter dans le vide du haut d'une tour. Seul le vendeur de l'esclave le fit, mais il ne mourut pas. Cette histoire ne se termine ni par un martyre ni par une mort par amour. Elle ne devrait pas trouver place dans un ouvrage ayant comme sujet les martyrs de l'amour. L'explication la plus plausible à sa présence dans le *Wāḍiḥ* consiste dans sa ressemblance avec les trois autres. De plus, si dans cette histoire le protagoniste ne réussit pas à se donner la mort, l'intention de porter la main contre lui-même est si présente que son acte peut être considéré comme un suicide d'amour. Voir aussi à ce propos al-Šayḫ, 1997, p. 22.

40. Des trois notices contenant ce récit type dans le *Wāḍiḥ* (p. 237-238, ms f° 96v°, l. 15 ; f° 97v°, l. 14 ; p. 284, ms f° 119v°, l. 14 ; f° 120r°, l. 8 et p. 339, ms f° 149r°, l. 5), une est précédée par la mention *šahīdān* au lieu de *qatīlān* (p. 237-238, ms f° 96v°, l. 15 ; f° 97v°, l. 14), mais uniquement dans la version imprimée, ce qui amène à supposer une erreur du copiste. On peut aussi envisager que la différence entre les deux récits tienne aux conditions climatiques. Dans le récit qui met en scène des martyrs, les événements se passent pendant que le Tigre est en crue. Les amants qui se jettent à l'eau peuvent donc être considérés comme des martyrs par noyade (Benslama, 1997, p. 50). Non seulement il leur sera pour le moins difficile de nager dans les eaux bouillonnantes, mais, plus encore, leur maître empêche ses serviteurs de porter secours aux deux jeunes gens, puis il lance aux deux esclaves qui se noient une malédiction (p. 238, ms f° 97r°, l. 11-12). Attribuer à ces amants le statut de martyrs marque également le contraste avec la dureté de cœur dont fait preuve leur maître, alors qu'il se trouve confronté à la noblesse d'un amour prêt à défier la mort pour s'affirmer. Cette hypothèse semble confirmée par une autre de ces histoires, à l'intrigue presque identique,

se suicide pour avoir causé involontairement le décès de sa bien-aimée[41]. Ce dernier type de notices raconte le drame de deux amants séparés pendant le jour et se retrouvant la nuit pour converser chastement, jusqu'au moment où la fille est tuée accidentellement par son amant ou dévorée par une bête féroce. D'autres *aḫbār* du *Wāḍiḥ* se terminent par une mort volontaire par le poignard[42], l'épée[43], le poison[44], la corde[45], par défenestration[46] ou par strangulation[47]. Une histoire d'amants incestueux[48], qui avait déjà fait la pièce principale du chapitre intitulé « De ceux que le *ʿišq* a amenés à commettre l'adultère en violant le tabou/interdit de l'inceste[49]» dans le *Ḏamm al-hawā* d'Ibn al-Ǧawzī[50], constitue un cas particulier. Dans le *Wāḍiḥ*, cette notice ouvre la section du *fāʾ*, suivie par une narration comportant un suicide[51], puis une autre incluant une mort à l'écoute d'un

dans laquelle le patron des esclaves adopte un comportement tout à fait différent devant le geste héroïque des deux amants. Il est tellement saisi d'admiration qu'il s'abstient longuement de boire après les événements (p. 284, ms f° 120r°, l. 7-8). Sur les différences dans la mention *qatīl/šahīd* entre le manuscrit et la version imprimée, voir aussi *infra*.

41. *Al-Wāḍiḥ*, p. 117-119, ms f° 46v°, l. 9 ; f° 47v°, l. 13 ; p. 225-226, ms f° 91r°, l. 2 ; f° 91v°, l. 10 ; p. 371-373, ms f° 164v°, l. 7 ; f° 164v°, l. 8.

42. Dans la notice du *Wāḍiḥ* (p. 210-211, ms f° 86v°, l. 7-12), un jeune homme s'ouvre le ventre avec un poignard après avoir déclaré en vers que la mort est préférable à la séparation de l'aimée. Muġulṭāy cite Ibn al-Ǧawzī comme transmetteur de cette notice, qui se trouve effectivement dans le *Ḏamm al-hawā*, p. 434.

43. Un jeune homme mystérieux demanda une nuit au *rāwī*, son voisin, de lui envoyer une sage-femme. Sa femme mourut en couches et, lors de son enterrement, il se transperça de son épée sur sa tombe. Le *rāwī* découvrit ensuite, grâce à l'aveu d'un vieil homme venu chercher le nouveau-né, que ces deux jeunes personnes étaient ses enfants et qu'ils s'aimaient tendrement, bien qu'il eût essayé de les séparer. Lorsque la séparation leur était devenue insupportable, ils s'étaient enfuis ensemble (*al-Wāḍiḥ*, p. 291-295, ms f° 124v°, l. 2 ; f° 125v°, l. 7).

44. Il s'agit de Šīrīn et Abrāwayz sur lesquels nous reviendrons (*al-Wāḍiḥ*, p. 214, ms f° 87v°, l. 15 ; f° 88r°, l. 6).

45. L'épouse d'un militaire était si éprise de son mari qu'elle ne pouvait supporter d'être séparée de lui un seul instant. Un jour qu'il rentra en colère et montra une certaine froideur à son égard, elle se pendit (*al-Wāḍiḥ*, p. 337, ms f° 147v°, l. 9 ; f° 148r°, l. 4).

46. L'épouse d'un chef turc ne supporta pas d'être répudiée et se jeta d'une terrasse la tête la première (*al-Wāḍiḥ*, p. 298, ms f° 127v°, l. 9 ; f° 128r°, l. 1).

47. Pour cette notice, voir *infra*, le sous-chapitre sur les couvents et les hôpitaux psychiatriques (*al-Wāḍiḥ*, p. 227-230, ms f° 92r°, l. 10 ; f° 93 l. 7). Dans le manuscrit, la notice n'est précédée par aucune mention du statut des amants en question (f° 92r°, l. 10).

48. *Al-Wāḍiḥ*, p. 291-293, ms f° 124v°, l. 2 ; f° 125v°, l. 7.

49. *Fī ḏikr man ḥamalahu al-ʿišq ʿalā an zanā bi-maḥārimihi* (Ibn al-Ǧawzī, *Ḏamm al-hawā*, p. 340-347).

50. Ibn al-Ǧawzī, *Ḏamm al-hawā*, p. 344-347.

51. *Al-Wāḍiḥ*, p. 293-295, ms f° 125v°, l. 7 ; f° 126v°, l. 11.

verset coranique[52]. Rien, ni dans la manière de raconter ni dans le contexte, n'indique que Muġulṭāy ait blâmé l'union du frère avec sa sœur[53]. Le classement par ordre alphabétique lui permet de ne pas émettre de jugement sur les *aḫbār* qu'il rapporte.

Les suicidés doivent leur présence dans le *Wāḍiḥ* à la célébrité des récits dont ils sont les acteurs principaux et à leurs gestes spectaculaires[54]. En se rendant maîtres de leur destin, ils deviennent pour Muġulṭāy un modèle de comportement héroïque[55]. À la différence d'Ibn al-Ǧawzī qui se sert de ces mêmes personnages afin de montrer que l'amour constitue un fléau contraire à la raison[56], Muġulṭāy fait de ces hommes et femmes des objets d'admiration, bien que la violence de leurs actes l'oblige à les situer en dehors de la légalité islamique[57]. Se donner la mort par amour représente une forme de contestation, dans laquelle un système de valeurs s'oppose à un autre ensemble de croyances pour lesquelles on veut périr : les suicidés sont des frères jumeaux des martyrs[58]. L'amant qui se sacrifie pour sa passion est un marginal qui rejette les conseils des siens et se fait parfois chasser par le clan de sa bien-aimée. Le pouvoir le menace et laisse impunément verser son sang. Dépossédé de tout, la Dame tout d'abord, la raison dans nombre de cas, il se prive aussi du seul bien qui lui reste, la vie. Par cette dimension exemplaire et héroïque, la mort volontaire se rapproche du martyre et, dans le cas spécifique du *Wāḍiḥ*, des notices sur les suicidés trouvent leur place à côté des récits de martyre, même lorsque les amants sont incestueux.

52. *Al-Wāḍiḥ*, p. 295, ms f° 126v°, l. 11 ; f° 127r°, l. 10.
53. Van Gelder, 2005, p. 159.
54. La première histoire se retrouve dans nombre d'ouvrages, parmi lesquels : al-Tanūḫī (m. 384/994), *Nišwār al-muḥāḍara*, V, p. 98-100 ; Ibn al-Ǧawzī (m. 560/1165), *al-Muntaẓam*, VI, p. 128-129 ; al-Nuwayrī (m. 733/1333), *Nihāyat al-arab* (éd. 1924), II, p. 170-171 ; al-Sarrāǧ, *Maṣāriʿ al-ʿuššāq*, II, p. 101-102.
55. Dans son article sur le suicide dans l'islam médiéval, R. Denaro remarque que les *ḥadīṯ*-s sur le suicide, qui ont principalement la fonction d'établir une ligne de démarcation nette entre le suicide et le martyre, essaient de limiter l'emphase sur la figure du mort sur le champ de bataille, en faveur d'une image moins héroïque du martyre. Denaro, 1996, p. 31.
56. Ibn al-Ǧawzī, *al-Muntaẓam*, p. 430-432, où figure l'histoire de la noyade, p. 432-433, et où est racontée l'histoire du lion, etc. Toutes les notices précédées par la mention *qatīl* se trouvent aussi dans le *Ḏamm al-hawā* et sont citées dans un même chapitre de l'ouvrage d'Ibn al-Ǧawzī.
57. Ḫalīf, 1961, p. 22. Stefan Leder a réalisé une analyse semblable de l'intrigue caractérisant les histoires *ʿuḏrī*-s dans laquelle il remarque que l'amant, devant les obstacles qui s'opposent à l'union, sublime son désir en amour idéal, qui n'a plus besoin de l'union physique pour exister. Ce raffinement progressif de l'amant l'amène à la mort. Leder, 2002-2003, p. 99-100.
58. Cook, 2007, p. 3.

1.2.4. La violation des règles

Enfreindre le secret empêche d'obtenir le statut de martyr, comme dans le cas de l'amour porté par le poète et grammairien andalou Aḥmad b. Kulayb b. Quzmān al-Naḥwī (m. 426/1034)[59] au grand cadi de Cordoue Aslam b. Saʿīd (m. 317/929) dont nous reparlerons[60]. L'histoire de Bišr entend montrer que la passion amoureuse engendre des désirs susceptibles de conduire l'homme à commettre des fautes fort graves[61]. Orphelin adopté par son oncle, Bišr chérit sa cousine Salmā dès l'enfance, mais ne put l'épouser en raison de l'opposition de son père adoptif à leurs fiançailles ; il la transperça de son épée pour qu'elle n'appartienne à nul autre, perpétrant par là un crime qui l'empêche d'obtenir le statut de martyr[62]. Cependant, le lecteur, impressionné par la violence de la passion dont Bišr fait preuve, regarde moins sévèrement ce meurtre. Il en va de même pour les deux frères dont l'un dut s'absenter et confia sa famille au second qu'il prédilectionnait. Ce dernier entrevit un jour sa belle-sœur et tomba éperdument amoureux d'elle. Quand son frère revint, le découvrant émacié et souffrant, il lui demanda la raison de son mal, que le jeune homme n'avoua que sous l'effet de la boisson. Muġulṭāy donne ensuite deux versions différentes de la fin de l'histoire. La première, attribuée à al-Ḫarāʾiṭī, raconte que celui qui était marié répudia sa femme, mais que son frère ne l'épousa point et mourut consumé par sa passion. Dans la seconde, que l'auteur du *Wāḍiḥ* dit sans plus de précisions avoir trouvée dans un livre, le médecin provoqua une suée chez le malade qui, ayant retrouvé

59. Yāqūt al-Ḥamawī, *Muʿǧam al-udabāʾ*, II, p. 19-23. L'identification des personnages suggérée par Yāqūt, qui rapporte cette même histoire, n'est pas sûre, en raison des dates de mort incompatibles avec l'intrigue dans laquelle Aḥmad b. Quzmān meurt d'amour avant Aslam.
60. Il s'agit de Aslam b. ʿAbd al-ʿAzīz, cadi de Cordoue, connu pour ses relations avec les émirs et les califes qui faisaient souvent appel à ses conseils, pour la sévérité de ses jugements et pour sa droiture. Al-Ziriklī, 1990-2011, I, p. 305. *Al-Wāḍiḥ*, p. 112-116, ms f° 43v°, l. 7 ; f° 46r°, l. 16 ; Ibn Ḥazm, *Ṭawq al-ḥamāma*, p. 246-248 où l'histoire est racontée plus succinctement.
61. *Al-Wāḍiḥ*, p. 124-125, ms f° 49r°, l. 12 ; f° 49v°, l. 3. Muġulṭāy cite comme transmetteur de cette notice Muḥammad b. Ḫalaf b. al-Marzubān (m. 309/921), auteur du *Kitāb al-mutayyamīn* (sur cet auteur, voir Troupeau, 1991). Elle apparaît aussi dans d'autres ouvrages, des traités d'amour aussi bien que des recueils d'*aḫbār* (al-Tanūḫī, *Nišwār al-muḥāḍara*, V, p. 137-139 ; Ibn al-Ǧawzī, *Ḏamm al-hawā*, p. 357-358).
62. Schacht, 1976.

une partie de ses forces, quitta son foyer et erra dans le désert. Personne ne le revit plus jamais[63]. Son frère mourut de chagrin et l'expression *qatīl Ṯaqīf* devint proverbiale au sujet de l'amour fraternel[64].

1.3. *Les différences de classement dans l'édition imprimée et dans le manuscrit : tentative d'explication*

Pour certaines notices, le classement des personnages dans la catégorie de *qutalā'* diffère entre la version imprimée du *Wāḍiḥ*, fondée sur le manuscrit du Caire, et la version du manuscrit d'Istanbul qui, annotée par Muġulṭāy lui-même, représente selon toute vraisemblance la plus ancienne et la plus proche du texte original de l'auteur[65]. Ce qui nous importe ici n'est cependant pas tant d'établir la « bonne » variante que de déterminer la signification de cette modification dans le statut des amants.

Le chapitre du *rā'* comporte trois histoires dont les personnages sont considérés comme des *šuhadā'* dans le manuscrit et comme des *qutalā'* dans la version imprimée[66]. Alors que dans la deuxième et la troisième de ces histoires[67] les raisons de ce changement ne

63. Al-Ḫarā'iṭī, *I'tilāl al-qulūb*, p. 188-189 et *al-Wāḍiḥ*, p. 149-151, ms f° 61r°, l. 2 ; f° 61v°, l. 11. Cette notice se trouve dans un grand nombre d'ouvrages qui couvrent au moins cinq siècles (Ibn Qutayba, *'Uyūn* al-aḫbār, IV, p. 131-133 ; al-Sarrāğ, *Maṣāri' al-'uššāq*, II, p. 208-210 ; Ibn al-Ǧawzī, *Ḏamm al-hawā*, p. 177-178 ; Ibn Abī Uṣaybi'a, *'Uyūn al-anbā'*, I, p. 166). Dans la version de l'histoire rapportée par le *Wāḍiḥ*, le jeune homme se montre conscient de sa culpabilité en disant que, s'il épousait la femme de son frère, il lui arriverait telle et telle chose (*'alayya kaḏā wa-kaḏā in tazawwağtuhā*) ; dans la version du *Ḏamm al-hawā*, il prend l'auditoire à témoin qu'elle sera désormais pour lui comme sa mère (*ašhadukum innahā 'alayya miṯla ummī in tazawwağtuhā*) en prêtant ainsi serment de *ẓihār*, qui consiste à jurer par une comparaison incestueuse. Pedersen, Linant de Bellefonds, 1976.

64. Boyd *et al.*, 1993.

65. *Al-Wāḍiḥ*, p. 226-227, ms f° 91v°, l. 10 ; f. 92r°, l. 10 ; p. 191, ms f° 78v°, l. 15 ; f° 79r°, l. 7 ; p. 191-193, ms f° 79r°, l. 9 ; f° 79v°, l. 14 ; p. 193, ms f° 79v°, l. 14 ; f° 80r°, l. 5 ; p. 238-239, ms f° 97r°, l. 14 ; f° 98r°, l. 2 ; p. 232-234, ms f° 145r°, l. 7 ; f° 146v°, l. 16 ; p. 195-198, ms f° 80v°, l. 5 ; f° 81v°, l. 16 ; p. 312-326, ms f° 134r°, l. 16 ; f° 142v°, l. 6 ; p. 401, ms f° 179v°, l. 15 ; f° 180r°, l. 3 ; p. 401, ms f° 179v°, l. 15 ; f° 180r°, l. 3.

66. *Al-Wāḍiḥ*, p. 191, ms f° 78v°, l. 15 ; f° 79r°, l. 7 ; p. 191-193, ms f° 79r°, l. 9 ; f° 79v°, l. 14 ; p. 193, ms f° 79v°, l. 14 ; f° 80r°, l. 5.

67. L'histoire des pages 191-193, ms f° 79r°, l. 9 ; f° 79v°, l. 14, raconte qu'un jeune homme aussi beau que pieux tomba amoureux d'une jeune fille, ainsi qu'elle de lui. Il demanda sa main, mais le père la lui refusa, car elle était déjà promise à son cousin. Elle lui proposa alors de venir la voir secrètement, mais le jeune homme répondit qu'il n'agirait jamais de façon illicite. La jeune fille, saisie d'admiration pour le comportement de son aimé, s'habilla de bure, commença à vivre en ascète et mourut peu après d'amour et de consomption. Le jeune homme, qui venait souvent pleurer sur sa tombe, la vit un jour en rêve. Elle lui chanta les joies du Paradis et lui prédit qu'il la rejoindrait bientôt. Il mourut une semaine après. Dans la notice de la p. 193, ms f° 79v°, l. 14 ; f° 80r°, l. 5 une jeune fille que le *rāwī* al-Rabī' b. Ziyād (m. vers 590, un de plus

semblent pas décelables, dans la première, la question, qui touche au statut du fou par amour, mérite d'être débattue. L'auteur du *Wāḍiḥ* y raconte qu'un jeune homme aima une esclave au point de devenir insensé et de mourir[68]. Or, d'autres récits mettent en scène une personne atteinte de folie sans que l'insanité ne constitue un empêchement à l'acquisition de la condition de martyr. Ainsi, dans la notice de la page 144 de la version éditée, le martyr, un couturier, s'éprit d'une esclave jusqu'à l'insanité, mais il ne demeura à l'hôpital (*bimāristān*) que quelques jours avant de s'éteindre[69]. Son état de dérangement psychique dure si peu de temps qu'il passe inaperçu aux yeux de la société. Dans une autre, le *rāwī* alla dans un *bimāristān*, où il vit un beau jeune homme qui portait des habits propres et se révéla bon poète[70]. Cette description fait de ce candidat au martyre un raffiné plutôt qu'un malade mental : le *rāwī* lui-même se montre surpris de cette rencontre inattendue et semble se demander pour quelle raison cet homme se trouve dans un asile. Son amour pour Laylā rendit Maǧnūn insensé,[71] mais, par l'interprétation mystique de son histoire, ce dernier devint le modèle des possédés par Dieu[72]. Une différence remarquable oppose donc le fou de la première notice mentionnée à ceux des autres : son héros est un véritable aliéné, parce la narration révèle explicitement « qu'il commença à tenir des propos indécents et à délirer [73] ». Le *rāwī* le retrouva dans des ruines[74]. Cet attachement excessif à une créature de ce monde, qui le relègue dans « un statut d'exclusion et de mort sociales », l'empêche de prétendre à la condition de martyr[75]. L'hypothèse peut donc être avancée qu'un des transmetteurs plus tardifs du *Wāḍiḥ*, « choqué » par la mention *šahīd* attribuée à ce personnage, la modifia ; Ibn al-Ǧawzī, qui avait classé ce personnage parmi les amants coupables d'avoir cédé à une passion mortifère, influença peut-être ce choix[76].

grands chefs arabes de la *ǧāhiliyya* et un poète apprécié, al-Ziriklī, 1990-2011, III, p. 14), entendit un jour réciter des vers auprès d'une tombe raconta qu'elle fut aimée par un jeune homme lequel, ne pouvant ni cacher son amour ni le révéler en raison des pressions exercées sur lui par la famille, mourut en répétant sans cesse ces deux mêmes vers. La jeune fille annonça qu'elle le suivrait dans la tombe et décéda aussitôt.

68. *Al-Wāḍiḥ*, p. 191, ms f° 78v°, l. 15 ; f° 79r°, l. 7. Cf. aussi Ibn Ḥabīb al-Nīsābūrī (m. 406, 1015-1016), *ʿUqalāʾ al-maǧānīn*, p. 329. Cette notice est également citée dans *Ḏamm al-hawā* d'Ibn al-Ǧawzī à la p. 427, dans un chapitre intitulé : « Sur ceux que l'amour tua » (*Fī ḏikr man qatalahu al-ʿišq*), Ibn al-Ǧawzī, *Ḏamm al-hawā*, p. 373.
69. *Al-Wāḍiḥ*, p. 144, ms f° 59r°, l. 11 ; f° 59v°, l. 2.
70. *Al-Wāḍiḥ*, p. 274-275, ms f° 115r°, l. 16 ; f° 115v°, l. 13.
71. *Al-Wāḍiḥ*, p. 398-312, ms f° 128r°, l. 1 ; f° 134r°, l. 15.
72. À ce propos, voir par exemple l'ouvrage de Hilāl, 1980 et aussi Lebban *et al.*, 1990, p. 67-70.
73. « *Aḫaḏa fī al-huǧr wa-l-haḏayān* » (*al-Wāḍiḥ*, p. 191, ms f° 78v°, l. 15 ; f° 79r°, l. 7).
74. « *Marartu bihi ḏāta yawm fī baʿḍ al-ḫarābāt* » (*al-Wāḍiḥ*, p. 191, ms f° 78v°, l. 15 ; f° 79r°, l. 7).
75. Zakharia, 1997, p. 270.
76. Ibn al-Ǧawzī, *Ḏamm al-hawā*, p. 460-461.

2. Typologie des amants : essai de catégorisation

Alors que les notices des *qutalā'* établissent par défaut les règles à suivre pour accéder au martyre, les *šuhadā'* que Muġulṭāy choisit de faire figurer dans ses notices révèlent à la fois son projet littéraire et l'idéologie sous-tendue par son ouvrage. Dans le but de définir une typologie de ces personnages, trois catégories peuvent être distinguées :

- Les anonymes, au nombre de cent onze et les « faux anonymes », onze.
- Les amants et les poètes célèbres dans la tradition littéraire, quinze.
- Les personnages historiques, dix-huit.

2. 1. *Les anonymes : création d'un paradigme abstrait*

Le *Wāḍiḥ* désigne les anonymes par les termes de *rağul* (un homme), *imra'a* (une femme), *šabb* (un jeune homme), *ğāriya* (une jeune fille) ou *fatā/t* (un/e jeune homme/femme). Parfois, leur prénom est indiqué[77]. Ils peuvent ensuite être homme, femme ou apparaître dans une notice en tant que couple mourant ensemble et/ou au même instant, ou décédant l'un à la suite de l'autre et/ou à l'insu l'un de l'autre[78].

77. Sont considérés comme anonymes tous les personnages que nous n'avons pas pu identifier comme ayant eu une existence historique ou littéraire, et non seulement ceux dont on ignore le nom. Dans la notice des pages 121-122, ms f° 48v°, l. 13 ; f° 49r°, l. 2, par exemple, le jeune bédouin martyr de l'amour est nommé Imru' al-Qays, mais cette indication ne fournit pas plus de renseignements sur son identité.

78. Dans quatre cas seulement, les martyrs de l'amour sont plus de deux (*al-Wāḍiḥ*, p. 215-216, ms f° 88r°, l. 13 ; f° 88v°, l. 13 ; p. 219, ms f° 89r°, l. 15 ; f° 89v°, l. 6 ; p. 248-249, ms f° 102r°, l. 5 ; f° 102v°, l. 5 et p. 332-334, ms f° 145, l. 7 ; f° 146r°, l. 13).

2.1.1. Les hommes

Les hommes anonymes, martyrs ou victimes de l'amour, au nombre de soixante-sept, apparaissent dans un nombre égal de notices. Les renseignements donnés sur eux dans le *Wāḍiḥ*, permettent de les classer dans les huit catégories suivantes :

Catégorie du personnage	**Nombre de personnages**
Hommes pieux	20
Hommes sans caractéristiques particulières[79]	16
Bédouins	14
Notables	8
Poètes	4
Fous	2
Soufis[80]	2
Prisonniers[81]	1

Une large place est réservée dans le *Wāḍiḥ* aux hommes qui craignent Dieu et obéissent aux préceptes de la religion[82]. Ils véhiculent le message que celui qui aime chastement et passionnément une créature aime son Créateur de la même manière. Les Bédouins

79. Ce sont des personnages pour lesquels on ne signale aucune caractéristique permettant de les distinguer. Parfois seul le nom de la tribu à laquelle ils appartiennent ou leur lieu d'origine est indiqué. *Al-Wāḍiḥ*, p. 180-181, ms f° 75v°, l. 9 ; f° 76r°, l. 6 ; p. 185-186, ms f° 76v°, l. 15 ; f° 77r°, l. 7 ; p. 189-191, ms f° 78r°, l. 2 ; f° 78v°, l. 15 ; p. 191, ms f° 78v°, l. 15 ; f° 79r°, l. 7 ; p. 191, ms f° 79r°, l. 7-9 ; 207-209, ms f° 85r°, l. 2 ; f° 86r°, l. 3 ; p. 210-211, ms f° 86v°, l. 7-12 ; p. 241, ms f° 98v°, l. 11 - f° 99r°, l. 3 ; p. 273-274, ms f° 114v°, l. 15 ; f° 115r°, l. 16 ; p. 291-293, ms f° 124v°, l. 2 - f° 125v°, l. 7 ; p. 293-295, ms f° 125v°, l. 7 ; f° 126v°, l. 11 ; p. 334-335, ms f° 146r°, l. 13 ; f° 146v°, l. 16 ; p. 338-339, ms f° 148v°, l. 13 ; f° 149r°, l. 5 ; p. 359-360, ms f° 158v°, l. 3 ; f° 159r°, l. 2 ; p. 399-401, ms f° 179r°, l. 9 ; f° 179v°, l. 15 et p. 401, ms f° 179v°, l. 15 ; f° 180r°, l. 3.

80. Ces personnages sont appelés soufis dans la notice même et leurs noms sont cités : Abū al-Fatḥ al-Aʿwar (*al-Wāḍiḥ*, p. 295, ms f° 126v°, l. 11 ; f° 127r°, l. 10) et Qāsim al-Šarrāk (p. 297-298, ms f° 127r°, l. 10 - f° 127v°, l. 9).

81. *Al-Wāḍiḥ*, p. 384-385, ms f° 170r°, l. 11 ; f° 171r°, l. 2.

82. Ce sont des personnages dont la notice même énonce qu'ils sont religieux, mais qui meurent par amour d'une femme ou d'un homme. *Al-Wāḍiḥ*, p. 111, ms f° 43r°, l. 10 ; f° 43v°, l. 2 ; p. 120-121, ms f° 48r°, l. 9 ; f° 48v°, l. 1 ; p. 121, ms f° 48v°, l. 7-13 ; p. 125-131, ms f° 50r°, l. 6 ; f° 53r°, l. 12 ; p. 155-156, ms f° 62v°, l. 7 ; f° 63r°, l. 12 ; p. 156-158, ms f° 63r°, l. 12 ; f° 64r°, l. 14 ; p. 170, ms f° 70v°, l. 10 ; f° 71r°, l. 7 ; p. 171-172, ms f° 71r°, l. 13 ; f° 71v°, l. 14 ; p. 172, ms f° 71v°, l. 14 ; f° 72r°, l. 3 ; p. 172-173, ms f° 72r°, l. 4-14 ; p. 191-193, ms f° 79r°, l. 9 ; f° 79v°, l. 14 ; p. 195, ms f° 80v°, l. 1-3 ; p. 215-216, ms f° 88r°, l. 13 ; f° 88v°, l. 13 ; p. 219, ms f° 89r°, l. 15 ; f° 89v°, l. 6 ; p. 219-220, ms f° 89v°, l. 6 ; f° 90r°, l. 5 et p. 248, ms f° 102v°, l. 5-11 ; p. 275-278, ms f° 116r°, l. 1 ; f° 117r°, l. 9 ; p. 375-376, ms f° 165v°, l. 8 ; f° 166r°, l. 6 et p. 387-388, ms f° 172r°, l. 2-15. Une grande partie de ces récits ont été transmis par Ibn Abī al-Dunyā. Voir Annexes II, *B. Les transmetteurs les plus nommés, 1. Ibn Abī al-Dunyā (m. 208/823)*.

représentent le modèle canonique des amants passionnés et chastes[83]. La désignation d'*aʿrāb* permet de les identifier immédiatement comme des amants passionnés, l'amour *ʿuḏrī* trouvant ses racines littéraires et mythiques dans le désert de l'Arabie. Ces personnages existent dans le projet littéraire de Muġulṭāy en tant que symboles du sentiment qu'ils éprouvent et du sacrifice de leur vie qu'ils accomplissent pour en témoigner, sans que la mention de leur nom soit nécessaire. Ils contribuent à la construction d'un mythe tournée vers l'Arabie préislamique et les débuts de l'islam. Les notables qui vivent en ville et adoptent un mode de vie luxueux et raffiné semblent s'opposer aux Bédouins dont l'existence se déroule dans la simplicité primitive du désert[84]. En réalité, leur présence dans le *Wāḍiḥ* vient préciser que l'amour de type *ʿuḏrī*, après avoir quitté le désert de l'Arabie, trouve un prolongement parmi les élites urbaines. Les amants des villes réactualisent les anciennes valeurs bédouines comme la générosité, la virilité et l'endurance, vertus qui, compatibles avec la religion musulmane, continuent de susciter l'admiration. Restent enfin les poètes et les fous, dont le nombre est limité[85]. La faible représentation des poètes anonymes est liée au système traditionnel de transmission de la poésie par des *rāwī*-s ayant été en contact direct avec leur maître et connaissant par conséquent son nom. Quant aux fous, la vésanie touche nombre d'amants, mais ne sont ici considérés spécifiquement comme insensés que les personnages internés dans un couvent ou dans un hôpital.

83. Dans cette catégorie sont classés à la fois les personnages que l'on appelle spécifiquement Bédouins (*aʿrāb*) et ceux dont la notice semble indiquer qu'ils vivaient dans le désert. *Al-Wāḍiḥ*, p. 117-119, ms fº 46vº, l. 9 ; fº 47vº, l. 13 ; p. 121-122, ms fº 48vº, l. 13 ; fº 49rº, l. 2 ; p. 144-147, ms fº 59vº, l. 2 ; fº 61rº, l. 2 ; p. 149-151, ms fº 61rº, l. 2 ; 61vº, l. 11 ; p. 153-154, ms fº 61vº, l. 11 ; fº 62vº, l. 7 ; p. 225-226, ms fº 91rº, l. 2 ; fº 91vº, l. 10 ; p. 252-253, ms fº 104 l. 2-16 ; p. 269-270, ms fº 112vº, l. 15 ; fº 113rº, l. 9 ; p. 270-271, ms fº 113rº, l. 9-16 ; p. 328-330, ms fº 143rº, l. 11 ; fº 144rº, l. 9 ; p. 335-336, ms fº 146vº, l. 16 ; fº 147vº, l. 10 ; p. 344-345, ms fº 151vº, l. 12 ; fº 152rº, l. 2 ; p. 349-350, ms fº 154rº, l. 9 ; fº 154vº, l. 11 et p. 371-373, ms fº 164vº, l. 7 ; fº 164vº, l. 8.

84. Sont considérés comme tels un *mu'addib*, maître d'école ou précepteur (*al-Wāḍiḥ*, p. 186, ms fº 77rº, l. 7-16) ; le frère de ʿAbd Allāh b. Yaḥyā b. Aḥmad b. Daḥḥūn al-Faqīh, fréquenté par Ibn Ḥazm (*al-Wāḍiḥ*, p. 237, ms fº 96vº, l. 9-15) ; un homme qui donna l'hospitalité au narrateur dans sa maison, mit à son service des esclaves et lui offrit du vin (*al-Wāḍiḥ*, p. 251-252, ms fº 103vº, l. 12 ; fº 104vº, l. 2) ; le roi d'Égypte Imru' al-Qays b. Bābaliyūn, qui convoita Sarah, la femme d'Abraham (*al-Wāḍiḥ*, p. 284, ms fº 119vº, l. 15-16) ; un personnage évoqué comme vertueux (*baʿd al-fuḍalā'*) dans l'Occident arabo-musulman (*al-Wāḍiḥ*, p. 337-338, ms fº 148rº, l. 4 ; fº 148vº, l. 3) ; un ami d'Ibn Ḥazm (*al-Wāḍiḥ*, p. 343-344, ms fº 151rº, l. 4 ; fº 151vº, l. 11) ; le fils d'un cheikh du Maġrib (*al-Wāḍiḥ*, p. 402 ; les références du début de cette dernière notice sont lacunaire dans la version manuscrite. Elle se termine au fº 181rº, l. 8).

85. Nous considérons les personnages désignés dans la notice même par le terme de poète (*šāʿir*). *Al-Wāḍiḥ*, p. 169-170, ms fº 70vº, l. 2-10 ; p. 238-239, ms fº 96vº, l. 15 ; fº 97rº, l. 14 ; p. 288-289, ms fº 121rº, l. 14 ; fº 122rº, l. 15 et p. 402, ms fº 181rº, l. 8-12. Quant aux fous, voir *al-Wāḍiḥ*, p. 227-230, ms fº 92rº, l. 10 ; fº 93rº, l. 7 et p. 274-275, ms fº 115rº, l. 16 ; fº 115vº, l. 13.

2.1.2. Les femmes

La mort par amour apparaît comme une prérogative plutôt masculine : moins d'un tiers des martyrs anonymes appartiennent au genre féminin (vingt et une femmes contre soixante-sept hommes)[86]. Les héroïnes de ces *aḫbār* se répartissent en trois groupes principaux. La veuve en pleurs, ou l'esclave privée de son maître, ne survivant pas à la perte de son mari ou de son patron, figure dans huit notices dont cinq se déroulent auprès d'une tombe[87], deux ont comme protagonistes des esclaves appartenant à des personnages importants[88] et la dernière traite d'une jeune chrétienne qui se convertit à l'islam par amour[89]. Ces notices contiennent des séquences narratives typiquement féminines[90]. Un seul homme, dans tout le *Wāḍiḥ*, meurt de chagrin après s'être rendu sur la tombe d'une femme pour prononcer son éloge funèbre ou réciter des vers d'amour[91]. La mort de l'aimée provoque certes un chagrin mortel chez son amant, et ce dernier visite sa tombe, mais sa réaction à la douleur passe par le suicide dans la plupart des cas[92]. Dans d'autres notices (six)[93], des femmes s'adonnent à des manifestations extrêmes de piété, qu'elles tombent d'une terrasse à la simple écoute d'un verset coranique[94], ou qu'elles meurent à

86. *Al-Wāḍiḥ*, p. 112, ms f° 43v°, l. 2-7 ; p. 181-182, ms f° 76r°, l. 6 ; f° 76v°, l. 11 ; p. 187-188, ms f° 77r°, l. 16 ; f° 78r°, l. 2 ; p. 193, ms f° 79v°, l. 14 ; f° 80 l. 5 ; p. 201-204, ms f° 82r°, l. 12 ; f° 83v°, l. 8 ; p. 209-210, ms f° 86r°, l. 3 ; f° 86v°, l. 3 ; p. 210, ms f° 86v°, l. 4-6 ; 215, ms f° 88r°, l. 7 ; 13 ; p. 236, ms f° 96r°, l. 15 ; 96v°, l. 1 ; p. 240-241, ms f° 98v°, l. 2-11 ; p. 241-246, ms f° 99r°, l. 3 ; f° 101v°, l. 11 ; p. 246-247, ms f° 101v°, l. l. 12 ; f° 102r°, l. 5 ; p. 247-248, ms f° 102r°, l. 5 ; f° 102v°, l. 5 ; p. 270 (cette notice ne figure pas dans le ms) ; p. 275, ms f° 115v°, l. 13 ; f° 116r°, l. 1 ; p. 337, ms f° 148r°, l. 4 ; f° 148v°, l. 3 ; p. 338-339, ms f° 148v°, l. 13 ; f° 149r°, l. 5 ; p. 339, ms f° 149r°, l. 5-11 ; p. 342-343, ms f° 150v°, l. 8 ; f° 151r°, l. 4 ; p. 367, ms f° 162v°, l. 7 ; 15 et p. 368-369, ms f° 163r°, l. 13 ; f° 163v°, l. 4.

87. *Al-Wāḍiḥ*, p. 112, ms f° 43v°, l. 2-7 ; p. 193, ms f° 79v°, l. 14 ; f° 80 l. 5 ; p. 246-247, ms f° 101v°, l. 12 ; f° 102r°, l. 5 ; p. 247-248, ms f° 102r°, l. 5 ; f° 102v°, l. 5 et p. 342-343, ms f° 150v°, l. 8 ; f° 151r°, l. 4.

88. *Al-Wāḍiḥ*, p. 181-182, ms f° 76r°, l. 6 ; f° 76v°, l. 11 raconte la maladie d'une des esclaves d'al-Ma'mūn quand ce dernier partit pour la guerre et sa mort lorsqu'on annonça que le calife était décédé et la notice de la p. 275, ms f° 115v°, l. 13 ; f° 116r°, l. 1 narre la mort d'une des esclaves préférées d'al-Fatḥ b. Ḫāqān, qui suivit de près celle de son maître.

89. *Al-Wāḍiḥ*, p. 137-138, ms f° 55v°, l. 13 ; f° 56v°, l. 5.

90. Elles ne sont tout de même pas réservées à des femmes anonymes. Un *ḫabar* raconte que Rabāb bint Imru' al-Qays, épouse d'al-Ḥusayn b. ʿAlī (m. 61/680), mourut de chagrin et de consomption après le décès de son mari (*al-Wāḍiḥ*, p. 194, ms f° 80r°, l. 6-16). Nous en reparlerons.

91. L'exception en question est représentée par la notice de la page p. 153-154, ms f° 61v°, l. 11 ; f° 62v°, l. 7.

92. *Al-Wāḍiḥ*, p. 225-226, ms f° 91r°, l. 2 ; f° 91v°, l. 10 ; p. 371-373, ms f° 164v°, l. 7 ; f° 164v°, l. 8. À ce propos, voir Balda-Tillier, 2018a, p. 139-154.

93. *Al-Wāḍiḥ*, p. 187-188, ms f° 77r°, l. 16 ; f° 78r°, l. 2 ; p. 201-204, ms f° 82r°, l. 12 ; f° 83v°, l. 8 ; p. 210, ms f° 86v°, l. 4-6 ; p. 215, ms f° 88r°, l. 7-13 ; p. 236, ms f° 96r°, l. 15 ; f° 96v°, l. 1 et p. 240-241, ms f° 98v°, l. 2-11.

94. Le narrateur raconte que, soixante ans auparavant, il alla dans la montagne. Quelqu'un lut un verset coranique et une femme, qui se trouvait à ce moment sur une terrasse, lança un cri, puis tomba. Amenée dans une maison, elle mourut aussitôt. *Al-Wāḍiḥ*, p. 215, ms f° 88r°, l. 7-13.

la vue de la Kaʿba[95] ou de la tombe du Prophète[96]. Ces manifestations de dévotion n'ont guère d'équivalents dans les récits déclinés au masculin. Dans sept histoires, la séparation avec l'aimé, ou son refus de partager cet amour, provoque la mort de l'héroïne[97]. Dans toutes ces notices, le comportement face à l'émotion et les réactions psychologiques des femmes, sans distinction entre les Bédouines, les esclaves chanteuses ou les dames de la haute société, diffère de celles des hommes. Leur vie se déroulant habituellement dans l'espace privée, leur accès au martyre, témoignage public de leur passion, doit passer par un comportement exceptionnel afin de susciter une admiration sans réserve.

2.1.3. Les couples

Les couples d'anonymes victimes de l'amour sont au nombre de dix-neuf[98]. D'une façon générale, la mort d'un des deux membres du couple provoque le décès simultané du second. Leur dernière communication, rendue difficile par la séparation, advient en vers. Deux champs sémantiques prédominent dans ces poèmes d'adieu : celui de la douleur dont souffre l'amant et des larmes qu'il verse pour l'aimé[99], et celui de la mort[100]. Les ardeurs de la passion amoureuse ne sont évoquées qu'entre les lignes. Le lien qui unit ces couples consiste, plus que dans l'amour, dans la souffrance et dans le trépas, à l'issue desquels ils

95. Une jeune femme qui accomplissait le pèlerinage mourut à la vue de la demeure de son Seigneur. *Al-Wāḍiḥ*, p. 240-241, ms fᵒ 98vᵒ, l. 2-11.
96. Une femme demanda à ʿĀʾiša d'ôter le tissu qui recouvrait la tombe du Prophète. À la vue du tombeau, elle fondit en larmes et pleura jusqu'au trépas. *Al-Wāḍiḥ*, p. 236, ms fᵒ 96rᵒ, l. 15 ; fᵒ 96vᵒ, l. 1.
97. *Al-Wāḍiḥ*, p. 209-210, ms fᵒ 86rᵒ, l. 3 ; fᵒ 86vᵒ, l. 3 ; p. 270 (cette notice ne figure pas dans le manuscrit) ; p. 337, ms fᵒ 148rᵒ, l. 4 ; fᵒ 148vᵒ, l. 3 ; p. 338-339, ms fᵒ 148vᵒ, l. 13 ; fᵒ 149rᵒ, l. 5 ; p. 339, ms fᵒ 149rᵒ, l. 5-11 ; p. 367, ms fᵒ 162vᵒ, l. 7-15 et p. 368-369, ms fᵒ 163rᵒ, l. 13 ; fᵒ 163vᵒ, l. 4.
98. Dix-huit en réalité, si l'on tient compte du fait que la notice de la page 213 est la même que celle de la page 383. *Al-Wāḍiḥ*, p. 173-179, ms fᵒ 72rᵒ, l. 14 ; fᵒ 75rᵒ, l. 13 ; p. 195-198, ms fᵒ 80vᵒ, l. 5 ; fᵒ 81vᵒ, l. 16 ; p. 206-207, ms fᵒ 85rᵒ, l. 2 ; fᵒ 86rᵒ, l. 4 ; p. 211-212, ms fᵒ 86vᵒ, l. 12 ; fᵒ 87rᵒ, l. 13 ; p. 213, ms fᵒ 87vᵒ, l. 6-15 ; p. 224, ms fᵒ 90vᵒ, l. 3 ; fᵒ 91rᵒ, l. 2 ; p. 237-238, ms fᵒ 96vᵒ, l. 15 ; fᵒ 97rᵒ, l. 14 ; p. 248-249, ms fᵒ 102rᵒ, l. 5 ; fᵒ 102vᵒ, l. 5 ; p. 249-251, ms fᵒ 103rᵒ, l. 7 ; fᵒ 103vᵒ, l. 11 ; p. 255-259, ms fᵒ 106rᵒ, l. 2 ; fᵒ 108rᵒ, l. 3 ; p. 259-260, ms fᵒ 108rᵒ, l. 4 ; fᵒ 108vᵒ, l. 2 ; p. 260-261, ms fᵒ 108vᵒ, l. 8 ; fᵒ 109rᵒ, l. 3 ; p. 278, ms fᵒ 117rᵒ, l. 9-16 ; p. 284, ms fᵒ 119vᵒ, l. 15-16 ; p. 284-288, ms fᵒ 120rᵒ, l. 8 ; fᵒ 121rᵒ, l. 13 ; p. 332-334, ms fᵒ 145 l. 7 ; fᵒ 146rᵒ, l. 13 ; p. 368, ms fᵒ 162vᵒ, l. 15 ; fᵒ 163rᵒ, l. 13 ; p. 369-371, ms fᵒ 163vᵒ, l. 4 ; fᵒ 164vᵒ, l. 7 et p. 383, ms fᵒ 170rᵒ, l. 3-10.
99. Dans les vers des pages 206-207, par exemple, sont employés les mots *balāʾ* (malheur), *ǧuhd* (peine), *ʿabarāt* (larmes, pleures) et *zafra* (gémissement, sanglot). À la page 211, l'amant parle dans ses vers de la maladie d'amour qui l'a affecté (*marīḍ*, malade et *mariḍtu*, je suis tombé malade). À la page 224, le poète évoque plutôt les pleurs (*abkī*, je pleure, *bukāʾ*, pleurs), sa condition de prisonnier de l'amour (*man aḥabba asīrun*) et sa tristesse (*ḥasra*, tristesse, *zafīr*, sanglot).
100. Dans le poème de la page 213, nous trouvons *maniyyatī* (mort, trépas), *mayyit al-ḥubb* (trépassé de l'amour), à la page 260, *ǧanāzatī* (mon enterrement), *naʿš* (civière employée lors des funérailles), *al-mawt* (la mort).

pourront être ensemble et profiter de la récompense promise aux martyrs. Ce lien est concrètement représenté par les quelques vers qu'ils récitent avant leur mort comme une sorte de défi à la société qui les a séparés, mais qui ne pourra plus rien après leur décès. L'existence de ces amants malheureux est plus tournée vers la mort future et imminente que vers la vie, laquelle ne représente plus pour eux que de la douleur. L'étroite relation qui les unit confine à la fusion de leurs âmes. Ils ressentent les mêmes sentiments et la même souffrance ; quand la mort survient, elle les emporte tous deux en même temps.

La provenance sociale des couples varie : les habitants du désert sont les plus nombreux (huit notices)[101], mais d'autres catégories sont aussi représentées. Dans trois cas, ils appartiennent aux hautes sphères de la société[102]. On compte ensuite quatre couples d'esclaves[103] et deux récits dans lesquels les protagonistes appartiennent chacun à des religions différentes[104]. Quant aux deux *aḫbār* restants, l'origine sociale des amants est impossible à déterminer[105]. Le *topos* littéraire d'une séparation conduisant à la mort d'un couple d'amoureux s'étend donc à l'ensemble de la société[106]. Si elle est plus fréquente chez les Bédouins, on la retrouve néanmoins aussi chez les enfants des notables ayant reçu une éducation raffinée et chez les esclaves. Tout être humain, quelle que soit sa condition, est susceptible de mourir d'aimer : la passion amoureuse éprouvée par de grandes personnalités de l'islam naissant[107] dépasse même les limites de la religion islamique en

101. *Al-Wāḍiḥ*, p. 173-179, ms f° 72r°, l. 14 ; f° 75r°, l. 13 ; p. 195-198, ms f° 80v°, l. 5 ; f° 81v°, l. 16 ; p. 206-207, ms f° 85r°, l. 2 ; f° 86r°, l. 4 ; p. 211-212, ms f° 86v°, l. 12 ; f° 87r°, l. 13 ; p. 224, ms f° 90v°, l. 3 ; f° 91r°, l. 2 ; p. 255-259, ms f° 106r°, l. 2 ; f° 108r°, l. 3 ; p. 259-260, ms f° 108r°, l. 4 ; f° 108v°, l. 2 et p. 332-334, ms f° 145 l. 7 ; f° 146r°, l. 13.

102. *Al-Wāḍiḥ*, p. 248-249, ms f° 102r°, l. 5 ; f° 102v°, l. 5 ; p. 249-251, ms f° 103r°, l. 7 ; f° 103v°, l. 11 et p. 369-371, ms f° 163v°, l. 4 ; 164v°, l. 7.

103. *Al-Wāḍiḥ*, p. 223, ms f° 90r°, l. 9 ; f° 90v°, l. 3 ; p. 237-238, ms f° 96v°, l. 15 ; f° 97r°, l. 14 ; p. 284, ms f° 119v°, l. 15-16 et p. 284-288, ms f° 120r°, l. 8 ; f° 121r°, l. 13.

104. *Al-Wāḍiḥ*, p. 260-261, ms f° 108v°, l. 8 ; f° 109r°, l. 3 ; p. 278, ms f° 117r°, l. 9-16.

105. *Al-Wāḍiḥ*, p. 213, ms f° 87v°, l. 6-15 et p. 368, ms f° 162v°, l. 15 ; f° 163r°, l. 13.

106. Dans un seul cas, la mort du couple n'est pas due à la séparation. Le narrateur, en parcourant une rue d'al-Baṣra, découvrit un château dans lequel un jeune roi passait du bon temps avec une de ses esclaves et s'en approcha afin de le sermonner sur les tourments qui l'attendaient, s'il continuait à s'adonner à de tels plaisirs. À partir de ce jour-là, le souverain mena une vie de pénitence et de privations, avec son esclave, jusqu'à ce que l'un meure de consomption à la suite de l'autre. *Al-Wāḍiḥ*, p. 369-371, ms f° 163v°, l. 4 ; f° 164v°, l. 7.

107. L'histoire de la page 223, ms f° 90r°, l. 9 ; f° 90v°, l. 3 raconte que ʿAbd Allāh b. Ǧaʿfar possédait une esclave qu'il chérissait, mais qu'il décida d'offrir à un jeune homme qui passait ses nuits sous sa fenêtre pour l'écouter chanter. Devant cette offre si inattendue, le jeune homme mourut et l'esclave ne lui survécut que peu de temps.

se manifestant chez des chrétiens. La poésie, par ses thèmes qui se répètent et ses *topoï*, constitue la langue de communication universelle, une sorte de *koinè* que parlent tous ces amants, quelle que soit la classe sociale à laquelle ils appartiennent[108].

2.1.4. Les faux anonymes

Les faux anonymes dont le nom complet est cité par Muġulṭāy, mais qui ne sont connus que pour l'histoire d'amour qui les rendit célèbres représentent une catégorie à part[109]. Ils n'existent que par les récits dont ils sont les acteurs principaux[110]. Les deux amants, parfois cousins[111], ne peuvent révéler leur amour ou obtenir son accomplissement dans le mariage et souffrent de manière exemplaire d'une passion inacceptable aux yeux de la société[112]. Ces intrigues reposant sur des clichés littéraires suivent un paradigme établi avec des variations infinies. Le nom attribué à ces hommes et à ces femmes ne sert en réalité qu'à permettre de les citer comme exemples, comme dans le cas de Naṣr b. al-Ḥaǧǧāǧ, personnage à l'origine d'un proverbe[113].

2.2. *L'ancrage de l'amour ʿuḏrī dans la tradition et dans l'histoire*

Bien que leur nombre soit réduit (trente-trois *aḫbār*) par rapport à celui des anonymes (cent onze *aḫbār*), le *Wāḍiḥ* contient des récits qui mélangent des événements ou des personnages historiques à des éléments fictionnels. Dans ce cas, le personnage acquiert, par le biais de l'intertextualité, un « contenu représentatif », qui crée dans l'esprit du public un « monde de référence »[114].

108. Il reste enfin à citer une notice dans laquelle quatre *djinns* moururent dans la nuit, lorsque Ḫulayd répéta plusieurs fois le verset coranique : « Toute âme goûtera à la mort » (Coran, XXIX, *Araignée*, 57). *Al-Wāḍiḥ*, p. 183, ms f° 76v°, l. 11-14.
109. Nos informations à ce propos se basent sur les renseignements tirés du site Internet www.alwaraq.net.
110. L'annexe III fournit un tableau récapitulatif de ces histoires.
111. *Al-Wāḍiḥ*, p. 124-125, ms f° 49v°, l. 3 ; f° 50r°, l. 6 et p. 330, ms f° 144r°, l. 10 ; f° 144v°, l. 6.
112. *Al-Wāḍiḥ*, p. 124-125, ms f° 49v°, l. 3 ; f° 50r°, l. 6 ; p. 180, ms f° 75r°, l. 13 - f° 75v°, l. 9 ; p. 271-272, ms f° 113r°, l. 16 - f° 114r°, l. 12 ; p. 279-281, ms f° 117v°, l. 9 ; f° 118v°, l. 9 ; p. 330, ms f° 144r°, l. 10 ; f° 144v°, l. 6 et p. 376-378, ms f° 166r°, l. 6 ; f° 167r°, l. 7.
113. *Al-Wāḍiḥ*, p. 378-382, ms f° 167r°, l. 8 ; f° 169r°, l. 7. Naṣr b. al-Ḥaǧǧāǧ fut à l'origine du proverbe médinois du début de l'Islam *aṣabba min al-Mutamanniya* (plus éprise qu'al-Mutamanniya).
114. Jouve, 1992, p. 110.

Pour faciliter l'analyse, les amants qui appartiennent à cette catégorie ont été divisés en deux groupes :

- Les personnages célèbres en tant qu'amants (quinze) ;
- Les personnages connus pour d'autres raisons (dix-huit).

2.2.1. L'incarnation poétique : les poètes-amants

Appartiennent à cette catégorie des amants célèbres dont l'histoire d'amour est connue et que la légende transforma en héros de la chasteté. Les trois plus anciens poètes du désert mentionnés dans le *Wāḍiḥ* se nomment ʿAbd Allāh b. ʿAǧlān, Muraqqiš al-Akbar et Musāfir b. Abī ʿAmr. Nous en avons déjà parlé. Le premier siècle de l'hégire compte le plus grand nombre (huit) de personnages devenus légendaires pour leurs histoires d'amour : Waḍḍāḥ al-Yaman, Tawba b. Ḥumayyir, Ǧamīl b. ʿAbd Allāh b. Maʿmar, al-Ṣimma b. ʿAbd Allāh, ʿUrwa b. Ḥizām, Qays b. al-Mulawwaḥ (dit Maǧnūn Laylā), Qays b. Ḏarīḥ et al-Muḫabbal (Kaʿb b. Mašhūr).

Dans la notice sur **Waḍḍāḥ al-Yaman**[115], Muġulṭāy intervient à la première personne dans le récit pour le critiquer et signaler des incohérences[116]. Dans la tradition littéraire, Waḍḍāḥ al-Yaman est le personnage principal de trois récits différents, dont le troisième, qui ne se termine pas par la mort de ce poète par amour, est considéré par Muġulṭāy comme invraisemblable[117]. Le récit du *Kitāb al-aġānī* associe prioritairement le nom de Waḍḍāḥ à celui d'une femme appelée Rawḍa, pour laquelle il conçut une passion démesurée[118]. Il composa sur elle de nombreux vers, dominés par le thème de l'infidélité de sa bien-aimée et de la constance de l'amant[119]. Tombée malade de la lèpre, elle vécut isolée avec les autres malades et Waḍḍāḥ fut donc obligé de s'en éloigner[120]. Le *Wāḍiḥ* ne propose qu'une brève allusion à cette histoire, alors que le *Kitāb al-aġānī*[121] l'énonce en premier lieu, en la faisant suivre par le récit de la rencontre entre Umm al-Banīn et le poète yéménite, alors qu'elle accomplissait son pèlerinage à La Mecque. Abū al-Faraǧ al-Iṣfahānī raconte ces deux histoires en continu, comme deux moments successifs de la vie de Waḍḍāḥ. Selon les *Aġānī*, après avoir quitté définitivement Rawḍa, Waḍḍāḥ aurait

115. Waḍḍāḥ al-Yaman (m. 90/708) est le sobriquet qui signifie « personne d'une beauté exceptionnelle parmi les Yéménites » d'un poète omeyyade mineur de l'école hijazienne, ʿAbd al-Raḥmān b. Kulāl al-Khawlānī. Arazi, 2003.
116. *Al-Wāḍiḥ*, p. 138-144, ms f° 56v°, l. 5 ; f° 59r°, l. 8.
117. *Al-Wāḍiḥ*, p. 133, ms f° 54v°, l. 1-10.
118. Souissi, 1970, p. 268.
119. Souissi, 1970, p. 269.
120. Souissi, 1970, p. 282.
121. Abū al-Faraǧ al-Iṣfahānī, *Kitāb al-aġānī*, VI, p. 33-36.

rencontré Umm al-Banīn à La Mecque et se serait rendu ensuite à Damas pour faire l'éloge du calife al-Walīd. Ce dernier se serait alors vengé de la désobéissance du poète en le faisant exécuter. Pour Muġulṭāy, en revanche, les deux histoires, qui concernent respectivement la passion éprouvée par Waḍḍāḥ à l'égard de Rawḍa et ses amours avec Umm al-Banīn, s'excluent mutuellement. Waḍḍāḥ n'a pas pu aimer deux femmes en même temps, surtout s'il s'avère, comme le dit Abū Mushir, qu'il aurait aimé Umm al-Banīn d'un amour absolu depuis son enfance.

La démarche « critique » de Muġulṭāy se fonde sur sa conception de l'amour-passion : dans sa forme idéale, le *ʿišq* naît dans l'enfance et ne peut être conçu que pour une seule femme, jusqu'à la mort. L'amour de Waḍḍāḥ pour Rawḍa, pour laquelle ce poète a pourtant composé un grand nombre de vers[122] est omis, n'étant pas conforme aux intentions programmatiques du *Wāḍiḥ*. Certains éléments précis de son histoire avec Umm al-Banīn sont également dénoncés comme inacceptables. Selon le récit d'Abū Mushir mentionné dans l'*Iʿtilāl al-qulūb* d'al-Ḫarāʾiṭī, Waḍḍāḥ al-Yaman et Umm al-Banīn furent élevés ensemble et s'aimèrent depuis leur enfance[123]. Dans d'autres récits, la rencontre entre ces deux personnages advint lors d'un pèlerinage à La Mecque accompli par la femme du calife, qui tomba amoureuse de Waḍḍāḥ et le fit appeler à Damas afin qu'il chante les louanges du calife. Cette deuxième version attribue à Waḍḍāḥ un rôle passif, puisqu'elle ne mentionne même pas qu'il est tombé amoureux d'Umm al-Banīn. Muġulṭāy la réfute, en argumentant que se rendre à Damas pour chanter les louanges du calife n'était qu'un prétexte pour Waḍḍāḥ qui savait que la nouvelle de sa venue parviendrait aux oreilles de la femme qu'il aimait et qu'elle enverrait le chercher. Ḫālid b. Kulṯūm et al-Zubayr (m. 256/870)[124] confirment l'authenticité de ce récit, lors qu'ils attribuent l'invention d'une passion à sens unique d'Umm al-Banīn pour Waḍḍāḥ à un *šuʿūbī*[125] qui voulait nuire à l'honneur des Omeyyades[126]. Muġulṭāy relève une autre incohérence dans cette narration. Lorsque Waḍḍāḥ se rendit à Damas, al-Walīd et Umm al-Banīn avaient un fils adulte né de leur union. Or, pour Muġulṭāy, quelqu'un qui serait resté fidèle à sa bien-aimée pendant vingt ans bien qu'elle fût mariée à un autre ne peut avoir éprouvé pour elle qu'un véritable amour. En choisissant d'adapter le récit biographique de Waḍḍāḥ à la représentation idéale des martyrs de l'amour qu'il veut transmettre, Muġulṭāy change l'image du poète yéménite transmise par la tradition qui en faisait un « *fatā*, un jeune homme de

122. Souissi, 1970, p. 268-281.
123. Al-Ḫarāʾiṭī, *Iʿtilāl al-qulūb*, p. 259-260.
124. Il s'agit d'al-Zubayr b. Bakkār, le célèbre généalogiste. Hopkins, 1969.
125. La *šuʿūbiyya* est un mouvement né de la rencontre culturelle et sociale entre Arabes et Persans. Enderwitz, 1997.
126. Souissi, 1970, p. 305.

condition, qui a voué sa vie à l'amour des femmes et aux plaisirs »[127]. Les arguments et la rhétorique déployés par Muġulṭāy afin de défendre une version particulière de l'histoire de Waḍḍāḥ visent à créer un personnage dont les qualités morales correspondent à la conception *ʿuḏrī*-e de l'amour et à celle du martyre.

Quant à **Tawba b. al-Ḥumayyir**, le *Wāḍiḥ* le présente comme un personnage controversé, dont on dit qu'il mourut par amour de Laylā al-Aḫyaliyya, mais aussi qu'il fut tué[128]. Son aimée fit son éloge et défendit sa réputation contre ceux qui le considéraient comme un vulgaire brigand ayant engrossé toutes les femmes de son clan. Muġulṭāy, bien qu'il ne prenne pas clairement position pour l'une ou l'autre des images que les sources proposent de ce personnage, penche tout de même pour la description de Tawba offerte par Laylā[129]. Il rapporte de nombreux vers que cette dernière aurait récités à sa louange, et raconte comment elle prit plusieurs fois sa défense devant les autorités qui l'interrogeaient à son sujet. Muġulṭāy retient donc de Tawba l'image de l'amant sincère et profond, en effaçant celle du libertin hors-la-loi[130].

La figure de Ǧamīl b. ʿAbd Allāh b. Maʿar al-ʿUḏrī[131] ne présente guère d'originalité par rapport aux sources traditionnelles, bien que certains aspects de sa biographie et de sa personnalité, comme ses rapports avec Kuṯayyir (m. 105/723)[132] ou sa rivalité avec ʿUmar b. Abī Rabīʿa[133] y soient passés sous silence[134]. Muġulṭāy ne cite pas toutes les anecdotes, fort nombreuses, qui circulaient sur lui, mais uniquement celles qui contribuent à faire de lui un martyr de l'amour. La déclaration qu'il fit juste avant sa mort, de ne jamais avoir touché la main de sa bien-aimée avec une arrière-pensée pendant les vingt ans où il fut

127. Arazi, 2003.
128. Tawba b. al-Ḥumayyir mourut en 85/704. Il laissa un *diwān*. Ibn al-Nadīm mentionne aussi l'existence d'un *Kitāb aḫbār Laylā wa-Tawba*. El-Achèche, 1999. *Al-Wāḍiḥ*, p. 138-144, ms f° 56v°, l. 5 ; f° 59r°, l. 8.
129. L'auteur du *Wāḍiḥ* se contente de présenter les deux versions en disant simplement que Dieu seul connaît la vérité (*Allāh aʿlam*). *Al-Wāḍiḥ*, p. 144, ms f° 59r°, l. 8.
130. Cela est encore plus évident lorsqu'on compare la notice du *Wāḍiḥ* à celle des *Aġānī*, qui s'étend longuement sur la mort de Tawba au combat. Abū al-Faraǧ al-Iṣfahānī, *Kitāb al-aġānī*, X, p. 67-84.
131. Figure probablement historique, Ǧamīl (m. 82/701) fut le représentant le plus significatif de la poésie *ʿuḏrī*-e et le premier à parler dans ses poèmes de l'amour comme d'une force cosmique omniprésente, qui affecte un individu dès sa naissance, pendant toute sa vie et après sa mort. Il insista beaucoup sur la pureté et la noblesse de l'amour, la vertu de l'abnégation, l'adoration de l'aimée et l'acceptation de la souffrance. Gabrieli, 1962. *Al-Wāḍiḥ*, p. 158-168, ms f° 64v°, l. 11 ; f° 69v°, l. 2.
132. Kuṯayyir b. ʿAbd al-Raḥmān, plus connu sous le nom de Kuṯayyir ʿAzza, fut un poète *ʿuḏrī*. ʿAbbās, 1982.
133. ʿUmar b. Abī Rabīʿa al-Makhzūmī (m. 93/712 ou en 103/721) est un poète de *ġazal* connu et membre de l'aristocratie mecquoise. Montgomery, 2002.
134. Dans *Kitāb al-aġānī*, Ǧamīl est souvent cité et les anecdotes racontées à son propos ne concernent pas toutes son amour pour Buṯayna. Abū al-Faraǧ al-Iṣfahānī, *Kitāb al-aġānī*. *Fihrist*, p. 272-274.

amoureux d'elle et la chanta dans ses vers, met en avant sa chasteté[135]. Le *Wāḍiḥ* rapporte ensuite une rencontre avec Buṯayna dans laquelle il lui aurait proposé de commettre l'adultère, pour voir sa réaction. Si elle avait accepté – affirme-t-il – il l'aurait tuée[136]. Ǧamīl est représenté dans le *Wāḍiḥ* comme un amant chaste jusqu'à l'obsession et se voulant totalement désincarné.

Dans *Kitāb al-aġānī*, deux histoires relatives aux amours d'**al-Ṣimma b. ʿAbd Allāh**[137] diffèrent toutes deux de celle qui se trouve dans le *Wāḍiḥ*[138]. Muġulṭāy décide de présenter le personnage d'al-Ṣimma à travers l'histoire qui correspond mieux à l'image dont il avait besoin. Quant à **ʿUrwa b. Ḥizām**[139], il est présenté d'emblée dans le *Wāḍiḥ* comme un exemple de victime de l'amour, célèbre au point de devenir proverbial[140]. Muġulṭāy et al-Iṣfahānī rapportent à propos de lui des histoires similaires, bien qu'elles n'y soient pas présentées dans le même ordre[141]. Dans le *Wāḍiḥ* figure également un épilogue : après la

135. *Al-Wāḍiḥ*, p. 162.

136. *Al-Wāḍiḥ*, p. 167.

137. Pour la biographie de ce poète, voir *supra*.

138. Selon la première de ces deux histoires, al-Ṣimma était amoureux d'une de ses cousines, mais son oncle la lui refusa et la maria à un autre homme fort laid, dont notre poète se moqua dans ses vers. Il épousa ensuite Ǧabra bint Waḥšī, sur laquelle il composa de nombreux vers. Ce récit ne correspond pas aux critères de choix imposés par le *Wāḍiḥ*. Al-Ṣimma n'y est pas présenté comme un amant malheureux, mais comme un mari content d'avoir pour épouse une jolie femme dont il fait l'éloge. Dans le deuxième récit, al-Ṣimma, amoureux d'une de ses cousines, dut se procurer un nombre important de chameaux pour l'épouser. Son père les lui refusa, mais il les obtint d'autres membres de sa famille. Son oncle ne voulut accepter que les chameaux de son père, mais son géniteur ne consentit pas à l'échange. Devant un nouveau refus, al-Ṣimma se mit en colère et s'exila en Iraq où il mourut peu de temps après. Cette seconde histoire ressemble plus à celle qui est rapportée dans le *Wāḍiḥ*, mais elle est beaucoup moins spectaculaire que celle que Muġulṭāy choisit de citer dans son ouvrage, dans laquelle la mort du héros est causée par l'absence d'un seul animal dans le mahr demandé. Abū al-Faraǧ al-Iṣfahānī, *Kitāb al-aġānī*, V, p. 131-134. Le *Wāḍiḥ* (*al-Wāḍiḥ*, p. 216-217, ms f° 88v°, l. 13 ; f° 89r°, l. 14) raconte qu'al-Ṣimma vit un jour sa cousine, qu'il en tomba amoureux et qu'il la demanda en mariage. Son oncle mit comme condition au mariage qu'il lui apporte en dot cent chameaux. Le père du jeune homme accepta de donner les animaux à son fils, mais, lorsque le père de Rayyā compta les chameaux, il n'en trouva que quatre-vingt-dix-neuf. Il refusa alors de donner sa fille en épouse à son neveu, à cause d'une chamelle manquante. Vexé par ce refus, al-Ṣimma jura que jamais il ne lui donnerait l'animal qui faisait défaut et son oncle lui interdit à tout jamais d'épouser sa fille. Al-Ṣimma s'éloigna alors des siens pendant quelque temps pour se rendre en Iraq. Il se repentit ensuite de son entêtement, tomba malade et mourut de chagrin. À la nouvelle de son décès, Rayyā ne cessa de pleurer, jusqu'à en mourir. Muġulṭāy dit avoir emprunté l'histoire d'al-Ṣimma à la *Rawḍat al-qulūb* d'al-Šayzarī, p. 145-147.

139. ʿUrwa b. Ḥizām (m. 30/650) fut un poète des débuts de l'islam, le plus célèbre des amants ʿ*uḏrī*-s, avec Ǧamīl. Son histoire d'amour avec ʿAfrāʾ était connue à l'époque omeyyade. Bauer, 2002.

140. *Al-Wāḍiḥ*, p. 261-269, ms f° 108r°, l. 11 ; f° 112v°, l. 15.

141. Abū al-Faraǧ al-Iṣfahānī, *Kitāb al-aġānī*, XX, p. 152-168.

mort des deux amants, la tombe de ʿUrwa et de ʿAfrāʾ devint un lieu de pèlerinage pour les voyageurs qui allaient y contempler la plante inconnue aux branches entrelacées qui y avait poussé[142].

Le personnage de **Qays b. al-Mulawwaḥ**[143] fit couler beaucoup d'encre, non seulement dans la tradition littéraire arabe, persane, kurde, pashto, turque et urdu, mais aussi dans les milieux mystiques et soufis, qui firent de Maǧnūn l'un des symboles de l'amour divin[144]. L'étude des multiples interprétations et versions qui existent de l'histoire de Qays et Laylā dépassant le cadre du présent ouvrage, seule l'image de ce personnage telle qu'elle est présentée dans le *Wāḍiḥ* est restituée ici. Les séquences narratives de l'histoire sont listées ci-dessous :

1. Question de l'identité de Qays, de son vrai nom et de son existence réelle (p. 298-230).
2. Identité de Laylā (p. 230-231).
3. La folie de Qays, incluant une description de son comportement (p. 232) et de la tentative avortée de Nawfal b. Musāḥiq d'obtenir pour Maǧnūn la main de Laylā (p. 302-303).
4. Qays retrouvait la raison uniquement lorsqu'on lui parlait de Laylā (p. 303-304).
5. Pèlerinage à La Mecque dans le but de demander à Dieu de le délivrer de cet amour. Avoir entendu quelqu'un appeler le nom de Laylā le rendit encore plus malade (p. 304-305).
6. Rencontre avec Abū Maskīn qui lui décrivit le Naǧd, et vers de Qays sur son amour pour Laylā (p. 305-306).
7. Un homme des Banū Murra alla voir Laylā et l'informa de l'état dans lequel se trouvait Qays. Douleur de Laylā (p. 306).
8. Laylā se maria avec un autre homme (p. 306-307).
9. Première version de la mort de Maǧnūn, selon laquelle il erra dans le désert presque nu, jusqu'au jour où on le retrouva mort (p. 307).
10. Deuxième version selon laquelle il mourut à l'annonce du décès de Laylā (p. 307).
11. Florilège de ses vers (p. 308-312)[145].

142. *Al-Wāḍiḥ*, p. 269.
143. Ce personnage imaginaire de la littérature arabo-islamique devint aussi une figure importante du soufisme. Pellat *et al.*, 1985, p. 1102b.
144. Pour l'interprétation soufie de la légende de Maǧnūn voir Khairallah, 1980, p. 1.
145. *Al-Wāḍiḥ*, p. 298-312, ms 128r°, l. 1 ; f° 134r°, l. 15.

La notice que Muġulṭāy consacre à Maǧnūn Laylā omet de décrire la première rencontre entre Qays et Laylā et ne mentionne pas la capacité de Maǧnūn à communiquer avec les animaux du désert[146]. La figure de Laylā, dont la notice souligne la douleur lorsqu'elle apprit le destin de son amant, revêtit en revanche une certaine importance. Les tentatives que d'autres, comme Nawfal b. Musāḥiq ou le père de Qays, entreprirent pour le soulager de son mal prennent également du relief. Le récit de ses dernières heures le rapproche d'autres amants morts d'amour. L'auteur du *Wāḍiḥ* souligne que Maǧnūn est victime de conventions sociales qui le perdent. L'accent est ensuite mis sur la maladie incurable dont il est atteint : les tentatives que l'on entreprend pour le guérir, loin de se révéler efficaces, ne font qu'aggraver son état. Sa mort est présentée comme une conséquence directe du chagrin que lui cause le mariage de Laylā avec un autre. Le Maǧnūn de Muġulṭāy n'incarne donc qu'une des multiples images qui existent de lui dans la littérature[147].

L'histoire de **Qays b. Ḏarīḥ**[148] ressemble à celle de ʿAbd Allāh b. ʿAǧlān[149]. À cause de sa stérilité, il fut obligé par sa famille à répudier sa femme Lubnā qu'il avait épousée après maintes difficultés. De la version du *Kitāb al-aġānī*[150] qu'il abrège, Muġulṭāy garde ces vers qui, en donnant à l'amour passionné une dimension eschatologique, étayent la conception du martyre d'amour qu'il prône[151] :

> Mon esprit s'attacha à son esprit avant même que nous fussions créés, puis quand nous fûmes sperme et dans notre berceau ;
>
> [Notre attachement] s'accrut de concert avec nous et se développa. Même la mort ne nous séparera pas ;
>
> Il résistera à tout événement et nous rendra visite même dans les ténèbres de la tombe et du sépulcre[152].

146. À ce propos, deux traditions s'opposent dès le départ : pour les uns, les deux jeunes gens avaient passé leur jeunesse ensemble à garder leurs troupeaux. Pour d'autres, Qays rencontra fortuitement Laylā dans une réunion de femmes, et ce fut le coup de foudre. Pellat *et al.*, 1985, p. 1098-1099.
147. Auprès des auteurs persans, Qays devint l'exemple de l'amour soufi dont la folie est le plus haut degré. Hilāl, 1980, p. 10-12. Pour les soufis, Maǧnūn devint le symbole du mystique qui néglige la médiation du Prophète pour entrer en contact direct avec Dieu. De là naquit l'ambivalence de ce personnage qui se situe entre la poésie d'amour profane et la poésie sacrée. Khairallah, 1980, p. 4.
148. Qays b. Ḏarīḥ (m. 68/688), épris de Lubnā, fut un poète amant des plus célèbres. Il vécut à Médine à l'époque omeyyade. Al-Ziriklī, 1990-2011, V, p. 205-206. *Al-Wāḍiḥ*, p. 312-326, ms f° 134r°, l. 16 ; f° 142v°, l. 6.
149. *Al-Wāḍiḥ*, p. 312-326, ms f° 134r°, l. 16 ; f° 142v°, l. 6.
150. Abū al-Faraǧ al-Iṣfahānī, *Kitāb al-aġānī*, VIII, p. 112-134.
151. *Al-Wāḍiḥ*, p. 317.
152. Ces vers, qui sont parfois attribués aussi à Ǧamīl, auraient contribué, avec des passages du *Kitāb al-zahra* et des *ḥadīṯ*-s prophétiques, à la transmission vers la tradition arabe du mythe d'Aristophane contenu dans le *Banquet* de Platon. Gutas, 1988, p. 49-50.

Le *Kitāb al-aġānī* ne mentionne pas l'histoire d'amour de **Kaʿb b. Mašhūr**[153], dit al-Muḫabbal, pour sa cousine et sœur de sa femme Maylāʾ[154]. Elle fait état de la rivalité de deux femmes dont une est l'épouse légitime du poète et l'autre celle pour qui al-Muḫabbal mourut à cause de la séparation imposée par les conventions sociales.

Les récits concernant **al-Aḥwaṣ b. Muḥammad**[155] et ʿAbbās b. al-Aḥnaf, présentent un épisode secondaire de leur biographie caractérisée par plusieurs histoires d'amour urbaines. La brève notice qui concerne al-Aḥwaṣ b. Muḥammad raconte que la maladie dont souffrait le poète s'aggrava pendant un voyage qu'il avait entrepris pour se rendre à Damas en compagnie d'une esclave nommée Bišra, qui l'aimait passionnément[156]. Lorsqu'il décéda, Bišra ne cessa de pleurer et de se lamenter jusqu'à ce qu'elle meure et soit enterrée à ses côtés. Le véritable héros de cette notice n'est pas le poète de *ġazal*, mais son esclave emportée par le chagrin d'amour, alors que la cause du décès d'al-Aḥwaṣ n'est pas mentionnée. Dans d'autres sources, comme le *Kitāb al-aġānī*, cet épisode est passé sous silence[157] : seul le *Maṣāriʿ al-ʿuššāq* raconte cette même histoire[158]. Muġulṭāy présente donc une image inédite de ce personnage qui, de chantre des amours libertines, se transforme en admirateur de l'amour chaste. **Al-ʿAbbās b. al-Aḥnaf**[159] (m. après 193/808)[160], dont la notice est composée presque uniquement de vers que Muġulṭāy compare à ceux des grands poètes urbains[161], Baššār b. Burd (m. 167 ou 168/784), Abū Nuwās (m. 198/813)

153. Les dates de naissance et de mort précises d'al-Muḫabbal (Kaʿb b. Mašhūr) sont inconnues, mais il vécut à l'époque omeyyade. Il fut *sayyid*, porte-parole de sa tribu, les Banū Tamīm au Ḥiǧāz puis devint célèbre pour sa passion amoureuse. Fahd *et al.*, 1996 ; al-Ziriklī, 1990-2011, V, p. 229. Muġulṭāy, *al-Wāḍiḥ*, p. 346-349, ms fo 152ro, l. 10 ; fo 154ro, l. 8.

154. *Al-Wāḍiḥ*, p. 346-349, ms fo 152ro, l. 10 ; fo 154ro, l. 8.

155. Al-Aḥwaṣ al-Anṣārī, ʿAbd Allāh b. Muḥammad (m. 105/724) passa la plupart de sa vie dans la société raffinée de Médine et fut un des plus grands représentants de la poésie amoureuse des villes avec ʿUmar b. Abī Rabīʿa et al-ʿArǧī. Petráček, 1956. Poète de Médine, il fut banni par le calife omeyyade Yazīd II à cause d'allusions indécentes dans ses poèmes à ses relations avec de grandes dames de la haute société. Seidensticker, 1998a, p. 65.

156. Muġulṭāy, *al-Wāḍiḥ*, p. 123-124, ms fo 49ro, l. 3-12.

157. Abū al-Faraǧ al-Iṣfahānī, *Kitāb al-aġānī*, Index, p. 209-210.

158. Al-Sarrāǧ, *Maṣāriʿ al-ʿuššāq*, II, p. 284.

159. Ce poète fut, au début de sa carrière, le favori du calife Hārūn al-Rašīd. Il ne composa que dans le genre poétique du *ġazal* et suivit en cela les poètes du Ḥiǧāz comme ʿUmar b. Abī Rabīʿa et Ǧamīl. Sa poésie est le résultat de l'influence persane et aussi du respect de l'ancienne tradition poétique arabe, mais elle porte l'empreinte de la société de cour dans laquelle il vécut. Ces poèmes furent écrits pour être chantés par les esclaves chanteuses du calife. Blachère, 1954a. Pour le personnage d'al-ʿAbbās b. al-Aḥnaf (m. après 193/808) voir Beissel, 1993, p. 1-10.

160. *Al-Wāḍiḥ*, p. 253-255, ms fo 104vo, l. 16 ; fo 106ro, l. 2.

161. Ce terme est utilisé par opposition à celui de « bédouin », ces poètes ayant vécu en milieu urbain.

et Ibn al-Muʿtazz (m. 296/908) et juge excellents, ne vit que par ses poèmes. La mort du poète est décrite en trois lignes de prose entremêlées à des vers. Le *ḫabar* ne présente pas la cause directe de cette mort, même si les vers cités indiquent que le poète trépassa par amour.

Ibn Dāwūd (m. 297/909), auteur du *Kitāb al-zahra*, et ʿAlī b. Adīm vécurent au IIIe/IXe siècle[162]. La notice sur Ibn Dāwūd précise d'emblée que ce dernier ne cessa jamais d'aimer depuis qu'il commença la rédaction de son œuvre[163]. Il était amoureux de Muḥammad b. Ǧāmiʿ al-Ṣaydalānī, mais bien qu'il ait eu la possibilité de satisfaire sa passion, il respecta toujours le *ḥadīṯ* sur le *ʿišq* en se limitant au regard licite (*al-naẓar al-mubāḥ*). Sa mort représente symboliquement une mise en pratique de la théorie énoncée dans son ouvrage[164]. Quant à **ʿAlī b. Adīm**, on raconte dans le *Wāḍiḥ*[165] qu'il était amoureux d'une esclave appelée Manhala et que quand sa maîtresse la vendit, il ne survécut que trois jours au chagrin. Selon une autre version, il essaya d'acheter l'esclave, mais sa maîtresse refusa et il en mourut de chagrin. À la nouvelle de sa mort, Manhala décéda aussitôt. Ces mêmes versions de l'histoire, accompagnées des mêmes vers, se trouvent dans le *Kitāb al-aġānī*[166], source indiquée par Muġulṭāy. Abū al-Farağ précise que ce récit était connu et apprécié par la *ʿāmma*[167], mais il montre un certain mépris à l'égard du livre que les gens de Kūfa auraient écrit pour raconter les amours de ce couple, sur lesquelles – dit-il – il ne vaut pas la peine de s'attarder. Cette narration, déclinée sur le mode du « on dit » (*yuqāl*), rapproche ʿAlī b. Adīm des « faux anonymes », bien qu'il existât un livre sur lui et sur sa passion amoureuse.

2.2.2. Les personnages historiques : l'histoire au service de la fiction littéraire

Les personnages historiques, tout en assumant une fonction référentielle qui permet de légitimer la fiction par des effets de réel, jouent également un rôle à part entière dans les notices du *Wāḍiḥ*[168]. Celles-ci ne relatent qu'un épisode de leur biographie, présenté

162. Abū al-Farağ al-Iṣfahānī, *Kitāb al-aġānī*, XIV, p. 51-52. En dehors des *Aġānī*, aucune notice biographique ne mentionne ce poète.

163. *Al-Wāḍiḥ*, p. 339-342, ms fº 149rº, l. 12 ; fº 150rº, l. 15.

164. Voir *supra*.

165. *Al-Wāḍiḥ*, p. 272-273, ms fº 114rº, l. 12 ; fº 114vº, l. 15.

166. Abū al-Farağ al-Iṣfahānī, *Kitāb al-aġānī*, XIV, p. 51-52. Dans les *Aġānī*, le protagoniste de cette histoire est appelé ʿAlī b. Ādam.

167. *Al-ḫāṣṣa* et *al-ʿāmma* sont deux termes antithétiques qui indiquent en général l'élite et le peuple, les notables et la plèbe, l'aristocratie et les masses. Beg, 1978.

168. Erman, 2006, p. 31.

comme la cause de leur mort et réélaboré afin de le faire correspondre au projet littéraire de Muġulṭāy. **Al-Rabāb bint Imri᾿ al-Qays**[169] refusa de se marier lorsque son mari al-Ḥusayn b. ʿAlī b. Abī Ṭālib fut tué, afin de ne pas se lier de parenté avec un autre que le petit-fils du Prophète[170]. L'histoire de la cousine d'**al-Nuʿmān b. Bašīr**[171] ressemble à la précédente. Elle aussi perdit son mari, Mālik b. ʿAmr al-Ġassānī, au cours d'une bataille et fût obligée d'épouser un autre homme, mais ne le supporta pas et mourut avant que le mariage ne fût consommé[172]. La loyauté d'al-Rabāb bint Imri᾿ al-Qays ou de la cousine d'al-Nuʿmān b. Bašīr envers leurs époux au-delà de la mort montre que l'amour pour une créature peut légitimement dépasser les limites de la vie, tout en demeurant admirables aux yeux de la religion et de la morale. **Chosroes II Abrāwayz**[173] (ou plutôt sa femme Šīrīn, la véritable héroïne de l'histoire) est le seul personnage qui appartient à la tradition littéraire persane dans le *Wāḍiḥ*[174]. La notice raconte que Šīrīn et Abrāwayz s'unirent par le mariage après être venus à bout de maintes difficultés, et se jurèrent de ne jamais se remarier. Lorsque le roi perse décéda, son successeur voulut épouser Šīrīn. Elle refusa, mais obligée de céder, s'empoisonna. Le *Wāḍiḥ* mentionne probablement cette histoire, entrée dans la littérature turque à l'époque de Muġulṭāy, au VIIIe/XIVe siècle[175], pour sa similitude avec celles, bien plus arabes, d'al-Rabāb bint Imri᾿ al-Qays et de la cousine d'al-Nuʿmān b. Bašīr.

169. Al-Rabāb bint Imri᾿ al-Qays était la femme d'al-Ḥusayn b. ʿAlī (m. 61/680). Elle était avec lui à la bataille de Karbalā᾿, lorsqu'il mourut. Elle retourna ensuite à Médine et refusa la demande en mariage d'un Qurayšite. Selon la tradition, qui correspond à l'histoire racontée par Muġulṭāy dans le *Wāḍiḥ*, aucun toit ne couvrit sa tête entre le décès de son mari et sa mort de consomption. Elle composa des poèmes, pour la plupart des éloges funèbres d'al-Ḥusayn. Al-Ziriklī, 1990-2011, III, p. 13.

170. *Al-Wāḍiḥ*, p. 194, ms fo 80ro, l. 6-16.

171. Al-Nuʿmān b. Bašīr (m. 65/684) fut un compagnon du Prophète et devint gouverneur d'al-Kūfa et de Ḥimṣ. Après l'assassinat de ʿUṯmān, il refusa de prêter allégeance à ʿAlī. Il est décrit comme un ascète et un fin connaisseur du Coran. Zetterstéen, 1993.

172. *Al-Wāḍiḥ*, p. 331-332, ms fo 144vo, l. 7 ; fo 145ro, l. 7.

173. Les héros de la notice sont le roi sassanide Chosroes II Abrāwayz (m. 5/627) et son épouse favorite la chrétienne Šīrīn. Des légendes autour des amours du roi avec Šīrīn furent rapidement créées. Elle se serait suicidée de chagrin sur le corps de son mari. D'autres traditions, différentes de celle rapportée dans le *Wāḍiḥ*, existent aussi, notamment celle de l'amour de la reine pour Farhad que Chosroes punit cruellement. Massé, Zajączkowski, 1964.

174. *Al-Wāḍiḥ*, p. 214, ms fo 87vo, l. 15 ; fo 88ro, l. 6.

175. Massé, Zajączkowski, 1964.

Un des enfants de **Saʿīd b. al-ʿĀṣ**[176] tomba amoureux d'une esclave chanteuse de Médine[177]. Lorsque son amour fut dévoilé au grand jour, ʿUmar b. ʿAbd al-ʿAzīz[178] la lui acheta. Elle resta avec lui un an, puis décéda. Son maître ne survécut pas au chagrin. Dans cette version de l'histoire, le héros est comparé à l'oncle du Prophète, Ḥamza[179]. Alors que ce dernier mérita le titre de « seigneur des martyrs » (*sayyid al-šuhadāʾ*), le fils de Saʿīd b. al-ʿĀṣ fut reconnu comme « seigneur des amants » (*sayyid al-ʿuššāq*). Le Prophète prononça la formule *Allāh akbar*[180] soixante-dix fois sur la tombe de son oncle : le jeune amoureux est donc digne de recevoir le même traitement. Dans une autre version de cette histoire, dont le protagoniste est un des fils du calife ʿUṯmān, Ašʿab[181] confirme que le jeune homme méritait que l'on prononce le *takbīr* soixante-dix fois sur sa tombe[182]. Ce récit, comme les précédents, est porteur d'un message de légitimation religieuse de l'amour profane. Un amant passionné y est mis sur un pied d'égalité avec un des personnages les plus admirés du début de l'islam et les plus proches du Prophète, bien qu'il aimât une esclave chanteuse, une catégorie de femmes dont l'honnêteté n'était pas toujours des plus réputées, et que sa famille, qui n'approuvait pas cette relation, le blâmât et essayât de le détourner de cet amour.

ʿAqīla bint al-Ḍaḥḥāk b. al-Nuʿmān b. al-Munḏir[183] mourut d'amour pour son cousin ʿAmr au même moment que lui, bien que les deux amants fussent dans deux endroits différents[184]. **Zurāʿa b. Awfā**[185] décéda en récitant une sourate du Coran[186]. **ʿAbd Allāh**

176. Saʿīd b. al-ʿĀṣ (m. 59/679-649) fut un important membre de la famille omeyyade, connu pour sa libéralité, son éloquence et son savoir. Il acquit une bonne réputation en tant que guerrier. Bosworth, 1995.

177. *Al-Wāḍiḥ*, p. 204-206, ms fº 83vº, l. 8 ; fº 84rº, l. 16.

178. ʿUmar (II) b. ʿAbd al-ʿAzīz fut le cinquième calife de la branche marwānide des Omeyyades. Il régna de 99/717 à 101/720. Il fut considéré, dans la tradition historique, comme un calife pieux, équitable et humble. Cobb, 2002.

179. Ḥamza b. ʿAbd al-Muṭṭalib, oncle paternel de Muḥammad, devint, après sa conversion, un des plus courageux défenseurs de l'islam et de son Prophète. Meredith-Owens, 1966.

180. Dans le texte arabe : *kabbara al-nabī (ṣallā Allāh ʿalayhi wa-sallam) ʿalā ʿammihi Hamza sabʿīn takbīran. Al-Wāḍiḥ*, p. 205.

181. Ašʿab (m. 154/771) fut un bouffon qui évolua dans le milieu des petits-enfants des quatre premiers califes. Il était connu pour ses plaisanteries et ses histoires drôles, qui concernaient la religion, la politique et la vie des classes moyennes. Rosenthal, 1958.

182. Selon la tradition, le Prophète aurait préconisé que le *takbīr* soit prononcé quatre ou cinq fois lors des funérailles. Wensinck, 1998.

183. Le grand-père de ʿAqīla bint al-Ḍaḥḥāk b. al-Nuʿmān b. al-Munḏir, al-Nuʿmān b. al-Munḏir (m. 602) fut le dernier des rois lakhmides de Ḥīra. Shahîd, Irfān, 1993.

184. *Al-Wāḍiḥ*, p. 282-284, ms fº 119rº, l. 4 ; fº 119vº, l. 14.

185. Zurāʿa b. Awfā (m. 93/711) fut cadi de Baṣra. Al-Ṣafadī, *al-Wāfī bi-l-wafayāt*, XIV, p. 129.

186. *Al-Wāḍiḥ*, p. 195, ms fº 80vº, l. 1-3.

b. Masrūq[187] demanda à son maître, le calife Hārūn al-Rašīd, de le congédier, puis revêtit l'habit du pèlerin et se rendit à La Mecque. Quand son regard tomba sur la Kaʿba, il expira[188]. Ces deux dernières notices légitiment certaines manifestations de piété, comme la mort lors de l'audition du Coran, qui peuvent être considérées comme excessives[189]. Lorsque son maître, le calife al-Mutawakkil (m. 247/861), mourut, **Maḥbūba**[190] s'habilla de bure et ne cessa de chanter ses louanges et de le pleurer[191] jusqu'à sa propre mort. Cette notice et la précédente font suivre l'annonce de la mort d'une formule, rare dans le *Wāḍiḥ*, *raḥimahu/hā Allāh taʿālā* (« que Dieu le Très Haut lui accorde Sa miséricorde »), qui prouve que Muġulṭāy tient ces personnages en haute estime. Les beaux et chastes compagnons Muḥammad b. Ḥusayn al-Ḍabbī et **ʿAbd al-ʿAzīz b. al-Šāh al-Taymī** se fréquentèrent assidûment pendant un temps[192]. Lorsque la mort emporta Muḥammad, ʿAbd al-ʿAzīz ressentit un tel chagrin qu'il en mourut. Le narrateur le vit aussitôt en rêve réuni à Muḥammad, les deux hommes ayant reçu leur récompense auprès de Dieu[193].

L'amour pour une djinn femelle provoqua la mort du fils d'al-Manṣūr, appelé **Ǧaʿfar b. Abī Ǧaʿfar**[194]. À la fin de la notice, Muġulṭāy explique que l'amour entre les hommes et les djinns est possible, mais que les djinns femelles montrent leurs charmes aux hommes afin de les terrasser par une passion amoureuse qui les corrompt, de la même façon que les hommes djinns séduisent les femmes humaines[195]. Le *ḫabar* consacré à l'amour du calife umayyade **Yazīd (II) b. ʿAbd al-Malik**[196] pour son esclave Ḥabāba, bien qu'introduit par le reproche au calife de siéger « entre Ḥabāba et Salāma, pendant qu'elles lui chantaient

187. ʿAbd Allāh b. Masrūq était le vizir du calife Hārūn al-Rašīd (m. 193/809), comme la notice du *Wāḍiḥ* l'indique. *Al-Wāḍiḥ*, p. 260, ms f° 108v°, l. 2-8.

188. *Al-Wāḍiḥ*, p. 260, ms f° 108v°, l. 2-8.

189. Massignon, 1998.

190. Maḥbūba (m. 247/861), poétesse et musicienne de Baṣra, fut donnée à al-Mutawakkil quand il devint calife et occupa une place importante dans son cœur. À la mort du calife, elle devint la propriété de Waṣīf, qui la fit emprisonner pour avoir chanté un éloge funèbre de son ancien maître. Elle mourut pendant sa détention. Selon une autre version, Buġā la demanda en cadeau et l'obtint. Il l'envoya à Bagdad et l'oublia. Dans cette ville, elle mena une vie retirée, jusqu'à sa mort. Al-Ziriklī, 1990-2011, V, p. 283.

191. *Al-Wāḍiḥ*, p. 345-346, ms f° 152r°, l. 2-10.

192. L'identification de ʿAbd al-ʿAzīz b. al-Šāh al-Taymī est problématique et seuls les renseignements disponibles sur son aimé permettent de le situer dans le temps. Muḥammad b. Ḥusayn al-Ḍabbī, connu sous le nom d'al-Ṣanawbarī (m. 334/945), fut poète à la cour de Ṣayf al-Dawla à Alep et al-Mawṣil. Son *diwān* contient 80 poèmes d'amour. Montgomery, 1995.

193. *Al-Wāḍiḥ*, p. 239-240, ms f° 98r°, l. 2 ; f° 98v°, l. 2.

194. Ǧaʿfar b. Abī Ǧaʿfar al-Manṣūr (m. 150/867) est un des fils du calife al-Manṣūr. Il fut gouverneur. Al-Ziriklī, 1990-2011, II, p. 125.

195. Le texte arabe dit : *al-ǧinniyāt innamā yaʿriḍna li-ṣarʿ al-riǧāl min al-ins ʿalā gihat al-ʿišq wa-ṭalab al-fasād wa-kaḏalika riǧāl al-ǧinn li-nisāʾ banī Ādam*. *Al-Wāḍiḥ*, p. 158, ms f° 64r°, l. 14 ; f° 64v°, l. 11.

196. Il s'agit du neuvième calife omeyyade. Lammens, Blankinship, 1996.

des chants de Satan et qu'il buvait le vin interdit, sans aucunement se cacher »[197], loue implicitement la passion amoureuse qui l'amena à mourir d'amour pour son esclave favorite Ḥabāba. Ces deux derniers personnages se distinguent des autres par le jugement négatif que la tradition historico-littéraire porte sur leur moralité : les notices du *Wāḍiḥ* rapportent des phrases de réprobation à l'égard de leur conduite[198]. Ils sont néanmoins considérés comme des martyrs grâce à la valeur cathartique du *ʿišq* : ceux qui en meurent sont dignes de récompense dans l'au-delà, malgré les erreurs commises pendant leur vie.

Malgré les souffrances, **ʿUmar b. Maysara**[199] garda le secret sur son amour par crainte de Dieu, jusqu'au moment où il fut agonisant[200]. **Abū ʿAbd Allāh Muḥammad b. Yaḥyā b. Muḥammad b. al-Ḥasan b. al-Saʿdī**, un ami d'Ibn Ḥazm (m. 456/1064), vit dans l'armée qui entrait à Cordoue un jeune soldat tellement beau, qu'il en tomba follement amoureux, mais garda le secret, sans même le révéler à son aimé, jusqu'à sa mort[201]. **Aḥmad b. Kulayb ou Aḥmad b. Quzmān al-Naḥwī** (m. 426/1034) tomba amoureux du grand cadi de Cordoue, Aslam b. ʿAbd al-ʿAzīz (m. 317/929), et composa à son sujet des vers qui devinrent célèbres et furent chantés dans toutes les rues de Cordoue. Ce poème couvrit le grand cadi de honte, au point qu'il n'osa plus se présenter en public. Quant au poète, la retraite de son aimé l'affecta tellement qu'il en tomba gravement malade. Sur l'insistance pressante d'un de ses amis, Aslam promit d'aller voir Aḥmad avant qu'il ne meure, mais la honte l'empêcha de tenir sa promesse. Il s'enferma chez lui et Aḥmad en éprouva un tel chagrin qu'il mourut[202]. Le petit fils d'**Abū al-ʿAbbās al-Ṯaqafī (m. 314/926)** ou d'**Abū al-ʿAnbas (m. 275/888)**[203] suivit son grand-père dans son voyage vers La Mecque et, pendant son séjour dans cette ville, conçut une passion démesurée pour une jeune

197. *Yaǧlis bayna Ḥabāba wa-Salāma fa-tuġanniyān lahu bi-mazāmīr al-Šayṭān ʿalā šurb al-ḫamr al-muḥarram ṣarāḥan*. Le texte arabe établit un parallèle entre les psaumes de David et ceux de Satan, à travers le mot *mazāmir*. *Al-Wāḍiḥ*, p. 393.

198. La notice concernant Ǧaʿfar b. Abī Ǧaʿfar al-Manṣūr rapporte qu'il était débauché et impudent (*kāna ḫaliʿan māǧinan*). *Al-Wāḍiḥ*, p. 158, ms f° 64r°, l. 14 ; f° 64v°, l. 11. Celle se rapportant au calife Yazīd II dit que le jeune homme qui accéda au trône aimait le luxe et n'avait aucune morale (*ṯumma waliya Yazīd b. ʿAbd al-Malik šābb mutraf ḥadīṯ al-sinn, lam yuʾnis bihi rušd*). *Al-Wāḍiḥ*, p. 388-396, ms f° 172r°, l. 15 ; f° 177r°, l. 5. Voir à ce propos aussi Zakharia, 2011, p. 300-335.

199. Il pourrait s'agir d'un savant appelé ʿUmar b. Maysara (m. 235/849), qui vécut à Bagdad. Al-Suyūṭī, *Ṭabaqāt al-ḥuffāẓ*, « ʿUmar b. Maysara », 36.

200. *Al-Wāḍiḥ*, p. 281-282, ms f° 118v°, l. 9 ; f° 119v°, l. 4.

201. *Al-Wāḍiḥ*, p. 343-344, ms f° 151r°, l. 4 ; f° 151v°, l. 11

202. *Al-Wāḍiḥ*, p. 112-116, ms f° 43v°, l. 7 ; f° 46r°, l. 16. Voir aussi *supra*.

203. L'auteur du *Wāḍiḥ* affirme avoir trouvé deux versions de l'histoire, portant chacune un nom différent. *Al-Wāḍiḥ*, p. 226. Abū al-ʿAbbās al-Ṯaqafī (m. 314/926) fut un expert de *ḥadīṯ*, digne de confiance. Al-Ziriklī, 1990-2011, VI, p. 29. Abū al-ʿAnbas al-Ṣaymarī (m. 275/888), fut convive d'al-Mutawakkil et d'al-Muʿtamid. Homme de lettres raffiné, astronome et poète de *hiǧāʾ*, il est originaire de Kūfa. Il doit son nom de relation (*nisba*) au fait qu'il fut cadi de Ṣaymara. Pellat, 1958, p. 817.

fille. Quand son grand-père lui annonça que le moment du départ était arrivé, il tomba malade et mourut[204]. Seul personnage à avoir vécu à la même époque que Muġulṭāy (VIIIe/XIVe siècle), **Qaṭalūmalak**, la femme d'un des frères du notable mamelouk Ǧafalṭāy, dont Muġulṭāy dit avoir récolté le témoignage direct, aima passionnément son mari avec qui elle vécut heureuse de nombreuses d'années et auquel donna un fils. Quand son mari la répudia, elle ne le supporta pas et se pendit[205]. Ce récit montre que la mort par amour n'est pas réservée aux ailleurs temporels et spatiaux, mais peut aussi survenir à son époque et dans la société que Muġulṭāy connaît.

Luqmān[206] se situe à part, tant en raison du poids référentiel que lui confère son statut de personnage coranique que de l'histoire dont il est le protagoniste. Cette dernière raconte qu'il tint un sermon à son fils avant de mourir[207], sans signaler d'aucune manière que sa mort est advenue par amour. La présence de cette histoire qui n'aurait pas de raison de figurer dans le *Wāḍiḥ*, s'explique par un effet de rhétorique introduit par Muġulṭāy afin de donner autorité aux autres récits.

2.3. *Conclusion*

Tous les personnages principaux présents dans les notices du *Wāḍiḥ* ont une raison d'y figurer et sont investis d'une fonction. Les victimes de l'amour dont le comportement implique un élément transgressif du droit ou de la morale islamique n'exercent guère, contrairement à toute attente, la fonction d'antihéros. Dessinant un cadre islamique du martyre d'amour dont sont exclus les animaux, les personnages de l'antéislam, les suicidés, les contrevenants aux règles de l'amour chaste et certains fous, Muġulṭāy pare toutefois leurs faits et gestes de noblesse et de grandeur. Du point de vue de la structure globale de l'ouvrage, ces notices servent le principe de variation, en montrant que la passion amoureuse présente plusieurs facettes.

Les anonymes, bien qu'ils ne puissent pas être considérés comme des personnages doués d'une singularité spécifique, représentent la mise en œuvre de conventions dramatiques qui fonctionnent comme un indicateur générique. Leurs mœurs, leur comportement,

204. *Al-Wāḍiḥ*, p. 226-227, ms f° 91v°, l. 10 ; f° 92r°, l. 10.
205. *Al-Wāḍiḥ*, p. 298, ms f° 127v°, l. 9 ; f° 128r°, l. 1
206. Luqmān est un héros et un sage légendaire de l'Arabie préislamique. Dans la *ǧāhiliyya*, il était connu surtout pour sa sagesse et pour sa longévité. Dans le Coran, il apparaît comme un monothéiste et comme un père donnant des admonitions pieuses à son fils. C'est aussi le sage par excellence, qui tient son savoir de Dieu. Dans l'islam plus tardif, il devint un conteur d'histoires comparable à Ésope. Voir Coran, XXXI, *Luqmān*, 12. Heller, Stillmann, 1983.
207. *Al-Wāḍiḥ*, p. 170-171, ms f° 71r°, l. 7-13.

leurs passions, se construisent sur la base de *topoi* explicites ou inférables, de conventions et de procédés techniques d'écriture (invention, emprunt, reprise)[208]. Pour ce qui tient à l'organisation du récit, ils jouent un rôle thématique et sont perçus comme « un bloc de pâtir et d'agir, un type de conduite unifiée, agie ou subie, avec son stock de perceptions et d'affections », malgré les différences dues au genre et/ou à la condition sociale du personnage[209].

Les récits concernant des hommes et des femmes célèbres, marqués par leur ancrage dans la réalité, doivent respecter le jugement que la tradition historique porte sur eux[210]. Lorsqu'ils ont mauvaise réputation, la fiction montre qu'ils peuvent se racheter grâce à leur passion amoureuse. Inversement, lorsque le martyre est attribué à des personnages connus pour leurs bonnes mœurs, il vient parachever une vie exemplaire présentée comme un modèle de perfection à suivre. La présence dans le *Wāḍiḥ* de califes, d'émirs, de vizirs ou de courtisanes comme Maḥbūba et d'autres personnages historiques d'importance montre ensuite que l'amour passion ne touche pas seulement des Bédouins, mais aussi des hommes ou des femmes qui détinrent le pouvoir ou qui en furent proches et illustre l'« urbanisation » de ce sentiment.

Quant aux notices sur les poètes-amants célèbres, la personnalité du héros et les vers attachés à son nom prennent le dessus sur la narration. Dans cette catégorie, les personnages peuvent être interprétés comme des signes, qui s'adressent à la mémoire du public, ayant déjà maintes fois entendu raconter leur histoire et réciter leurs vers[211]. Dans leur cas, tout en suivant en partie la tradition littéraire héritée de ses prédécesseurs, Muġulṭāy opère une sélection dans les histoires qui circulaient à leur sujet, omettant celles qui s'opposent à sa conception d'une passion amoureuse absolue. Les récits les concernant, bien que présentés comme biographiques, constituent en réalité une explication fictive de l'occasion à laquelle les vers qui leur sont attribués furent composés. Les poètes qui les récitent incarnent donc les poèmes que Muġulṭāy a choisi de mentionner et revêtent les traits paradigmatiques de la figure de l'amant *ʿuḏrī* idéal tel qu'il le conçoit. Ainsi transfigurés par Muġulṭāy, ils ne ressemblent plus guère aux personnages historiques, légendaires ou littéraires qui portent leurs noms. En reconstruisant ces personnages, l'auteur du *Wāḍiḥ* joue également sur les attentes du public. Lorsqu'il modifie une histoire connue et transmise par une tradition pluriséculaire, il suscite un effet de surprise qui lui permet d'attirer l'attention et de mieux convaincre son public de la validité de ses arguments.

208. Petitjean, 2007, p. 33-34.
209. Colonna, 2007, p. 155.
210. Todorov, 1971, p. 21.
211. Rabau, Pennanech, 2016, p. 35-36.

Comme dans les productions littéraires du Moyen Âge occidental telles que les chansons de geste et les romans courtois, les personnages du *Wāḍiḥ* n'imitent qu'imparfaitement des personnes réelles, et sont au contraire déterminés par le rôle qu'ils jouent[212]. À la frontière entre territoires fictionnels et non fictionnels, ils ne sont pas entièrement fictifs du point de vue des usagers[213], mais imitent le réel et visent à créer un modèle instructif de comportement exemplaire. Qu'ils soient martyrs ou victimes de l'amour, anonymes ou connus, ils incarnent tous la même émotion créatrice de l'action et du récit[214].

3. Les personnages secondaires : adjuvant ou opposant

Selon la terminologie adoptée dans l'approche structurale du conte par Vladimir Propp, les personnages secondaires du *Wāḍiḥ* exercent la fonction d'auxiliaires, plus rarement de mandataires. Dans le cas des serviteurs uniquement, ils jouent le rôle d'agresseurs[215]. Ils viennent parfaire la « recette » du récit *ʿuḏrī* et la stratégie argumentative de Muġulṭāy. Stéréotypés, ils « décalquent un modèle socioculturel dominant à travers un ensemble de clichés renvoyant à un système de significations idéologiques. Ce sont des acteurs dont les actions sont souvent prévisibles, car l'articulation de leur être et de leur faire renvoie à des postures »[216]. Grâce à leur caractère stéréotypé, ils peuvent aisément être classés en douze catégories, selon le rôle qu'ils jouent dans les histoires[217] :

1. membres de la famille de la jeune fille ou du jeune homme héros de l'histoire (22 notices)[218] ;

212. Erman, 2006, p. 6.
213. Pavel, 1988, p. 99.
214. Todorov, 1971, p. 33-37
215. Propp, 1965, p. 96-97.
216. Erman, 2006, p. 110.
217. Certaines notices qui contiennent plusieurs personnages secondaires sont citées plus d'une fois, dans des catégories différentes.
218. *Al-Wāḍiḥ* :
    1. p. 124-125, ms f° 49v°, l. 3 ; f° 50r°, l. 6 ;
    2. p. 138-144, ms f° 56v°, l. 5 ; f° 59r°, l. 8 ;
    3. p. 158-168, ms f° 64v°, l. 11 ; f° 69v°, l. 2 ;
    4. p. 186, ms f° 77r°, l. 7-16 ;
    5. p. 207-209, ms f° 85r°, l. 2 ; f° 86r°, l. 3 ;
    6. p. 209-210, ms f° 86r°, l. 3 ; f° 86v°, l. 3 ;
    7. p. 211-212, ms f° 86v°, l. 12 ; f° 87r°, l. 13 ;
    8. p. 216-217, ms f° 88v°, l. 13 ; f° 89r°, l. 14 ;
    9. p. 225-226, ms f° 91r°, l. 2 ; f° 91v°, l. 10 ;

2. califes et autres autorités (16 notices)[219] ;
3. hommes pieux (un ou plusieurs) (9 notices) [220];

10. p. 226-227, ms f° 91v°, l. 10 ; f° 92r°, l. 10 ;
11. p. 230-236, ms f° 93r°, l. 7 ; f° 96r°, l. 15 ;
12. p. 255-259, ms f° 106r°, l. 2 ; f° 108r°, l. 3 ;
13. p. 269-270, ms f° 112v°, l. 15 ; f° 113r°, l. 9 ;
14. p. 298-312, ms 128r°, l. 1 ; f° 134r°, l. 15 ;
15. p. 312-326, ms f° 134r°, l. 16 ; f° 142v°, l. 6 ;
16. p. 330, ms f° 144r°, l. 10 ; f° 144v°, l. 6 ;
17. p. 338, ms f° 148v°, l. 4-12 ;
18. p. 346-349, ms f° 152r°, l. 10 ; f° 154r°, l. 8 ;
19. p. 360-364, ms f° 159r°, l. 2 ; f° 160v°, l. 12 ;
20. p. 371-373, ms f° 164v°, l. 7 ; f° 165v°, l. 8 ;
21. p. 387-388, ms f° 172r°, l. 2-15 ;
22. p. 388-396, ms f° 172r°, l. 15 ; f° 177r°, l. 5.

219. *Al-Wāḍiḥ* :
1. p. 131-135, ms f° 153r°, l. 12 ; f° 55v°, l. 12 ;
2. p. 189-191, ms f° 78r°, l. 2 ; f° 78v°, l. 15 ;
3. p. 247-248, ms f° 102r°, l. 5 ; f° 102v°, l. 5 ;
4. p. 284-288, ms f° 120r°, l. 8 ; f° 121r°, l. 13 ;
5. p. 293-295, ms f° 125v°, l. 7 ; f° 126v°, l. 11 ;
6. p. 158-168, ms f° 64v°, l. 11 ; f° 69v°, l. 2 ;
7. p. 204-206, ms f° 83v°, l. 8 ; f° 84r°, l. 16 ;
8. p. 223, ms f° 90r°, l. 9 ; f° 90v°, l. 3 ;
9. p. 237-238, ms f° 96v°, l. 15 ; f° 97r°, l. 14 ;
10. p. 273-274, ms f° 114v°, l. 15 ; f° 115r°, l. 16 ;
11. p. 284-288, ms f° 120r°, l. 8 ; f° 121r°, l. 13 ;
12. p. 298-312, ms 128r°, l. 1 ; f° 134r°, l. 15 ;
13. p. 339, ms f° 149r°, l. 5-11 ;
14. p. 345-346, ms f° 152r°, l. 2-10 ;
15. p. 364-366, ms f° 160v°, l. 13 ; f° 161v°, l. 12 ;
16. p. 376-378, ms f° 166r°, l. 6 ; f° 167r°, l. 7.

220. *Al-Wāḍiḥ* :
1. p. 121, ms f° 48v°, l. 1-13 ;
2. p. 155-156, ms f° 62v°, l. 6 ; f° 63r°, l. 12 ;
3. p. 170, ms f° 70v°, l. 2-10 ;
4. p. 183, ms f° 76v°, l. 11 ; 14 ;
5. p. 187-188, ms f° 77r°, l. 16 ; f° 78r°, l. 2 ;
6. p. 215, ms f° 88r°, l. 7-13 ;
7. p. 219-220, ms f° 89v°, l. 6 ; f° 90r°, l. 5 ;
8. p. 220-221, ms f° 90r°, l. 5-8 ;
9. p. 248, ms f° 102v°, l. 5-11.

4. prophète Muḥammad et ses compagnons (9 notices)[221];
5. vieux hommes ou vieilles femmes (8 notices)[222];
6. maris ou femmes d'un des amants (7 notices)[223];
7. amis, confidents (5 notices)[224];
8. médecins (5 notices)[225];

221. *Al-Wāḍiḥ*:
 1. p. 125-131, ms f° 50r°, l. 6 ; f° 53r°, l. 12 ;
 2. p. 169-170, ms f° 70v°, l. 2-10 ;
 3. p. 172, ms f° 71v°, l. 14 ; f° 72r°, l. 3 ;
 4. p. 173-179, ms f° 72r°, l. 14 ; f° 75r°, l. 13 ;
 5. p. 236, ms f° 96r°, l. 15 ; f° 96v°, l. 1 ;
 6. p. 270-271, ms f° 113r°, l. 9-16 ;
 7. p. 312-326, ms f° 134r°, l. 16 ; f° 142v°, l. 6 ;
 8. p. 378-382, ms f° 167r°, l. 8 ; f° 169r°, l. 7 ;
 9. p. 387-388, ms f° 172r°, l. 2-15.

222. *Al-Wāḍiḥ*:
 1. p. 125-131, ms f° 50r°, l. 6 ; f° 53r°, l. 12 ;
 2. p. 144-147, ms f° 59v°, l. 2 ; f° 61r°, l. 2 ;
 3. p. 156-158, ms f° 63r°, l. 12 ; f° 64r°, l. 14 ;
 4. p. 230-236, ms f° 93r°, l. 7 ; f° 96r°, l. 15 ;
 5. p. 248-249, ms f° 102r°, l. 5 ; f° 102v°, l. 5 ;
 6. p. 291-293, ms f° 124v°, l. 2 ; f° 125v°, l. 7 ;
 7. p. 368, ms f° 162v°, l. 15 ; f° 163r°, l. 13 ;
 8. p. 368-369, ms f° 163r°, l. 13 ; f° 163v°, l. 4.

Le père ou la mère du héros ont été classés dans cette catégorie lorsqu'ils ne se présentent pas comme tels d'emblée, mais qu'on découvre leur identité au cours de l'histoire.

223. *Al-Wāḍiḥ*:
 1. p. 138-144, ms f° 56v°, l. 5 ; f° 59r°, l. 8 ;
 2. p. 144, ms f° 59r°, l. 8 ; f° 59v°, l. 2 ;
 3. p. 230-236, ms f° 93r°, l. 7 ; f° 96r°, l. 15 ;
 4. p. 279-281, ms f° 117v°, l. 9 ; f° 118v°, l. 9 ;
 5. p. 312-326, ms f° 134r°, l. 16 ; f° 142v°, l. 6 ;
 6. p. 360-364, ms f°f° 159r°, l. 2 ; f° 160v°, l. 12 ;
 7. p. 378-382, ms f° 167r°, l. 8 ; f° 169r°, l. 7.

224. *Al-Wāḍiḥ*:
 1. p. 158-168, ms f° 64v°, l. 11 ; f° 69v°, l. 2 ;
 2. p. 279-281, ms f° 117v°, l. 9 ; f° 118v°, l. 9 ;
 3. p. 346-349, ms f° 152r°, l. 10 ; f° 154r°, l. 8 ;
 4. p. 359-360, ms f° 158v°, l. 3 ; f° 159r°, l. 2 ;
 5. p. 396-399, ms f° 177r°, l. 14 ; f° 179r°, l. 9.

225. *Al-Wāḍiḥ*:
 1. p. 207-209, ms f° 85r°, l. 2 ; f° 86r°, l. 3 ;
 2. p. 261-269, ms f° 108r°, l. 11 ; f° 112v°, l. 15 ;
 3. p. 275-278, ms f° 116r°, l. 1 ; f° 117r°, l. 9 ;

9. enfants (2 notices)[226] ;
10. moines (2 notices) [227] ;
11. raffinés (2 notices) [228] ;
12. serviteurs (2 notices)[229].

3.1. *Les membres de la famille*

Dans quinze notices sur vingt-deux, les membres de la famille de la jeune fille ou du jeune homme se montrent hostiles à la relation entre les deux amants, les empêchent de se marier, poursuivent et chassent le jeune homme, ou obligent le mari à répudier sa femme. En général, les ascendants représentent un obstacle à la réunion du couple, alors que les collatéraux sont le plus souvent des alliés. Certains pères, à la vue des conséquences de leurs actes, se repentent de s'être opposés au mariage que leurs enfants souhaitaient[230]. Du point de vue narratif, ces personnages incarnent les conventions sociales qui empêchent l'union entre les deux amants. Dans un nombre plus réduit de notices, un membre de la famille de l'amant, souvent le frère[231], solidaire des aspirations du couple, devient un allié qui, soit reste dans l'ombre[232], soit essaie de soulager activement la douleur des amants[233].

4. p. 312-326, ms f° 134r°, l. 16 ; f° 142v°, l. 6 ;
5. p. 396-399, ms f° 177r°, l. 14 ; f° 179r°, l. 9.

226. *Al-Wāḍiḥ* :
1. p. 297-298, ms f° 127r°, l. 10 ; f° 127r°, l. 8 et 2. p. 360-364, ms f° 159r°, l. 2 ; f° 160v°, l. 12.

227. *Al-Wāḍiḥ* : 1. p. 137-138, ms f° 55v°, l. 13 ; f° 56v°, l. 5 et 2. p. 260-261, ms f° 108v°, l. 8 ; f° 109r°, l. 3.

228. *Al-Wāḍiḥ* : 1. p. 116-117, ms f° 46r°, l. 16 ; f° 46v°, l. 9 et 2. p. 120, ms f° 48r°, l. 1-8.

229. *Al-Wāḍiḥ* : 1. p. 131-135, ms f° 153r°, l. 12 ; f° 55v°, l. 12 et 2. p. 360-364, ms f° 159r°, l. 2 ; f° 160v°, l. 12.

230. *Al-Wāḍiḥ*, p. 211-212, ms f° 86v°, l. 12 ; f° 87r°, l. 13 et p. 371-373, ms f° 164v°, l. 7 ; f° 165v°, l. 8.

231. *Al-Wāḍiḥ*, p. 207-209, ms f° 85r°, l. 2 ; f° 86r°, l. 3 ; 338, ms f° 148v°, l. 4-12 et p. 360-364, ms f° 159r°, l. 2 ; f° 160v°, l. 12.

232. Dans la notice des pages p. 207-209, ms f° 85r°, l. 2 ; f° 86r°, l. 3, le frère du protagoniste reste à ses côtés, mais n'intervient pas directement pendant toute la durée de l'histoire. À la page 338, ms f° 148v°, l. 4-12, le frère du protagoniste se contente de le suivre dans sa fuite pour échapper aux mauvaises langues.

233. C'est le cas, par exemple, de Kuṭayyir, qui, dans la notice sur Ǧamīl, l'aide à fixer un rendez-vous à Buṯayna (*al-Wāḍiḥ*, p. 158-168, ms f° 64v°, l. 11 ; f° 69v°, l. 2) ou celui de Ḥarmala, le frère de Muraqqiš, qui part le chercher lorsqu'il reçoit le message de détresse que ce dernier lui a envoyé (*al-Wāḍiḥ*, p. 360-364, ms f° 159r°, l. 2 ; f° 160v°, l. 12).

3.2. *Les califes et les autres autorités*

Les califes qui figurent dans le *Wāḍiḥ* appartiennent à la dynastie des Omeyyades, ou aux premiers Abbassides[234]. Dans la plupart des notices, à une seule exception près[235], ils sont les spectateurs de la mort des amants qu'ils ont involontairement provoquée. Dans trois *aḫbār*, ils acceptent la requête formulée par un jeune homme de laisser chanter une de leurs esclaves en sa présence[236]. Après avoir écouté trois séries de vers, le garçon, qui ne supporte pas d'être privé du plaisir éphémère accordé par le calife, se suicide. Dans deux de ces récits, le calife affirme qu'il se serait réjoui d'offrir son esclave au jeune homme, si ce dernier n'avait pas été aussi pressé de se tuer[237]. Dans un autre *ḫabar*[238], Hārūn al-Rašīd ordonne qu'une jeune fille lui soit amenée, mais elle meurt d'amour avant d'arriver à la cour. Le calife ne put plus jamais mentionner cette histoire sans pleurer. D'une façon générale, les souverains se montrent compréhensifs à l'égard des amants. Ils sont présentés comme des esprits nobles, capables non seulement de faire preuve d'une grande générosité, mais aussi d'une profonde compassion. Les autorités, qu'il s'agisse de notables, de gouverneurs, d'émirs ou de rois, interviennent activement dans onze notices. Les rôles qu'ils peuvent jouer dans les *aḫbār* sont divers. Parfois, ils sanctionnent les amants[239], dans d'autres cas, ils les aident ou essaient de les aider[240]. Ils peuvent ensuite provoquer involontairement leur

234. Les califes nommés sont : al-Wālid b. ʿAbd al-Malik (86-96/705-715), ʿAbd al-Malik b. Marwān (65-86/685-705), Sulaymān b. ʿAbd al-Malik (96-98/715-717) et Hārūn al-Rašīd (170-193/786-809), qui apparaît deux fois, dans deux notices différentes.

235. Cette exception est représentée par l'histoire de Waḍḍāḥ al-Yaman, dans laquelle le calife donne l'ordre de tuer l'amant de sa femme en le faisant enterrer vivant. *Al-Wāḍiḥ*, p. 131-135, ms f° 153r°, l. 12 ; f° 55v°, l. 12.

236. *Al-Wāḍiḥ*, p. 189-191, ms f° 78r°, l. 2 ; f° 78v°, l. 15 ; p. 284-288, ms f° 120r°, l. 8 ; f° 121r°, l. 13 et p. 293-295, ms f° 125v°, l. 7 ; f° 126v°, l. 11.

237. *Al-Wāḍiḥ*, p. 189-191, ms f° 78r°, l. 2 ; f° 78v°, l. 15 et 293-295, ms f° 125v°, l. 7 ; f° 126v°, l. 11.

238. *Al-Wāḍiḥ*, p. 247-248, ms f° 102r°, l. 5 ; f° 102v°, l. 5.

239. Dans la notice sur Ǧamīl Buṯayna, le gouverneur de Médine Marwān b. al-Ḥakam menace le poète de lui couper la langue s'il continue à chanter Buṯayna (*al-Wāḍiḥ*, p. 158-168, ms f° 64v°, l. 11 ; f° 69v°, l. 2). Aux pages 345-346, ms f° 152r°, l. 2-10, Waṣīf, qui a hérité de Maḥbūba, esclave d'al-Mutawakkil, l'oblige à chanter pour lui, malgré le chagrin qu'il lui sait pour la disparition de son maître, et provoque ainsi sa mort.

240. ʿUmar b. ʿAbd al-ʿAzīz, qui était à cette époque émir de La Mecque, acheta et offrit une esclave à un des enfants de Saʿ īd b. al-ʿĀṣ, qui en était tombé amoureux (*al-Wāḍiḥ*, p. 204-206, ms f° 83v°, l. 8 ; f° 84r°, l. 16). ʿAbd Allāh b. Ǧaʿfar offrit une de ses esclaves qu'il aimait à un jeune homme qui venait sous sa fenêtre toutes les nuits (*al-Wāḍiḥ*, 223, ms f° 90r°, l. 9 ; f° 90v°, l. 3). Nawfal b. Musāḥiq essaya d'obtenir pour Maǧnūn la main de Laylā (*al-Wāḍiḥ*, p. 298-312, ms 128r°, l. 1 ; f° 134r°, l. 15).

mort[241], être juges d'une querelle concernant une femme[242] ou assurer le rôle de mécène du poète-amant qui se rend chez eux pour chanter leurs louanges[243]. Ces personnages (à l'exception du mécène) jouent comme les califes le rôle d'arbitres décidant, dans un sens ou dans un autre et malgré la variété de leurs fonctions, du destin des amants.

3.3. *Les hommes pieux*

Dans six notices sur neuf, les hommes (ou les femmes) pieux provoquent involontairement la mort d'un homme ou d'une femme en récitant un verset coranique ou en prononçant un sermon. Dans trois *aḫbār*, ils enterrent un homme ou une femme morts par amour de Dieu[244]. Dans le premier cas, ils incarnent la parole divine, instrument du martyre et moyen d'obtenir la récompense. Dans le second, leur acte rend hommage à ces martyrs et à leur sacrifice.

3.4. *Le Prophète et ses compagnons*

Dans huit des neuf notices où ils apparaissent, le prophète Muḥammad et les hommes pieux du début de l'islam assistent aux événements, compatissent avec les amants et leur donnent leur bénédiction[245]. Dans le *ḫabar* sur Qays et Lubnā uniquement, un de ces personnages participe activement à l'action. Al-Ḥusayn b. ʿAlī y aide Qays à obtenir la

241. Pendant une séance que Muḥammad b. Ḥamīd al-Ṭusī tint avec ses invités sur le bord du Tigre, deux de ses esclaves se jetèrent à l'eau (*al-Wāḍiḥ*, p. 284-288, ms fº 120rº, l. 8 ; fº 121rº, l. 13). La même chose advint à un marchand, qui perdit ainsi une de ses esclaves (p. 339, ms fº 149rº, l. 5-11). Aux pages 376-378, ms fº 166rº, l. 6 ; fº 167rº, l. 7, al-Ḥaǧǧāǧ envoie Badr b. Saʿīd à la guerre, où ce dernier trouve la mort.

242. Dans la notice des pages 273-274, ms fº 114vº, l. 15 ; fº 115rº, l. 16, un roi berbère est appelé à prononcer un jugement dans un conflit opposant un homme qui a vendu son esclave, mais s'en étant repenti, veut la récupérer et son acheteur, qui ne veut pas la lui rendre.

243. Musāfir se rendit chez al-Nuʿmān b. Munḏir qui, devint son mécène (*al-Wāḍiḥ*, p. 364-366, ms fº 160vº, l. 13 ; fº 161vº, l. 12).

244. À la page 121, ms fº 48vº, l. 1-13, des hommes pieux enterrent un homme noir que personne ne connaît ; dans celle de la page 170, ms fº 70vº, l. 2-10, des hommes apportent de quoi enterrer un homme pieux, mort avec le Coran sur la poitrine. Dans celle des pages 187-188, ms fº 70vº, l. 2-10 enfin, un groupe de femmes habillées de bure enterre une jeune fille.

245. Dans la notice qui fait exception, ʿUmar b. al-Ḫaṭṭāb se montre hostile à Naṣr b. al-Ḥaǧǧāǧ et le chasse du Ḥiǧāz à cause de sa beauté, qu'il considère comme corruptrice pour toutes les femmes (*al-Wāḍiḥ*, p. 387-388, ms fº 172rº, l. 2-15). Le calife ʿUmar apparaît donc ici plutôt comme censeur et punisseur.

main de son aimée[246]. Quel que soit le rôle que ces hommes jouent, leur approbation, qui dans certains cas va jusqu'à l'admiration, sanctionne l'entrée de cet amour dans la sphère de l'islam.

3.5. *Les vieux hommes et les vieilles femmes*

Dans six notices sur huit, les vieux hommes et les vieilles femmes assistent un des amants à l'agonie[247], ou regrettent *a posteriori* la mort de leur fille ou de leur fils[248]. Dans ce dernier cas, ils deviennent *rāwī*-s pour le *rāwī* et ils lui racontent l'histoire. À la fin de la narration, ils expriment leur regret de ne pas avoir su ou compris, avant qu'il ne soit trop tard, quelles conséquences néfastes leur refus de marier les amants pouvait provoquer. En racontant les amours de leurs enfants, ils en proclament l'éloge funèbre et avouent que nul ne peut s'opposer à la force de cette passion. Dans deux des *aḫbār* du *Wāḍiḥ*, de vieilles femmes jouent les entremetteuses et trouvent le moyen de faire tomber un homme amoureux d'une femme malgré lui[249], ou l'amènent à révéler son secret d'amour[250].

3.6. *Les maris*

Quant aux maris que les héroïnes des notices ont dû épouser contre leur gré, ils représentent, contre toute attente, des figures positives dans quatre notices sur sept[251]. Ils comprennent que l'on ne peut pas contrecarrer la force d'un amour né dans l'enfance et ils acceptent même que l'amant de leur femme s'installe chez eux, à condition que leur amour reste chaste. Bien qu'ils constituent un obstacle à l'union entre les amants, ils la favorisent dans les limites d'un rapprochement exclusivement spirituel. Dans la seule notice sur Tawba et Laylā al-Aḫyaliyya[252], le mari de cette dernière se montre hostile, même

246. *Al-Wāḍiḥ*, p. 312-326, ms f° 134r°, l. 16 ; f° 142v°, l. 6.
247. *Al-Wāḍiḥ*, p. 144-147, ms f° 59v°, l. 2 ; f° 61r°, l. 2.
248. *Al-Wāḍiḥ*, p. 156-158, ms f° 63r°, l. 12 ; f° 64r°, l. 14. Dans cette notice, c'est en réalité un marchand qui, à la demande du narrateur, raconte l'histoire du fils d'un vieil homme, qui vient de passer par sa boutique. *Al-Wāḍiḥ*, p. 248-249, ms f° 102r°, l. 5 ; f° 102v°, l. 5 ; p. 291-293, ms f° 124v°, l. 2 ; f° 125v°, l. 7 ; p. 368, ms f° 162v°, l. 15 ; f° 163r°, l. 13 et p. 368-369, ms f° 163r°, l. 13 ; f° 163v°, l. 4. Dans cette dernière notice, le vieil homme ne regrette pas sa propre fille, mais une jeune femme de sa tribu.
249. *Al-Wāḍiḥ*, p. 125-131, ms f° 50r°, l. 6 ; f° 53r°, l. 12.
250. *Al-Wāḍiḥ*, p. 230-236, ms f° 93r°, l. 7 ; f° 96r°, l. 15.
251. *Al-Wāḍiḥ*, p. 230-236, ms f° 93r°, l. 7 ; f° 96r°, l. 15 ; p. 279-281, ms f° 117v°, l. 9 ; f° 118v°, l. 9 ; p. 312-326, ms f° 134r°, l. 16 ; f° 142v°, l. 6 et p. 360-364, ms f° 159r°, l. 2 ; f° 160v°, l. 12.
252. *Al-Wāḍiḥ*, p. 138-144, ms f° 56v°, l. 5 ; f° 59r°, l. 8.

après la mort de son amant. Dans l'un des deux *ḫabar*-s restants, le mari est simplement nommé, mais n'intervient pas dans l'action[253]. C'est un tailleur dont une esclave byzantine était amoureuse et qu'elle épousa dans le secret et contre le gré de son maître. Dans l'autre, Muǧāšiʿ chasse Naṣr b. al-Ḥaǧǧāǧ quand il découvre l'amour qui le lie à sa femme, mais il éprouve ensuite de la compassion et permet à son épouse de lui rendre visite pendant sa maladie pour lui apporter du réconfort[254].

3.7. *Les amis ou les confidents*

Les amis ou les confidents n'apparaissent que dans cinq notices. La souffrance de l'amant, tenu dans la plupart des cas au secret d'amour, demeure le plus souvent solitaire. Si un ami ou un confident survient, il lui est d'un grand réconfort. Qu'ils (ce sont dans tous les cas des figures masculines) les aident à retrouver leur bien-aimée[255], leur apportent un message[256] ou fixent pour eux un rendez-vous avec elle[257], leur action est bénéfique, même si elle n'atteint pas toujours le but espéré. Ces personnages jouent un rôle semblable à celui d'un narrateur intradiégétique, lequel accompagne l'amant dans les moments cruciaux de l'histoire.

3.8. *Les médecins, les enfants, les moines, les raffinés et les serviteurs*

Les médecins se limitent à essayer sans succès de guérir la maladie d'amour, bien que cela ne soit pas de leur ressort. Les amants eux-mêmes leur montrent l'inutilité des soins qu'ils leur prodiguent. Le mal d'amour est incurable et l'amant qui aspire au martyre ne souhaite pas en être soulagé. Dans le *ḫabar* consacré à Muraqqiš, les enfants révèlent au

253. *Al-Wāḍiḥ*, p. 144, ms f° 59r°, l. 8 ; f° 59v°, l. 2.

254. *Al-Wāḍiḥ*, p. 378-382, ms f° 167r°, l. 8 ; f° 169r°, l. 7.

255. Dans l'histoire de ʿUmar b. ʿAwn et de Biyā, un jeune homme, que le protagoniste rencontre à La Mecque, l'aide à retrouver son aimée que son mari avait emmenée loin (*al-Wāḍiḥ*, p. 279-281, ms f° 117v°, l. 9 ; f° 118v°, l. 9). Dans celle d'al-Muḫabbal et Maylāʾ, un hôte, qui récitait des vers composés par le héros, donne des indications aux membres de la tribu à laquelle la jeune fille appartenait, afin qu'ils puissent le retrouver (*al-Wāḍiḥ*, p. 346-349, ms f° 152r°, l. 10 ; f° 154r°, l. 8).

256. Dans la notice des pages 396-399, ms f° 177r°, l. 14 ; f° 179r°, l. 9, un jeune homme malade d'amour choisit une de ses servantes pour devenir sa confidente et l'envoie rendre visite à sa bien-aimée. Elle lui rapporte le refus de la jeune fille.

257. Dans la notice sur Ǧamīl, Kuṯayyir fixe pour lui un rendez-vous avec Laylā (*al-Wāḍiḥ*, p. 158-168, ms f° 64v°, l. 11 ; f° 69v°, l. 2).

héros qu'il a été victime d'un piège et que sa bien-aimée n'est pas morte comme il le croit[258]. Dans la notice de la p. 297-298, les vers que l'enfant récite bouleversent la vie d'un soufi et provoquent sa mort[259]. Dans les deux cas ci-dessus, les petits révèlent une vérité qui change la vie des personnages principaux du récit. Quant aux moines, ils transmettent un récit édifiant en expliquant au *rāwī* les raisons de leur conversion à l'islam. Les raffinés assistent à des décès qui correspondent à leur idéal de comportement et suscitent leur admiration. Dans le premier *ḫabar*, un groupe de *ẓurafā'* emmène le narrateur voir deux amants dont l'un est malade et l'autre sain[260]. Lorsque le premier se plaint d'une douleur, le second se plaint du même mal. Ils meurent aussitôt, presque en même temps. Dans la deuxième notice, un jeune *ẓarīf* expire après avoir entendu des vers qui dénient le statut de véritable amant à quiconque patiente dans la séparation[261]. Les serviteurs sont des traîtres qui portent préjudice aux amants[262]. D'humble condition, ils ont aussi des esprits bas ; ils ne peuvent pas comprendre une véritable passion amoureuse et ne pensent qu'à leurs propres intérêts. Ils sont là pour montrer que l'amour est la vertu d'un cœur noble et qu'il ne peut ni être compris ni être conçu par des hommes mesquins.

3.9. *Conclusion : les relations entre les amants et leur entourage*

Les personnages secondaires du *Wāḍiḥ*, bien qu'ils incarnent parfois en apparence des forces agissantes sur le récit et capables de le modifier en décidant du destin des amants, ils assument en réalité des fonctions purement intégratives[263]. Figures positives, donc, dans la plus grande partie des notices[264], ils représentent le public nécessaire au martyre

258. *Al-Wāḍiḥ*, p. 360-364, ms f° 159r°, l. 2 ; f° 160v°, l. 12.
259. *Al-Wāḍiḥ*, p. 297-298, ms f° 127r°, l. 10 ; f° 127r°, l. 8.
260. *Al-Wāḍiḥ*, p. 116-117, ms f° 46r°, l. 16 ; f° 46v°, l. 9.
261. *Al-Wāḍiḥ*, p. 120, ms f° 48r°, l. 1-8.
262. L'eunuque de l'histoire de Waḍḍāḥ al-Yaman et Umm al-Banīn dénonce à son maître, al-Walīd b. ʿAbd al-Malik, la présence de Waḍḍāḥ dans les appartements de la femme du calife (*al-Wāḍiḥ*, p. 131-135, ms f° 153r°, l. 12 ; f° 55v°, l. 12). Dans celle qui parle de Muraqqiš, les deux serviteurs qui l'accompagnent dans sa recherche d'Asmā' l'abandonnent malade dans une grotte, ne pensant qu'à leur propre salut (*al-Wāḍiḥ*, p. 360-364, ms f° 159r°, l. 2 ; f° 160v°, l. 12).
263. Erman, 2006, p. 109.
264. Cette constante est confirmée par l'étude accomplie par Beatrice Gruendler des *ḫabars* qui se trouvent dans *Iʿtilāl al-qulūb* d'al-Ḫarā'iṭī, selon laquelle les personnages secondaires compatissent souvent avec les amants malheureux. Gruendler, 2004, p. 203.

et sans lequel ce dernier ne pourrait exister[265]. Ils approuvent et admirent les amants, même lorsque leur sacrifice n'aboutit pas au martyre et agissent comme spectateurs de l'acte héroïque plutôt que comme véritables acteurs.

Les conventions dramatiques qui président à ce type de narrations dans la tradition littéraire arabe prémoderne surdéterminent les modalités de leur caractérisation. Leurs catégories ne correspondent néanmoins guère à celles de la poésie amoureuse. Si la figure de l'ami ou du confident est commune, d'autres comme celle du *raqīb* (espion), du *kāšiḥ* (l'ennemi secret et malveillant), du *wāšī* (le diffamateur) ou du *ʿāḏil* (le censeur) qui hantent les vers d'amour, sont rares dans les *aḫbār* sélectionnés par Muġulṭāy[266]. Les amants du *Wāḍiḥ* sont en effet les victimes des conventions sociales et de la fatalité, plus que de la malveillance des hommes. Récepteurs d'une émotion violente incompatible avec la vie en société, ils en sont exclus malgré les efforts déployés par les personnages secondaires pour les aider.

4. Les lieux de l'amour

La situation géographique dans laquelle les événements d'une notice se déroulent ou, au contraire, l'absence de coordonnées spatio-temporelles constituent un élément narratologique important[267]. Le lieu de la narration ne se limite pas en effet « à une fonction de scène anodine sur laquelle se déploie le destin des personnages, mais s'impose comme enjeu diégétique, substance génératrice, agent structurant et vecteur signifiant »[268]. Les espaces mentionnés dans les 116 *aḫbār* (71 %) localisables du *Wāḍiḥ* peuvent être répartis comme suit :

1. villes (50 notices) ;
2. désert (27 notices) ;
3. lieux de prière et lieux sacrés du Ḥiǧāz (16 notices) ;
4. pays ou régions désignés par un toponyme (12 notices) ;
5. tombes isolées ou cimetières (10 notices) ;
6. routes (7 notices) ;
7. rive d'un fleuve, bord de mer ou montagne (6 notices)

265. Cook, 2007, p. 3.
266. Garulo, 1994.
267. Certaines notices déjà mentionnées auparavant ont été reprises dans cette étude pour des exigences de clarté.
268. Ziethen, 2013, p. 4.

8. couvents ou hôpitaux (4 notices) ;
9. cercles (*mağālis*) intellectuels (3 notices).

4.1. *La ville : l'urbanisation du* ʿišq

Les histoires d'amour chaste privilégient le milieu urbain : presque un tiers des notices du Wāḍiḥ se situe dans une ville[269] dont onze dans la péninsule arabique, huit à Médine[270], une à La Mecque[271], une à Māwiyya[272] et une à Ṭāʾif[273] ; six en Syrie, dont trois à Damas[274], une à Ḥamā[275], une à Šayzar[276] et une à al-Rāfiqa[277] ; vingt-cinq en Iraq

269. À la cinquantaine d'*aḫbār* qui se déroulent explicitement dans des centres urbains s'ajoutent trois autres ayant lieu dans une assemblée de notables, et six prenant place dans des mosquées (*al-Wāḍiḥ*, p. 170, ms f° 70v°, l. 10 ; f° 71r°, l. 7 ; 195, ms f° 80v°, l. 1-3 ; 220-221, ms f° 90r°, l. 5-8 ; 248, ms f° 102v°, l. 5-11) ou dans des lieux de prière (*al-Wāḍiḥ*, p. 155-156, ms f° 62v°, l. 7 ; f° 63r°, l. 12), sans compter les lieux sacrés du Ḥiğāz, classés à part pour le rôle particulier qu'ils jouent dans les histoires.
270. *Al-Wāḍiḥ*, p. 156-158, ms f° 63r°, l. 12 ; f° 64r°, l. 14 ; p. 194, ms f° 80r°, l. 6-16 ; p. 204-206, ms f° 83v°, l. 8 ; f° 84r°, l. 16 ; p. 223, ms f° 90r°, l. 9 ; f° 90v°, l. 3 ; p. 349-350, ms f° 154r°, l. 9 ; f° 154v°, l. 11 ; p. 367, ms f° 162v°, l. 7-15 ; p. 401, ms f° 179v°, l. 15 ; f° 180r°, l. 3 ; p. 402, ms f° 181r°, l. 8-12.
271. *Al-Wāḍiḥ*, p. 226-227, ms f° 91v°, l. 10 ; f° 92r°, l. 10. Cette notice ne portant aucune allusion aux lieux sacrés du pèlerinage, elle a été classée parmi celles qui se passent en ville.
272. *Al-Wāḍiḥ*, p. 334-335, ms f° 146r°, l. 13 ; f° 146v°, l. 16. Māwiyya se trouve sur la route entre La Mecque et al-Baṣra. Yāqūt al-Ḥamawī, *Muʿğam al-buldān*, V, p. 48.
273. *Al-Wāḍiḥ*, p. 396-399, ms f° 177r°, l. 14 ; f° 179r°, l. 9. Al-Ṭāʾif se situe au sud-est de La Mecque. Lecker, 1998.
274. *Al-Wāḍiḥ*, p. 131-135, ms f° 153r°, l. 12 ; f° 55v°, l. 12 ; p. 189-191, ms f° 78r°, l. 2 ; f° 78v°, l. 15 ; p. 284-288, ms f° 120r°, l. 8 ; f° 121r°, l. 13.
275. *Al-Wāḍiḥ*, p. 186, ms f° 77r°, l. 7-16. Ḥamā est une ville du centre de la Syrie, au sud d'Alep. Sourdel, 1965.
276. *Al-Wāḍiḥ*, p. 337, ms f° 148r°, l. 4 ; f° 148v°, l. 3. Šayzar au nord de la Syrie fut construite sur la rive droite de l'Oronte. Mouton, 1996, p. 410a.
277. *Al-Wāḍiḥ*, p. 120, ms f° 48r°, l. 1-8. Al-Rāfiqa se trouve dans l'actuelle Syrie au bord de l'Euphrate. Meinecke, 1994.

dont sept à Baṣra[278], huit à Kūfa[279] et dix à Bagdad[280] ; quatre en al-Andalus, à Cordoue[281]. Une seule se situe dans l'actuelle Turquie, à ʿAmmūriyya ou Amorium[282]. Curieusement, Muġulṭāy, habitant du Caire, ne rapporte aucune notice située en Égypte.

4.1.1. Le Ḥiǧāz : un avant-goût du Paradis

Huit histoires prennent place à Médine dont six se déroulent dans une période comprise entre la *ǧāhiliyya* et le IIIe/IXe siècle. Toutes ces notices mettent en scène des personnages exemplaires intimement liés aux lieux sacrés de l'islam. Le choix de l'emplacement détermine celui des personnages et vice-versa. Deux de ces notices mettent en scène ʿAbd Allāh b. Ǧaʿfar (m. 80/700)[283] et ʿUmar b. ʿAbd al-ʿAzīz (m. 101/720)[284] qui offrirent une de leurs esclaves aux jeunes hommes qui en étaient tombés éperdument amoureux. Dans le second de ces *ḫabar*-s, présenté en deux versions, l'amant, que la mort a séparé de sa bien-aimée après un an de vie commune, prononce des vers significatifs d'une conception eschatologique de l'amour profane que le décor médinois favorise :

> Je souhaitai obtenir le Paradis sur terre
> et tu me le donnas sans attendre
> Puis je fus embarrassé de convoiter cette grâce.
> La mort est certes ce qui pourrait m'arriver de mieux.

278. *Al-Wāḍiḥ*, p. 111, ms f° 43r°, l. 10 ; f° 43v°, l. 2 ; p. 210-211, ms f° 86v°, l. 7-12 ; 215-216, ms f° 88r°, l. 13 ; f° 88v°, l. 13 ; p. 251-252, ms f° 103v°, l. 12 ; f° 104v°, l. 2 ; p. 369-371, ms f° 163v°, l. 4 ; f° 164v°, l. 7 ; p. 375-376, ms f° 165v°, l. 8 ; f° 166r°, l. 6 ; p. 378-382, ms f° 167r°, l. 8 ; f° 169r°, l. 7.
279. *Al-Wāḍiḥ*, p. 116-117, ms f° 46r°, l. 16 ; f° 46v°, l. 9 ; p. 121, ms f° 48v°, l. 1-13 ; p. 172-173, ms f° 72r°, l. 4-14 ; p. 185-186, ms f° 76v°, l. 15 ; f° 77r°, l. 7 ; p. 191-193, ms f° 79r°, l. 9 ; f° 79v°, l. 14 ; p. 201-204, ms f° 82r°, l. 12 ; f° 83v°, l. 8 ; p. 272-273, ms f° 114r°, l. 12 ; f° 114v°, l. 15 ; p. 376-378, ms f° 166r°, l. 6 ; f° 167r°, l. 7.
280. *Al-Wāḍiḥ*, p. 181-182, ms f° 76r°, l. 6 ; f° 76v°, l. 11 ; p. 191, ms f° 79r°, l. 7-9 ; p. 253-255, ms f° 104v°, l. 16 ; f° 106r°, l. 2 ; p. 260, ms f° 108v°, l. 2-8 ; p. 274-275, ms f° 115r°, l. 16 ; f° 115v°, l. 13 ; p. 293-295, ms f° 125v°, l. 7 ; f° 126v°, l. 11 ; p. 295, ms f° 126v°, l. 11 ; f° 127r°, l. 10 ; p. 339-342, ms f° 149r°, l. 12 ; f° 150r°, l. 15 ; p. 345-346, ms f° 152r°, l. 2-10 ; p. 350-359, ms f° 154v°, l. 11 ; f° 158v°, l. 3.
281. *Al-Wāḍiḥ*, p. 112-116, ms f° 43v°, l. 7 ; f° 46r°, l. 16 ; p. 237, ms f° 96v°, l. 9-15 ; p. 270 (cette notice n'est pas citée dans le manuscrit) ; p. 343-344, ms f° 151r°, l. 4 ; f° 151v°, l. 11.
282. *Al-Wāḍiḥ*, p. 260-261, ms f° 108v°, l. 8 ; f° 109r°, l. 3. ʿAmmūriyya est le nom arabe d'Amorium, le célèbre bastion byzantin en Phrygie, sur la grande route militaire qui mène de Constantinople à la Cilicie. Canard, 1956.
283. *Al-Wāḍiḥ*, p. 223, ms f° 90r°, l. 9 ; f° 90v°, l. 3. ʿAbd Allāh b. Ǧaʿfar est le neveu du calife ʿAlī. Il était connu pour sa générosité, au point qu'on le surnomma *Baḥr al-ǧūd*, « Océan de générosité ». Il ne semble pas avoir joué un rôle politique de grande importance. Zetterstéen, 1954.
284. *Al-Wāḍiḥ*, p. 204-206, ms f° 83v°, l. 8 ; f° 84r°, l. 16. Ce personnage correspond à ʿUmar II, qui devint calife en 99/717, et qui était à l'époque gouverneur de Médine. Il était connu pour sa piété et pour son intérêt pour les affaires religieuses. Cobb, 2002.

Dans un autre récit, un jeune homme pieux résiste aux propositions malhonnêtes d'une femme mariée des *Anṣār*. Devant son refus, la jeune femme lui jette un sort qui le rend amoureux d'elle, mais le jeune homme préfère se faire attacher et mourir étranglé plutôt que céder à la tentation. Cette notice chante les vertus de la chasteté et explicite le paradoxe du désir *ʿuḏrī*, notamment dans les vers suivants[285] :

> L'interdit est un chemin que jamais je ne suivrai
> Et dans lequel je ne serai jamais impliqué jusqu'à ma mort
> Cesse de m'adresser des reproches, jamais je ne consentirai
> À faire ce que tu souhaites, sois-en désormais au désespoir !
> Le déshonneur ne dure que l'espace d'une vie et cela est peu de chose,
> Mais ce qui reste dans le déshonneur me fait souffrir
> Le feu ne cessera de me brûler jusqu'à mon dernier souffle,
> Et même lorsqu'il s'éteindra, il me consumera
> Mais je saurai être patient, tel l'homme libre qui connaît son état
> Peut-être Dieu, de Son Paradis, se rapprochera-t-Il de moi[286] !

Suivent deux histoires atypiques, dont l'une, le seul exemple dans le *Wāḍiḥ* de l'amour d'un père pour son enfant, raconte la mort d'un vieil homme qui ne supporta pas que la maladie emporte son fils[287]. Enfin, une notice qui se déroule à Médine à l'époque de Buġā al-Turkī (m. 248/862) raconte comment un jeune homme devenu esclave de l'amour s'éteignit après avoir récité des vers sur l'orage qui, en éclatant, lui avait délié la langue[288]. D'autres notices racontent pour l'une, le chagrin d'une femme qui mourut lorsqu'elle dut quitter Médine pour suivre son mari dans le Šām[289], pour l'autre, la mort d'un homme qui aimait une esclave chanteuse et qui, sentant la mort approcher, se réjouit de la récompense qu'il allait recevoir dans l'au-delà[290]. Les vers qu'il récite explicitent cette attente de la mort, qu'il considère en tout égal à celle des premiers combattants de l'islam :

> Mes frères, me voici sur le point de
> Mourir, qui d'entre vous pourrait aujourd'hui s'y opposer ?

285. Voir à ce sujet Balda-Tillier, 2020, p. 152-177.
286. *Al-Wāḍiḥ*, p. 157.
287. *Al-Wāḍiḥ*, p. 401, ms f° 179v°, l. 15 ; f° 180r°, l. 3.
288. *Al-Wāḍiḥ*, p. 349-350, ms f° 154r°, l. 9 ; f° 154v°, l. 11. Buġā al-Turkī ou al-Kabīr fut un militaire turc qui joua un rôle important dans les troubles que traversa le califat abbasside sous al-Muʿtaṣim et ses successeurs. Sourdel, 1960.
289. *Al-Wāḍiḥ*, p. 367, ms f° 162v°, l. 7-15.
290. *Al-Wāḍiḥ*, p. 402, ms f° 181r°, l. 8-12.

Si je meurs, faites don de mon sang à toute perle
Dont les paupières rendent malade et dont le regard ensorcelle

Le *ḫabar* de La Mecque narre la mort d'un des petits fils d'Abū al-ʿAbbās al-Ṯaqafī (m. 314/926) ou d'Abū al-ʿAnbas al-Ṣaymarī (m. 275/888) lorsqu'il doit quitter son aimée[291]. Nous en avons déjà parlé. Celui qui se déroule à Māwiyya explique qu'un jeune homme était alité depuis que sa cousine, mariée à un autre homme, était partie au loin[292]. Il n'avait pas dit un seul mot depuis un an et se nourrissait à peine. Il expira aussitôt sous les yeux du *rāwī*, après avoir récité ces vers :

Que ceux qui m'aiment ou qui éprouvent de la pitié pour moi pleurent :
Il ne me reste qu'un dernier souffle :
Aujourd'hui c'est le dernier jour de ma vie
Je suis désormais libre de toute chaîne de tristesse et d'angoisse.

À l'annonce de sa mort, une jeune fille se jeta sur son corps et mourut aussitôt de chagrin. À Ṭāʾif un jeune homme mourut de désespoir devant le refus que lui opposa son aimée, qui ne souhaitait se consacrer qu'à Dieu[293]. Les vers que l'amant récita illustrent la lutte qu'il conduisit contre ses désirs et sa passion :

Vais-je leur avouer ce qui me trouble ?
Ou la patience est-elle le lot qui échoue au jeune homme ?
Mes salutations à celle que je ne peux appeler par son nom,
Si jamais je devenais comme un oiseau dans sa cage.
Jeunes gens, si un jour vous goûtez à la passion,
Vous saurez que je dis vrai
Je vous aime de par mon amour pour elle et je vous vois
Me dire : « Meurs d'amour, ô courageux ! »[294]

291. *Al-Wāḍiḥ*, p. 226-227, ms f° 91v°, l. 10 ; f° 92r°, l. 10.
292. *Al-Wāḍiḥ*, p. 334-335, ms f° 146r°, l. 13 ; f° 146v°, l. 16.
293. *Al-Wāḍiḥ*, p. 396-399, ms f° 177r°, l. 14 ; f° 179r°, l. 9.
294. Sa lecture étant incertaine, nous avons omis de traduire le dernier vers de ce poème.

4.1.2. Le Šām[295] : scandales et faits divers

Les notices damascènes remontent au début du IIe/VIIIe siècle et mettent en scène des califes omeyyades. Les récits situés à la cour de ʿAbd al-Malik b. Marwān (65/685-86/705)[296] ou de Sulaymān b. ʿAbd al-Malik (m. 97/715-99/717)[297] racontent le suicide de deux jeunes hommes et d'une esclave. Les poèmes, des vers de célèbres poètes amants de l'époque préislamique ou du début de l'islam, comme Qays b. Ḏarīḥ, Ǧamīl ou Maǧnūn, y représentent l'élément déclencheur du suicide. Ils évoquent la naissance précoce de l'amour, auquel leurs âmes étaient prédestinées, et les souffrances qu'ils endurèrent pour supporter la passion. Ils n'offrent aucune allusion au martyre d'amour et la dimension eschatologique y est négligée. Les vers du *ḫabar* sur Yazīd II (101/720-105/724) et Ḥabāba célèbrent soit la beauté de cette dernière et la passion qu'elle savait susciter, soit décrivent les souffrances éprouvées par l'amant[298]. Ils sont chantés par la belle et talentueuse esclave elle-même. Les poèmes, comme les histoires, témoignent d'une société hautement raffinée qui s'adonne à des plaisirs exquis comme celui d'écouter des poèmes chantés par des esclaves, en buvant des coupes de vin[299], et qui profite de biens coûteux comme des pierres précieuses ou des coffres emplis de vêtements et de bijoux, si larges qu'ils pourraient contenir un homme[300]. Le portrait de cette opulence contribue à entretenir l'image négative des califes omeyyades[301]. Les vers qui évoquent les souffrances des poètes amants bédouins s'opposent à la description du luxe de la cour omeyyade, et provoquent la mort des amants qui se font les émules de l'héroïsme bédouin.

Al-Šayzarī, auteur de la *Rawḍat al-qulūb*, est présenté par Muġulṭāy comme un témoin direct et transmetteur des notices qui se déroulent à Ḥamā et à Šayzar. Aucune ne comporte de vers. Celle de Ḥamā[302] décrit l'amour d'un précepteur pour l'un de ses élèves. Quand les parents du garçon lui interdirent de le voir, il mourut de chagrin. La deuxième met en scène le suicide par pendaison commis par la femme d'un militaire turc lorsque son mari

295. À l'époque médiévale, cette région couvrait la Syrie, le Liban, la Jordanie, Israël et la province turque de Hatay. Lentin, 1996.
296. *Al-Wāḍiḥ*, p. 189-191, ms f° 78r°, l. 2 ; f° 78v°, l. 15.
297. *Al-Wāḍiḥ*, p. 284-288, ms f° 120r°, l. 8 ; f° 121r°, l. 13.
298. *Al-Wāḍiḥ*, p. 388-396, ms f° 172r°, l. 15 ; f° 176r°, l. 4. À propos de ce *ḫabar*, voir Zakharia, 2011, p. 300-335.
299. Dans la troisième des notices mentionnées, le jeune homme boit une coupe de vin après chaque poème chanté par l'esclave. *Al-Wāḍiḥ*, p. 189-191, ms f° 78r°, l. 2 ; f° 78v°, l. 15.
300. Dans la notice de Waḍḍāḥ al-Yaman et Umm al-Banīn, un eunuque est chargé d'apporter à la femme du calife des joyaux que son mari a reçus en cadeau et, entrant sans frapper, découvre la présence de son amant qu'elle cache dans un coffre à vêtements. *Al-Wāḍiḥ*, p. 131-135, ms f° 153r°, l. 12 ; f° 55v°, l. 12.
301. Trois des califes cités entretiennent entre eux des liens de parenté proche, ʿAbd al-Malik b. Marwān étant le père d'al-Walīd et de Sulaymān.
302. *Al-Wāḍiḥ*, p. 186, ms f° 77r°, l. 7-16.

rentra à la maison en colère et qu'elle crut avoir causé son courroux[303]. Ces deux histoires n'appartiennent pas à la tradition littéraire amoureuse arabo-islamique classique. Ils ressemblent plutôt à des « faits divers » qui se transmettaient de bouche à oreille dans le Šām du VIe/XIIe siècle. Quant à l'histoire qui a lieu à al-Rāfiqa[304], elle occupe une place à part. Elle met en scène un cercle de jeunes gens raffinés (*ʿidda min al-ẓurafāʾ*) dont l'un se jeta par terre et mourut après avoir entendu une jeune femme raffinée chanter des vers qui blâmaient la patience en amour :

> Je déteste tous ceux qui montrent de la patience
> Lorsqu'ils sont séparés de l'aimé et attendent de s'unir à lui.
> La patience est une vertu quand elle est bien placée
> Mais le jeune homme en proie à la tristesse ne sait pas quoi en faire.

Bien que l'atmosphère raffinée soit identique à celle des *aḫbār* damascènes précédemment évoqués, et que les vers qui provoquent la mort du raffiné s'attaquent à une des plus hautes vertus du bon musulman, le jugement que Muġulṭāy porte sur leurs héros diffère. Le jeune raffiné qui meurt afin de retrouver son aimé (Dieu ou l'être aimé) dans l'au-delà n'est pas considéré comme un suicidé, et la notice se conclut par une bénédiction (*raḥimahu Allāh taʿālā*). Si l'on exclut cette dernière notice, qui aurait pu avoir lieu ailleurs, les *aḫbār* du Šām tournent d'un côté autour de la cour des Omeyyades, décor indispensable à trois d'entre elles, et, de l'autre, reflètent la provenance de leur transmetteur, al-Šayzarī.

4.1.3. L'Iraq : piété et raffinement

Vingt-cinq notices se passent dans des villes d'Iraq, al-Baṣra, al-Kūfa et Bagdad. Seulement 14 des histoires contenues dans ces *aḫbār* sont datables. Leur répartition dans le temps couvre tous les siècles jusqu'au Ve/XIe, à l'exclusion de l'époque préislamique :

Siècle	Ville	Références de la notice dans le *Wāḍiḥ*
Ier/VIIe	1. Kūfa 2. Baṣra	p. 376-378, ms fo 166ro, l. 6 ; fo 167ro, l. 7. p. 378-382, ms fo 167ro, l. 8 ; fo 169ro, l. 7.

303. *Al-Wāḍiḥ*, p. 337, ms fo 148ro, l. 4 ; fo 148vo, l. 3.
304. *Al-Wāḍiḥ*, p. 120, ms fo 48ro, l. 1-8. La notice a été datée grâce à un passage du *Kitāb Baġdād* d'Ibn Ṭayfūr dans lequel sont cités à la fois Isḥāq al-Rāfiqī, le narrateur, et l'émir ʿAbd Allāh b. Ṭāhir (m. 230/844). Ibn Ṭayfūr, *Kitāb Baġdād*, p. 158-159.

Siècle	Ville	Références de la notice dans le *Wāḍiḥ*
IIe/VIIIe	1. Kūfa 2. Baṣra 3. Bagdad 4. Bagdad	p. 172-173, ms f° 72r°, l. 4-14. p. 215-216, ms f° 88r°, l. 13 ; f° 88v°, l. 13 p. 253-255, ms f° 104v°, l. 16 ; f° 106r°, l. 2. p. 260, ms f° 108v°, l. 2-8.
IIIe/IXe	1. Bagdad 2. Bagdad 3. Bagdad 4. Bagdad	p. 181-182, ms f° 76r°, l. 6 ; f° 76v°, l. 11. p. 293-295, ms f° 125v°, l. 7 ; f° 126v°, l. 11. p. 339-342, ms f° 149r°, l. 12 ; f° 150r°, l. 15. p. 345-346, ms f° 152r°, l. 2-10.
IVe/Xe	1. Bagdad	p. 295, ms f° 126v°, l. 11 ; f° 127r°, l. 10.
Ve/XIe	1. Baṣra 2. Bagdad 3. Bagdad	p. 111, ms f° 43r°, l. 10 ; f° 43v°, l. 2. p. 191, ms f° 79r°, l. 7-9. p. 237, ms f° 96v°, l. 9-15

Aux IIe/VIIIe et au IIIe/IXe siècles, la majorité des notices se déroule dans la capitale de l'empire abbasside Bagdad, à l'époque du plus grand essor de la dynastie. Ces notices peuvent être divisées en trois catégories. La première comprend quatre histoires qui mettent en scène des hommes ou des femmes de l'entourage des califes[305]. Dans la notice qui raconte la brève rencontre entre le calife al-Ma'mūn et l'esclave qu'il avait acheté puis oublié, les vers chantés par la jeune fille en apprenant le départ imminent de son maître à la guerre opposent le *ǧihād* que l'on mène sur le champ de bataille à celui des cœurs, en privilégiant ce dernier :

> J'adresse à Dieu la prière du nécessiteux
> Afin qu'Il me récompense et réponde à ma supplication.
> Peut-être Dieu te dispensera-t-Il de la guerre
> Et nous réunira-t-Il, comme les cœurs le désirent[306]!

La deuxième catégorie comprend deux histoires qui se déroulent à al-Baṣra. L'une raconte que Muḥammad b. al-Sammāk avait demandé à Ṣāliḥ al-Murrī de l'accompagner rendre visite aux hommes les plus pieux de cette ville. Les deux visiteurs assistèrent ainsi à la mort de plusieurs individus à la simple écoute d'un verset coranique[307]. À cela s'ajoutent cinq autres récits dans lesquels les personnages, tombés amoureux et ne pouvant satisfaire leur désir, se tournèrent vers la religion et la vie ascétique[308]. Ils devinrent des modèles de

305. *Al-Wāḍiḥ*, p. 181-182, ms f° 76r°, l. 6 ; f° 76v°, l. 11 ; p. 260, ms f° 108v°, l. 2-8 ; 293-295, ms f° 125v°, l. 7 ; f° 126v°, l. 11 et p. 345-346, ms f° 152r°, l. 2-10.
306. *Al-Wāḍiḥ*, p. 181-182, ms f° 76r°, l. 6 ; f° 76v°, l. 11.
307. *Al-Wāḍiḥ*, p. 215-216, ms f° 88r°, l. 13 ; f° 88v°, l. 13. Nous avons déduit que cette histoire se passe à al-Baṣra, Ṣāliḥ al-Murrī étant un *qāṣṣ* de cette ville. Voir Pellat, 1976a.
308. *Al-Wāḍiḥ*, p. 191-193, ms f° 79r°, l. 9 ; f° 79v°, l. 14 ; 201-204, ms f° 82r°, l. 12 ; f° 83v°, l. 8 ; 260, ms f° 108v°, l. 2-8 ; 369-371, ms f° 163v°, l. 4 ; f° 164v°, l. 7 ; p. 375-376, ms f° 165v°, l. 8 ; f° 166r°, l. 6.

retrait du monde et atteignirent des niveaux surprenants dans la mortification de la chair. Dans ces *aḫbār* pieux, les villes mentionnées exaltent la vie spirituelle grâce à l'atmosphère de piété qui y règne. Les notices à caractère religieux sont contrebalancées par les récits qui relèvent de la troisième catégorie, où le culte voué à outrance à l'amour profane cause la mort du ou des amants. Il en est ainsi dans le *ḫabar* qui relate le suicide d'un jeune homme aux yeux duquel la plus brève séparation de son aimée était insupportable[309] :

> Le jour de la séparation est plus long que celui du Jugement
> Mais la mort que cause la douleur de la séparation est plus belle.
> Ils me dirent : « Pars ! ». Je répondis : « Je ne partirai pas. »
> Mais mon décès m'obligera néanmoins à partir.

Ces vers illustrent l'opposition entre passion profane et amour divin qui, lorsqu'ils ne se rejoignent pas, empêchent d'acquérir le statut de martyr. Un autre *ḫabar* raconte la mort d'un homme interné dans un hôpital psychiatrique lorsqu'il entendit réciter les vers que son aimée lui avait fait envoyer[310]. Dans un troisième, deux jeunes hommes amoureux l'un de l'autre atteignent un niveau de symbiose tel que celui qui n'est pas malade ressent la même douleur que celui qui l'est[311]. Lorsque l'un des deux mourut, l'autre le suivit rapidement dans la tombe. Trois *aḫbār* traitent la thématique du raffinement homoérotique en Iraq. Le premier, consacré dans le *Wāḍiḥ* à Ibn Dāwūd (m. 294/909), auteur du *Kitāb al-zahra*, réunit plusieurs anecdotes sur son amour pour Muḥammad b. Ǧāmiʿ al-Ṣaydalānī et donne des préceptes à suivre en amour[312]. Le second raconte l'amour d'Abū al-Ḥusayn pour un jeune homme qui fréquentait comme lui le cercle de Misʿar b. Kidām (m. 125/769)[313]. Quand les étroites relations qu'entretenaient les deux hommes furent exposées, Misʿar chassa Abū al-Ḥusayn de son assemblée, ce qui provoqua aussitôt sa mort[314]. Le troisième décrit la passion de Mudrik b. ʿAlī al-Šaybānī, un homme de lettres cultivé qui animait chez lui un cercle littéraire, pour ʿUmar b. Yūḥannā al-Naṣrānī. Quand cet amour fut révélé au grand jour, ʿUmar ressentit une telle honte qu'il cessa de

309. *Al-Wāḍiḥ*, p. 210-211, ms f° 86v°, l. 7-12.
310. *Al-Wāḍiḥ*, p. 274-275, ms f° 115r°, l. 16 ; f° 115v°, l. 13.
311. *Al-Wāḍiḥ*, p. 116-117, ms f° 46r°, l. 16 ; f° 46v°, l. 9.
312. *Al-Wāḍiḥ*, p. 339-342, ms f° 149r°, l. 12 ; f° 150r°, l. 15.
313. Misʿar b. Kidām (m. 125/769) est un transmetteur de *ḥadīṯ* considéré comme fiable. Al-Ziriklī, 1990-2011, VII, p. 216.
314. *Al-Wāḍiḥ*, p. 172-173, ms f° 72r°, l. 4-14.

fréquenter la maison de Mudrik. Ce dernier en devint fou de douleur et mourut[315]. Un de ces récits raconte aussi l'amour du poète al-ʿAbbās b. al-Aḥnaf (m. après 193/808) pour une jeune fille appelée Fawz[316].

4.1.4. Al-Andalus : une sensibilité particulière

Les trois notices situées en Andalousie aux IVe/Xe[317] et Ve/XIe siècles[318] émanent de la même source, le *Ṭawq al-ḥamāma*. Dans la notice concernant Ibn al-Ṭubnī, plus brève que celle du *Ṭawq al-ḥamāma*, Ibn Ḥazm, dans sa fonction de narrateur, dit avoir fréquenté cet homme dans sa jeunesse et l'avoir ensuite perdu de vue jusqu'à ce que lui parvienne la nouvelle de sa mort. L'histoire se conclut dans le *Wāḍiḥ*, comme dans le *Ṭawq*, par un éloge funèbre composé par Ibn Ḥazm lui-même qui reprend le thème de la nostalgie caractéristique la poésie andalouse[319] :

> Même si la pierre tombale t'a désormais caché,
> Mon amour pour toi ne peut point se dissimuler
> Empli de nostalgie, je me suis rendu à ta demeure
> Notre destin est fait de cours et de recours
> J'ai composé [ces vers] alors que tu m'avais laissé seul et abandonné
> Et j'ai répandu pour toi les larmes de mes yeux
> [...]

4.1.5. Conclusion : la ville, lieu privilégié du *ʿišq*

Bien que l'amour *ʿuḏrī* trouve son origine mythique dans un passé idéalisé situé en milieu bédouin[320], le modèle originel de ces récits du désert fut urbanisé et répandu dans toutes les régions conquises à l'islam. Dans ce nouveau contexte, il dut concurrencer la tendance manifeste dans la poésie prémoderne à transformer les villes en une « aire de jeux érotiques », selon l'expression utilisée par Adam Talib[321]. Dans les villes de la

315. *Al-Wāḍiḥ*, p. 350-359, ms f° 154v°, l. 11 ; f° 158v°, l. 3.
316. *Al-Wāḍiḥ*, p. 253-255, ms f° 104v°, l. 16 ; f° 106r°, l. 2.
317. *Al-Wāḍiḥ*, p. 112-116, ms f° 43v°, l. 7 ; f° 46r°, l. 16 et Ibn Ḥazm, *Ṭawq al-ḥamāma*, p. 246-247.
318. *Al-Wāḍiḥ*, p. 270 (le manuscrit ne cite pas cette notice) ; p. 343-344, ms f° 151r°, l. 4 ; f° 151v°, l. 11 et Ibn Ḥazm, *Ṭawq al-ḥamāma*, p. 249-253.
319. Elinson, 2009, p. 2.
320. Jacobi, 2002.
321. En anglais « erotic playground ». Talib, 2018, p. 138.

péninsule arabique, les passions chastes attribuées à des hommes pieux du début de l'islam contribuent à islamiser l'amour profane par leur comportement exemplaire. Dans les notices syriennes, l'intrigue intègre des données historiques concernant la cour califale omeyyade et la société raffinée qui se développa autour d'elle, tout en demeurant imprégnée des valeurs traditionnelles. Les notices iraquiennes portent quant à elles un cachet différent selon la ville de provenance. À Baṣra prédominent les histoires d'amour divin qui, relatant les morts subites d'hommes pieux à l'écoute d'un verset coranique, marquent une nouvelle conception du *ʿišq* ; à Kūfa les histoires d'amour divin se mélangent à d'autres, comparables à celles des couples bédouins célèbres[322]. Les récits mis en scène à Bagdad et à Cordoue témoignent d'une culture raffinée dont les règles ne correspondent pas à celles du commun. Les obstacles qui s'opposent à l'union de l'amant ne dérivent plus de la morale bédouine, mais des lois non écrites qui règlent la vie sociale urbaine. Ces notices expriment également une sensibilité particulière vis-à-vis de l'homoérotisme, représenté sous la forme d'une amitié intellectuelle qui naît dans les cercles des notables[323]. Le déplacement des histoires d'amour du milieu bédouin vers le contexte urbain correspond donc à l'acclimatation du récit à la nouvelle situation historique, couplée à l'exigence du respect de la déontologie islamique. Les poèmes des notices, parfois remplacés, lorsque le récit l'exige, par des versets coraniques, suivent les déplacements du récit en adaptant leurs thèmes aux nouvelles situations ou au personnage qui les récite ou au lieu de leur énonciation.

4.2. *Le désert : passion et poésie*

Vingt-sept récits, dont dix-huit se situent entre la *ǧāhiliyya* et le IVe/Xe siècle, ont pour cadre un campement bédouin, une tente, un oued ou un endroit indéterminé dans le désert. Nous avons déjà parlé des héros bédouins transformés en amants qui sont ʿAbd Allāh b. ʿAǧlān (m. vers 574)[324], Murāqqiš al-Akbar (m. vers 552)[325] et Musāfir

322. La notice de la p. 185-186 mentionne que les habitants d'al-Kūfa auraient écrit un livre sur les amours d'un jeune homme des Banū Asad semblable à ceux qui furent consacrés aux couples célèbres comme Ǧamīl et Buṯayna ou ʿUrwa et ʿAfrāʾ.

323. Voir à ce propos Roscoe, Murray, 1997, p. 148 ; Crompton, 2003, p. 165.

324. *Al-Wāḍiḥ*, p. 230-236, ms f° 93r°, l. 7 ; f° 96r°, l. 15.

325. *Al-Wāḍiḥ*, p. 360-364, ms f° 159r°, l. 2 ; f° 160v°, l. 12.

b. Abī ʿAmr (m. vers 613)[326]. Certains *aḫbār* du Iᵉʳ/VIIᵉ[327] ou du IIᵉ/VIIIᵉ siècle[328] concernent des poètes amants célèbres comme Qays b. al-Mulawwaḥ (Maǧnūn Laylā)[329], Qays b. Ḏarīḥ (m. 68/688)[330] et Ǧamīl b. Maʿmar (m. 82/701)[331]. D'autres rendent compte d'un passé islamique devenu mythique, comme le récit de la mort par le chagrin de la cousine d'al-Nuʿmān b. Bašīr (m. 65/684) lorsque son mari, Mālik, fut tué à la guerre, ou celui de l'expédition conduite par Ḫālid b. al-Walīd (m. 21/642)[332], envoyé par le Prophète combattre les Banū Ǧaḏīma[333]. Des quatre récits qui font référence à des événements du IIIᵉ/IXᵉ siècle, deux décrivent l'amour contrarié de deux cousins qui moururent de chagrin l'un à la suite de l'autre[334], et les deux autres narrent le décès d'amants à l'écoute de vers d'amour[335]. Trois d'entre eux furent transmis par un *rāwī* célèbre[336]. Dans la notice de la p. 144-147, le *rāwī*, un homme des Banū Tamīm, raconte que, pendant qu'il errait dans les terres des *ʿUḏrī*-s à la recherche d'une brebis perdue, il découvrit une habitation isolée. Sur le seuil gisait un jeune homme à l'agonie, assisté par une vieille femme. Elle expliqua qu'il s'agissait de son fils, tombé malade d'amour pour sa cousine, qu'il aimait depuis l'enfance, mais qui avait épousé un autre. Elle le pria de le sermonner, afin de le détourner de cette passion, si pernicieuse pour sa santé. Le *rāwī* provoqua cependant la colère du jeune homme en lui rappelant la mise en garde à l'égard des femmes contenue

326. *Al-Wāḍiḥ*, p. 364-366, ms fᵒ 160vᵒ, l. 13 ; fᵒ 161vᵒ, l. 12.
327. *Al-Wāḍiḥ*, p. 138-144, ms fᵒ 56vᵒ, l. 5 ; fᵒ 59rᵒ, l. 8 ; p. 158-168, ms fᵒ 64vᵒ, l. 11 ; fᵒ 69vᵒ, l. 2 ; p. 173-179, ms fᵒ 72rᵒ, l. 14 ; fᵒ 75rᵒ, l. 13 ; p. 216-217, ms fᵒ 88vᵒ, l. 13 ; fᵒ 89rᵒ, l. 14 ; p. 298-312, ms 128rᵒ, l. 1 ; fᵒ 134rᵒ, l. 15 ; p. 312-326, ms fᵒ 134rᵒ, l. 16 ; fᵒ 142vᵒ, l. 6 ; p. 331-332, ms fᵒ 144vᵒ, l. 7 ; fᵒ 145rᵒ, l. 7.
328. *Al-Wāḍiḥ*, p. 144-147, ms fᵒ 59vᵒ, l. 2 ; fᵒ 61rᵒ, l. 2 et p. 332-334, ms fᵒ 145 l. 7 ; fᵒ 146rᵒ, l. 13.
329. *Al-Wāḍiḥ*, p. 298-312, ms fᵒ 128rᵒ, l. 1 ; fᵒ 134rᵒ, l. 15. Maǧnūn Laylā est un personnage légendaire dont l'existence n'est pas datable précisément, même si son histoire mentionne des contacts qu'il aurait entretenus avec Nawfal b. Musāḥiq, gouverneur de Médine en 82/702.
330. *Al-Wāḍiḥ*, p. 312-326, ms fᵒ 134rᵒ, l. 16 ; fᵒ 142vᵒ, l. 6.
331. *Al-Wāḍiḥ*, p. 158-168, ms fᵒ 64vᵒ, l. 11 ; fᵒ 69vᵒ, l. 2. Cette notice relate plusieurs histoires sur l'amour de ce célèbre poète *ʿuḏrī* pour Buṯayna. Tawba b. Ḥumayyir (m. 85/704) et al-Ṣimma b. ʿAbd Allāh al-Qušayrī (m. 8/630). *Al-Wāḍiḥ*, p. 138-144, ms fᵒ 56vᵒ, l. 5 ; fᵒ 59rᵒ, l. 8 et p. 216-217, ms fᵒ 88vᵒ, l. 13 ; fᵒ 89rᵒ, l. 15) sont également évoqués.
332. Ḫālid b. al-Walīd b. al-Muġīra al-Maḫzūmī fut un célèbre commandant d'armées au début de l'islam. Crone, 1977.
333. *Al-Wāḍiḥ*, p. 173-179, ms fᵒ 72rᵒ, l. 14 ; fᵒ 75rᵒ, l. 13.
334. *Al-Wāḍiḥ*, p. 144-147, ms fᵒ 59vᵒ, l. 2 ; fᵒ 61rᵒ, l. 2 et p. 211-212, ms fᵒ 86vᵒ, l. 11 ; fᵒ 87rᵒ, l. 13.
335. *Al-Wāḍiḥ*, p. 224, ms fᵒ 90vᵒ, l. 3 ; fᵒ 91rᵒ, l. 2 et p. 332-334, ms fᵒ 145rᵒ, l. 7 ; fᵒ 146rᵒ, l. 13.
336. Il s'agit d'al-Aṣmaʿī (m. 213/828) pour trois d'entre elles et d'al-Aḫfaš (m. entre 210/825 et 221/835) pour la quatrième. Al-Aḫfaš al-Awsaṭ, Abū al-Ḥasan Saʿīd b. Masʿada, fut un célèbre grammairien et philologue d'al-Baṣra. Brockelmann, Pellat, 1956.

dans l'histoire coranique de Joseph[337], à laquelle il opposa les vers suivants qui défendent la légitimité de l'amour et opposent aux arguments du *rawī* les exigences de la passion amoureuse, maître absolu auquel nul ne peut se soustraire[338] :

> Ma belle ne m'a pas rendu visite.
> Est-elle avare ou me rejette-t-elle ?
> Depuis que je suis malade, toute ma famille m'a visité.
> Tu es la seule à ne pas être venue !
> Tu es celle qui m'a manqué le plus et pour laquelle j'ai versé de chaudes larmes.
> Perdre celle que j'avais l'habitude de fréquenter me déchire.
> Sache que personne d'autre que toi n'est resté en arrière.
> Autour de moi ceux de ma famille sont nombreux.
> Si tu avais été malade, je serais accouru,
> Et nulle menace n'aurait pu me retenir !

Dans les *aḫbār* qui se déroulent dans le désert, l'amour domine en maître absolu et son mal provoque de terribles ravages. Aucune notice ne traite de l'amour divin, et la mention *qatīl* (victime de l'amour) et non pas *šahīd* (martyr de l'amour) précède un tiers de ces *aḫbār*[339]. La poésie détient le premier rôle. Dans la plupart des cas, les poèmes récités par les amants se situent à l'origine de l'histoire, écrite à *posteriori* pour expliquer les circonstances dans lesquelles les vers furent composés. Les poèmes, lorsqu'ils sont oralisés, provoquent le dénouement de l'histoire et possèdent donc une valeur performative : ce qui est « dit » dans les vers est « fait » dans le récit. La parole poétique se transforme en action, bien que cette dernière se réduise souvent à l'acte passif de mourir. Dans le désert, l'amour *ʿuḏrī* entre en compétition avec l'islam et la poésie prend la place du langage sacré : les amants du désert meurent à l'écoute de vers de poésie, les amants de Dieu à celle d'un verset coranique.

337. *Al-Wāḍiḥ*, p. 145.
338. *Al-Wāḍiḥ*, p. 144-147, ms f° 59v°, l. 2 ; f° 61r°, l. 2.
339. Dans neuf notices sur vingt-sept, les personnages ne sont pas considérés comme des martyrs de l'amour, mais comme ses victimes.

4.3. *Les lieux de prière et les lieux sacrés du Ḥiǧāz : l'exaltation de l'amour divin*

Seize notices se déroulent dans les lieux sacrés des musulmans, comme l'emplacement de la Kaʿba à La Mecque, ou la tombe du Prophète à Médine. S'agissant d'histoires atemporelles, leur datation n'est pas pertinente. Elles traitent de l'amour divin, à trois exceptions près[340], et sont en général des notices courtes, sans vers. Dix sur treize[341] font état d'une mort à l'écoute d'un ou de plusieurs versets coraniques à la portée eschatologique[342] récités par un sermonneur célèbre[343]. Plusieurs variantes sont possibles : la mort peut survenir lors d'une séance de *ḏikr*[344] ou être provoquée par la simple vue des lieux sacrés[345] ; les personnages principaux peuvent être des animaux[346]. Dans tous ces récits, l'espace détermine le contenu, la narration ne pouvant en aucun cas se situer ailleurs. Dans la structure globale du *Wāḍiḥ*, ces histoires exemplaires servent le principe de la variation et de l'alternance du sérieux et du plaisant, en illustrant un des multiples aspects de la passion amoureuse.

340. *Al-Wāḍiḥ*, p. 213, ms f° 87v°, l. 6-15 ; 255-259, ms f° 106r°, l. 2 ; f° 108r°, l. 3 et 383, ms f° 170r°, l. 3-10. Le *ḫabar* de la page 213 est identique à celui de la page 383.
341. *Al-Wāḍiḥ*, p. 119-120, ms f° 47v°, l. 15 ; f° 48r°, l. 1 ; p. 155-156, ms f° 62v°, l. 6 ; f° 63r°, l. 12 ; p. 170, ms f° 70v°, l. 2-10 ; p. 195, ms f° 80v°, l. 1-3 ; 195, ms f° 80v°, l. 3-5 ; p. 210, ms f° 86v°, l. 4-6 ; p. 219, ms f° 89r°, l. 15 ; f° 89v°, l. 6 ; p. 220-221, ms f° 90r°, l. 5-8 ; p. 240-241, ms f° 98v°, l. 2-11 et p. 248, ms f° 102v°, l. 5-11.
342. D'autres notices suivant le même schéma se déroulent par exemple dans une rue (*al-Wāḍiḥ*, p. 111, ms f° 43r°, l. 10 ; f° 43v°, l. 2), dans la montagne (*al-Wāḍiḥ*, p. 215, ms f° 88r°, l. 7-13) ou sur le bord de l'Euphrate (*al-Wāḍiḥ*, p. 121, ms f° 48v°, l. 7-13).
343. Les trois notices qui n'adoptent pas ce schéma racontent, pour la première, l'histoire d'une femme que le narrateur vit trois années consécutives lors de son pèlerinage à La Mecque et qui fut peu à peu atteinte de folie à cause de son amour et finit par en mourir (*al-Wāḍiḥ*, p. 338-339, ms f° 148v°, l. 13 ; f° 149r°, l. 5) ; dans la deuxième, un inconnu demanda un jour à l'*imām* d'une mosquée qu'il fréquentait régulièrement de lui prêter une copie du Coran avec laquelle il s'enfuit. Il fut retrouvé mort, le Livre sur la poitrine (*al-Wāḍiḥ*, p. 170, ms f° 70v°, l. 10 ; f° 71r°, l. 7). Quant à la troisième, c'est celle qui concerne l'âne noir du Prophète (*al-Wāḍiḥ*, p. 401-402, ms f° 180r°, l. 3-16).
344. *Al-Wāḍiḥ*, p. 219, ms f° 89r°, l. 15 ; f° 89v°, l. 6. Le *ḏikr* est la technique rituelle par laquelle on mentionne répétitivement le nom de Dieu. C'est la forme de prière la plus utilisée par les soufis. Gardet, 1961.
345. *Al-Wāḍiḥ*, p. 240, ms f° 98v°, l. 2-7. La version imprimée réunit deux récits dans le même *ḫabar*, alors que le manuscrit les sépare. L'histoire qui nous intéresse ici, celle d'une femme de Baṣra, qui décéda aussitôt arrivée sur les lieux sacrés, est la première des deux.
346. *Al-Wāḍiḥ*, p. 220-221, ms f° 90r°, l. 5-8 ; p. 124, ms f° 49r°, l. 12 ; f° 49v°, l. 3 et p. 401-402, ms f° 180r°, l. 3-16.

4.4. *Les tombes isolées ou les cimetières : le lien entre les vivants et les morts*

Dix notices, dont les histoires se situent entre le Ier/VIIe et le IIIe/IXe siècle[347], ont lieu dans un cimetière[348]. L'identité des *rāwī*-s qui assistent aux événements, al-Aṣmaʿī (m. 213/828), al-ʿUtbī (m. 228/842-3), al-Rabīʿ b. Ziyād (m. vers 30/590)[349] et Abū al-Ḥusayn al-Bagdadī (m. 370/980)[350] prime sur celle des martyrs de l'amour, tous anonymes. Ces récits étonnants et exceptionnels ont besoin d'un témoin fiable pour devenir crédibles. Dans huit notices sur dix[351], les vers récités sur la tombe sont à même de mettre le monde des vivants en relation avec celui des morts. Cet aspect se manifeste particulièrement dans le *ḫabar* de la p. 212. Le *rāwī*, al-Aṣmaʿī, y raconte que, surpris par la nuit, il alla dormir dans un cimetière et se coucha sur une tombe. Dans l'obscurité, il entendit réciter des vers exprimant le désir du poète d'être bientôt réuni à sa bien-aimée, Suʿād :

> Puisse Dieu regarder deux ombres
> Et faire en sorte que tu me rejoignes
> La mélancolie me tient dans ma tombe
> Pourvu que je te voie et que tu me voies

347. Pour le premier siècle : *al-Wāḍiḥ*, p. 193, ms f° 79v°, l. 14 ; f° 80 l. 5 ; p. 236, ms f° 96r°, l. 15 ; f° 96v°, l. 1 ; pour le deuxième : p. 368, ms f° 162v°, l. 15 ; f° 163r°, l. 13 ; pour le troisième : p. 212, ms f° 87r°, l. 13 ; f° 87v°, l. 5 ; p. 246-247, ms f° 101v°, l. l. 12 ; f° 102r°, l. 5 ; p. 247-248, ms f° 102r°, l. 5 ; f° 102v°, l. 5 ; p. 342-343, ms f° 150v°, l. 8 ; f° 151r°, l. 4.

348. La seule exception est représentée par le récit de la page 236, ms f° 96r°, l. 15 ; f° 96v°, l. 1, que la présence de ʿĀʾiša, la femme préférée du Prophète permet de situer au début de l'islam.

349. Al-Rabīʿ b. Ziyād fut un des chefs arabes les plus courageux de la *ǧāhiliyya*. Al-Ziriklī, 1990-2011, III, p. 14.

350. L'identification de ce personnage à Abū Muḥammad b. al-Ḥusayn al-Baġdādī dit al-Warrāq, cité par al-Ḏahabī est probable (*Siyar aʿlām al-nubalāʾ*, XVI, p. 214).

351. *Al-Wāḍiḥ*, p. 112, ms f° 43v°, l. 2-7 ; p. 193, ms f° 79v°, l. 14 ; f° 80 l. 5 ; 212, ms f° 87r°, l. 13 ; f° 87v°, l. 5 ; p. 246-247, ms f° 101v°, l. l. 12 ; f° 102r°, l. 5 ; p. 247-248, ms f° 102r°, l. 5 ; f° 102v°, l. 5 ; p. 368, ms f° 162v°, l. 15 ; f° 163r°, l. 13.

Le lendemain matin, en rentrant dans la ville, le *rāwī* rencontra le cortège funèbre qui allait déposer Suʿād à côté de son amant, celui-là même qui avait récité les vers entendus par le *rāwī* la nuit précédente. Dans d'autres notices, les poèmes récités par les vivants qui souhaitent rejoindre le règne des morts acquièrent une valeur performative et établissent un pont entre l'ici-bas et l'au-delà. La mort met les amants à l'abri des médisances et de tout ce qui empêche leur union :

> Si tu proclames ce que tu éprouves, ils disent : « La passion amoureuse t'a marqué de sa morsure »,
> Mais si je n'avouais pas l'amour, ils me diraient : « Tu aimes et tu souffres en silence ».
> Il n'y a pas d'autre choix pour celui qui aime et qui tait son amour
> Que de mourir et d'être ainsi excusé[352].

4.5. *Les routes à la croisée du récit*

Les histoires ayant pour cadre une route sont au nombre de sept[353]. Une de ces notices, qui se déroule entre Médine et Damas, raconte la mort d'al-Aḥwaṣ b. Muḥammad (m. 105/723) et de son esclave, qui ne supporta pas le chagrin que le décès de son maître lui infligea[354]. Cette histoire, dont nous avons déjà traité, présente des similitudes avec les récits urbains. D'autres ressemblent aux récits typiques du désert, comme celle racontée par al-Zubayr b. Bakkār (m. 256/870), qui vit un jeune homme tuer une gazelle après que celle-ci l'eût mortellement blessé[355]. Sa femme, accourue sur les lieux de l'accident, mourut de chagrin lorsqu'elle sut que son mari n'avait pas survécu à sa blessure[356]. Le village où l'événement se passe, al-ʿArǧ, est situé auprès d'un oued, non loin de Ṭā'if[357], dans un endroit désertique. La notice de la p. 153-154 du *Wāḍiḥ* présente certains des thèmes typiques des récits de voyage dans le désert, comme l'hospitalité que l'on reçoit dans un campement, la rencontre fortuite avec un amant qui va ensuite mourir, et le thème du

352. *Al-Wāḍiḥ*, p. 193, ms f° 79v°, l. 14 ; f° 80 l. 5.
353. *Al-Wāḍiḥ*, p. 123-124, ms f° 49r°, l. 3-12 ; p. 153-154, ms f° 61v°, l. 11 ; f° 62v°, l. 7 ; p. 198-199, ms f° 81v°, l. 16 ; f° 82r°, l. 11 ; p. 241, ms f° 98v°, l. 11 ; f° 99r°, l. 3 ; p. 241-246, ms f° 99r°, l. 3 ; f° 101v°, l. 11 ; p. 339, ms f° 149r°, l. 5-11 ; p. 384-385, ms f° 170r°, l. 11 ; f° 171r°, l. 2.
354. *Al-Wāḍiḥ*, p. 123-124, ms f° 49r°, l. 3-12.
355. Al-Zubayr b. Bakkār est un généalogiste né à Médine et qui fut cadi à La Mecque. Hopkins, 1969.
356. *Al-Wāḍiḥ*, p. 198-199, ms f° 81v°, l. 16 ; f° 82r°, l. 11.
357. Yāqūt al-Ḥamawī, *Muʿǧam al-buldān*, IV, p. 98-99.

personnage dont la vie s'achève auprès d'une tombe[358]. En voyage de La Mecque vers la Yamāma, un *rāwī* reçut l'hospitalité des Banū ʿĀmir et y fit la connaissance d'un beau jeune homme, qui, lorsqu'il connut sa destination, lui demanda de l'accompagner. Quand ils arrivèrent dans la Yamāma, le compagnon du *rāwī* alla se recueillir sur la tombe de sa cousine, morte quelques jours auparavant. Il se plaignit en vers d'avoir été séparé de sa bien-aimée pendant sa vie, revendiqua le droit de la rejoindre dans la tombe et décéda aussitôt. Quant à la notice des p. 384-385[359], elle présente un des thèmes typiques des récits bédouins : le message en vers qui provoque la mort de celui qui le reçoit. Elle raconte la rencontre du *rāwī* avec une belle femme accompagnée par ses enfants, sur la route entre La Mecque et Bagdad. Elle lui demanda de porter un message en vers à son mari, prisonnier à Bagdad, ce qu'il fit. L'homme promit de lui donner sa réponse le lendemain, mais mourut avant de revoir le *rāwī*.

Une notice particulière, celle des p. 241-246[360], débute sur une route et s'achève dans un campement. Elle raconte qu'al-Aṣmaʿī vit sur la route une femme qui lui récita plusieurs vers. Étonné par son éloquence, il retourna la voir et la trouva malade. Une jeune fille dont elle était la duègne avait causé son mal. Elle avait vu en rêve une personne de sexe masculin ou féminin (*rağul aw ğāriya*), dont elle était tombée éperdument amoureuse. Elle s'était fait peindre une image ressemblante à cette apparition et s'était isolée avec ce portrait, sans manger ni boire jusqu'à tomber gravement malade. Croyant pouvoir la guérir, sa tutrice avait fait reproduire sur le mur de la chambre le visage vénéré dans une attitude de tristesse. Quand la jeune fille découvrit l'image, elle mourut de chagrin. Le lendemain, quand al-Aṣmaʿī envoya quelqu'un prendre des nouvelles de la femme qu'il avait rencontrée dans la rue, il reçut la nouvelle de sa mort. Ces *aḫbār* atypiques et tissés à partir de plusieurs thèmes et selon plusieurs schémas correspondent à la variété des lieux dans lesquels les événements se déroulent . Leurs vers partagent le thème de la mort souhaitée et considérée comme la solution aux malheurs des amants.

358. Ms f° 61v°, l. 11 ; f° 62v°, l. 7.
359. Ms f° 170r°, l. 11 ; f° 171r°, l. 2.
360. Ms f° 99r°, l. 3 ; f° 101v°, l. 11.

4.6. *Les couvents et les hôpitaux psychiatriques : des lieux d'exception*

Quatre notices se déroulent dans un couvent ou dans un hôpital pour les fous[361]. L'amour entre de jeunes chrétiennes et des musulmans et leurs conversions caractérise trois d'entre eux : les amants chrétiens deviennent musulmans juste avant de mourir, afin de pouvoir être réunis à leur aimé dans l'au-delà[362]. Leur exemple est tellement probant qu'il entraîne la conversion des représentants mêmes du culte chrétien, les moines du couvent où l'histoire se déroule[363]. Ces récits affirment la supériorité morale des musulmans sur les chrétiens, même les plus fervents d'entre eux, et montrent que la passion amoureuse suscite des vocations au martyre même auprès des chrétiens :

> Ô mort, mon esprit aspire à devenir tien après la mort de son maître
> Reçois-le, ainsi je le désire
> J'ai livré mon âme à Dieu le miséricordieux, en me faisant musulmane
> Et ma mort est celle de l'amant qui s'insurgeait auparavant contre Lui
> Peut-être Dieu me réunira-t-Il à lui au Paradis
> Le jour où le jugement dernier et celui de la résurrection entreront en concurrence
> L'aimé est mort et mon esprit avec lui, en raison du chagrin
> Et d'une passion qui ne cesse de faire souffrir les amoureux.

Dans l'histoire de la double conversion (un musulman se convertit au christianisme, afin d'être réuni à sa bien-aimée chrétienne, et cette dernière à l'islam), un des personnages abjure l'islam[364]. L'histoire souligne cependant que le jeune homme était devenu fou par amour, ce qui rend l'apostasie juridiquement invalide. Dans la notice des p. 227-230, le *rāwī*,

361. *Al-Wāḍiḥ*, p. 137-138, ms f° 55v°, l. 13 ; f° 56v°, l. 5 ; p. 227-230, ms f° 92r°, l. 10 ; f° 93r°, l. 7 ; p. 260-261, ms f° 108v°, l. 8 ; f° 109r°, l. 3 et p. 278, ms f° 117r°, l. 9-16.

362. *Al-Wāḍiḥ*, p. 137-138, ms f° 55v°, l. 13 ; f° 56v°, l. 5 ; p. 260-261, ms f° 108v°, l. 8 ; f° 109r°, l. 3 et p. 278, ms f° 117r°, l. 9-16.

363. Dans la notice des pages 137-138, ms f° 55v°, l. 13 ; f° 56v°, l. 5, le narrateur raconte qu'il alla voir dans un couvent un moine connu pour son savoir et le trouva habillé comme un musulman. Il lui demanda alors la raison de sa conversion à l'islam et le religieux lui raconta qu'une jeune fille venait souvent au couvent et qu'elle était tombée amoureuse d'un jeune musulman. Ce dernier refusa ses avances ; elle fit peindre un portrait de lui et passa ses journées à l'embrasser. Quand le jeune homme mourut, elle pleura sans cesse pendant un jour entier, puis mourut le soir même et laissa écrits sur le mur à côté d'elle des vers qui révélaient sa conversion à l'islam. Elle apparut au moine en rêve pour lui montrer qu'elle se trouvait au paradis. À la suite de cet événement, tous les moines du couvent se convertirent. Le contenu de la notice des pages 260-261, ms f° 108v°, l. 8 ; f° 109r°, l. 3 a été déjà longuement analysé.

364. *Al-Wāḍiḥ*, p. 278, ms f° 117r°, l. 9-16.

en compagnie d'un ami, alla « voir les fous » dans un couvent[365]. Un beau jeune homme attaché au mur récita aux visiteurs des vers sur la douleur provoquée par la séparation, et leur demanda quel destin avaient connu les amants désunis. Lorsqu'ils répondirent qu'ils étaient morts, le jeune homme s'étrangla avec sa chaîne pour suivre leur exemple. Le suicide du jeune homme l'exclut du martyre, mais l'accent est mis dans le récit sur la légèreté du *rāwī*, qui provoqua la mort d'un jeune homme pour s'amuser (*muǧūnan*).

Les couvents ou les hôpitaux pour les fous constituent un lieu d'exception où tout est possible. Les premiers sont souvent le cadre dans lequel l'on place les seconds. Les amants morts et qui se trouvent au paradis y reviennent pour informer les vivants de la condition privilégiée dans laquelle ils se trouvent dans l'au-delà. Le pardon y est accordé aux suicidés comme aux apostats[366].

4.7. *Essai de synthèse*

Dans certaines histoires, la localisation géographique contribue fortement à l'élaboration du récit : les différents lieux de le *Dār al-islām* y sont vus à travers le prisme de la tradition littéraire et de l'idéologie que ces récits veulent transmettre. Le lieu influence donc le récit, mais la structure du récit détermine aussi le lieu dans lequel l'événement se déroule ainsi que la typologie des personnages mis en scène. Omettre une localisation ou la déplacer nuirait à la compréhension de l'histoire, trahirait les attentes du public, et la valeur du *ḫabar* en souffrirait en perdant en efficacité[367]. Les champs sémantiques des poèmes récités sont également corrélés aux lieux qui accueillent leur récitation et contribuent à créer l'espace du récit. Les vers récités dans les cimetières en constituent l'exemple le plus lumineux.

365. Ms f° 92r°, l. 10 ; f° 93r°, l. 7.

366. Voir à ce propos les articles de Zakharia, 2001-2002, p. 59-73 et 1997, p. 269-288.

367. Les notices du point 4 de la liste de lieux, « pays et région désignés par un toponyme », n'ont pas été traitées dans une section à part, n'ayant pas suffisamment de caractéristiques communes pour qu'une étude comparative soit significative (*al-Wāḍiḥ*, p. 120-121, ms f° 48r°, l. 9 ; f° 48v°, l. 1 ; p. 125-131, ms f° 50r°, l. 6 ; f° 53r°, l. 12 ; p. 169-170, ms f° 70v°, l. 2-10 ; p. 180-181, ms f° 75v°, l. 9 ; f° 76r°, l. 6 ; p. 187-188, ms f° 77r°, l. 16 ; f° 78r°, l. 2 ; p. 195-198, ms f° 80v°, l. 5 ; f° 81v°, l. 16 ; p. 206-207, ms f° 85r°, l. 2 ; f° 86r°, l. 4 ; p. 214, ms f° 87b l. 15 ; f° 88r°, l. 6 ; p. 215, ms f° 88r°, l. 7-13 ; p. 237-238, ms f° 96v°, l. 15 ; f° 97r°, l. 14 ; p. 261-269, ms f° 108r°, l. 11 ; f° 112v°, l. 15 ; p. 273-274, ms f° 114v°, l. 15 ; f° 115r°, l. 16 ; p. 284, ms f° 119v°, l. 15-16 ; p. 284, ms f° 119v°, l. 16 ; f° 120r°, l. 8 ; p. 328-330, ms f° 143r°, l. 11 ; f° 144r°, l. 9 ; p. 346-349, ms f° 152r°, l. 10 ; f° 154r°, l. 8 ; p. 371-373, ms f° 164v°, l. 7 ; f° 165v°, l. 8 et p. 399-401, ms f° 179r°, l. 9 ; f° 179v°, l. 15. Pour la notice de la page 402, le manuscrit étant lacunaire, les références sont omises. Elle se termine au f° 181r°, l. 8).

L'absence d'indications spatio-temporelles dans 29% des notices ne remet cependant pas en question cette analyse. L'enseignement transmis par ces narrations se veut universel et intemporel, tout en se situant dans la sphère de l'islam[368], comme dans le cas des djinns qui meurent à l'écoute d'un verset coranique[369]. L'a-spatialité et l'a-temporalité de ces récits rapprochent la sphère terrestre de l'au-delà et accolent la vie et la mort, qui se côtoient et se confondent constamment dans les histoires des amants ʿuḏrī-s.

Comme les personnages, l'espace du récit autant que son absence contribuent donc à tisser un réseau de références allusives qui se reflètent par un jeu complexe de miroirs dans l'esprit du lecteur averti. Il est certes possible d'objecter que Muġulṭāy ne modifie guère les *aḫbār* qu'il reprend à ses prédécesseurs, mais son originalité consiste dans le rôle qu'il leur attribue dans la structure argumentative globale de son ouvrage.

368. Un homme s'approcha d'un groupe de savants réunis pour discuter et demanda si, ce jour-là, ils avaient déjà mentionné la mort. Devant leur réponse négative, il leur reprocha d'avoir oublié ce qui ne s'oublie jamais, puis mourut aussitôt en martyr de l'amour divin. *Al-Wāḍiḥ*, p. 121, ms f° 48v°, l. 7-13.

369. *Al-Wāḍiḥ*, p. 183, ms f° 76v°, l. 11-14.

Conclusion

Au terme de cette étude monographique, il apparaît clair que la matière première d'*al-Wāḍiḥ al-mubīn fī ḏikr man ustušhida min al-muḥibbīn* s'apparente à bien des égards à celle d'autres ouvrages appartenant au même genre. Il contient en effet tous les éléments caractéristiques des traités d'amour et seul un nombre exigu de ses notices ne remonte pas à une tradition vieille de plusieurs siècles. Prises individuellement, et même lorsqu'elles sont renouvelées, les histoires des amants malheureux relatées par Muġulṭāy ne dévient guère des modèles canoniques. Pourtant, la conception de l'amour prônée par ce savant cairote n'en demeure pas moins originale. Dans la présente étude, l'analyse des procédés littéraires, linguistiques et rhétoriques appliqués par Muġulṭāy, complétée par une remise en contexte de son œuvre, révèle des intentions programmatiques inédites, plaçant le martyre d'amour au centre de son argumentation. Loin d'être explicités de manière linéaire, ces arguments s'entremêlent et s'interpellent tout au long de l'ouvrage. La dialectique de Muġulṭāy prend également sens au regard d'autres ouvrages relatifs à l'amour profane et au martyre, avec lesquels elle tisse une trame complexe d'allusions et de références intertextuelles.

La nécessité de démontrer comment l'amour profane, même dans sa manifestation la plus violente de passion qui entraîne la folie et la mort des amants, n'est pas uniquement compatible avec l'orthodoxie musulmane, mais en représente le faîte, commande l'écriture de Muġulṭāy. Tous les efforts de persuasion qu'il déploie dans son essai, que ce soit dans son introduction théorique ou dans ses notices, tendent vers un seul et ultime but : prouver la véridicité du *ḥadīṯ* sur le *ʿišq* contre les attaques de ses détracteurs et dévoiler la noblesse de cette passion. Cette volonté de faire du *Wāḍiḥ* un pamphlet polémique, à propos d'une question théologique débattue dans les milieux savants depuis plusieurs siècles, apparaît ouvertement dans les chapitres initiaux, dans lesquels Muġulṭāy réfute les assertions de ses adversaires et construit sa propre conception de l'amour profane. Dans ces passages, il s'appuie sur des syllogismes et sur d'autres procédés rhétoriques afin de convaincre par la logique contraignante de son argumentation.

Dans les notices, le plaidoyer en faveur du martyre d'amour, tout en demeurant essentiel, assume en revanche un caractère moins systématique et une tournure plus affective. L'approche comparatiste et diachronique que nous avons choisie dans l'analyse des récits contenus dans le *Wāḍiḥ* révèle en effet que ces derniers adoptent une structure thétique du point de vue actanciel. Bien que les différentes séquences narratives ne soient pas toujours déployées dans le même ordre, qu'elles comprennent d'innombrables variantes et que certaines intrigues comportent des effets d'analepse[1], les histoires des amants se déroulent toutes selon un schéma constant incluant une situation initiale d'équilibre, un événement qui bouleverse cette stabilité et un dénouement menant l'amant ou les amants au sacrifice suprême. Dans la multiplicité de circonstances qu'ils affichent, ces *aḫbār* servent donc en réalité tous un but semblable : révéler la noblesse de la mort par amour et exalter le geste héroïque du martyre, en lui fournissant le public (les lecteurs ou les auditeurs) sans lequel cet acte serait dépourvu de valeur. Muġulṭāy met néanmoins en œuvre des stratégies diverses pour poursuivre cette finalité commune.

Si l'ordre alphabétique est respecté dans la succession des chapitres, les notices à l'intérieur de chaque *bāb* ne sont pas agencées selon ce même critère. Leur organisation permet en effet de générer une gradation ascendante dans l'intensité de l'émotion, dans laquelle aucun détail n'est laissé au hasard. Toutes les régions du monde arabo-musulman figurent dans ces notices et la quasi-totalité des environnements sociaux y apparaît. Les récits plus actuels sont adossés aux plus anciens dans l'intention de montrer, par comparaison, l'universalité temporelle et spatiale de ces conduites généreuses et la grandeur d'âme que les amants plus tardifs peuvent atteindre en imitant leurs ancêtres. Cela équivaut pour Muġulṭāy à déclarer que le martyre, ou même la simple mort par amour, méritent la louange, quelles que soient les circonstances dans lesquelles ils sont advenus et quel que soit aussi la nature du *ʿišq* éprouvé par l'amant.

Le narrateur intradiégétique, pourvu de caractéristiques identiques dans nombre de notices et maintes fois représenté tel un voyageur sillonnant le désert de la péninsule Arabique, joue un rôle de fil conducteur de la narration et de porte-parole d'une stratégie argumentative. Personnage littéraire dont le nom évoque souvent une figure historique, il parle à la première personne et raconte les prodiges de vertu auxquels il a assisté en prenant part à l'action en tant que témoin des affres du martyre. Par sa présence dans un grand nombre de récits qui se déroulent dans des univers narratifs variés, il parcourt le

1. Dans certains *aḫbār*, le narrateur intradiégétique tombe, pendant son voyage, sur un personnage en fin de vie, qui raconte ou dont on raconte le début de la passion.

Dār al-islām et traverse l'espace de plusieurs siècles. Il œuvre de cette manière également en qualité de *rāwī*, ne transmettant pas seulement le message en vers des amants agonisants, mais aussi leur supplique à la société qui les a condamnés. Le *Wāḍiḥ* peut donc être lu comme un plaidoyer contre les conventions sociales qui brisent les individus, même lorsque ces derniers n'en enfreignent pas les règles en demeurant dans les limites de la chasteté.

Les interventions de Muġulṭāy pour abréger, modifier ou commenter la narration contribuent enfin à donner une interprétation originale de certaines figures clés de la tradition littéraire ou historique, témoignent de l'activité créative de l'auteur et supportent sa pensée sur le sacrifice d'amour. Elles révèlent sa position idéologique, ses conceptions esthétiques, ses relations d'influence et de concurrence, ses connaissances et ses affinités dans le champ littéraire, au même titre qu'elles fournissent des renseignements sur la posture de l'auteur, la manière dont il conçoit sa mission et les enjeux qu'il attribue à l'écriture[2]. Les personnages que Muġulṭāy choisit de faire figurer dans son traité et leur univers narratif émergent donc comme révélateurs « de la médiation » et comme « un foyer axiologique, épistémique et esthétique, vecteur de l'interaction entre le texte et le hors-texte et dans lequel se déposent, en creux, des normes, des croyances, des savoirs, des discours et des valeurs » partagés par l'auteur[3].

Par tous ces moyens, Muġulṭāy proclame son adhésion à une conception de l'amour profane fondée sur le martyre d'amour. Si la finalité qu'il attribue à l'écriture du *Wāḍiḥ* apparaît à présent claire, interpréter ses motivations dans la rédaction de son ouvrage relève d'une démarche plus hypothétique. Sans vouloir entrer dans la sphère de l'analyse psychologique, il nous semble néanmoins pouvoir expliquer ce livre comme le produit de la fascination d'un savant d'origine turque, membre de la classe sociale des *awlād al-nās*, pour certains aspects mythiques de l'héritage culturel et littéraire bédouin considérés comme les plus typiquement « arabes ». Par l'évocation d'anciennes histoires d'amour et de mort qui revivifient des personnages légendaires de l'Arabie préislamique et l'expression poétique de leurs émotions, autant que par la juxtaposition de ces récits à d'autres narrations plus récentes imitant les précédentes, l'auteur du *Wāḍiḥ* entend actualiser et redorer le blason de vertus bédouines traditionnelles, telles que le courage, la générosité, le dévouement et l'éloquence. Il célèbre de la même manière une tradition poétique à laquelle il voue une admiration sans limites. La poésie occupe en effet une place centrale dans les *aḫbār* du *Wāḍiḥ*. *Koinè* qui unit les amants et symbolise leur appartenance à un groupe, elle transmet, surtout lorsque la récitation des poèmes est associée à une histoire qui en explique la fonction, une déontologie qui entre parfois en concurrence avec les préceptes de l'islam.

2. Petitjean, 2007, p. 34.
3. Petitjean, 2007, p. 31-32.

Cependant, Muġulṭāy refuse d'opposer expression littéraire et religion et, en joignant la passion amoureuse profane, son langage, ses codes et ses mœurs au martyre musulman, il entend islamiser ses vertus et ses valeurs. Dépoussiérer un passé mythique, qu'il soit historique ou littéraire, pour transformer les anciens poètes-guerriers, héros bédouins de la *ǧāhiliyya* ou des débuts de l'Islam, en champions du grand *ǧihād*, celui de l'âme, représente un des principaux objectifs poursuivis par Muġulṭāy. Son attrait pour la tradition arabe originelle, et le besoin qu'il éprouve de ressusciter et transmettre à ses successeurs ce patrimoine culturel d'une manière claire, accessible et systématique, possède par ailleurs un ancrage historique dans la nécessité, née au VIIIe/XIVe siècle, de préservation et de revalorisation de cet héritage que l'on croit menacé par les Mongols et par les Croisés. Cette volonté de protection est doublée de l'exigence, qui est au cœur de l'idéologie mamelouke, de promouvoir un islam sunnite et orthodoxe et de rehausser la notion de *ǧihād*. D'un autre côté, la revendication explicitée par Muġulṭāy de pouvoir pratiquer un islam plus émotionnel le rapproche des milieux soufis, particulièrement actifs en Égypte à l'époque de notre auteur. À ses yeux, le *Wāḍiḥ* doit donc être lu au même titre qu'un manuel d'orthodoxie islamique en matière de passion amoureuse, et comme un vade-mecum contenant des modèles de comportement à suivre pour le bon musulman comparable à un précis d'instruction soufie, tel ceux qui appartiennent au genre littéraire de *ʿUqalāʾ al-maǧānīn*.

Le classement des notices par ordre alphabétique permet pareillement de rapprocher le traité de Muġulṭāy aux dictionnaires biographiques qui rapportent les récits de vie d'hommes pieux ou de savants dont le souvenir est digne d'être transmis à la postérité. Dans le *Wāḍiḥ*, les récits d'amour et de mort des amants victimes de leur passion créent de nouveaux héros à la conduite exemplaire. Muġulṭāy œuvre ainsi à la construction d'une nouvelle identité arabe et musulmane, d'une nouvelle approche religieuse et d'un nouveau *ǧihād* auxquels il adhère totalement et qu'il entend diffuser auprès de ses contemporains et de ses successeurs. Sa formation de savant religieux et sa connaissance approfondie de la tradition islamique contribuent à la réalisation de ce projet littéraire, dans lequel il affirme lui-même avoir voulu mélanger le *ǧidd* et le *hazl*, le sérieux et le plaisant ou, en termes plus modernes – et si l'on nous passe cette comparaison audacieuse et anachronique –, la réalité (ou l'Histoire) et la fiction. La discussion engagée par Muġulṭāy se rapporte donc également au statut de la littérature vis-à-vis de la théologie et à la place qu'elle doit tenir, dans l'éducation morale des musulmans, comme moyen d'exprimer l'émotion.

Sa manière de procéder et sa méthode d'argumentation ne diffèrent guère de celles de ses prédécesseurs. Dans cette tentative de présenter et défendre sa propre manière d'appréhender la religion, et de créer une nouvelle *sunna* littéraire destinée à diriger le comportement des musulmans, l'auteur du *Wāḍiḥ* tire ses exemples d'écrits profanes autant que de textes sacrés, et appuie son argumentation sur des citations poétiques comme sur le *ḥadīṯ*. Il se conforme, de la sorte, à des usages bien établis et pratiqués depuis plus de cinq siècles.

Muġulṭāy applique donc dans son ouvrage les procédés généralement employés par les *ʿulamāʾ*, mais afin d'étayer une conception inédite de la passion amoureuse et une vision du martyre qui s'écarte de l'orthodoxie officielle. Ceci explique, au moins en partie, la désapprobation qu'il rencontra auprès des autorités religieuses et civiles du Caire. Ce n'est point tant en soi la frivolité du sujet qui attira les foudres de la censure, comme le laissent entendre les notices des biographes consacrées à l'auteur du *Wāḍiḥ*, que d'avoir transformé un thème littéraire profane en matière religieuse sensible. En recourant aux outils traditionnels du débat théologique, son argumentation parvient en effet à la dangereuse conclusion que la création littéraire peut contribuer à l'établissement d'une société renouvelée, fondée sur une éthique reformée. Il est donc vraisemblable que ce soit cette lecture religieuse innovante, couplée à sa non-appartenance au milieu des *ʿulamāʾ* égyptiens, qui valut à Muġulṭāy la prison et à son livre le retrait temporaire du marché.

Annexes

Annexe I

Les sources de l'introduction

1. Sources écrites

Titres des ouvrages cités par l'auteur	Sujet de la citation
Kitāb al-miḥna[1]	Vers sur ce qui est licite en amour (p. 93).
Kitāb al-ḥikma[2]	Théorie physiologique selon laquelle l'amour naît du mélange de salives (p. 193).
Al-Mubtadaʾ d'Abū Ḥudayfa Isḥāq b. Bišr (m. 206/821)	Jacob préférait Joseph à ses frères par amour de sa mère Rachel (p. 29).
Maydān al-ʿāšiqīn d'Ibn al-Aʿrābī (m. 231/846)	Étymologie du terme *ʿišq* (p. 71).
Al-Musnad d'Aḥmad b. Ḥanbal (m. 241/855)	Tentation représentée par les femmes (p. 24).
Kitāb al-maḥabba[3]	L'amour ne trouve son accomplissement que dans la relation sexuelle (p. 74).
Kitāb al-alfāẓ d'Ibn al-Sikkīt (m. 244/858)	Noms de l'amour (p. 70).
Al-Ṣaḥīḥayn : Ṣaḥīḥ al-Buḫārī (m. 256/870) et *Ṣaḥīḥ Muslim* (m. 261/875)	1) *Ḥadīṯ* sur la discorde que les femmes provoquent (p. 23) ; 2) *Ḥadīṯ* qui conseille de se garder des femmes (p. 24).

1. Cet ouvrage est peut-être dû à Ǧābir b. Ḥayyān (m. 190/805) ou à Muḥammad b. Zakariyyā al-Rāzī (m. en 313/925 ou en 323/935). Voir Ibn al-Nadīm, *al-Fihrist*, p. 549 et p. 550.
2. Il peut s'agir de *Kitāb al-Ḥikma al-maṣūna* de Ǧābir b. Ḥayyān, ou du *Kitāb al-Ḥikma wa-manāfiʿuhā* de Saʿīd b. Huraym. Ibn al-Nadīm, *al-Fihrist*, p. 193, 547.
3. Son auteur est probablement al-Ḥāriṯ al-Muḥāsibī (m. 243/857). Voir Lewisohn, 1996.

Titres des ouvrages cités par l'auteur	Sujet de la citation
Kitāb al-naqā'iḍ d'Abū Sa'īd al-Sukkarī (m. 275/888)	L'amour rend aveugle (p. 44).
Kitāb al-manṯūr wa-l-manẓūm d'Ibn Abī Ṭāhir Ṭayfūr (m. 280/893)	1) L'amour rend aveugle (p. 44) ; 2) Les termes *'išq*, le *hawā* et le *ḥubb* ne sont pas synonymes (p. 46) ; 3) Les qualités (*aḫlāq*) des prophètes (p. 61) ; 4) Seulement les natures rudes n'aiment pas (p. 65) ; 5) L'amour des rois (p. 72) ; 6) Question du regard (p. 88).
Kitāb al-kāmil fī al-luġa wa-l-adab wa-l-naḥū wa-l-taṣrīf d'al-Mubarrad (m. 286/900)	Vers récités par un Bédouin sur le baiser (p. 90).
Al-Musnad de Muḥammad b. Isḥāq al-Sarrāǧ (m. 313/925)	*Ḥadīṯ* sur la discorde que provoquent les femmes (24).
Nawādir al-uṣūl d'al-Tirmiḏī (m. en 318/936 ou en 320/938)	La *maḥabba* naît dans l'esprit (*rūḥ*) (p. 88).
Al-Awṣaṭ d'al-Ṭabarānī (m. 360/971)	*Ḥadīṯ* sur le plaisir de femmes et celui des hommes (p. 42).
Miḥnat al-ẓirāf du cadi Muḥammad b. Aḥmad al-Nawqatī (m. 382/992)	Les amants doivent être toujours excusés (p. 37).
Kitāb al-mutayyamīn et *Kitāb al-mustanīr*[4] d'al-Marzubānī (m. 384/994)	1) Le *'išq* est folie et maladie (p. 49) ; 2) Seulement les natures rudes n'aiment pas (p. 65) ; 3) L'amour n'est pas un péché (p. 90).
Kitāb al-nišwār d'al-Ḥātimī (m. 388/998)	L'amour est aveugle (p. 44).
Kitāb al-ruwāt d'Abū Bakr al-Ḫaṭīb (m. 392/1002)	Le baiser est licite (p. 90).
Rustāq al-ittifāq fī mulaḥ šu'arā' al-āfāq d'Abū al-Raqa'maq (m. 399/1009)	Ceux qui meurent par amour sont dignes de louanges (p. 21).
Al-Ǧāmi' de Muḥammad b. Ǧa'far al-Qazzāz al-Qazwīnī (m. 412/1021)	Morphologie du mot *'išq* (p. 70).
Ta'rīḫ Iṣfahān d'Abū Nu'aym al-Iṣfahānī (m. 430/1028)	L'amour est aveugle (p. 44).
Al-La'ālī fī šarḥ al-amālī d'Abū 'Ubayd al-Bakrī (m. 487/1094)	L'amour est aveugle (p. 44).
Rabī' al-abrār d'al-Zamaḫšarī (m. 538/1144)	Vers sur les tourments de l'amour que Zubayda lut sur un mur sur le chemin vers La Mecque (p. 33).

4. Dans l'édition imprimée, le titre de l'ouvrage d'al-Marzubānī est *Kitāb al-muštabih* (p. 90, l. 2, ms f° 36v°, l. 6).

Titres des ouvrages cités par l'auteur	Sujet de la citation
Taʾrīḫ Dimašq d'Abū al-Qāsim b. ʿAsākir (m. 571/1176)	Question de la licéité de l'étreinte et du baiser (p. 91).
Bahǧat al-maǧālis d'Abū ʿUmar Yūsuf b. ʿAbd Allāh al-Andalusī (m. 575/1180)	Théorie indienne de l'amour qui dépendrait de l'influence des astres (p. 62).
Kitāb imtizāǧ al-rūḥ d'al-Ūšī, ʿAlī b. ʿUṯmān al-Taymī[5] (m. 575/1179-80)	Explication médicale de l'amour (p. 30).
Rawḍat al-qulūb wa-nuzhat al-muḥibb wa-l-maḥbūb d'al-Šayzarī, Muḥammad b. ʿAbd al-Raḥmān (qui vécut en 589/1193)	1) Étymologie du mot *ḥubb* (p. 71) ; 2) L'amour ne trouve son véritable accomplissement que dans la relation sexuelle (p. 78)[6].
Al-Kāmil et *al-Ǧāmiʿ* d'Ibn al-Aṯīr (m. 630/1233)	1) Les larmes de l'amant et le sang d'un homme qui serait tué en martyr se ressemblent (p. 21) ; 2) L'amour est dû à l'affinité des âmes (p. 25) ; 3) Une convention entre les amants stipule que seule la partie supérieure du corps est licite (p. 50 et p. 87)[7].
Faḍāʾil al-Šāfiʿī d'Astarabāḏī (m. en 715/1315-1316 ou en 718/1318-1319)	Question de la licéité du baiser (p. 89).
Imtizāǧ al-nufūs[8] d'al-Tamīmī al-Nuwayrī (m. 733/1333)	1) Le calife ʿUṯmān réunit deux cousins qui s'aimaient depuis leur plus jeune âge (p. 31) ; 2) Muʿāwiya renvoya chez elle une esclave qui aimait son cousin (p. 32) ; 3) Paroles d'Ibn Dāwūd selon lesquelles l'amour ne peut se soigner qu'en priant Dieu (p. 43) ; 4) Plusieurs savants grecs s'accordent pour dire que l'amour est le fruit de l'affinité (p. 48) ; 5) Aristote n'a pas défini l'amour comme une faiblesse de l'esprit (p. 49) ; 6) Théorie indienne de l'amour qui dépendrait de l'influence des astres (p. 62).
Al-Qadḥ al-ʿālī fī kalām al-Laʾālī et *Kitāb al-fāḍil bayna al-ḥāfil wa-Kitāb al-kāmil* de Muġulṭāy (m. 762/1361)	Arguments qui prouvent que l'amour est aveugle (p. 44).

5. Beaucoup d'auteurs portant la *nisba* Taymī, nous ne pouvons pas être sûrs que l'identification de cet auteur avec al-Ūšī soit correcte. Madelung, 2002.
6. Dans l'édition imprimée, al-Tirmiḏī figure à la place d'al-Šayzarī. Cf. p. 78, l. 5, ms f° 31, l. 4.
7. À la page 50 et à la page 87, Ibn al-Aṯīr est mentionné sous le nom de *Naṣr al-Kātib*. Al-Ziriklī, 1990-2011, VIII, p. 31.
8. Beaucoup d'auteurs portant la *nisba* al-Tamīmī et n'ayant pas trouvé de traces de son ouvrage, nous ne pouvons pas être sûre qu'il s'agisse bien d'al-Nuwayrī.

Titres des ouvrages cités par l'auteur	Sujet de la citation
Le *Qānūn al-adab*[9]	L'amour ne trouve son véritable accomplissement que dans la relation sexuelle (p. 76).

2. Autorités mentionnées

Noms des auteurs cités par Muġulṭāy	Sujet de la citation
Al-Aṣmaʿī (m. 123/828)	1) Définition du *ʿišq* selon un Bédouin (p. 47) ; 2) Définition du *ʿišq* comme effet de l'affinité (p. 58) ; 3) Ce que les Bédouins considèrent comme *ʿišq* (p. 85).
Al-Farrāʾ (m. 207/822).	Étymologie du mot *ʿišq* (p. 71).
Al-Hayṯam b. ʿAdī (m. en 209/881 ou en 882 ou en 884)	Description de l'amour écrite sur un mur (p. 48).
Abū al-Huḏayl al-ʿAllāf (m. 235/850)	1) L'amant a un penchant vers l'aimé dans sa nature (p. 53) ; 2) Rapport du *ʿišq* aux différents organes (p. 58).
Al-Ǧāḥiẓ (m. 255/869)	1) La mort par amour en Inde (p. 22) ; 2) Définition du *ʿišq* comme excès de *maḥabba* (p. 44).
Ibn Dāwūd (m. 294/909).	Gradation de l'amour (p. 59).
Aḥmad b. al-Ṭayyib al-Saraḫsī (m. 296/899)	Union des âmes dans le *ʿišq* (58).
Muḥammad b. Ḫalaf b. al-Marzubān (m. 309/921).	L'amour se corrompt par la relation sexuelle (p. 79).

9. Nous n'avons pas trouvé trace de cet ouvrage.

Noms des auteurs cités par Muġulṭāy	Sujet de la citation
Al-Ḫarā'iṭī (m. 327/939)	1) Explication du verset coranique sur la faiblesse des hommes dans les appétits charnels (p. 23) ; 2) Les femmes sont des créatures mécréantes par nature (p. 24) ; 3) Le regard lancé aux jeunes imberbes est dangereux (p. 25) ; 4) Prière à Dieu pour que l'aimé ne réponde pas à l'appel de l'amant (p. 28) ; 5) Histoire de l'amour de ʿAbd Allāh b. ʿUmar pour une esclave byzantine (p. 29) ; 6) Abū Bakr entendit une jeune fille chanter que son amour a précédé sa naissance (p. 31)[10] ; 7) Histoire d'amour heureuse entre un éphèbe et une esclave (p. 34) ; 8) Un marchand d'esclaves offre une esclave de très grande valeur à un homme pauvre (p. 35) ; 9) L'amour est un des plaisirs de la vie sur la terre (p. 61) ; 10) Al-Barhand al-Samūnī (*sic*)[11] était follement amoureux d'une jeune fille (p. 61) ; 11) Question du regard (p. 89).
Al-Ḥuṣrī (m. 413/1022)	1) Explication du *ḥadīṯ* sur le *ʿišq* (p. 25) ; 2) L'aimé éprouve forcément un penchant pour son amant (p. 53) ; 3) L'amour anoblit les esprits (p. 61)[12] ; 4) Noms de l'amour (p. 69) ; 5) Vers d'amour d'al-Mā'mūn pour son esclave Šādin (p. 72).
Al-Ṯaʿālibī (m. 429/1038)	Noms de l'amour et sens des termes (p. 70).
Ibn Ḥazm (m. 456/1064)	1) Nombre de califes et d'*imām*-s ont aimé (p. 30) ; 2) Théorie de l'amour par l'affinité des âmes avant qu'elles entrent dans un corps (p. 51).
Ibn Sīdah (vᵉ/xıᵉ siècle)	Le *ʿišq* peut être chaste ou impudique (p. 70).
Al-Ḫaṭīb (m. 463/1071)	*Ḥadīṯ* qui conseille de ne pas fréquenter les fils de roi (p. 24).
Al-Sarrāǧ (m. 500/1106).	Étymologie du mot *ʿišq* (p. 71).
Muḥammad b. Nāṣir al-Salmī (m. 550/1155)	*Ḥadīṯ* qui dénonce le danger de regarder les jeunes imberbes (p. 24).

10. Al-Ḫarā'iṭī est cité dans le manuscrit, alors que la version imprimée porte le nom de ʿAlī b. al-Aʿrābī. Ms fº 101rº, l. 2.
11. Nous n'avons pas trouvé trace de ce personnage.
12. Muġulṭāy ne cite à cette page que le traité d'amour d'al-Ḥuṣrī, *Kitāb al-maṣūn*.

Noms des auteurs cités par Muġulṭāy	Sujet de la citation
Ibn al-Ǧawzī (m. 597/1200)	1) Explication du *ḥadīṯ* selon lequel les femmes sont le diable (p. 23) ; 2) Al-Muhallab donna une esclave à un jeune homme qu'il avait entendu réciter des vers d'amour (p. 35) ; 3) *Ḥadīṯ* selon lequel le mariage représente la meilleure solution pour deux personnes qui s'aiment (p. 41).
Šihāb al-Dīn Maḥmūd b. Sulaymān al-Ḥalabī (m. 725/1325)	Vers sur l'amour chaste (p. 82).

Annexe II

Les sources des notices

A. Les traités d'amour

1. *Ibn Dāwūd (m. 297/910)*

NOTICE I

- *Al-Wāḍiḥ*, p. 121-122, ms f° 48v°, l. 13 - f° 49r°, l. 2. *Isnād* : *Ḏakara Ibn Dāwūd fī Kitāb al-zahra*.

Résumé du récit : Histoire d'une victime de l'amour (*qatīl*) nommé Imru' al-Qays qui devint fou et mourut, son aimée s'étant éloignée de lui, lorsque le bruit se répandit de sa passion pour elle.

- Dans *Kitāb al-zahra*[13] :

Isnād : *balaġanī*[14].
La notice ne présente pas de variantes importantes dans le contenu[15].

13. Ibn Dāwūd, *Kitāb al-zahra*, p. 51.
14. Nous avons appelé cette mention *isnād* par simplicité, même si elle n'en est pas un.
15. Le premier hémistiche du vers chanté par le jeune homme présente des variantes par rapport à celui cité dans le *Wāḍiḥ*. Voici les deux versions, celle du *Kitāb al-Zahra* en 1 et celle du *Wāḍiḥ* en 2 :
1) *Danat wa-ẓilāl al-mawti baynī wa-bayna-hā   wa-adlat bi-waṣlin ḥīna lā yanfaʿu al-waṣl*
2) *Atat wa-ḥiyāḍu al-mawti baynī wa-bayna-hā   wa-ǧādat bi-waṣlin ḥīna lā yanfaʿu al-waṣlu*

- Dans *Iʿtilāl al-qulūb* d'al-Ḫarā'iṭī[16] :

Isnād : aḫbaranī Aḥmad b. ʿAbbās al-Ṣā'iġ qāla ; ḥaddaṯanī Aḥmad b. Muʿāwiya b. Bakr al-Bāhilī qāla ; ḥaddaṯanī rağul min Banī ʿUḏra qāla.

La notice est plus détaillée.

NOTICE 2

- *Al-Wāḍiḥ*, p. 180-181, ms f° 75v°, l. 9 ; f ° 76r°, l. 6. *Isnād : qāla Ibn Dāwūd.*

Résumé du récit : Le *rāwī*[17] entendit un jeune homme chanter des vers dans lesquels il exprimait sa nostalgie pour Ḥamā[18], où il dit avoir laissé sa femme et son enfant. Le *rāwī* lui proposa de l'amener avec lui dans cette ville et quand, devant son refus, il essaya de le forcer, le jeune homme mourut.

- Dans *Kitāb al-zahra*[19] :
  - l'*isnād* remonte aux cheikhs (*mašāyiḫ*) de l'époque du Prophète ;
  - la notice précise que le *rāwī* était un compagnon du Prophète ;
  - les dialogues entre le *rāwī* et l'homme présentent des variantes, mais le sens général est équivalent[20] ;
  - le commentaire d'Ibn Dāwūd sur cette notice est rapporté mot à mot[21].

2. *Al-Ḫarā'iṭī (m. 327/939)*

NOTICE I

- *Al-Wāḍiḥ*, p. 112, ms f° 43v°, l. 2-7. *Isnād : qāla al-Ḫarā'iṭī ; aḫbaranā al-Ziyādī ; aḫbaranā Aḥmad b. Ibrāhīm al-Māzinī.*

16. Al-Ḫarā'iṭī, *Iʿtilāl al-qulūb*, p. 187.
17. Nous avons désigné par le terme *rāwī* le personnage auquel l'histoire est attribuée par l'expression *qāla fulān* (un tel a dit).
18. Ville qui se trouve au centre de la Syrie. Voir Sourdel, 1965.
19. Ibn Dāwūd, *Kitāb al-zahra*, p. 177.
20. Dans la version imprimée du *Wāḍiḥ*, le premier hémistiche du premier vers diffère de celui qui se trouve dans *Kitāb al-zahra*, mais la version du manuscrit porte le même. *Kitāb al-zahra*, p. 177 et *al-Wāḍiḥ*, p. 181, ms f° 75v°, l. 11.
21. Cette notice ne se trouve pas dans d'autres ouvrages. Cette affirmation se fonde sur une recherche accomplie sur le site Internet www.alwaraq.net à l'entrée « *Al-Ḥakam b. ʿAmr al-Ġafārī + Ḥamā* ».

Résumé du récit : Le *rāwī* entendit une femme réciter des vers sur une tombe. Elle pleura ensuite jusqu'à en mourir.

- Dans *Iʿtilāl al-qulūb* [22] :

Isnād : ḥaddaṯanī al-Ḥasan b. Ayyūb al-Ziyādī qāla ; ḥaddaṯanā Aḥmad b. Ismāʿīl al-Māzinī qāla.
Même histoire avec quelques variantes minimes à la fin.

NOTICE 2

- *Al-Wāḍiḥ*, p. 191-193, ms f° 79r°, l.9 ; f° 79v°, l. 14. *Isnād : qāla Raǧāʾ b. ʿAmr al-Naḫaʿī fī mā ḏakarahu al-Ḫarāʾiṭī*[23].

Résumé du récit : Un jeune homme fort pieux tomba amoureux d'une fille, mais son père s'opposa au mariage. Elle proposa qu'ils se rencontrent de façon illicite, mais il refusa par crainte de Dieu. Frappée par cet exemple de vertu, la fille commença à mener une vie ascétique, jusqu'à en mourir d'amour et de consomption. Le jeune homme visita sa tombe, puis, un jour, il la vit dans son sommeil et elle lui promit qu'ils seraient bientôt réunis. Le jeune homme mourut en effet peu après.

- Dans *Iʿtilāl al-qulūb*[24] :

Isnād : ḥaddaṯanī Abū al-ʿAbbās Muḥammad b. Yazīd al-Mubarrad[25] *ʿan Ibn Abī Kāmil ʿan Isḥāq b. Ibrāhīm ʿan Raǧāʾ b. ʿAmr al-Naḫaʿī.*
L'histoire ne présente pas la moindre variante.

- Dans *Maṣāriʿ al-ʿuššāq*[26] :

Isnād : aḫbaranā Aḥmad b. ʿAlī b. Muḥammad al-Sawwāq qāla ; aḫbaranā Muḥammad b. Aḥmad b. Fāris qāla ; ḥaddaṯanā ʿAbd Allāh b. Ibrāhīm al-Zabīdī qāla ; ḥaddaṯanā Muḥammad b. Ḫalaf qāla ; ḥaddaṯanā ʿAbd Allāh b. ʿUbaydī qāla ; ḥaddaṯanī Muḥammad b. al-Ḥusayn fī isnād lā aḥfaẓuhu.
Version de l'histoire plus circonstanciée.

22. Al-Ḫarāʾiṭī, *Iʿtilāl al-qulūb*, p. 190.
23. Cet auteur n'est mentionné que dans le manuscrit. Dans la version imprimée, apparaît : *fī mā ḏakarahu ʿan Yaḥyā*. Cf. *al-Wāḍiḥ* p. 191, ms f° 79r°, l. 10.
24. *Al-Wāḍiḥ*, p. 78-79.
25. Al-Mubarrad (m. 286/900) est un célèbre traditionniste et philologue de Baṣra. Sellheim, 1991, p. 282.
26. Al-Sarrāǧ, *Maṣāriʿ al-ʿuššāq*, I, p. 160-161.

- Dans *Ḏamm al-hawā*[27] :

Isnād : *aḫbaranā ʿAbd al-Wahhāb wa-Ibn Naṣr qālā ; anbaʾanā al-Mubārak b. ʿAbd al-Ǧabbār qāla ; anbaʾanā al-Ḥasan b. ʿAlī al-Ǧawharī, qāla ; anbaʾanā Muḥammad b. ʿAlī al-Māzinī qāla ; ḥaddaṯanā Abū Bakr Muḥammad b. Qāsim al-Anbārī qāla ; ḥaddaṯanī Muḥammad b. al-Marzubān qāla ; ḥaddaṯanā ʿAbd Allāh b. Muḥammad qāla ; ḥaddaṯanā Muḥammad b. al-Ḥusayn bi-isnād lā yaḥfiẓuhu ʿAbd Allāh.*

Version de l'histoire avec des variantes minimes.

- Dans la *Rawḍat al-muḥibbīn*[28] :

Isnād : *Ḏakara al-Mubarrad ʿan Abī Kāmil ʿan Isḥaq b. Ibrāhīm ʿan Raǧāʾ b. ʿAmr al-Naḫaʿī.*

Version de l'histoire identique à celle d'al-Ḫarāʾiṭī.

NOTICE 3

- *Al-Wāḍiḥ*, p. 225-226, ms f° 91r°, l. 2 ; f° 91v°, l. 10. *Isnād* : *qāla Abū Maskīn fī mā ḏakarahu al-Ḫarāʾiṭī.*

Résumé du récit : Un jeune homme tomba amoureux d'une fille. Il allait la voir toutes les nuits, à l'insu de ses frères. Lorsque ces derniers commencèrent à le soupçonner, ils décidèrent de lui tendre une embuscade. La fille envoya un message à son amant pour le prévenir du danger. Elle décida ensuite d'aller le retrouver pendant la nuit, mais le jeune homme la tua en la prenant pour un de ses poursuivants. Il se suicida ensuite par désespoir.

- Dans *Iʿtilāl al-qulūb*[29] :

Isnād : *ḥaddaṯanā al-ʿAbbās b. al-Faḍl qāla ; ḥaddaṯanā Isḥāq b. Ibrāhīm ʿan Abī Maskīn.*

L'histoire est identique.

- Dans *Maṣāriʿ al-ʿuššāq*[30] :

Isnād : *ḏakara Abū ʿUmar Muḥammad b. al-ʿAbbās b. Ḥayawayh wa-naqqaltuhu min ḫaṭṭihi ; ḥaddaṯanā Abū Bakr Muḥammad b. Ḫalaf al-Maḥwalī ; ḥaddaṯanā al-ʿUmrī ʿan al-Hayṯam ʿan Ibn ʿAyyāš wa-Laqīṭ b. Bukayr qālā ; ḥaddaṯanā Aḥmad b. al-Ḥāriṯ al-Ḫazzāz ; ḥaddaṯanā Abū al-Ḥasan al-Madāʾinī ; ḥaddaṯanī Hišām b. al-Kalbī ʿan Abī Maskīn.*

Malgré quelques variantes dans les mots utilisés, l'histoire demeure la même.

27. Ibn al-Ǧawzī, *Ḏamm al-hawā*, p. 207-208.
28. Ibn Qayyim al-Ǧawziyya, *Rawḍat al-muḥibbīn*, p. 330-331.
29. Al-Ḫarāʾiṭī, *Iʿtilāl al-qulūb*, p. 198-199.
30. Al-Sarrāǧ, *Maṣāriʿ al-ʿuššāq*, II, p. 143-144.

- Dans *Ḏamm al-hawā*[31] :

Isnād : aḫbaranā al-Mubārak b. ʿAlī qāla ; anbaʾanā ʿAlī b. Muḥammad b. al-ʿAllāf qāla ; anbaʾanā ʿAbd al-Malik b. Bišrān qāla ; anbaʾanā Aḥmad b. Ibrāhīm al-Kindī qāla ; ḥaddaṯanā Muḥammad b. Ǧaʿfar al-Ḫarāʾiṭī qāla ; ḥaddaṯanā al-ʿAbbās b. al-Faḍl qāla ; ḥaddaṯanā Isḥāq b. Ibrāhīm ʿan Abī Maskīn.
Même histoire.

NOTICE 4

- *Al-Wāḍiḥ*, p. 275, ms f° 115v°, l. 13 ; f° 116v°, l. 1. *Isnād : ḏakara al-Ḫarāʾiṭī ʿan ʿAlī b. al-Ǧahm.*

Résumé du récit : Une des esclaves d'al-Fatḥ b. Ḫāqān, lorsque son maître fut tué, ne cessa de pleurer jusqu'à en mourir.

Dans *Iʿtilāl al-qulūb*[32] :
Isnād : ḥaddaṯanā al-ʿAbbās b. al-Faḍl al-Rabīʿ ; ḥaddaṯanā ʿAlī b. al-Ǧahm.
Version plus longue. Le *Wāḍiḥ* ne rapporte que la deuxième moitié du *ḫabar*[33].

Dans *Muʿǧam al-udabāʾ*[34] :
Isnād : ḏakara Abū Bakr Muḥammad b. Ǧaʿfar al-Ḫarāʾiṭī ; ḥaddaṯanā al-ʿAbbās b. al-Faḍl al-Rabīʿ ; ḥaddaṯanā ʿAlī b. al-Ǧahm.
Version courte comme dans le *Wāḍiḥ*.

NOTICE 5

- *Al-Wāḍiḥ*, p. 293-295, ms f° 125v°, l. 7 ; f° 126r°, l. 11. *Isnād : qāla al-Faḍl b. al-Rabīʿ fī mā ḏakarahu al-Ḫarāʾiṭī*[35].

Résumé du récit : Le calife Hārūn al-Rašīd acheta une esclave. Un jeune homme lui demanda de l'entendre chanter trois séries de vers. Le calife lui accorda cette faveur, mais, après avoir entendu les poèmes, le jeune homme se tua.

31. Ibn al-Ǧawzī, *Ḏamm al-hawā*, p. 429-430.
32. Al-Ḫarāʾiṭī, *Iʿtilāl al-qulūb*, p. 194-195.
33. Dans la première partie de la notice, le calife al-Mutawakkil acheta l'esclave et l'offrit à al-Fatḥ b. Ḫāqān. Al-Ḫarāʾiṭī, *Iʿtilāl al-qulūb*, p. 194-195.
34. Yāqūt al-Ḥamawī, *Muʿǧam al-udabāʾ*, VI, p. 123-124.
35. Dans le manuscrit al-Sāmarrī, une des *nisba*-s d'al-Ḫarāʾiṭī.

- Dans *Iʿtilāl al-qulūb*[36] :

Isnād : aḫbaranā al-šayḫ al-aǧall al-imām al-ʿālim Šihāb al-Dīn Abū al-Faḍl Muḥammad b. Yūsuf al-Ġaznawī […][37] *; aḫbaranā al-ṣayḫ al-aǧall Abū al-Karam al-Mubārak b. al-Ḥasan b. Aḥmad b. ʿAlī […] ; aḫbaranā al-ḥāǧib al-ǧalīl Abū al-Ḥasan ʿAlī b. Muḥammad b. ʿAbd Allāh b. Bišrān qāla ; aḫbaranā Abū al-ʿAbbās Aḥmad b. Ibrāhīm b. ʿAlī al-Kindī […] ; aḫbaranā Abū Bakr Muḥammad b. Ǧaʿfar al-Ḫarāʾiṭī qāla ; ḥaddaṯanī Abū Bakr Muḥammad b. ʿAlī al-Maḥramī.*

Même version que dans le *Wāḍiḥ*.

- Dans *Ḏamm al-hawā*[38] :

Isnād : aḫbaranā Muḥammad b. Nāṣir qāla ; anbaʾanā al-Mubārak b. ʿAbd al-Ǧabbār qāla ; anbaʾanā ʿAlī b. al-Muḥassin al-Tanuḫī qāla ; anbaʾanā Muḥammad b. ʿAbd al-Raḥīm al-Māzinī qāla ; ḥaddaṯanā ʿAlī b. al-Ḥusayn b. al-Qāsim al-Kawākibī qāla ; ḥaddaṯanī Abū al-ʿAbbās al-Kuraymī qāla ; anbaʾanā al-Sulaymī ʿan Muḥammad b. Nāfiʿ mawālunā ʿan Abī Rayḥāna aḥad ḥuǧǧāb ʿAbd al-Malik b. Marwān.

Même version que dans le *Wāḍiḥ*.

NOTICE 6

- *Al-Wāḍiḥ*, p. 345, ms f° 152r°, l. 3-10. *Isnād : Ḏakara al-Ḫarāʾiṭī.*

Résumé du récit : Lorsqu'al-Mutawakkil fut tué, Maḥbūba, son esclave, ne cessa de pleurer jusqu'à en mourir.

- Dans *Iʿtilāl al-qulūb*[39] :

Isnād : ḥaddaṯanā Abū al-ʿAbbās Aḥmad b. Isḥāq al-Ǧawharī qāla; qāla ʿAlī b. al-Ǧahm.

Seulement la deuxième partie du *ḫabar* figure dans le *Wāḍiḥ*[40].

36. Al-Ḫarāʾiṭī, *Iʿtilāl al-qulūb*, p. 203-204.
37. Nous avons omis la date et le lieu de la transmission.
38. Ibn al-Ǧawzī, *Ḏamm al-hawā*, p. 277-279.
39. Al-Ḫarāʾiṭī, *Iʿtilāl al-qulūb*, p. 193-194.
40. La première partie de la notice raconte une dispute entre Maḥbūba et son maître. Tous les deux rêvent en même temps, une nuit, d'une réconciliation, ce qui se réalise le lendemain. La première partie de l'histoire, sans la deuxième, se trouve dans *Kitāb al-aġānī* (Abū al-Faraǧ al-Iṣfahānī, *Kitāb al-aġānī*, p. 8917-8922).

- Dans *Ḏamm al-hawā*[41] :

Isnād : aḫbaranā Muḥammad b. Abī Manṣūr, qāla : anbaʾanā al-Mubārak b. ʿAbd al-Ǧabbār, qāla anbaʾ nā al-Ḥasan b. ʿAlī qāla : anbaʾanā Abū ʿUmar b. Ḥayawayh qāla anbaʾanā Muḥammad b. Ḫalaf qāla ; aḫbaranī Abū al-ʿAbbās al-Marwazī.

Version de l'histoire plus détaillée que dans le *Wāḍiḥ*, mais qui ne contient pas la première partie du *ḫabar* qui se trouve dans l'*Iʿtilāl*.

3. *Al-Sarrāǧ (m. 500/1106)*

NOTICE 1

- *Al-Wāḍiḥ*, p. 124, ms f° 49r°, l. 12 ; f° 49v°, l. 3. *Isnād : qāla Muḥammad b. Hārūn, ḥaddaṯanī abī fī-mā ḏakarahu al-Sarrāǧ.*

Résumé du récit : Histoire d'un couple de canards. Lorsque le mâle fut égorgé, la femelle se tua[42].

- Dans *Maṣāriʿ al-ʿuššāq*[43] :

Isnād : Ḏakara Abū al-Qāsim Manṣūr b. Ǧaʿfar al-Ṣayrafī, ḥaddaṯanī al-Muẓaffar b. Yaḥyā, ḥaddaṯanā Muḥammad b. Hārūn, ḥaddaṯanī abī qāla.

L'histoire est la même, mot pour mot.

NOTICE 2

- *Al-Wāḍiḥ*, p. 201-204, ms f° 82r°, l. 12 ; f° 83v°, l. 8. *Isnād : qāla Ǧaʿfar b. Muʿāḏ ; aḫbaranī Aḥmad b. Saʿīd al-ʿĀbid ʿan abīhi fī-mā ḏakarahu al-Sarrāǧ.*

Résumé du récit : Une femme tomba amoureuse d'un jeune homme très pieux, qui refusa ses avances et lui conseilla de se consacrer plutôt à Dieu. Elle suivit son avis et mena une vie d'ascète, jusqu'à mourir de consomption.

41. Ibn al-Ǧawzī, *Ḏamm al-hawā*, p. 268-269.
42. La notice présente une deuxième partie attribuée à Abū ʿAbd Allāh Muḥammad b. Muḥammad al-Tamīmī (m. 370/980) dans *Kitāb imtizāǧ al-nufūs*, qui parle de la fidélité de certains couples d'oiseaux. *Al-Wāḍiḥ*, 124, ms f° 49r°, l. 15 ; f° 49v°, l. 3.
43. Al-Sarrāǧ, *Maṣāriʿ al-ʿuššāq*, II, p. 291.

- Dans *Maṣāriʿ al-ʿuššāq*[44] :

Isnād : aḫbaranā Abū al-Qāsim ʿAbd al-ʿAzīz b. ʿAlī b. Šukr qāla ; ḥaddaṯanā Abū al-Ḥasan ʿAlī b. ʿAbd Allāh al-Hamaḏānī bi-Makka qāla ; ḥaddaṯanā Ibrāhīm b. ʿAlī qāla ; ḥaddaṯanā Muḥammad b. Ǧaʿfar al-Kātib ʿan Muḥammad b. al-Ḥasan al-Burǧulānī ʿan Ǧaʿfar b. Muʿāḏ qāla ; aḫbaranī Aḥmad b. Saʿīd al-ʿĀbid ʿan abīhi qāla.

Le *Wāḍiḥ* omet quelques phrases.

- Dans *Ḏamm al-hawā*[45] :

Isnād : aḫbaranā Muḥammad b. Abī Manṣūr, qāla ; anbaʾanā al-Mubārak b. ʿAbd al-Ǧabbār, qāla ; ḥaddaṯanā Ibrāhīm b. ʿUmar al-Barmakī, qāla ; anbaʾanā Abū al-Ḥusayn al-Zaynabī ; qāla ḥaddaṯanā Ibn al-Marzubān qāla ; ḥaddaṯanī Muʿāḏ b. ʿAmr al-Bāhilī, ʿan Mūsā b. Dāwūd, qāla ; ḥaddaṯanī Ziyād b. Umayya.

Version plus longue, avec plus de vers et de détails. La fin de l'histoire raconte que le jeune homme fut vu à plusieurs reprises auprès de la tombe où avait été enterrée la jeune femme.

- Dans *Manāzil al-aḥbāb*[46] :

Isnād : ḥukiyā ʿan Aḥmad b. Saʿīd al-ʿĀbid.

Version de l'histoire plus brève que dans le *Wāḍiḥ* qui mentionne le chagrin du jeune homme.

NOTICE 3

- *Al-Wāḍiḥ*, p. 227, ms f° 92r°, l. 10 ; f° 93v°, l. 7. *Isnād : ḏakara ʿAbd Allāh b. ʿAbd al-ʿAzīz al-Sāmirī fī mā ḏakarahu al-Sarrāǧ.*

Résumé du récit : Le *rāwī* alla voir les fous dans un couvent avec un ami et rencontra un jeune homme fort beau, enchaîné au mur. Ce dernier leur récita des vers sur la séparation entre les amants et leur demanda ce qui était advenu des amants séparés. Lorsque les deux visiteurs lui dirent qu'ils étaient morts, il se tua en s'étranglant avec sa chaîne[47], pour les imiter.

44. Al-Sarrāǧ, *Maṣāriʿ al-ʿuššāq*, I, p. 45-47.
45. Ibn al-Ǧawzī, *Ḏamm al-hawā*, p. 386-390.
46. Šihāb al-Dīn Maḥmūd (725/1325), *Manāzil al-aḥbāb*, p. 144-145.
47. Un complément à cette histoire mentionné dans le *Wāḍiḥ* précise qu'il provient d'un livre d'al-Tamīmī (*Kitāb al-tamīmī*). Le jeune homme y explique qu'il devait épouser sa cousine et lui apporter une très riche dot, mais que la jeune fille était morte avant la nuit de noces et que son père avait gardé tous les biens, en enfermant le jeune homme dans le couvent où il se trouvait toujours. *Al-Wāḍiḥ*, p. 229, ms f° 93r°, l. 1-2. Cet ajout ne se trouve ni dans le *Maṣāriʿ al-ʿuššāq* ni dans les autres versions.

- Dans *Maṣāriʿ al-ʿuššāq*[48] :
Isnād : aḫbaranā Abū Bakr Aḥmad al-Ardastānī [...] aḫbaranā Abū al-Qāsim al-Ḥasan b. Muḥammad b. Ḥabīb qāla ; ḥaddaṯanā Abū al-Faḍl Ǧaʿfar b. Muḥammad b. al-Ṣiddīq [...] qāla ; ḥaddaṯanā Abū Yaʿlā Muḥammad b. Mālik al-Raqqī qāla ; ḥaddaṯanā ʿAbd Allāh b. ʿAbd al-ʿAzīz al-Sāmirī qāla.
Même version.

- Dans *Ḏamm al-hawā*[49] :
Isnād : aḫbaratnā Šuhba bint Aḥmad al-Ibrī, qālat ; anbaʾanā Abū Muḥammad Ǧaʿfar b. Aḥmad al-Qārīʾ qāla ; anbaʾanā Abū Bakr Muḥammad b. Aḥmad al-Ardastānī [...] qāla ; anbaʾanā Abū al-Qāsim al-Ḥasan b. Muḥammad b. Ḥabīb qāla : ḥaddaṯanā Abū al-Faḍl Ǧaʿfar b. Muḥammad b. al-Ṣiddīq [...] qāla ; ḥaddaṯanā Abū Yaʿlā Muḥammad b. Mālik al-Raqqī qāla ; ḥaddaṯanā ʿAbd Allāh b. ʿAbd al-ʿAzīz al-Sāmirī qāla.
Même version.

- Dans *Manāzil al-aḥbāb*[50] :
Isnād : yuḥkā ʿan ʿAbd Allāh b. ʿAbd al-ʿAzīz al-Sāmirī.
Même histoire, mais racontée plus brièvement.

- Dans *ʿUqalāʾ al-maǧānīn*[51] :
Isnād : aḫbaranā Muḥammad qāla ; aḫbaranā al-Ḥasan qāla ; aḫbaranā Abū al-Faḍl Ǧaʿfar b. Muḥammad b. al-Ṣiddīq [...] qāla ; ḥaddaṯanā Abū Yaʿlā Muḥammad b. Mālik al-Raqqī qāla : ḥaddaṯanā ʿAbd Allāh b. ʿAbd al-ʿAzīz al-Sāmirī qāla.
Même version.

48. Al-Sarrāǧ, *Maṣāriʿ al-ʿuššāq*, I, p. 19-20.
49. Ibn al-Ǧawzī, *Ḏamm al-hawā*, p. 402-403.
50. Šihāb al-Dīn Maḥmūd, *Manāzil al-aḥbāb*, p. 89-92.
51. Ibn Ḥabīb al-Nīsābūrī, *ʿUqalāʾ al-maǧānīn*, p. 326-327.

NOTICE 4

- *Al-Wāḍiḥ*, p. 239-240, ms f° 98r°, l. 2 ; f° 98v°, l. 2. *Isnād : ḏakara al-Sarrāǧ.*

Résumé du récit : Muḥammad b. al-Ḥusayn al-Ḍabbī et ʿAbd al-ʿAzīz b. al-Šāh al-Taymī étaient tous les deux très beaux. Ils ne se quittaient jamais, mais, quand Muḥammad mourut, ʿAbd al-ʿAzīz en éprouva un tel chagrin qu'il ne se nourrit pas pendant plusieurs jours. Il pria Dieu qu'Il le fasse mourir et il fut écouté. Le *rāwī* dit les avoir vus ensuite en rêve, ensemble, au paradis.

- Dans *Maṣāriʿ al-ʿuššāq*[52] :

Isnād : aḫbaranā Abū Isḥāq Ibrāhīm b. Saʿīd […] qāla ; ḥaddaṯanā Abū Ṣāliḥ al-Samarqandī al-Ṣūfī qāla ; ḥaddaṯanā Abū al-Ḥusayn b. al-Qāsim […] qāla ; ḥaddaṯanā Abū Bakr Aḥmad b. ʿAmr al-Dīnawarī qāla ; ḥaddaṯanā Abū Muḥammad Ǧaʿfar b. ʿAbd Allāh al-Ṣūfī qāla ; ḥaddaṯanā Ḥamza al-Ṣūfī qāla ; ḥaddaṯanā Muḥammad b. al-Aḥwaṣ al-Ṯaqafī qāla ; ḥaddaṯanī abī qāla ; ḥaddaṯanī raǧul min aṣḥābinā qāla.
Même version.

NOTICE 5

- *Al-Wāḍiḥ*, p. 241, ms f° 98v°, l. 11 ; f° 99r°, l. 3. *Isnād : ḏakara Abū Muḥammad al-Sarrāǧ anna ʿAbd al-Malik b. Muḥammad qāla.*

Résumé du récit : Pendant le pèlerinage, le *rāwī* vit un jeune homme fort maigre et émacié qui récitait des poèmes d'amour. Il le suivit jusqu'à chez lui, où il mourut après avoir déclamé d'autres vers.

- Dans *Maṣāriʿ al-ʿuššāq*[53] :

Isnād : anbaʾanā al-qāḍī Abū Ṭayyib, samiʿtu Abā Ǧaʿfar al-Mūsāʾī al-ʿAlawī yaqūlu; ḥaddaṯanī Muḥammad b. Aḥmad b. al-Ruṣāfī qāla; qāla lī ʿAbd al-Malik b. Muḥammad.
Même version.

52. Al-Sarrāǧ, *Maṣāriʿ al-ʿuššāq*, I, p. 187-192.
53. Al-Sarrāǧ, *Maṣāriʿ al-ʿuššāq*, II, p. 246.

NOTICE 6

- *Al-Wāḍiḥ*, p. 279, ms f° 117r°, l. 16 ; f° 117v°, l. 8. *Isnād : ḏakara al-Sarrāǧ.*

Résumé du récit : Al-ʿAlāʾ b. ʿAbd al-Raḥmān al-Taġlibī faisait semblant d'aimer une esclave chanteuse. Lorsqu'elle mourut d'amour pour lui, il éprouva beaucoup de chagrin. Il la vit un jour en rêve et elle lui reprocha sa froideur, ce qui augmenta ses regrets et provoqua sa mort.

- Dans *Maṣāriʿ al-ʿuššāq*[54] :

Isnād : waǧadtu bi-ḫaṭṭ Abī ʿUmar b. Ḥayawayh […] qāla ; ḥaddaṯanī Abū Bakr Muḥammad b. Ḫalaf al-Muḥawwalī qāla ; ḥaddaṯanā Abū ʿAbd Allāh al-Tamīmī qāla ; aḫbaranā Ziyād b. Ṣāliḥ al-Kūfī qāla.
Même version.

NOTICE 7

- *Al-Wāḍiḥ*, p. 342, ms f° 150r°, l. 16 ; f° 150v°, l. 7. *Isnād : ḏakara al-Sarrāǧ anna Muḥammad b. Ḥamza qāla.*

Résumé du récit : Muḥammad b. Qaṭan al-Ṣūfī était tout le temps avec un jeune homme très beau. Quand ce dernier mourut, le soufi alla sur sa tombe et y fut trouvé mort.

- Dans *Maṣāriʿ al-ʿuššāq*[55] :

Isnād : aḫbaranā Abū Isḥāq Ibrāhīm b. Saʿīd al-Miṣrī […] ḥaddaṯanā Abū Ṣāliḥ al-Samarqandī al-Ṣūfī qāla ; ḥaddaṯanā al-Ḥusayn b. Qāsim b. al-Yasaʿ qāla ; Abū Bakr Aḥmad b. Muḥammad b. ʿAmr al-Dīnawarī qāla ; ḥaddaṯanā Abū Muḥammad Ǧaʿfar b. ʿAbd Allāh al-Ṣūfī al-Ḫayyāṭ qāla.
Même version.

54. Al-Sarrāǧ, *Maṣāriʿ al-ʿuššāq*, I, p. 253-254.
55. Al-Sarrāǧ, *Maṣāriʿ al-ʿuššāq*, I, p. 31-32.

4. *Ibn al-Ǧawzī (m. 597/1200)*

NOTICE 1

- *Al-Wāḍiḥ*, p. 116-117, ms f° 46r°, l. 16 ; f° 46v°, l. 9. *Isnād : qāla Aḥmad b. Muḥammad al-Ġanawī fi-mā ḏakarahu fī Ḏamm al-hawā.*

Résumé du récit : Des raffinés de Kūfa insistèrent auprès du *rāwī* pour aller rendre visite à deux jeunes hommes qui s'aimaient et dont un était malade. Quand le malade se plaignait, le sain lui faisait écho. Ils les enterrèrent tous les deux, peu de temps après.

- Dans *Ḏamm al-hawā*[56] :

Isnād : wa-qad rawā Abū al-Qāsim Saʿd b. ʿAlī al-Ǧurǧānī qāla ; ḥaddaṯanā Abū ʿAlī Hārūn b. ʿAbd al-ʿAzīz al-Kātib qāla; ḥaddaṯanā Aḥmad b. Muḥammad al-Ġanawī.
Même version.

NOTICE 2

- *Al-Wāḍiḥ*, p. 120, ms f° 48r°, l. 1-9. *Isnād : qāla Isḥāq al-Rāfiqī fī mā ḏakarahu Ibn al-Ǧawzī.*

Résumé du récit : Dans le cercle de Rāfiqa, que le *rāwī* fréquentait, se trouvait un jeune homme fort beau. Un jour, il écouta des vers qui critiquant les amants qui se montraient patients dans la séparation. Il récita alors des vers qui annonçaient sa mort, se jeta par terre et mourut.

- Dans *Ḏamm al-hawā*[57] :

Isnād : qāla Isḥāq al-Rāfiqī.
Même version. Muġulṭāy a ajouté une bénédiction (*raḥimahu Allāh taʿālā*).

56. Ibn al-Ǧawzī, *Ḏamm al-hawā*, p. 234.
57. Ibn al-Ǧawzī, *Ḏamm al-hawā*, p. 427.

NOTICE 3

- *Al-Wāḍiḥ*, p. 191, ms f° 79r°, l. 7-9. *Isnād : qāla Ibn al-Ǧawzī.*

Résumé du récit : à Bagdad un jeune homme cessa de s'alimenter, puis s'étrangla lorsque sa bien-aimée mourut.

- Dans *Ḏamm al-hawā* :

Nous n'avons pas trouvé cette histoire dans le *Ḏamm al-hawā*, mais elle se trouve dans le *Muntaẓam* du même auteur[58].

NOTICE 4

- *Al-Wāḍiḥ*, p. 210-211, ms f° 86v°, l. 7-12. *Isnād : ḏakara Ibn al-Ǧawzī ʿan Saʿīd b. Aḥmad qāla.*

Résumé du récit : Le *rāwī* dit avoir vu à al-Baṣra un jeune homme qui, après avoir récité des vers sur la douleur que l'amant éprouve à être séparé de l'aimée, s'ouvrit le ventre avec un poignard.

- Dans *Ḏamm al-hawā*[59] :

Isnād : balaġanā ʿan Saʿīd b. Aḥmad.
Même version.

NOTICE 5[60]

- *Al-Wāḍiḥ*, p. 278, ms f° 117r°, l. 9-16. *Isnād : qāla Ibn al-Ǧawzī ; ḏakara lī šayḫunā Abū al-Ḥasan ʿAlī b. ʿUbayd Allāh al-Zāġūnī.*

58. Ibn al-Ǧawzī, *al-Muntaẓam*, XVI, p. 181. La référence donnée par l'édition imprimée du *Wāḍiḥ* de la page 430 et qui indique que cette notice se trouve dans le chapitre consacré à la mort par amour du *Ḏamm al-hawā* est fausse. *Al-Wāḍiḥ*, p. 191 note 3.
59. Ibn al-Ǧawzī, *al-Muntaẓam*, p. 434.
60. Les notices qui sont mises sous le nom d'Ibn al-Ǧawzī dans le *Wāḍiḥ* sont en réalité au nombre de six, mais la sixième est citée à partir d'un ouvrage intitulé *Kitāb rūḥ al-arwāḥ*, qui n'est probablement pas un traité d'amour. Elle raconte que le vizir d'al-Rašīd ʿAbd Allāh b. Masrūq lui dit un jour : « Ô Commandeur des Croyants, si un homme venant chercher un esclave fugitif qui s'est réfugié auprès de toi te demandait ton aide, le lui rendrais-tu ? ». [Le calife] répondit : « Bien sûr ! ». ʿAbd Allāh b. Masrūq continua alors : « Je me suis enfui pour me mettre à ton service, mais maintenant laisse-moi partir, car je veux m'en retourner ». Al-Rašīd pleura, mais lui permit de s'en aller. Il sortit alors en état de consécration rituelle

Résumé du récit : Un jeune musulman tomba amoureux d'une chrétienne jusqu'à en devenir fou. Il fut amené dans un *bīmāristān* et, quand il fut sur le point d'expirer, il se convertit au christianisme afin d'être réuni à son aimée dans l'au-delà. Après sa mort, la jeune fille qu'il aimait, malade elle aussi, se convertit à l'islam pour la même raison, avant d'exhaler son dernier souffle.

- Dans *Ḏamm al-hawā*[61] :

Isnād : samiʿtu šayḫanā Abū al-Ḥasan ʿAlī b. ʿUbayda Allāh al-Zāġūnī yaḥkī anna…
Version légèrement plus longue, qui introduit le personnage de la mère du jeune homme.

5. *Ibn Ḥazm (m. 456/1064)*

NOTICE I

- *Al-Wāḍiḥ*, p. 112-116, ms f° 43v°, l. 7 ; f° 46r°, l. 16. *Isnād : qaraʾtu ʿalā Yaḥyā al-Muqaddasī, ʿan al-ʿallāma Bahāʾ al-Dīn ʿan al-Abrīh ; aḫbaranā al-ʿallāma Abū Muḥammad Ǧaʿfar b. Aḥmad qāla ; ḥaddaṯanī Muḥammad b. ʿAbd Allāh al-Andalusī* […] *qāla ; ḥaddaṯanī al-faqīh Abū Muḥammad b. Ḥazm qāla ; ḥaddaṯanī Abū ʿAbd Allāh Muḥammad b. al-Ḥasan al-Maḏḥiǧī al-ṭabīb al-adīb qāla.*

Résumé du récit : Le grammairien Ibn Quzmān tomba amoureux du grand cadi Aslam b. Saʿīd et récita pour lui des vers qui eurent une grande diffusion. Aslam ne sortit plus de chez lui par la honte, ce qui provoqua le chagrin et la maladie d'Ibn Quzmān. Le grand cadi n'alla même pas le voir lorsqu'il gisait sur son lit de mort, mais le *rāwī* dit l'avoir vu pleurer sur sa tombe, un jour de pluie et de grand froid.

- Dans *Ṭawq al-Ḥamāma*[62] :

Isnād : ḥaddaṯanī Abū al-Sarī ʿAmmār b. Ziyād ṣāḥibunā ʿamman yaṯiqu bihi.
Version similaire.

(*muḥriman*), en disant : « À ton service, Dieu, à ton service », jusqu'à ce qu'il arrivât à la Kaʿba. Quand son regard se posa sur elle, il tomba par terre, mort (que Dieu, le Très Haut, ait pitié de lui). *Al-Wāḍiḥ*, p. 260, ms f° 108v°, l. 3-8.

61. Ibn al-Ǧawzī, *al-Muntaẓam*, p. 347-348.

62. Ibn Ḥazm, *Ṭawq al-ḥamāma*, p. 246-248 et p. 303-307.

- Dans *Maṣāriʿ al-ʿuššāq*[63] :

Isnād : ḥaddaṯanī Muḥammad b. ʿAbd Allāh al-Andalusī [...] *ḥaddaṯanī al-faqīh Abū Muḥammad ʿAlī b. Aḥmad al-Ḥāfiẓ al-Andalusī, ḥaddaṯanī Abū ʿAbd Allāh Muḥammad b. al-Ḥasan al-Maḏḥiǧī al-ṭabīb al-adīb.*
Version de l'histoire identique à celle du *Wāḍiḥ*.

- Dans *Ḏamm al-hawā*[64] :

Isnād : anbaʾanā ʿAbd al-Wahhāb b. Mubārak al-Anmāṭī qāla ; anbaʾanā Abū ʿAbd Allāh Muḥammad b. Abī Naṣr al-Ḥumaydī, qāla ; ḥaddaṯanī Abū Muḥammad ʿAlī b. Aḥmad al-faqīh al-Ḥāfiẓ, qāla ; ḥaddaṯanī Abū ʿAbd Allāh Muḥammad b. al-Ḥasan al-Maḏḥiǧī al-adīb.

NOTICE 2

- *Al-Wāḍiḥ*, p. 237, ms fᵒ 96vᵒ, l. 9-15. *Isnād : ḏakara Ibn Ḥazm ʿan Abī al-Qāsim al-Hamaḏānī, qāla.*

Résumé du récit : Le frère de ʿAbd Allāh b. Daḥḥūn al-Faqīh vit une fois une jeune fille dans la rue et en tomba éperdument amoureux. Pour éviter le scandale, il partit pour al-Baṣra où il mourut d'amour pour elle.

- Dans *Ṭawq al-Ḥamāma*[65] :

Isnād : ḥaddaṯanī Abū al-Qāsim al-Hamaḏānī.
Même histoire que dans le *Wāḍiḥ*, racontée avec les mêmes mots. Une autre version comporte des variantes, par rapport au *Wāḍiḥ*, dans la fin de l'histoire.

NOTICE 3

- *Al-Wāḍiḥ*, p. 273-274, ms fᵒ 114vᵒ, l. 15 ; fᵒ 115vᵒ, l. 16. *Isnād : qāla Ibn Ḥazm.*

Résumé du récit : Un Andalou vendit une esclave qu'il aimait, mais, se rendant compte qu'il ne pouvait pas se passer d'elle, il essaya en vain de se la faire rendre par son acheteur. La question fut alors portée devant le roi. Pour montrer à quel point il tenait à cette

63. Al-Sarrāǧ, *Maṣāriʿ al-ʿuššāq*, I, p. 297-300.
64. Ibn al-Ǧawzī, *al-Muntaẓam*, p. 419-421.
65. Ibn Ḥazm, *Ṭawq al-ḥamāma*, p. 253-254.

femme, le premier possesseur de l'esclave se jeta d'un haut lieu, sans se blesser gravement. Le roi demanda au deuxième homme d'imiter le premier, afin de prouver son amour pour la jeune fille, mais, devant son refus d'obéir, il rendit l'esclave à son ancien propriétaire.

- Dans *Ṭawq al-ḥamāma*[66] :

Isnād : ḥikāya lam azal asmaʿu-hā ʿan baʿd mulūk al-barbar.
Même histoire avec quelques variantes dans les mots utilisés pour la raconter.

NOTICE 4

- *Al-Wāḍiḥ*, p. 343-344, ms fº 151rº, l. 4 ; fº 151vº, l. 11. *Isnād : qāla Ibn Ḥazm.*

Résumé du récit : Ibn al-Ṭabanī, un homme très beau et très pieux, tomba amoureux d'un soldat de l'armée d'Ibn Ḥamdūn, au point d'en tomber malade et d'en mourir.

- Dans *Ṭawq al-ḥamāma*[67] :

La notice ne comporte pas de véritable *isnād*[68].
Dans l'histoire d'Ibn Ḥazm se trouvent plus de détails sur la relation d'amitié entre l'auteur même et le protagoniste de la notice.

6. *Al-Šayzarī (qui vécut au VIe/XIIe siècle)*

NOTICE 1

- *Al-Wāḍiḥ*, p. 144, ms fº 59rº, l. 8 ; fº 59vº, l. 2. *Isnād : ḏakara al-Šayzarī fī Kitāb rawḍat al-qulūb.*

Résumé du récit : Un Turc aimait une jeune esclave byzantine qui lui appartenait, alors qu'elle aimait un tailleur. Elle se fit libérer en promettant d'épouser son ancien maître, mais épousa ensuite son amant. Lorsque le Turc apprit ce mariage, il commença à délirer, fut amené à l'hôpital et mourut de chagrin quatre jours après.

66. Ibn Ḥazm, *Ṭawq al-ḥamāma*, p. 254-255.
67. Ibn Ḥazm, *Ṭawq al-ḥamāma*, p. 251-252.
68. L'auteur du *Ṭawq al-ḥamāma* se limite à dire que, lorsqu'il se rendit à Valence, son ami Abū Šākir ʿAbd al-Wāḥid b. Muḥammad b. Mawhib al-Qabrī lui annonça la mort d'Ibn al-Ṭabanī, le protagoniste de la notice.

• Dans *Rawḍat al-qulūb*[69] :
Isnād : ra'aytu bi-Ḥalab sanat sittīn wa-ḫamsami'a.
Histoire plus longue, qui donne beaucoup plus de détails.

NOTICE 2

• *Al-Wāḍiḥ*, p. 186, ms f° 77r°, l. 7-16. *Isnād : ḏakara al-Šayzarī fī Kitāb rawḍat al-qulūb annahu ra'a bi-Ḥamā.*

Résumé du récit : Un précepteur s'éprit d'un de ses élèves, mais quand le père du garçon prit connaissance de cet amour, il changea de maître et interdit au premier de voir son fils. Cela lui provoqua un tel chagrin, qu'il commença à saigner de la bouche. Bien qu'un médecin ait essayé de le soigner, il mourut trois jours après.

• Dans *Rawḍat al-qulūb*[70] :
Isnād : ra'aytu bi-Ḥamā.
Histoire un peu plus détaillée.

NOTICE 3

• *Al-Wāḍiḥ*, p. 216-217, ms f° 88v°, l. 13 ; f° 89r°, l. 14. *Isnād : Ḏakara al-Šayzarī fī Rawḍat al-qulūb ʿan al-Hayṯam.*

Résumé du récit : Al-Ṣimma tomba amoureux de sa cousine Riyyā et la demanda en mariage à son père. Ce dernier mit comme condition au mariage que Ṣimma apporte en dot cent chameaux. Lorsqu'il les lui amena, le père de Riyyā les compta et en trouva seulement quatre-vingt-dix-neuf. Il lui refusa alors la main de sa fille. Ṣimma, vexé, s'exila, mais il ne put résister au chagrin et mourut. Lorsque la nouvelle parvint à Riyyā, elle expira aussi.

• Dans *Rawḍat al-qulūb*[71] :
Isnād : ḥaddaṯa al-Hayṯam b. ʿAdī.
Version plus détaillée.

69. Al-Šayzarī, *Rawḍat al-qulūb*, p. 95-97.
70. Al-Šayzarī, *Rawḍat al-qulūb*, p. 97-98.
71. Al-Šayzarī, *Rawḍat al-qulūb*, p. 145-147.

NOTICE 4

- *Al-Wāḍiḥ*, p. 337, ms f° 147v°, l. 9 ; f° 148r°, l. 4. *Isnād : qāla al-ʿallāma Abū al-Qāsim Muḥammad b. ʿAbd al-Raḥmān al-Šayzarī fī Kitāb rawḍat al-qulūb wa-nuzhat al-muḥibb wa-l-maḥbūb.*

Résumé du récit : Une jeune femme de Šayzar était tellement éprise de son mari Yūsuf qu'elle ne supportait point d'être séparée de lui. Un jour qu'il rentra en colère, elle crut que cela était contre elle et, quand il sortit à nouveau, elle se pendit.

- Dans *Rawḍat al-qulūb*[72] :

Isnād : fa-ammā man šāhadnāhum fa-minhum[73].
Version plus détaillée, mais qui ne cite pas le nom du mari.

NOTICE 5

- *Al-Wāḍiḥ*, p. 367, ms f° 162v°, l. 7 ; f° 163v°, l. 3. *Isnād : ḏakara al-Madāʾinī fī mā ḏakara Abū Bakr al-Šayzarī fī Kitāb rawḍat al-qulūb.*

Résumé du récit : Une femme de Médine épousa un homme du Šām et fut obligée de le suivre malgré elle. Sur la route, elle entendit des vers qui remplirent son cœur de nostalgie pour son pays et mourut de chagrin.

- Dans *Rawḍat al-qulūb*[74] :

Isnād : ḥakā al-Madāʾinī.
Même histoire.

72. Al-Šayzarī, *Rawḍat al-qulūb*, p. 87-89.
73. Cette histoire se trouve au début du quatrième chapitre de la *Rawḍa* qui traite de ceux que l'amour a tués. Al-Šayzarī dit en avoir vu certains directement, parmi lesquels se trouve la femme de Šayzar dont il raconte l'histoire. Al-Šayzarī, *Rawḍat al-qulūb*, p. 87.
74. Al-Šayzarī, *Rawḍat al-qulūb*, p. 59.

B. Les transmetteurs les plus nommés

1. *Ibn Abī al-Dunyā (m. 208/823)*

NOTICE 1

Al-Wāḍiḥ, p. 120-121, ms f° 48r°, l. 9 ; f° 48v°, l. 1. *Isnād : Ibn Abī al-Dunyā qāla ; ḥaddaṯanā Muḥammad b. al-Ḥusayn qāla ; ḥaddaṯanā Dāwūd b. al-Muḥabbir*[75] *; aḫbaranā ʿUqba b. Abī al-Ṣahbāʾ qāla; samiʿtu ʿĪsā al-Sukkarī yaqūl.*

Résumé du récit : Le *rāwī* alla voir un homme qui vivait isolé, loin des gens et lui parla de la mort et de l'au-delà, ce qui provoqua son décès. Les voisins ne se montrèrent pas étonnés de ce qui était arrivé.

NOTICE 2

- *Al-Wāḍiḥ*, p. 155-156, ms f° 62v°, l. 8 ; f° 63r°, l. 12. *Isnād :*
  1. *qāla Ismāʿīl b. Naṣr al-Baġdādī*[76] *;*
  2. *Ḏakara Ibn al-Anbārī Muḥammad b. Qāsim*[77] *fī Amālīhi fa-qāl; ḥaddaṯanā al-Kudaymī ʿanhu wa-lafaẓa Ibn Abī al-Dunyā fī Kitāb al-ḫāʾifīn ʿan Muḥammad; ḥaddaṯanā Šuʿayb b. Muḥriz ; ḥaddaṯanā Ṣāliḥ al-Murrī qāla.*

Résumé du récit : Masʿūd Abū Ǧuhayr al-Ḍarīr mourut quand Ṣāliḥ al-Murrī récita un verset coranique sur le bonheur des Bienheureux du paradis[78].

- Dans *Maṣāriʿ al-ʿuššāq*[79]:

Isnād : aḫbaranī al-qāḍī Abū al-Ḥusayn Aḥmad b. ʿAlī al-Muḥtasib qāla; ḥaddaṯanā Abū al-Qāsim Ismāʿīl b. Muḥammad b. Suwayd qāla ; ḥaddaṯanā Abū Bakr Muḥammad b. Qāsim al-Anbārī qāla ; ḥaddaṯanā al-Kudaymī qāla ; ḥaddaṯanā Ismāʿīl b. Naṣr al-Baġdādī. Version courte.

75. Dāwūd b. al-Maǧaz (*sic*) dans la version imprimée.
76. Nous n'avons trouvé aucun renseignement sur cet auteur.
77. Abū Bakr Muḥammad b. Qāsim b. al-Anbārī (m. 328/940), traditionniste et philologue, était connu pour son exceptionnelle mémoire et par son abstinence. Brockelmann, 1957.
78. L'histoire est présentée selon deux versions dont la première est très brève. C'est cette version courte qui se trouve aussi dans le *Maṣāriʿ al-ʿuššāq*. *Al-Wāḍiḥ*, p. 155-156, ms f° 62v°, l. 8 ; f° 63r°, l. 12.
79. Al-Sarrāǧ, *Maṣāriʿ al-ʿuššāq*, I, p. 198.

- Dans *al-Muntaẓam*[80] :

Isnād : aḫbaranā Aḥmad b. Aḥmad al-Mutawakkilī al-Hāšimī qāla ; aḫbaranā Aḥmad b. ʿAlī b. Ṯābit qāla ; ḥaddaṯanī ʿAbd Allāh b. Abī al-Fatḥ al-Fārisī qāla ; ḥaddaṯanī ʿUbayd Allāh b. ʿUṯmān al-Daqqāq qāla ; ḥaddaṯanā ʿAlī b. Muḥammad al-Wāʿiẓ qāla ; ḥaddaṯanā ʿAlī b. ʿĪsā Abū Saʿīd al-Ḫarrāz qāla ; ḥaddaṯanā Ibrāhīm b. ʿAbd Allāh al-Muḫtalī qāla ; ḥaddaṯanā Muḥammad b. al-Ḥusayn qāla ; ḥaddaṯanā Šuġayb b. Muḥriz al-Awdī qāla ; ḥaddaṯanā Ṣāliḥ al-Murrī qāla ; qāla Mālik b. Dīnār.

Version beaucoup plus longue que celle qui figure dans le *Wāḍiḥ*, avec des renseignements sur le comportement et la piété d'Abū Ǧuhayr al-Ḍarīr.

NOTICE 3

Al-Wāḍiḥ, p. 170, ms f° 70v°, l. 10- f° 71r°, l. 7. *Isnād : qāla Ibn Abī al-Dunyā ; ḥaddaṯanā Muḥammad b. Yaḥyā b. Muḥammad b. Kuṯayyir qāla ; ḥaddaṯanā Abū ʿUmar ḥaddaṯanā aḫū ʿĀṣim, imām masǧid Ibn Ǧarrād.*

Résumé du récit : L'*imām* ʿĀṣim al-Baṣrī[81] raconta qu'un homme présent à toutes les prières, lui emprunta un jour un exemplaire du Coran. Personne ne le revit plus jusqu'à ce qu'on le trouvât mort, le livre sur sa poitrine, dans une maison vide. Au moment où l'*imām* se demandait comment financer son enterrement, un groupe d'hommes arriva avec le nécessaire pour l'ensevelir.

NOTICE 4

Al-Wāḍiḥ, p. 172, ms f° 71v°, l. 14 ; f° 72r°, l. 3. *Isnād : ḏakara Ibn Abī al-Dunyā ʿan Saʿīd b. Yaʿqūb qāla ; anbaʾanā al-Muʿtamir ʿan Abī Kaʿb ʿanhu qāla ʿan al-Ḥasan.*

Résumé du récit : Une esclave chanteuse tomba amoureuse d'un jeune homme qui fréquentait régulièrement la mosquée et lui déclara son amour. Il l'écouta et s'évanouit. Il mourut lorsque le calife ʿUmar lui promit le paradis, s'il demeurait dans la crainte de Dieu.

80. Ibn al-Ǧawzī, *al-Muntaẓam*, VIII, p. 127.

81. ʿĀṣim al-Baṣrī (m. 147/760), *imām* de la mosquée d'Ibn Ǧarrād, fut aussi *ṣāḥib al-ḥisba* à Kūfa et cadi à Bagdad. Il était connu pour sa piété et son ascétisme. Al-Ziriklī, 1990-2011, III, p. 248.

NOTICE 5

Al-Wāḍiḥ, p. 183, ms f° 76v°, l. 12-14. *Isnād : ḏakara Ibn Abī al-Dunyā ʿan Ḫulayd.*

Résumé du récit : Le *rāwī* raconta avoir récité plusieurs fois dans la nuit un verset coranique rappelant que toutes les âmes étaient vouées à la mort[82]. Une voix s'éleva pour lui demander de cesser cela : il avait déjà tué ainsi quatre djinns.

NOTICE 6

Al-Wāḍiḥ, p. 195, ms f° 80v°, l. 1-3. *Isnād : qāla Bahz (sic) b. Ḥakīm fī-mā ḏakarahu Ibn Abī al-Dunyā.*

Résumé du récit : Zurāra b. Awf[83] commença à lire la Sourate de *Celui qui est revêtu d'un manteau* et, quand il arriva au verset 8[84], il tomba par terre mort.

NOTICE 7

Al-Wāḍiḥ, p. 210, ms f° 86v°, l. 4-6. *Isnād : ḏakara Ibn Abī al-Dunyā ʿan Saʿīd b. Aḥmad qāla.*

Résumé du récit : Le *rāwī* raconta avoir vu une jeune fille pendue au tissu qui recouvrait la Kaʿba. Elle cria et pleura, jusqu'à en mourir.

NOTICE 8

Al-Wāḍiḥ, p. 219, ms f° 89r°, l. 15 ; f° 89v°, l. 6. *Isnād : qāla Abū Ṭāriq al-Tabbān fī-mā ḏakarahu Ibn Abī al-Dunyā.*

82. La citation comporte la première moitié du verset 57 du Coran, *L'Araignée*. Nous rapportons le verset dans sa totalité ainsi que le suivant, afin de préciser le contexte de la citation coranique. « Tout homme goûtera à la mort. Vous serez, ensuite, ramenés vers nous. Quant à ceux qui auront accompli des œuvres bonnes nous les ferons demeurer, pour toujours, dans le Jardin, au milieu de salles sous lesquelles coulent les ruisseaux ». (Trad. D. Masson).

83. Zurāʿa b. Awfā (m. 93/711) fut cadi de Baṣra. Al-Ṣafadī, *al-Wāfī bi-l-wafayāt*, XIV, p. 129.

84. Ce verset, complété des deux suivants, dit : « Lorsque l'on sonnera de la trompette, ce Jour sera un Jour horrible, un Jour difficile pour les incrédules ». Coran, LXXIV, *Celui qui est revêtu d'un manteau*, v. 8-10 (Trad. D. Massignon).

Résumé du récit : Ibn Abī al-Dunyā témoigna avoir vu trente hommes dont chacun mourut heureux dans des séances mystiques (*maǧālis al-ḏikr*). Il ajouta aussi que lorsque ʿAbd al-ʿAzīz b. Sulaymān[85] mentionnait le jour du jugement dernier et la mort, ses disciples se mettaient à crier, comme s'ils avaient mal. Son sermon provoquait souvent des décès.

NOTICE 9

Al-Wāḍiḥ, p. 236, ms f° 96r°, l. 15 ; f° 96v°, l. 1. *Isnād : ḏakara Ibn Abī al-Dunyā ʿan ʿAbd Allāh b. al-Mubārak.*

Résumé du récit : Une femme demanda à ʿĀʾiša de lui faire découvrir le tombeau du Prophète. Quand elle le fit, elle pleura jusqu'à en mourir.

NOTICE 10

Al-Wāḍiḥ, p. 240-241, ms f° 98v°, l. 2-7. *Isnād : ḏakara Ibn Abī al-Dunyā ʿan al-ʿAzīz b. Abī Rawwād.*

Résumé du récit : Pendant le pèlerinage, une femme ne cessait de demander où se trouvait la demeure de son Seigneur. Lorsqu'elle vit la Kaʿba, elle posa son front dessus et mourut. On raconte aussi que, quand le Prophète récita un verset coranique[86] qui menaçait ses auditeurs du Feu, un jeune homme s'évanouit. Quand il revint à lui, Muḥammad lui annonça le paradis. Ses compagnons demandèrent alors au Prophète ce qu'il en serait d'eux et il répondit par un autre verset[87], qui les incitait à craindre Dieu.

NOTICE 11

Al-Wāḍiḥ, p. 248, ms f° 102v°, l. 5-11. *Isnād : ḏakara Ibn Abī al-Dunyā ʿan Ḥuṣayn b. al-Qāsim al-Wazzān wa-Abī ʿAbd Allāh al-Šaḥḥām.*

85. Nous n'avons pas pu identifier ce personnage.
86. Il s'agit de la première partie du verset 6 du Coran, LXVI, *Interdiction*, cité ici en entier pour plus de clarté. « Vous les croyants ! Préservez vos familles et vos personnes d'un Feu dont les hommes et les pierres seront l'aliment ! Des Anges gigantesques et puissants se tiendront autour de ce Feu ; ils ne désobéissent pas à l'Ordre de Dieu, ils font ce qui leur est commandé ». (Trad. D. Masson).
87. Le verset 14 du Coran, XIV, *Abraham*, a été ici rapporté en entier, précédé par le verset 13. « Les incrédules dirent à leurs prophètes : "Nous allons vous chasser de notre pays, à moins que vous ne reveniez à notre religion". Leur Seigneur leur révéla : "Nous allons faire périr les injustes et vous établir ensuite sur la terre". Voilà pour celui qui redoute ma présence, pour celui qui redoute ma menace ».

Résumé du récit : Un homme, craignant pour sa vie, demanda à ʿAbd al-Wāḥid b. ʿAzīz[88] d'arrêter son sermon, mais ne fut pas écouté. Il mourut aussitôt et à son enterrement, nombreux furent ceux qui le pleuraient.

2. *Muḥammad b. Ḫalaf b. al-Marzubān (m. 309/921)*

NOTICE 1

- *Al-Wāḍiḥ*, p. 117-199, ms f° 46v°, l. 9 ; f° 47v°, l. 13. *Isnād : qāla Aḥmad b. ʿUmar al-Zuhrī ; ḥaddaṯanā ʿammī ʿan abīhi fī-mā ḏakarahu Abū Bakr Muḥammad b. Ḫalaf b. al-Marzubān.*

Résumé du récit : Le *rāwī* reçut l'hospitalité sous une tente. La nuit tombée, son hôte accueillit une fille et s'entretint avec elle jusqu'au matin. Le lendemain, elle ne se montra pas au rendez-vous. Son amant sortit la chercher et revint avec son cadavre dans les bras : les animaux sauvages l'avait tuée. Il se suicida aussitôt.

- Dans *Ḏamm al-hawā*[89] :

Isnād : balaġanī ʿan Ǧamīl b. Maʿmar al-ʿUḏrī.
Même histoire, mais présentée comme si Ǧamīl la racontait au calife ʿAbd al-Malik b. Marwān, qui lui avait demandé une histoire d'amour *ʿuḏrī*.

- Dans le *Manāzil al-aḥbāb*[90] :

Isnād : ḥakā al-ʿUtbī qāla ; ḥaddaṯanī Ǧabala b. al-Aswad.
Même histoire qui est dite ici aussi avoir été vécue par un *ʿuḏrī*.

NOTICE 2

- *Al-Wāḍiḥ*, p. 124-125, ms f° 49v°, l. 3 ; f° 50r°, l. 6. *Isnād : ḏakara Muḥammad b. Ḫalaf al-Marzubān.*

Résumé du récit : Bišr b. al-ʿAlāʾ tomba amoureux de sa cousine Salmā. Elle épousa un autre homme et Bišr en devint fou de chagrin. Il alla la voir un jour et la tua par jalousie.

88. Nous n'avons pas pu identifier le personnage de ʿAbd al-Wāḥid b. ʿAzīz.
89. Ibn al-Ǧawzī, *Ḏamm al-hawā*, p. 432-433.
90. Šihāb al-Dīn Maḥmūd, *Manāzil al-aḥbāb*, p. 281-283.

- Dans *Nišwār al-muḥāḍara*[91] :

Isnād : anba'anā Abū Bakr Muḥammad b. ʿAbd al-Bāqī qāla ; anba'anā ʿAlī b. al-Muḥassin al-Tanūḫī qāla ; anba'anā Muḥammad b. al-ʿAbbās qāla ; anba'anā Muḥammad b. Ḫalaf[92] *qāla ; aḫbaranī Abū Bakr al-ʿĀmirī ʿan Aḥmad b. Hišām qāla ; aḫbaranī ašyāḫ min Banī Saʿd wa-Mālik ibnay Zayd Munā ʿan ašyāḫ min qawmihi adrakū ḏalika al-dahr.*

Même histoire que dans le *Wāḍiḥ*, avec quelques détails en plus.

- Dans *Ḏamm al-hawā*[93] :

Isnād : anba'anā Abū Bakr Muḥammad b. ʿAbd al-Bāqī qāla ; anba'anā ʿAlī b. al-Muḥassin al-Tanūḫī qāla ; anba'anā Muḥammad b. al-ʿAbbās qāla ; anba'anā Muḥammad b. Ḫalaf[94] *qāla ; aḫbaranī Abū Bakr al-ʿĀmirī ʿan Aḥmad b. Hišām qāla ; aḫbaranī ašyāḫ min Banī Saʿd wa-Mālik b. Zayd ʿan ašyāḫ min qawmihi.*

Même histoire, mot pour mot, que dans le *Nišwār*.

NOTICE 3

- *Al-Wāḍiḥ*, p. 156-158, ms f° 63r°, l. 12 ; f° 64r°, l. 14. *Isnād : qāla Muḥammad b. Ḫalaf fī Imlā'ihi ; ḥaddaṯanā Isḥāq b. Manẓūr qāla ; Ǧābir b. Nūḥ qāla.*

Résumé du récit : Un vieil homme raconta au *rāwī* que son fils était tombé amoureux d'une femme des Anṣār (alliés). Elle était mariée, mais lui proposa de tromper son mari avec lui. Il refusa par crainte de Dieu. Par dépit, elle alla voir une magicienne qui jeta un charme sur le jeune homme. Fou d'amour pour elle, il pria son père de l'attacher afin de mieux résister à la tentation. Il mourut aussitôt de chagrin.

- Dans *Maṣāriʿ al-ʿuššāq*[95] :

Isnād : aḫbaranā Abū Ṭāhir Aḥmad b. ʿAlī al-Sawwāq ; ḥaddaṯanā Muḥammad b. Fāris ; ḥaddaṯanā ʿAbd Allāh b. Muḥammad b. Ibrāhīm ; ḥaddaṯanā Muḥammad b. Ḫalaf ; qāla Isḥāq b. Manṣūr ; ḥaddaṯanā Ǧābir b. Nūr.

Même version de l'histoire.

91. Al-Tanūḫī, *Nišwār al-muḥāḍara*, V, p. 137-139.
92. Il s'agit bien sûr d'Ibn al-Marzubān.
93. Ibn al-Ǧawzī, *Ḏamm al-hawā*, p. 357-358.
94. Il s'agit bien sûr d'Ibn al-Marzubān.
95. Al-Sarrāǧ, *Maṣāriʿ al-ʿuššāq*, II, p. 54-56.

NOTICE 4

- *Al-Wāḍiḥ*, p. 204-206, ms f° 83v°, l. 9 ; f° 84r°, l. 16. *Isnād* principal : *qāla Muḥammad b. Ḫalaf b. al-Marzubān. Autres isnād-s : qāla al-Zubayrī*[96]; (*al-Wāḍiḥ*, p. 205, ms f° 84r°, l. 3). *Zaʿama Abū al-Farağ al-Iṣfahānī fī Kitāb al-qiyān.*

Résumé du récit : Un des fils de Saʿīd b. al-ʿĀṣ (m. 59/678-679) tomba amoureux d'une esclave chanteuse de Médine, mais n'avoua pas son amour. La nouvelle de cet amour finit tout de même par parvenir à ʿUmar b. ʿAbd al-ʿAzīz qui l'acheta pour lui. Elle resta avec lui un an, puis mourut. Son amant la suivit peu après dans la tombe.

- Dans *Maṣāriʿ al-ʿuššāq*[97] :

Isnād : ḥaddaṯanā Abū ʿUmar b. Ḥayawayh wa-naqqaltuhu min ḫaṭṭihi qāla ; ḥaddaṯanā Abū Bakr b. Muḥammad b. Ḫalaf qāla ; ḥaddaṯanā Abū Bakr al-ʿĀmirī ; ḥaddaṯanā Abū ʿAbd Allāh al-Qurayšī wa-ḥaddaṯanā al-Dimašqī ʿan al-Zubayr qāla ; ḥaddaṯanī Muṣʿab b. ʿAbd Allāh al-Zubayrī.
Même version de l'histoire, mot à mot.

NOTICE 5

- *Al-Wāḍiḥ*, p. 206-7, ms f° 84r°, l. 16 ; f° 85r°, l. 2. *Isnād : ḏakara Abū Bakr b. Ḫalaf b. al-Marzubān.*

Résumé du récit : Un jeune homme s'éprit d'une femme de condition inférieure à la sienne et son père l'empêcha de l'épouser. Un jour, il la trouva morte à l'endroit où ils devaient se rencontrer, il la porta sur un chemin de montagne puis se coucha pour mourir avec elle. Les gens de leur clan n'en eurent plus de nouvelles jusqu'au jour où ils entendirent une voix dans la montagne. Ils montèrent et trouvèrent les deux cadavres enlacés.

- Dans *Manāzil al-aḥbāb*[98] :

Isnād : ʿan ʿUṯmān b. ʿUmar al-Taymī qāla.
Même version.

96. Al-Zubayrī est le dernier transmetteur dans l'*isnād* complet d'al-Sarrağ (*Maṣāriʿ al-ʿuššāq*, I, p. 108).
97. Al-Sarrāğ, *Maṣāriʿ al-ʿuššāq*, I, p. 108.
98. Šihāb al-Dīn Maḥmūd, *Manāzil al-aḥbāb*, p. 169-170.

- Dans *Maṣāriʿ al-ʿuššāq*[99] :

Isnād : wağadtu bi-ḫaṭṭi Ibn Ḥayawayh yaqūl ; ḥaddaṯanā Abū Bakr Muḥammad b. Ḫalaf qāla : ḥaddaṯanī ʿAbd al-Wāḥid b. Muḥammad al-Naǧǧārī ; qāla ḥaddaṯanī Muḥammad b. Hayṯam b. ʿAdī ʿan al-Hayṯam qāla ; ḥaddaṯanā Muḥammad b. Malik ; ḥaddaṯanī ʿUṯmān b. ʿUmar al-Taymī.

Même version.

NOTICE 6

- *Al-Wāḍiḥ*, p. 207-209, ms f° 85r°, l. 2 ; f° 86r°, l. 3. *Isnād : ḏakara Ibn al-Marzubān fī Kitāb al-ḏuhūl ʿan Saʿīd b. ʿAbd Allāh b. Maysara qāla ; ḥaddaṯanī šayḫ min ahl al-Šām.*

Résumé du récit : Un jeune homme tomba malade d'amour. Les médecins n'arrivant pas à le soigner, il s'assit sur le seuil de sa maison et se mit à demander aux passants de livrer un message à son aimée. Lorsqu'il reçut la réponse de la jeune fille, il alla la voir, mais obligé de s'éloigner d'elle pour éviter le scandale, il mourut aussitôt, sans avoir récupéré ses esprits.

- Dans *Ḏamm al-hawā*[100]:

Isnād : aḫbaranā Abū Bakr b. ʿAbd al-Bāqī qāla ; anbaʾanā Abū al-Qāsim ʿAlī b. al-Muḥassin qāla ; anbaʾanā Abū ʿUmar b. Ḥayawayh qāla ; anbaʾanā Muḥammad b. Ḫalaf qāla ; aḫbaranī Muḥammad b. Mūsā ʿan Saʿīd b. ʿAbd Allāh b. Maysara ; qāla ḥaddaṯanā šayḫ min ahl al-Šām qāla.

Version avec plus de détails surtout sur le rôle joué par le *rāwī* qui est aussi le frère du protagoniste.

NOTICE 7

- *Al-Wāḍiḥ*, p. 241-246, ms f° 99r°, l. 3 ; f° 101, l. 11. *Isnād : ḏakara Ibn al-Marzubān fī Kitāb al-ḏuhūl wa-l-nuḥūl ; anbaʾanā Aḥmad ; anbaʾanā Muḥammad b. Zakariyyā ʿan al-Musāwir b. Ḥamīd qāla.*

Résumé du récit : Al-Aṣmaʿī rencontra dans la rue une femme qui chantait des vers d'amour. Elle annonça sa mort prochaine et lui raconta son histoire. Elle avait longtemps joué le rôle de confidente d'autres femmes, parmi lesquelles se trouvait une jeune fille qui se moquait des amoureux et des vers d'amour, mais qu'après avoir vu l'image d'un

99. Al-Sarrāǧ, *Maṣāriʿ al-ʿuššāq*, I, p. 265-266.
100. Ibn al-Ǧawzī, *Ḏamm al-hawā*, p. 407-410.

homme, ou celle d'une femme dans ses rêves, en fut tellement affectée qu'elle arrêta de se nourrir. Elle se fit peindre l'image qu'elle avait vue en rêve et s'isola pour la regarder à son aise. Pour la guérir de cet amour fou, la narratrice fit reproduire l'image, mais ordonna au peintre de donner au visage du portrait une attitude triste. À la vue de cette nouvelle image, la jeune femme avait succombé. Au grand regret d'al-Aṣmaʿī, sa duègne la suivit aussitôt dans la tombe.

NOTICE 8

- *Al-Wāḍiḥ*, p. 274-275, ms f° 115r°, l. 16 ; f° 116r°, l. 1[101]. *Isnād : ḏakara Ibn al-Marzubān ʿan Abī al-Ḥasan ʿAlī b. Ḥussayn al-Ṣāfī al-maʿrūf bi-Rabāḥ.*

Résumé du récit : Le *rāwī* vit dans un *bimaristān* un jeune homme beau et bien habillé, qui lui demanda d'aller réciter des vers devant la porte de son aimée. Quand le *rāwī* rapporta la réponse, le jeune homme expira. Au même moment, sa bien-aimée quitta aussi ce bas monde.

- Dans *Maṣāriʿ al-ʿuššāq*[102] :

Isnād : aḫbaranā Abū al-Ḥusayn b. Muḥammad b. Muḥammad b. ʿAlī al-Warrāq min ḥafẓihi qāla ; ḥakā lī Abū al-Ḥusayn ʿAlī b. al-Ḥusayn al-Ṣūfī al-maʿrūf bi-l-Riyyāğ.
Version identique.

NOTICE 9

- *Al-Wāḍiḥ*, p. 279-281, ms f° 117v°, l. 9 ; f° 118, l. 9. *Isnād : ḏakara Ibn al-Marzubān.*

Résumé du récit : Bien qu'elle ait juré qu'elle n'aimerait que ʿUmar, Biyā fut mariée de force à un autre. ʿUmar découvrit l'endroit où elle vivait avec son mari et commença à la fréquenter régulièrement. Le mari de Biyā les trouva couchés des deux côtés d'un tapis, devant l'entrée de la tente. Il aurait voulu tuer ʿUmar, mais ce dernier lui montra que la posture dans laquelle il les avait trouvés indiquait qu'ils étaient restés chastes. ʿUmar put donc rester à côté de son aimée jusqu'à sa propre mort.

101. Une autre notice qui précède celle-ci (*al-Wāḍiḥ*, 252-253, ms f° 104v°, l. 4-16) est présentée sous le nom d'Ibn al-Marzubān. Elle ne contient pas de véritable histoire, mais des propos sur le penchant particulier des ʿ*Uḏrī*-s pour l'amour-passion (ʿ*išq*).
102. Al-Sarrāğ, *Maṣāriʿ al-ʿuššāq*, I, p. 42-43.

NOTICE 10

- *Al-Wāḍiḥ*, p. 281-282, ms f° 118r°, l. 9 ; f° 119r°, l. 4. *Isnād : ḏakara Ibn al-Marzubān. Ḏakarahu fī Kitāb al-ḏuḥūl wa-l-nuḥūl*[103].

Résumé du récit : ʿUmar b. Maysara ne ressemblait plus qu'à une ombre, mais personne ne connaissait la raison de cette maigreur. Il n'avoua son amour pour sa cousine que lorsqu'il fut sur le point de mourir.

- Dans *Nišwār al-muḥāḍara*[104] :

Isnād : anbaʾanā Muḥammad b. ʿAbd al-Bāqī qāla ; anbāʾnī al-Tanūḫī qāla ; ḥaddaṯanā Ibn Ḥayawiyya qāla ; anbaʾanā Ibn al-Marzubān qāla ; ḏakara baʿḍ al-ruwāt ʿan Muḥammad b. Muʿāwiya qāla ; ḥaddaṯanī Ibrāhīm b. ʿUṯmān al-ʿUḏrī.
Même version, mot pour mot.

NOTICE 11

- *Al-Wāḍiḥ*, p. 359-360, ms f° 158v°, l. 3 ; f° 159r°, l. 2 *Isnād : ḏakara Muḥammad b. Ḫalaf b. Abī Bakr anna al-Hayṯam b. ʿAdī qāla.*

Résumé du récit : Murra épousa sa cousine Laylā qu'il aimait intensément. Lorsqu'il partit pour aller se battre au Ḫurasān, il confia sa femme à un homme de son clan. Quand il revint et la mort de son épouse lui fit annoncée, il pleura sur sa tombe jusqu'à en mourir.

- Dans *Manāzil al-aḥbāb*[105] :

Isnād : ḥukiyā anna ....
Même histoire avec quelques petites différences dans les mots utilisés pour la raconter.

- Dans *Maṣāriʿ al-ʿuššāq*[106] :

Isnād : ḏakara Abū ʿUmar b. Ḥayawayh wa-naqqaltuhu min ḫaṭṭihi anna Abū Bakr Muḥammad b. Ḫalaf ḥaddaṯahum ; aḫbaranī ʿAbd Allāh b. Abī ʿAbd Allāh al-Qurayšī qāla ; waǧadtu fī kitāb baʿḍ ahl al-ʿilm anna al-Hayṯam b. ʿAdī ḥaddaṯahum ʿan raǧul min banī Nahd.
Même version, mot à mot.

103. Cette information est donnée à la fin de la notice.
104. Al-Tanūḫī, *Nišwār al-muḥāḍara*, V, p. 162-165.
105. Šihāb al-Dīn Maḥmūd, *Manāzil al-aḥbāb*, p. 143-144.
106. Al-Sarrāǧ, *Maṣāriʿ al-ʿuššāq*, II, p. 107-108.

NOTICE 12

- *Al-Wāḍiḥ*, p. 368-369, ms f° 163 r°, l. 13 ; f° 163v°, l. 4. *Isnād : qāla Abū Munīʿ ʿAbd Lāl al-Ḥāriṯ b. ʿUbayda Allāh fī-mā ḏakarahu Abū Bakr b. al-Marzubān.*

Résumé du récit : Le *rāwī* vit un vieil homme qui pleurait et lui en demanda la raison. Il répondit que sa fille aimait son cousin, mais qu'il l'avait mariée à un homme de Kūfa et que la nostalgie l'avait tuée.

- Dans *Manāzil al-aḥbāb*[107] :

Isnād : ḥukiya ʿan Abī Munīʿ ʿAbd Lāl al-Ḥāriṯ b. ʿUbayd.
Même histoire, mais la mort de la jeune fille est racontée avec plus de détails.

- Dans *Maṣāriʿ al-ʿuššāq*[108] :

Isnād : ḏakara Abū ʿUmar b. Ḥayawayh wa-naqqaltuhu min ḫaṭṭihi ; ḥaddaṯanā Abū Bakr Muḥammad b. Ḫalaf ; aḫbaranī Abū al-ʿAlāʾ al-Qaysī ; ḥaddaṯanā Abū ʿAbd al-Raḥmān al-ʿĀʾišī ; aḫbaranī Abū Munīʿ ʿAbd Lāl al-Ḥāriṯ b. ʿUbayd.
Même histoire, mais la mort de la jeune fille est racontée avec plus de détails.

NOTICE 13

- *Al-Wāḍiḥ*, p. 375-376, ms f° 165v°, l. 9 ; f° 166r°, l. 6. *Isnād : ḏakara Ibn al-Marzubān.*

Résumé du récit : À Baṣra, un jeune ascète très pieux commença à dépérir, sans qu'on sache pourquoi. Sa famille le blâmait et proposait de le soigner, mais il refusait en récitant des vers selon lesquels passion amoureuse ne peut pas être soignée. Il ne cessa de pleurer ainsi, jusqu'à en mourir.

- Dans *Maṣāriʿ al-ʿuššāq*[109] :

Isnād : ḥaddaṯanī Ḥātim b. Muḥammad ; aḫbaranī ʿAbd al-Raḥmān b. Ṣāliḥ.
Même version mot pour mot.

107. Šihāb al-Dīn Maḥmūd, *Manāzil al-aḥbāb*, p. 127-128.
108. Al-Sarrāğ, *Maṣāriʿ al-ʿuššāq*, II, p. 115.
109. Al-Sarrāğ, *Maṣāriʿ al-ʿuššāq*, II, p. 280-281.

3. *Ibn Durayd (m. 321/933)*

NOTICE 1

Al-Wāḍiḥ, p. 195-198, ms f° 80v°, l. 5 ; f° 81v°, l. 16. *Isnād : qāla Ibn Durayd, ḥaddaṯanā Abū al-Sakan b. Saʿīd ʿan al-ʿAbbās b. Hišām ʿan Abīhi ʿan ǧiddihi qāla ; ḥaddaṯanā Miṣriʿ b. Ġallāb al-Ḥimyarī [...] ḥaddaṯanī Abū Ġālib qāla.*

Résumé du récit : Un beau jeune homme nommé Zurʿa était amoureux d'une fille de son clan appelée Mufaddā, qui lui préférait son rival. Cela lui causa un tel chagrin, qu'il arrêta de se nourrir. Il mourut peu après de douleur et quand la nouvelle de son décès parvint à Mufaddā, elle en fut tellement désespérée, qu'elle mourut la nuit même.

NOTICE 2

Al-Wāḍiḥ, p. 247-248, ms f° 102r°, l. 5 ; f° 102v°, l. 5. *Isnād : ḏakara Ibn Durayd ḥaddaṯanā al-Riyāšī qāla ; ḥaddaṯanā al-Aṣmaʿī ʿAbd Allāh b. Qurayb qāla.*

Résumé du récit : Le *rāwī* vit pleurer sur une tombe une esclave très belle et très bien habillée, qui refusa de lui révéler son secret. Il la suivit chez elle et apprit son histoire. Il la raconta à Hārūn al-Rašīd, qui ordonna de la faire venir et de lui donner une grosse somme d'argent. Elle mourut de chagrin avant d'arriver à la cour du calife.

NOTICE 3

Al-Wāḍiḥ, p. 251-252, ms f° 103v°, l. 12 ; f° 104v°, l. 3. *Isnād : ḏakara Ibn Durayd qāla ; ḥaddaṯanā ʿUbayd al-Taġlibī ġulām Abī al-Huḏayl.*

Résumé du récit : Le *rāwī* frappa un jour de grande chaleur à une porte pour demander à boire. Un jeune homme beau, mais avec sur son visage les signes de la maladie, lui accorda l'hospitalité et s'efforça de l'égayer, malgré la tristesse qui l'accablait. Après le repas, l'hôte demanda au *rāwī* de le suivre dans une pièce où se trouvait une tombe. Le jeune homme s'assit dans le sable, à côté de la tombe. Il commença alors à pleurer, à réciter des vers et à boire du vin. Il annonça ensuite sa propre mort et pria le *rāwī* de participer à son enterrement le lendemain. Il mourut en effet dans la nuit.

NOTICE 4

Al-Wāḍiḥ, p. 269-270, ms f° 112v°, l. 16 ; f° 113r°, l. 9. *Isnād : ḏakara Ibn Durayd ʿan al-Riyāšī qāla al-ʿArkan b. al-Ǧamīḥ al-Asadī.*

Résumé du récit : Un jeune homme amoureux de sa cousine n'osait pas demander sa main à son oncle. Son père la maria avec un autre et ni lui ni son aimée ne survécurent au chagrin.

NOTICE 5

Al-Wāḍiḥ, p. 282-284, ms f° 119r°, l. 4 ; f° 119v°, l. 14. *Isnād : ḏakara Ibn Durayd ʿan al-Riyāšī.*

Résumé du récit : Le *rāwī*, surpris par une averse, demanda l'hospitalité dans un campement. Une très belle jeune fille entra s'entretenir avec lui et lui demanda où il se dirigeait. Quand elle sut qu'il allait dans la Yamāma, elle soupira profondément, récita plusieurs vers d'amour, puis mourut. Le *rāwī* apprit ensuite qu'elle avait aimé son cousin ʿAmr, mort le même jour et à la même heure qu'elle.

NOTICE 6

Al-Wāḍiḥ, p. 334-335, ms f° 146r°, l. 13 ; f° 146v°, l. 16. *Isnād : ḏakara Ibn Durayd ʿan Yūnus b. Mazyad qāla.*

Résumé du récit : Le *rāwī* alla voir un jeune homme à l'agonie à cause de son amour pour sa cousine, mariée à un autre et partie loin. Lorsqu'il s'approcha de lui, l'amant malheureux récita des vers, puis mourut. Aussitôt, une fille le prit dans ses bras en pleurant, récita des vers et mourut.

NOTICE 7

Al-Wāḍiḥ, p. 338-339, ms f° 148v°, l. 13 ; f° 149r°, l. 5. *Isnād : ḏakara Ibn Durayd ʿan Muḥammad b. Sallām qāla ; ḥaddaṯanī baʿḍ ahl al-Kūfa.*

Résumé du récit : Le *rāwī* accomplit le pèlerinage et entendit une femme réciter des vers d'amour. L'année suivante, il la trouva au même endroit, l'air malade. La troisième année, il la vit enchaînée, folle. Assitôt, elle mourut.

NOTICE 8

Al-Wāḍiḥ, p. 349-350, ms f° 154r°, l. 9 ; f° 154v°, l. 11. *Isnād : ḏakara Ibn Durayd.*

Résumé du récit : Le *rāwī*, qui avait pour habitude de fréquenter les hommes éloquents des Banū Numayr, alla les voir un jour de pluie. Il entendit alors un jeune homme malade réciter des vers sur les effets de l'éclair sur son cœur amoureux. Il mourut aussitôt[110].

4. *Abū al-Farağ al-Iṣfahānī (m. 356/967)*

NOTICE 1

- *Al-Wāḍiḥ*, p. 138-144, ms f° 56v°, l. 5 ; f° 59r°, l. 8. *Isnād : ḏakara Abū al-Farağ al-Iṣfahānī.*

Résumé du récit : Le poète brigand Tawba vivait aux marges de la société. Il tomba amoureux de Laylā al-Aḫyaliyya, qu'il voyait en secret. Il mourut d'amour pour elle dans une embuscade. Un de ses vers causa indirectement la mort de Laylā. Suit l'histoire de la rivalité qui l'opposa à Ğamīl.
Al-Ḥağğāğ[111] interrogea Laylā sur le comportement de Tawba à son égard dans leur relation.

- Dans *Kitāb al-aġānī*[112] :

Isnād : aḫbaranī bi-baʿḍ aḫbārihim Aḥmad b. ʿAbd al-ʿAzīz al-Ğawharī wa-Muḥammad b. Ḥabīb b. Naṣr al-Muhallabī qālā ; ḥaddaṯanā ʿAbd Allāh b. ʿAmr b. Abī Saʿd al-Warrāq qāla ; ḥaddaṯanā Muḥammad b. ʿAlī Abū Muġīra qāla ; ḥaddaṯanā Abī ʿan Abī ʿUbayda qāla ; ḥaddaṯanī Anīs b. ʿAmr al-ʿĀmirī.
Le *Kitāb al-aġānī* raconte l'histoire de Tawba avec beaucoup plus de détail que dans le *Wāḍiḥ*, en particulier sur sa mort, mais ne cite pas la rencontre de Laylā avec al-Ḥağğāğ[113].

110. Le *Wāḍiḥ* attribue une autre version presque inchangée de cette histoire à Ṯaʿlab, qui l'a recensée dans ses *Amālī* et à Ibrāhīm b. ʿAlī b. Tamīm al-Qayrawānī dans le *Kitāb al-maṣūn fī sirr al-hawā al-maknūn*. *Al-Wāḍiḥ*, p. 350, ms f° 154v°, l. 3-5.
111. Al-Ḥağğāğ b. Yūsuf (m. 95/714) est considéré comme le plus célèbre et le plus habile des gouverneurs umayyades. Dietrich, 1965.
112. Abū al-Farağ al-Iṣfahānī, *Kitāb al-aġānī*, X, p. 67-74.
113. Ce *ḫabar* est d'ailleurs attribué, dans le *Wāḍiḥ*, à al-Madāʾinī. *Al-Wāḍiḥ*, p. 140-143.

• Dans *Aḫbār al-nisā'*[114] :
Isnād : qāla al-Hayṯam b. ʿAdī.
Seule la conversation de Laylā avec al-Ḥaǧǧāǧ est rapportée.

NOTICE 2

• *Al-Wāḍiḥ*, p. 158, ms f° 64r°, l. 14 ; f° 64v°, l. 11. *Isnād : ḏakara Abū al-Faraǧ al-Umawī.*

Résumé du récit : Ǧaʿfar b. Abī Ǧaʿfar al-Manṣūr aima une femme des *ǧinn*-s et, à cause de cet amour, de fréquentes crises d'épilepsie l'assailirent, jusqu'à qu'il en meure.

• Dans *Kitāb al-aġānī*[115] :
Isnād : aḫbaranā ʿammī qāla ; ḥaddaṯanī al-Karnī ʿan Ibn ʿĀʾiša.
L'ordre des événements dans l'histoire est inversé. L'amour de Ǧaʿfar pour une femme des *ǧinn*-s est raconté en premier, puis son désir de l'épouser et, ensuite, sa mort d'amour pour elle. Cela n'est d'ailleurs qu'une partie d'une plus longue notice sur les relations entre le fils du calife Ǧaʿfar et al-Muṭīʿ b. Iyās.

NOTICE 3

• *Al-Wāḍiḥ*, p. 198-199, ms f° 81v°, l. 16 ; f° 82r°, l. 11. *Isnād : ḏakara Abū al-Faraǧ al-Umawī ʿan al-Zubayr b. Bakkār.*

Résumé du récit : Un chasseur prit une gazelle dans ses filets, mais, avant qu'il l'eût tuée, elle le blessa mortellement. Quand la femme de cet homme fut informée de la mort de son mari, elle expira.

• Dans *Kitāb al-aġānī*[116] :
Isnād : aḫbaranī Ǧaḥẓa qāla ; ḥaddaṯanī al-Ḥurmī b. Abī al-ʿAlāʾ qāla; ḥaddaṯanī Mūsā b. Hārūn.
La notice fournit aussi le cadre dans lequel al-Zubayr b. Bakkār aurait raconté l'histoire à l'émir Muḥammad b. ʿAbd Allāh b. Ṭāhir.

114. Ibn Qayyim al-Ǧawziyya, *Aḫbār al-nisā'*, p. 35-36.
115. Abū al-Faraǧ al-Iṣfahānī, *Kitāb al-aġānī*, XII, p. 100-102.
116. Abū al-Faraǧ al-Iṣfahānī, *Kitāb al-aġānī*, IX, p. 53.

- Dans *Maṣāriʿ al-ʿuššāq*[117] :

Isnād : aḫbaranā Abū Bakr Aḥmad b. ʿAlī [...], aḫbaranā ʿAlī b. Abī ʿAlī al-Naṣrī, ḥaddaṯanā al-Ḥusayn b. Muḥammad b. Sulaymān al-Kātib, ḥaddaṯanā Ǧaḥẓa qāla.

Le *rāwī*, al-Zubayr b. Bakkār, trouva la gazelle et l'homme déjà morts et assista uniquement au décès de la femme.

NOTICE 4

- *Al-Wāḍiḥ*, p. 272-273, ms f° 114r°, l. 12 ; f° 114v°, l. 15. *Isnād : ḏakara al-Iṣfahānī fī Kitāb al-qiyān*[118].

Isnād (deuxième version): Ibn al-Marzubān ʿan Abī Ṣāliḥ al-Azdī ʿan Muḥammad b. al-Ḥusayn al-Raqqī[119].

Résumé du récit : ʿAlī b. Adīm mourut de chagrin, trois jours après que Munhila, une très belle esclave chanteuse, vendue par sa maîtresse, quittât al-Kūfa. Quand la nouvelle de la mort de son amant lui parvint, Munhila ne vécut plus que trois jours.

Dans la deuxième version, Ibn Adīm, le dernier des poètes-amants à mourir d'amour, vit pour la première fois à l'école coranique (*kuttāb*) la jeune fille qui devint par la suite une esclave chanteuse. Il essaya sans succès de l'acheter à son maître.

- Dans *Kitāb al-qiyān*[120] et dans *Kitāb al-aġānī*[121] :

Isnād : aḫbaranī Aḥmad b. ʿUbayd Allāh b. ʿAmmār qāla ; ḥaddaṯanī Muḥammad b. Dāwūd b. al-Ǧarrāḥ qāla ; ḥaddaṯanī Aḥmad b. Abī Ḫayṯama qāla Diʿbil b. ʿAlī.

L'histoire comporte plusieurs versions plus détaillées.

- Dans *Maṣāriʿ al-ʿuššāq*[122] :

Isnād : ḥaddaṯanī Abū ʿUmar Muḥammad b. al-ʿAbbās qāla ; ḥaddaṯanī Abū Bakr Muḥammad b. Ḫalaf qāla ; ḥaddaṯanī Abū Ṣāliḥ al-Azdī qāla ; ḥaddaṯanī Muḥammad b. al-Ḥusayn qāla ; aḫbaranī Muḥammad b. Samʿa al-Qurayšī qāla.

Al-Sarrāǧ ne rapporte que la deuxième version de l'histoire.

117. Al-Sarrāǧ, *Maṣāriʿ al-ʿuššāq*, II, p. 56-57.
118. Cet ouvrage est perdu et a été reconstitué à partir des citations d'autres auteurs. Abū al-Faraǧ al-Iṣfahānī, *al-Qiyān*.
119. Cf. *al-Wāḍiḥ*, p. 272, ms f° 144v°, l. 7-8.
120. Abū al-Faraǧ al-Iṣfahānī, *al-Qiyān*, p. 91-92.
121. Abū al-Faraǧ al-Iṣfahānī, *Kitāb al-aġānī*, XIV, p. 50-51.
122. Al-Sarrāǧ, *Maṣāriʿ al-ʿuššāq*, I, p. 205-206.

NOTICE 5

- *Al-Wāḍiḥ*, p. 312-326, ms f° 134r°, l. 16 ; f° 142v°, l. 5. *Isnād : ḏakara ʿAlī b. al-Ḥusayn al-Kātib fī taʾrīḫihi*[123].

Résumé du récit : Sa famille obligea Qays à répudier sa femme bien-aimée Lubnā et il en mourut de chagrin.

- Dans *Kitāb al-aġānī*[124] :

Isnād : aḫbaranī al-Ḥasan b. ʿAlī qāla; ḥaddaṯanī Muḥammad b. Mūsā b. Ḥammād qāla: ḥaddaṯanī Aḥmad b. Qāsim b. Yūsuf qāla: ḥaddaṯanī Ǧazāʾ b. Qaṭan qāla: ḥaddaṯanī Ǧassās b. Muḥammad b. ʿAmr [...] ʿan Muḥammad b. Abī Sarā ʿan Hišām b. al-Kalbī; ḥaddaṯanī ʿadad min al-Kinniyyīn.

Le *Wāḍiḥ* raconte l'histoire de la même manière, mais avec plus de détails[125].

NOTICE 6

- *Al-Wāḍiḥ*, p. 346-349, ms f° 152v°, l. 11 ; f° 154v°, l. 8. *Isnād : ḏakara al-Iṣfahānī.*

Résumé du récit : Le poète al-Muḫabbal était marié avec Umm ʿAmr, qu'il considérait comme la plus belle femme du monde. Un jour, sa femme lui montra sa sœur, Maylāʾ, encore plus admirable qu'elle. Les deux jeunes gens tombèrent amoureux l'un de l'autre. Umm ʿAmr, jalouse, informa ses frères de cet amour et al-Muḫabbal fut obligé de s'enfuir. Lorsqu'il retourna chez lui, son fils l'informa de la mort de Maylāʾ. À cette nouvelle, le poète expira.

- Dans *Kitāb al-aġānī*[126] :

Isnād: qāla ʿAbd Allāh b. Abī Saʿd al-Warrāq fī mā aḫbaranī bihi Ḥabīb b. Naṣr al-Muhallabī; ḥaddaṯanī ʿAlī b. al-Ṣabāḥ b. al-Furāt qāla; aḫbaranī ʿAlī b. al-Ḥusayn b. Ayyūb al-Nabīl ʿan Rabāḥ b. Quṭayb b. Zayd al-Asadī.

L'histoire équivaut à celle du *Wāḍiḥ* à l'exception de quelques variantes moindres.

123. Il s'agit du *Kitāb al-aġānī*.

124. Les *Aġānī* racontent son histoire avec Lubnā dans Abū al-Farağ al-Iṣfahānī, *Kitāb al-aġānī*, VIII, p. 111-134.

125. Le grand nombre d'ouvrages qui mentionnent les histoires de Ǧamīl et de Qays rend impossible de tracer une ligne de « filiations » narratives.

126. Abū al-Farağ al-Iṣfahānī, *Kitāb al-aġānī*, XXI, p. 250-252.

• Dans *Maṣāriʿ al-ʿuššāq*[127] :
Isnād : ḏakara Abū ʿUmar b. ʿAbbās naqqaltuhu min ḫaṭṭihi; aḫbaranā Abū Bakr Muḥammad b. Ḫalaf al-Maḥwalī, aḫbaranī Abū Bakr al-ʿĀmirī aḫbaranī Rayyāḥ b. Quṭayb b. Zayd al-Asadī.
Même histoire avec des variantes minimes.

NOTICE 7

• *Al-Wāḍiḥ*, p. 360-364, ms f° 159v°, l. 2 ; f° 160v°, l. 12. *Isnād : ḏakara al-Iṣfahānī.*

Résumé du récit : Le poète Muraqqiš tomba amoureux de sa cousine, mais son oncle la maria à un autre, qui l'amena loin. Il partit la chercher, mais tomba malade pendant le voyage. Ceux qui l'accompagnaient l'abandonnèrent dans une grotte, mais il réussit à retrouver son aimée. Il vécut quelque temps chez elle, avant de mourir de chagrin.

• Dans *Kitāb al-aġānī*[128] :
Isnād: qāla Abū ʿUmar wa-wāfaqahu al-Mufaḍḍal al-Ḍabbī.
L'histoire ressemble, bien que le vocabulaire varie parfois.

• Dans *Maṣāriʿ al-ʿuššāq*[129] :
Isnād : kataba ilayya Abū Ġālib b. Bišrān min al-Wāsiṭ ḥaddaṯanā Ibn Dīnār qāla ; ḥaddaṯanā Abū al-Farağ Muḥammad b. ʿAlī al-Iṣfahānī fī Kitāb al-Aġānī qāla Abū ʿUmar wa-wāfaqahu al-Mufaḍḍal al-Ḍabbī.
L'histoire ressemble, bien que le vocabulaire varie parfois.

127. Al-Sarrāğ, *Maṣāriʿ al-ʿuššāq*, II, p. 140-143.
128. Abū al-Farağ al-Iṣfahānī, *Kitāb al-aġānī*, V, p. 190-192.
129. Al-Sarrāğ, *Maṣāriʿ al-ʿuššāq*, I, p. 227-231.

NOTICE 8

- *Al-Wāḍiḥ*, p. 364-366, ms f° 160v°, l. 13 ; f° 161v°, l. 12. *Isnād : ḏakara al-Iṣfahānī*[130].

Résumé du récit : Le poète al-Musāfir tomba amoureux de sa cousine Hind, mais son oncle ne lui accorda pas sa main, en raison de sa pauvreté. Il alla alors demander de l'aide au roi al-Nuʿmān. À l'annonce du mariage de sa bien-aimée avec un autre, il tomba malade et mourut de chagrin.

- Dans *Kitāb al-aġānī*[131] :

Isnād : omis.
L'histoire comporte quelques détails en plus sur la maladie d'al-Musāfir.

- Dans *Maṣāriʿ al-ʿuššāq*[132] :

Isnād : ḏakara Ibn Ḥayawayh wa-naqqaltuhu min ḫaṭṭihi qāla ; ḥaddaṯanī Abū Bakr Muḥammad b. Ḫalaf qāla ; ḥaddaṯanā Isḥāq b. Muḥammad al-Kūfī qāla ; ḥaddaṯanī ʿUbayd Allāh b. Muḥammad b. Ḥafṣ b. Mūsā b. ʿUbayd Allāh b. Maʿmar ʿan abīhi.
La version du *Maṣāriʿ* diffère en partie. Al-Musāfir tomba amoureux d'une jeune fille de La Mecque, mais sa famille, lorsqu'elle apprit cet amour, le menaça. Il se réfugia alors chez al-Nuʿmān, mais mourut à la nouvelle du mariage de sa bien-aimée avec un autre.

NOTICE 9

- *Al-Wāḍiḥ*, p. 399-401, ms f° 179r°, l. 9 ; f° 179v°, l. 15. *Isnād : ḏakara Abū al-Farağ al-Iṣfahānī fī Taʾrīḫihi al-kabīr*[133] *ʿan Yūnus al-Kātib qāla.*

Résumé du récit : Le *rāwī* vit un homme fort maigre et exténué au bord d'un étang. Ce dernier s'évanouit, après avoir récité des vers d'amour. Lorsque le *rāwī* lui dit qu'il venait de Ḥamā, il mourut.

130. Une autre version de l'histoire mentionnée est attribuée à Ibn al-Marzubān. Dans cette dernière, al-Musāfir serait tombé amoureux d'une esclave chanteuse de La Mecque. C'est la version qui se trouve dans al-Sarrāğ, *Maṣāriʿ al-ʿuššāq*, I, p. 250. Cf. *al-Wāḍiḥ*, p. 365-366, ms f° 161v°, l. 8-13.
131. Abū al-Farağ al-Iṣfahānī, *Kitāb al-aġānī*, VIII, p. 49-50.
132. Al-Sarrāğ, *Maṣāriʿ al-ʿuššāq*, I, p. 250.
133. C'est un autre nom, utilisé par Muġulṭāy, pour indiquer le *Kitāb al-aġānī*.

- Dans *Kitāb al-aġānī*[134] :

Isnād : aḫbaranī ʿammī qāla ; ḥaddaṯanī ʿAbd Allāh b. Abī Saʿd qāla ; ḥaddaṯanī Aḥmad b. Yaḥyā al-Makkī ʿan abīhi qāla ; ḥaddaṯanī ʿUmar b. Abī Nikāt al-Ḥakamī qāla ; ḥaddaṯanī Yūnus al-Kātib.

Plus de détails sont donnés sur les circonstances dans lesquelles l'histoire a été racontée.

c. Les sources écrites classées par ordre chronologique

1. *IIIe/IXe siècle*

NOTICE 1

- *Al-Wāḍiḥ*, p. 238, ms f° 97r°, l. 14 ; f° 98r°, l. 2. *Isnād : ḏakara Hišām b. Muḥammad b. al-Sāʾib al-Kalbī fī Kitāb al-lubb.*

Résumé du récit : Un homme quitta sa cousine pour aller tenter sa chance auprès du calife et mourut de chagrin durant le trajet.

- Dans *Maṣāriʿ al-ʿuššāq*[135] :

Isnād : qāla Muḥammad b. al-Marzubān wa-naqqaltuhu min ḫaṭṭ Ibn Ḥayawayh ʿanhu qāla ; aḫbaranī baʿḍ aṣḥāb al-Madāʾinī aḫbaranī al-Madāʾinī ; aḫbaranā Hišām b. Muḥammad b. Sāʾib al-Kalbī qāla.

Même version, mot pour mot.

- Dans *Ḏamm al-hawā*[136] :

Isnād : aḫbaratnī Šuhda qālat ; anbaʾanā Ǧaʿfar b. Aḥmad qāla ; naqaltu min ḫaṭṭ Ibn Ḥayawah ʿan Ibn al-Marzubān qāla ; aḫbaranī baʿḍ aṣḥāb al-Madāʾinī qāla ; anbaʾanā Hišām b. Muḥammad b. al-Sāʾib.

Même version mot à mot, sauf que deux des vers récités par le jeune homme sont omis.

134. Abū al-Faraǧ al-Iṣfahānī, *Kitāb al-aġānī*, II, p. 75-76.
135. Al-Sarrāǧ, *Maṣāriʿ al-ʿuššāq*, I, p. 323.
136. Ibn al-Ǧawzī, *Ḏamm al-hawā*, p. 385.

NOTICE 2

- *Al-Wāḍiḥ*, p. 288-289, ms f° 121r°, l. 14 ; f° 122r°, l. 15. *Isnād : ḏakara Abū ʿAlī Hārūn b. Zakariyyā al-Haǧarī fī Amālīhi*[137] ; *anšadanī Ibrāhīm b. ʿAbd Allāh Muḥammad b. Ǧaʿfar wa-l-Manṭūrī li-Abī Muslim al-Rayyāḥ.*

Résumé du récit : Vers récités par un homme qui mourut de regret pour sa femme qu'il avait répudiée et qui s'était remariée.

2. *IVᵉ/Xᵉ siècle*

NOTICE I

- *Al-Wāḍiḥ*, p. 338, ms f° 148v°, l. 4-12. *Isnād : ḏakara Abū Bakr b. Abī al-Azhar*[138] *fī Tarīḫihi ʿan Muḥammad b. ʿĀʾiša al-Muġannī.*

Résumé du récit : Un jeune homme qui aimait sa cousine décida de quitter avec elle l'endroit où ils habitaient, afin d'échapper aux mauvaises langues. La jeune fille, malade, ne tarda pas à mourir. Le jeune homme allait tout le temps pleurer sur sa tombe, jusqu'au jour où, peu après, il décéda aussi et fut enterré à côté d'elle.

- Dans *Ḏamm al-hawā*[139] :

Isnād : aḫbaranā al-Mubārak b. ʿAlī qāla ; anbaʾanā Abū ʿAlī Muḥammad b. Muḥammad al-Mahdī qāla ; anbaʾanā Abū al-Ḥasan Aḥmad b. al-ʿAtīqī qāla ; anbaʾanā Abū Bakr al-Šāḏān qāla ; ḥaddaṯanā Abū Bakr b. Abī al-Azhar qāla ; qāla al-Riyāšī ; qāla Ibn ʿĀʾiša. Même histoire, mais racontée avec des mots différents.

137. Homme de lettres de la péninsule arabique, il mourut aux alentours de l'année 300/912. Al-Ziriklī, 1990-2011, VIII, p. 60

138. Abū Bakr b. Abī al-Azhar (m. 325/937) est un homme de lettres de Bagdad. Al-Ziriklī, 1990-2011, « Abū Bakr b. Abī al-Azhar », p. 1080.

139. Ibn al-Ǧawzī, *Ḏamm al-hawā*, p. 399.

NOTICE 2

- *Al-Wāḍiḥ*, p. 378-382, ms f° 167r°, l. 8 ; f° 169r°, l. 6.

Isnād :

1. *Ḏakara Ḥamza al-Iṣfahānī*[140] *fī Kitāb al-amṯāl.*
2. *Qāla Abū ʿUbayd al-Bakrī*[141] *fī Kitāb al-iḥtifāl.*
3. *Zāda Ibn Qutayba fī Kitāb al-ṭabaqāt.*
4. *Qāla al-Zamaḫšarī*[142] *fī Muʿǧam al-amṯāl.*
5. *Ḏakara al-Maydānī*[143] *dans Maǧmaʿ al-amṯāl wa-Ibn Sikkīt wa-Ibn Saʿd*[144] *fī Kitāb nuzhat al-anfus fī al-amṯāl.*

Résumé du récit : Quand ʿUmar b. al-Ḫaṭṭāb comprit que la beauté de Naṣr b. Ḥaǧǧāǧ séduisait toutes les femmes de Médine, il le chassa et l'envoya à Muǧāšiʿ b. Masʿūd al-Sulamī. Dans cette maison, il tomba amoureux de la femme de son hôte, Šamīla, et elle de lui. Son hôte finit par s'apercevoir de cet amour et le chassa. Naṣr tomba gravement malade et ne se remit que le jour où Muǧāšiʿ envoya Šamīla lui rendre visite. Quand elle le quitta, son mal revint et entraîna sa mort.
Šamīla resta avec al-Muǧāšiʿ jusqu'à la mort de ce dernier, puis épousa ʿAbd Allāh b. ʿAbbās.

- Dans *Maǧmaʿ al-amṯāl*[145] :

L'*isnād* est omis
Dans la version du *Wāḍiḥ* certaines parties de la notice traitant plus spécifiquement du proverbe « *Aṣabb min al-mutamanniya* » ont été omises.

140. Ḥamza al-Iṣfahānī (m. après 350/961) est un philologue et un historien. Rosenthal, 1966.
141. Abū ʿUbayd al-Bakrī (m. 487/1094) est un des plus grands géographes de l'Occident musulman. Lévi-Provençal, 1954.
142. Al-Zamaḫšarī (m. 538/1144) est un des plus importants savants arabo-musulmans du Moyen Âge tardif en matière de linguistique et de grammaire, ainsi qu'en lexicographie et en philologie. Il s'occupa aussi de sciences religieuses, il commenta le Coran et s'intéressa à la littérature. Versteegh, 2002.
143. Abū al-Faḍl Aḥmad b. Muḥammad b. Aḥmad b. Ibrāhīm al-Nīsābūrī al-Maydānī (m. 518/1124) est un philologue. Sellheim, 1990.
144. Abū ʿAbd Allāh Muḥammad b. Saʿd b. Manīʿ al-Baṣrī al-Hāšimī Kātib al-Wāqidī (m. 230/845) est un traditionniste. Fück, 1969.
145. Al-Maydānī, *Maǧmaʿ al-amṯāl, « Muǧāšiʿ, Šamīla »*, p. 374-376.

- Dans *ʿUyūn al-aḫbār*[146] :

L'*isnād* est omis.

La notice ne raconte que l'amour entre Naṣr b. Ḥaǧǧāǧ et Šamīla. La fin de l'histoire également diffère : Naṣr y est chassé et Šamīla répudiée.

NOTICE 3

- *Al-Wāḍiḥ*, p. 402, ms f° 180v° ; f° 181r°, l. 8[147]. *Isnād : ḏakara Ibn Ḥibbān*[148] *fī Kitāb al-duʿafāʾ raddahu Muḥammad b. Marṯad b. Abī Ǧaʿfar mawlā banī Hišām.*

Résumé du récit : Un jeune homme entendit quelqu'un raconter l'histoire de la mort en martyrs d'un groupe d'hommes sur le champ de bataille. Il décida de mourir pareillement, se coucha et ne se leva plus.

NOTICE 4

- *Al-Wāḍiḥ*, p. 137-138, ms f° 55v°, l. 12 ; f° 56v°, l. 5. *Isnād : ḏakara al-Tamīmī*[149] *fī Kitāb al-imtizāǧ ʿan Abī Zayd al-Naḥwī ʿan raǧul min aṣḥāb al-ḥadīṯ.*

Résumé du récit : Le *rāwī* interrogea un moine dans un monastère sur les raisons de sa conversion à l'islam. Ce dernier raconta qu'une jeune fille chrétienne tomba amoureuse d'un musulman, qui l'avait refusée. Elle se fit peindre une image de lui et passa des journées entières à la regarder et à l'embrasser. Quand le jeune homme mourut, elle ne cessa de pleurer sur son image, jusqu'à en mourir, puis laissa un message en vers, dans lequel elle déclarait s'être convertie à l'islam. Elle apparut ensuite en rêve au moine pour lui annoncer son bonheur, ce qui poussa tous les moines du couvent à se convertir.

NOTICE 5

- *Al-Wāḍiḥ*, p. 402-403, ms f° 181r°, l. 8-16. *Isnād :* 1) *ḏakara Abū ʿAbd Allāh Muḥammad al-Tamīmī fī Kitāb imtizāǧ al-nufūs wa-iʾtilāf al-arwāḥ wa-l-qulūb.*

146. Ibn Qutayba, *ʿUyūn al-aḫbār*, IV, p. 23-24.
147. Cette référence est incomplète, car le f° 180v° manque.
148. Abū Bakr Muḥammad b. Ḥibbān al-Tamīmī al-Bustī al-Šāfiʿī (m. 354/965) est un traditionniste. Fück, 1968.
149. Ce personnage peut probablement être identifié comme Muḥammad b. Aḥmad b. Saʿīd al-Ḥakīm al-Muqaddasī al-Tamīmī (m. 370/980).

Résumé du récit : Un poète de Médine tomba amoureux d'une jeune fille, il récita des vers[150] en déclarant qu'il était victime de l'amour, puis mourut.

NOTICE 6

- *Al-Wāḍiḥ*, p. 401, ms f° 179v°, l. 15 ; f° 180r°, l. 3. *Isnād* : 1) *ḏakara al-Nūqānī fī Kitāb al-maḥabba ʿan Yaḥyā b. Saʿīd al-Anṣārī.*

Résumé du récit : Un homme se rendit à Médine avec son fils, qui y mourut de la peste. Le père récita l'éloge funèbre de sa progéniture, puis il se coucha à côté de lui et mourut.

NOTICE 7

- *Al-Wāḍiḥ*, p. 403, ms f° 181r°, l. 16 ; f° 181r°, l. 4.

Isnād : Ḏakara al-Nūqānī[151] *fī Kitāb al-maḥabba maʿna haḏa al-bayt*[152] *ʿan Muḥammad b. Isḥāq ʿan Muḥammad b. ʿAbd Allāh b. Muslim b. Ǧundub* (première histoire de la notice).

Résumé du récit : Le *rāwī* dit être sorti en compagnie d'Abū Farīd al-ʿAqīq, lorsqu'ils virent une femme très belle. À sa vue, son compagnon lança un cri et récita des vers. La jeune femme lui reprocha ce geste.

Deuxième histoire dans la même notice

Isnād : wa-ḏakara ayḏan ʿan Abī al-Ḥasan Aḥmad b. al-Mawqif, qāla.

Résumé du récit : Le *rāwī* vit écrits sur la tombe d'un amant tué (*ʿāšiq maqtūl*) des vers affirmant que la dernière pensée d'un guerrier sur le point d'expirer s'adresse à son aimée.

150. Les vers sont attribués par Ibn ʿAbd Rabbih al-Andalusī à ʿAbd Allāh b. Ǧundab, qui les mentionne sans les associer à une histoire en particulier. Voir Ibn ʿAbd Rabbih al-Andalusī, *al-ʿIqd al-farīd*, VI, p. 193.
151. Le nom de cet auteur doit probablement être corrigé en Muḥammad b. Aḥmad al-Nūqātī (m. 382/992), un homme de lettres du Siǧistān. Parmi ses ouvrages, al-Ziriklī mentionne un *Kitāb al-ʿuššāq*. Al-Ziriklī, 1990-2011, V, p. 312.
152. Les vers, mentionnés dans la notice précédente, sont attribués à al-Tamīmī.

NOTICE 8

- *Al-Wāḍiḥ*, p. 189-191, ms f° 78r°, l. 2 ; f° 78v°, l. 15. *Isnād : ḏakara Abū al-Qāsim ʿAlī b. al-Muḥassin al-Tanūḫī*[153] *ʿan Abī Rayḥāna aḥad ḥuǧǧāb ʿAbd al-Malik b. Marwān.*

Résumé du récit : Le calife reçut la demande d'un anonyme de pouvoir entendre chanter une de ses esclaves. Le calife fit chercher celui qui l'avait rédigée, le fit venir et accéda à sa demande. Le jeune homme écouta les vers chantés, puis se jeta de la terrasse et mourut. L'esclave fut chassée du palais.

- Dans *Nišwār al-muḥāḍara*[154] :

Isnād : aḫbaranā Muḥammad b. Nāṣir qāla ; anbaʾanā al-Mubārak b. ʿAbd al-Ǧabbār qāla ; anbaʾanā ʿAlī b. al-Muḥassin al-Tanūḫī qāla ; anbaʾanā Muḥammad b. ʿAbd al-Raḥīm al-Māzinī qāla ; ḥaddaṯanā Abū ʿAlī al-Ḥusayn b. al-Qāsim al-Kawkabī qāla ; ḥaddaṯanā Abū al-ʿAbbās al-Kadīmī qāla ; anbaʾanā Sulaymī ʿan Muḥammad b. Nāfiʿ mawlāhum ʿan Abī Rayḥāna, aḥad ḥuǧǧāb ʿAbd al-Malik b. Marwān.

Même version, mot à mot[155].

NOTICE 9

- *Al-Wāḍiḥ*, p. 236-237, ms f° 96v°, l. 2-9. *Isnād : ḏakara Abū al-Qāsim al-Tanūḫī.*

Résumé du récit : ʿAbd Allāh al-Ḥabašānī s'éprit d'amour pour Ṣafrāʾ al-ʿAlāqimiyya au point d'en tomber mortellement malade. Un membre de sa famille suggéra qu'une visite de Ṣafrāʾ pourrait le soulager. Il mourut à l'instant même où elle lui tourna le dos pour s'en aller.

153. Abū al-Qāsim ʿAlī b. al-Muḥassin al-Tanūḫī (m. 384/994) fut un homme de lettres, un juge et un secrétaire en même temps. Fähndrich, 1998. Bien que son *isnād* ne comporte pas explicitement la citation d'une source écrite, ce *ḫabar* se trouvant dans le *Nišwār al-muḥāḍara* a été classé parmi les sources livresques. Al-Tanūḫī, *Nišwār al-muḥāḍara*, V, p. 98-100.

154. Al-Tanūḫī, *Nišwār al-muḥāḍara*, V, p. 98-100.

155. Une version identique de cette histoire se trouve dans al-Sarrāǧ, *Maṣāriʿ al-ʿuššāq*, II, p. 215-216 et dans Ibn al-Ǧawzī, *Ḏamm al-hawā*, p. 277-278, qui la placent aussi sous le nom d'al-Tanūḫī.

- Dans *Nišwār al-muḥāḍara*[156] :

Isnād : aḫbaranā al-Tawwazī wa-l-Tanūḫī qālā ; ḥaddaṯanā Abū Muḥammad b. al-ʿAbbās, ḥaddaṯanā Muḥammad b. Ḫalaf qāla ; ḏakara baʿḍ al-ruwāt ʿan al-ʿUmrī.
Même version, mot à mot[157].

NOTICE 10

- *Al-Wāḍiḥ*, p. 291-293, ms f° 124v°, l. 3 ; f° 125v°, l. 7. *Isnād : ḏakara Abū al-Qāsim ʿAlī b. al-Muḥassin al-Tanūḫī anna Abā ʿAlī al-Muhallab b. al-Fatḥ al-Baġdādī ḥaddaṯa ʿan Abīhi.*

Résumé du récit : Un jeune homme loua une maison et se fit apporter une grosse quantité de nourriture tous les jours pendant un certain temps. Une nuit, il alla voir le *rāwī* pour qu'il envoie une sage-femme. Le lendemain matin, la femme en couches mourut. Ils l'enterrèrent tous les deux et le jeune homme proposa au *rāwī* de s'occuper du nouveau-né, ce qu'il accepta. Il se transperça ensuite de son épée sur la tombe et le *rāwī* l'enterra avec sa femme. Un an après, un vieil homme vint le voir et lui révéla que son fils et sa fille s'étaient enfuis, pour pouvoir continuer de vivre ensemble. Il amena avec lui sa petite fille.

- Dans *Ḏamm al-hawā*[158] :

Isnād : anbaʾanā Muḥammad b. ʿAbd al-Bāqī al-Bazzāz qāla ; qāla anbaʾanā Abū al-Qāsim ʿAlī b. al-Muḥassin al-Tanūḫī ʿan abīhi, qāla ; ḥaddaṯanī Ibrāhīm b. ʿAlī al-Naṣībī, qāla ; ḥaddaṯanā Abū Bakr al-Naḥwī qāla ; ḥaddaṯanī Abū ʿAlī b. Fatḥ, qāla ; ḥaddaṯanī abī, qāla.
Version plus détaillée.

NOTICE 11

- *Al-Wāḍiḥ*, p. 295, ms f° 126v°, l. 11 ; f° 127r°, l. 9. *Isnād : ḏakara Abū al-Qāsim al-Tanūḫī.*

Résumé du récit : Un soufi écouta réciter un verset coranique sur les tourments de l'enfer[159] et s'évanouit. Quelques jours après, le *rāwī* demanda de ses nouvelles et les gens l'informèrent qu'il avait récité des vers, s'était évanoui et avait été retrouvé mort.

156. Al-Tanūḫī, *Nišwār al-muḥāḍara*, VI, p. 246.
157. La même version de l'histoire, avec le même *isnād* se trouve aussi dans al-Sarrāǧ, *Maṣāriʿ al-ʿuššāq*, II, p. 49-50.
158. Ibn al-Ǧawzī, *Ḏamm al-hawā*, p. 344-346.
159. Coran, XXXV, *Créateur*, 37.

- Dans *Maṣāriʿ al-ʿuššāq*[160] :

Isnād : anbaʾanā Abā al-Qāsim ʿAlī b. al-Muḥassin al-Tanūḫī, aḫbaranī abī, ḥaddaṯanī Abū Ṭayyib Muḥammad b. ʿAbd al-Muʾmīn aḥd al-ṣufiyya min ahl Surra man raʾa.
Même version, mot à mot.

NOTICE 12

- *Al-Wāḍiḥ*, p. 181-182, ms f° 76r°, l. 6 ; 76v°, l. 10. *Isnād : ʿan Abī Ḥammād al-Mawkibī fi-mā ḏakarahu al-Muʿāfā*[161] *fī Kitāb al-anīs.*

Résumé du récit : Le calife al-Maʾmūn fit acheter une esclave. Elle lui vint à l'esprit, alors qu'il était en train de mettre son armure pour partir à la guerre, et il la fit appeler. Quand elle vit qu'il s'apprêtait à partir, elle fondit en larmes et le pria de ne pas la quitter. Elle tomba ensuite gravement malade pendant l'absence de son aimé et succomba à l'annonce de la mort du calife.

- Dans *al-Ǧalīs al-ṣāliḥ wa-l-anīs al-nāṣiḥ*[162] :

Isnād : ḥaddaṯanā al-Ḥusayn b. Qāsim al-Kawkabī qāla ; ḥaddaṯanā Muḥammad ʿAbd Allāh b. Mālik al-Naḥwī qāla ; aḫbaranā Yaḥyā b. Abī Ḥammād al-Mawkibī ʿan abīhi qāla.
Même version, mot pour mot.

- Dans *Maṣāriʿ al-ʿuššāq*[163] :

Isnād : aḫbaranā Abū ʿAlī Muḥammad b. al-Ḥusayn al-Ǧāzirī, ḥaddaṯanā al-Muʿāfā b. Zakariyyā, ḥaddaṯanā al-Ḥusayn b. al-Qāsim al-Kawkabī, ḥaddaṯanā Abū Muḥammad ʿAbd Allāh b. Mālik al-Naḥwī, ḥaddaṯanā Yaḥyā b. Abī Ḥammād al-Mawkibī ʿan abīhi.
Même version, mot pour mot.

- Dans *Manāzil al-aḥbāb*[164] :

Isnād : ḥukiya ʿan Yaḥyā b. Abī Ḥammād al-Mawkibī ʿan abīhi qāla.
Même version, mais avec beaucoup plus de vers à la fin.

160. Al-Sarrāǧ, *Maṣāriʿ al-ʿuššāq*, II, p. 220.
161. Al-Muʿāfā b. Zakariyyā (m. 390/1000) connu aussi sous le nom d'Ibn Ṭarār fut un juge et un homme de lettres connaisseur de *fiqh*. Al-Ziriklī, 1990-2011, VII, p. 260.
162. Al-Muʿāfā b. Zakariyyā, *al-Ǧalīs al-ṣāliḥ*, I, p. 425-427.
163. Al-Sarrāǧ, *Maṣāriʿ al-ʿuššāq*, II, p. 157-158.
164. Šihāb al-Dīn Maḥmūd, *Manāzil al-aḥbāb*, p. 124-127.

3. v^e/xie siècle

NOTICE 1

- *Al-Wāḍiḥ*, p. 191, ms f° 78v°, l. 15 ; f° 79r°, l. 7. *Isnād : qāla al-Rayyān b. ʿAlī al-adīb fī-mā ḏakarahu ʿUqalāʾ al-maǧānīn*[165].

Résumé du récit : Un jeune homme tomba tellement amoureux d'une femme qu'il en perdit la raison. Il annonça un jour au *rāwī* qu'il mourrait pendant la nuit, ce qui advint.

- Dans *ʿUqalāʾ al-maǧānīn*[166] :

Isnād : aḫbaranā Muḥammad qāla ; aḫbaranā al-Ḥasan qāla ; aḫbaranā Abū Ṣābir al-Muʿallā b. Asad al-Wāsiṭī qāla ; ḥaddaṯanā Yaḥyā b. Kāmil ʿAbd al-Karīm al-Ǧazarī qāla ; samiʿtu al-Rayyān b. ʿAlī al-adīb.
Même version, mot pour mot.

- Dans *Ḏamm al-hawā*[167] :

Isnād : qāla al-Rayyān b. ʿAlī al-adīb.
Même version, mot pour mot.

NOTICE 2

- *Al-Wāḍiḥ*, p. 339-342, ms f° 149r°, l. 12 ; f° 150v°, l. 15. *Isnād : Ḏakara al-Ḫaṭīb al-Ḥāfiẓ*[168] *fī Taʾrīḫihi.*

Résumé du récit : Plusieurs anecdotes qui mettent en relief la conception de l'amour prônée et pratiquée par Ibn Dāwūd, auteur du *Kitāb al-zahra.*
- Dans *Taʾrīḫ Baġdād*[169] :

Isnād : trop nombreux pour être cités.
Nombreuses anecdotes sur ce personnage, parmi lesquelles certaines seulement sont citées dans le *Wāḍiḥ.*

165. L'auteur de cet ouvrage est al-Ḥasan b. Muḥammad b. Ḥabīb b. Ayyūb Abū al-Qāsim al-Nīsābūrī (m. 406/1015-1016), un célèbre homme de lettres et connaisseur du Coran. Malti-Douglas, 1993.
166. Ibn Ḥabīb al-Nīsābūrī, *ʿUqalāʾ al-maǧānīn*, p. 330.
167. Ibn al-Ǧawzī, *Ḏamm al-hawā*, p. 427.
168. Abū Bakr Aḥmad b. ʿAlī b. Ṯābit b. Aḥmad b. Mahdī al-Šafiʿī connu sous le nom d'al-Ḫaṭīb al-Baġdādī (463/1071), était un expert de *ḥadīṯ* et un historien. Sellheim, 1978.
169. Al-Ḫaṭīb al-Baġdādī, *Taʾrīḫ Baġdād*, V, p. 262.

4. *VIIe/XIIIe siècle*

NOTICE 1

- *Al-Wāḍiḥ*, p. 223, ms f° 90r°, l. 9 ; f° 91r°, l. 2. *Isnād : ḏakara Ibn al-Ḫaymī*[170] *fī Kitāb al-šāmil al-mufīd.*

Résumé du récit : ʿAbd Allāh b. Ǧaʿfar avait une esclave chanteuse des plus belles et des plus talentueuses, que des personnages importants lui demandaient en cadeau. Il refusa de la donner, jusqu'au jour où il eut connaissance d'un jeune homme qui venait toutes les nuits écouter son chant et passait la nuit ainsi caché. Impressionné par cette passion amoureuse, il fit envoyer son esclave au jeune homme. Quand ce dernier la vit, il en fut tellement surpris qu'il en mourût. La jeune femme aussi décéda peu après.

- Dans *Ḏamm al-hawā*[171] :

Isnād : anbaʾanā Muḥammad b. ʿAbd al-Bāqī al-Bazzāz, ʿan Abī Isḥāq al-Barmakī ʿan Abī Bakr b. Sālim qāla ; ḏakara Muḥammad b. Mūsā al-Barbarī qāla ; ḥaddaṯanī Muḥammad b. Abī al-Sarī al-Azdī qāla ; ḥaddaṯanā Hišām b. Muḥammad al-Kalbī ʿan ʿAwna b. al-Ḥakam. Le début de l'histoire diffère légèrement. Elle raconte comment ʿAbd Allāh b. Ǧaʿfar acheta une esclave très chère et comment Yazīd b. Marwān qui avait entendu sa description la lui demanda en cadeau.

NOTICE 2

- *Al-Wāḍiḥ*, p. 383, ms f° 170r°, l. 3-10. *Isnād : qāla Ibn al-Ašdaq fī-mā ḏakarahu Ibn al-Ḫaymī fī Kitāb al-šāmil al-mufīd.*

Résumé du récit : Un jeune homme, que le *rāwī* rencontra autour de la Kaʿba, lui demanda d'aller dans un certain quartier de Baṣra, de crier à haute voix le nom d'une fille appelée Hilāl et, lorsqu'elle sortirait, de lui réciter un vers. Il mourut aussitôt. Lorsque le *rāwī* annonça à la jeune fille la mort de son amant, elle expira aussi.

170. ʿAbd al-Razzāq b. al-Nafīs était connu sous le nom d'Ibn al-Ḫaymī (m. 685/1286). Al-Ḏahabī, *Tārīḫ al-islām*, p. 41, 381. Nous n'avons en revanche pas trouvé de traces de son ouvrage.
171. Ibn al-Ǧawzī, *Ḏamm al-hawā*, p. 391-392.

- Dans *Maṣāriʿ al-ʿuššāq*[172] :

Isnād : aḫbaranā al-amīr Abū al-Ḥasan b. ʿĪsā b. al-Muqtadir bi-llāh qirāʾatan ʿalayhi fī dārihi bi-l-ḥarīm al-ṭāhirī sanat ṯamān wa-ṯalāṯīn wa-arbʿa miʾat, ḥaddaṯanā Abū al-ʿAbbās Aḥmad b. Manṣūr al-Yaškurī, ḥaddaṯanā Abū al-Qāsim bi-isnād lahu ʿan Ibn al-Ašdaq.
Même version, mot à mot.

- Dans *Ḏamm al-hawā*[173] :

Isnād : aḫbaratnā Šuhda bint Aḥmad qālat ; anbaʾanā Ǧaʿfar b. Aḥmad b. al-Sarrāǧ wa-anbaʾanā Ibn al-Ḥuṣayn, qāla ; anbaʾanā Abū Muḥammad al-Ḥasan b. ʿĪsā b. al-Muqtadir bi-llāh qāla ; anbaʾanā Abū al-ʿAbbās Aḥmad b. Manṣūr al-Yaškurī qāla ; anbaʾanā Abū al-Qāsim al-Ṣāʾiġ, bi-isnād lahu ʿan Ibn al-Ašdaq qāla.
Même version, mot pour mot.

D. Les notices à *isnād* long

NOTICE 1

Al-Wāḍiḥ, p. 219-220, ms f° 89v°, l. 6 ; f° 90r°, l. 5. *Isnād : Ḏakara al-ḥāfiẓ Abū Muḥammad Ǧaʿfar b. Muḥammad b. Aḥmad ʿan Muḥammad b. Muṣʿab b. al-Zubayr al-Makkī ; qāla ḥaddaṯanā Abī qāla ; ḥaddaṯanī raǧul min ahl al-Madīna […] ʿalaynā Muḥammad b. Muṣʿab al-Ṭarsūsī.*

Résumé du récit : Un père couvrait le visage de son fils lorsqu'il accomplissait le pèlerinage à cause de sa beauté exceptionnelle. Un jour, il alla visiter la tombe du Prophète, alors que plus personne ne se trouvait à Médine. Un soufi nommé Ṭalḥa le vit et le mit en garde contre la désobéissance à Dieu, particulièrement en ces lieux. Lorsqu'il eut fini de le sermonner, le jeune homme s'évanouit, fut amené chez lui et mourut trois jours plus tard.

NOTICE 2

Al-Wāḍiḥ, p. 125-131, ms f° 50r°, l. 6 ; f° 53r°, l. 12. *Isnād : qaraʾtu ʿalā al-musnad al-raḥḥāla (Ibn al-Farīd) Šaraf al-Dīn al-Miṣrī ʿan Ibn al-Ǧummayzī ʿan Šuhda qālat ; anbaʾanā Abū Muḥammad b. Aḥmad al-Ḥāfiẓ qāla ; aḫbaranā Abū Bakr Muḥammad b. ʿAbd al-Malik*

172. Al-Sarrāǧ, *Maṣāriʿ al-ʿuššāq*, I, p. 308-309.
173. Ibn al-Ǧawzī, *Ḏamm al-hawā*, p. 401.

b. Bišrān qirāʾatan ʿalayhi qāla ; aḫbaranā Abū al-Ḥasan Muḥammad b. Aḥmad b. Rizq [...] aḫbaranā Abū al-ʿAbbās Aḥmad b. Masrūq qāla ; aḫbaranā ʿUmar b. ʿAbd al-Ḥakam wa-Ǧaʿfar b. ʿAbd Allāh al-Warrāq wa-Qāsim b. al-Ḥasan ʿan Abī Saʿīd ʿan abīhi qāla.

Résumé du récit : Une femme mariée nommée Hind tomba amoureuse d'un homme appelé Bišr qui passait tous les jours devant chez elle, pour aller rendre visite au prophète Muḥammad. Elle lui envoya des vers d'amour, mais Bišr lui conseilla de prier Dieu, afin de ne pas tomber dans la tentation de l'adultère. Malgré cet avertissement, elle insista tellement, qu'il décida de changer de route. Elle en tomba malade de chagrin, puis réussit à convaincre son mari de déménager sur le nouveau chemin emprunté par Bišr. En le voyant tous les jours, elle guérit. Un jour, elle s'ouvrit à une vieille femme, qui lui promit que son amour serait satisfait. Elle attira Bišr chez Hind et les enferma ensemble. Le mari de Hind rentra plus tôt que prévu, et, en trouvant sa femme avec un homme, la répudia, puis alla demander justice contre Bišr au Prophète. Ce dernier fit appeler Hind et la vieille femme, qui avouèrent. Ensuite, Bišr tomba amoureux de Hind et demanda sa main, mais Hind refusa, pour se venger de l'humiliation subie. Bišr en mourut de douleur. Quand elle fut informée de sa mort, elle trépassa aussi.

NOTICE 3

Al-Wāḍiḥ, p. 169-170, ms f° 70v°, l. 2-10. *Isnād : qaraʾtu ʿalā al-musnad al-faqīh Abū al-Nūn b. ʿAbd al-Qawī ʿan Abī al-Muqayyir qāla ; aḫbaranā al-Ḥāfiẓ b. Nāṣir fī-mā aǧāzahu qāla ; aḫbaranā al-Zaynabī qāla ; aḫbaranā Ibn Ṣafwān qāla ; aḫbaranā Ibn Abī al-Dunyā qāla ; ḥaddaṯanī Ḥusayn b. Yaḥyā qāla ; ḥaddaṯanī Ḥāzim b. Ǧabala b. Abī Yasr ʿan al-Ḥasan ʿan Ḥuḏayfa qāla.*

Résumé du récit : Un poète de l'époque du Prophète pleurait à chaque fois qu'il pensait au feu de l'enfer. Cela l'empêchait même de sortir de chez lui. Lorsque le Prophète alla le voir, il se leva pour lui donner l'accolade, puis tomba par terre, mort.

NOTICE 4

Al-Wāḍiḥ, p. 215, ms f° 88r°, l. 7-13. *Isnād : qaraʾtu ʿan al-raḥḥāla Yūnus b. Ibrāhīm ʿan Abī al-Ḥasan al-Baġdādī ʿan al-Ḥāfiẓ al-Salāmī qāla ; anbaʾanā Abū al-ʿAbbās al-Zaynabī qāla ; anbaʾanā Ibn Ṣafwān qāla ; anbaʾanā Abū Bakr ʿUbayd al-Qurayšī qāla ; ḥaddaṯanā Muḥammad b. Ṣāliḥ b. ʿAbd Allāh qāla.*

Résumé du récit : Une femme tomba d'une terrasse lorsqu'elle entendit réciter un verset coranique.

NOTICE 5

Al-Wāḍiḥ, p. 119-120, ms f° 47v°, l. 13 ; f° 48r°, l. 1. *Isnād : qara'tu ʿalā* [...] *Fatḥ al-Dīn al-Dabbūsī ʿan Abī al-Ḥasan ʿan Abī al-Faḍl al-ḥāfiẓ qāla ; aḫbaranā Abū al-ʿAbbās Ṭarrād qāla ; aḫbaranā al-Bardaʿī qāla ; aḫbaranā Ibn Abī al-Dunyā aḫbaranā Muḥammad b. al-Ḥusayn ʿan Isḥāq b. Ibrāhīm al-Ṯaqafī qāla.*

Résumé du récit : Un jeune homme mourut lors de la récitation d'un verset coranique[174].

NOTICE 6

Al-Wāḍiḥ, p. 144-147, ms f° 59v°, l. 2 ; f° 61r°, l. 2. *Isnād : kataba ilaynā min Dimašq al-ʿallāma Abū al-Ḥasan ʿAlī b. ʿUṯmān b. Ḥassān al-Faqīh al-Šāfiʿī ; anba'anā al-imām Abū al-ʿAbbās Aḥmad b. ʿUmar al-Wāsiṭī qirā'tan ʿalayhi wa-anā asmaʿu qāla ; anba'anā al-imām Abū* [...] *qāla ; anba'anā al-imām Abū al-Faḍl ʿAbd Allāh wa-Abū Muḥammad b. ʿAbd al-Raḥmān qālā ; anba'anā Aḥmad b. Muḥammad al-Ṭūsī bi-l-Mawṣil qāla ; anba'anā al-Ḥāǧib Abū al-Ḥasan ʿAlī b. Muḥammad b. ʿAlī b. Muḥammad b. al-ʿAllāf* [...] *qāla ; anba'anā Abū al-Qāsim b. Bišrān qirā'tan ʿalayhi qāla ; aḫbaranā Abū al-ʿAbbās Aḥmad b. Ibrāhīm al-Kindī qirā'tan ʿalayhi qāla ; anba'anā al-ʿallāma Abū Bakr Ǧaʿfar b. Muḥammad b. Sahl b. al-Sāmirī qāla ; ḥaddaṯanī Abū al-Faḍl al-ʿAbbās b. al-Nafal qāla ; ḥaddaṯanī al-Riyāšī ʿan al-Aṣmaʿī ʿan Abī ʿAmr qāla; ḥaddaṯanī raǧul min banī Tamīm qāla.*

Résumé du récit : En cherchant une brebis égarée dans les terres des ʿ*Uḏrī*-s, le *rāwī* tomba sur une vieille femme qui assistait un jeune homme à l'agonie. Elle expliqua qu'il était tombé amoureux de sa cousine mariée à un autre homme. Il expira aussitôt et, lorsque le *rāwī* informa sa bien-aimée du décès, elle mourut aussi.

174. Bien que le *ḫabar* ne cite pas entièrement le verset 108 du *Coran*, XI, *Hūd*, nous le rapportons ici complet : « Les Bienheureux seront au Paradis où ils demeureront immortels, aussi longtemps que dureront les cieux et la terre, à moins que ton Seigneur n'en décide autrement ; c'est un don inaltérable ». (Trad. D. Masson).

NOTICE 7

Al-Wāḍiḥ, p. 170-171, ms f° 71r°, l. 7-12. *Isnād* :

1. *qāla ḥaddaṯanā Ibn Ibrāhīm qāla; aḫbaranā Yaḥyā b. Muʿīn qāla; samiʿtu Yaḥyā b. Ādam qāla; samiʿtu Ḥasan b. Ṣāliḥ qāla;*
2. *qāla ʿAbd Allāh wa-ḥaddaṯanī Sulmā b. Šabīb ʿan al-Ḥasan b. Rāfiʿ ʿan Ḍamra ʿan Ḥafṣ b. ʿUmar al-Kindī qāla.*

Résumé du récit :

1. Luqmān récita à son fils ce verset coranique : « Même si c'était l'équivalent du poids d'un grain de moutarde et que cela fut caché dans un rocher ou dans les cieux ou sur la terre, Dieu le présentera en pleine lumière »[175]. Puis il mourut.
2. Luqmān amena à son fils un sac de graines de moutarde, puis le sermonna et un grain sortit [du sac]. Il dit alors qu'il l'avait sermonné avec des mots tels que, si une montagne l'avait entendu, elle se serait fendue.

NOTICE 8

Al-Wāḍiḥ, p. 173-179, ms f° 72r°, l. 14 ; f° 75r°, l. 13. *Isnād* :

1. *Anbaʾanā al-imām* [...] *Ibn Asad al-Dīn ʿAbd al-Qādir Šihāb al-Dīn ʿAbd al-ʿAzīz b. Abī Bakr b. Ayyūb b. Šāḏī qirāʾtan ʿalayhi wa-anā asmaʿu qāla; anbaʾanā* [...] *Abū ʿAbd Allāh Muḥammad b. Ismāʿīl b. Aḥmad b. Abī al-Fatḥ qāla; anbaʾanā al-qāḍī Abū Muḥammad ʿAbd Allāh b. Rifʿa qāla; anbaʾanā Abū al-Ḥasan al-Ḫalāʿī qāla; anbaʾanā Abū Muḥammad ʿAbd al-Raḥmān b. ʿUmar al-Bazzāz qāla; anbaʾanā Abū Muḥammad b. ʿAbd Allāh b. Ǧaʿfar b. Abī al-Ward qāla; anbaʾanā Abū Saʿīd ʿAbd al-Raḥīm b. ʿAbd Allāh al-Barqī qāla; anbaʾanā Abū Muḥammad ʿAbd al-Malik b. Hišām qāla; anbaʾanā Ziyād b. ʿAbd Allāh al-Bakkāʾī ʿan Muḥammad b. Isḥāq* [...] *qāla; ḥaddaṯanī Yaʿqūb b. ʿUtba b. al-Muġīra b. al-Aḫnas ʿan al-Zuhrī ʿan Abī Ḥaddād al-Aslamī qāla.*
2. *Qāla Ibn Isḥāq wa-ḥaddaṯanī Yaʿqūb b. ʿUtba b. al-Muġīra b. al-Aḫnas ʿan al-Zuhrī ʿan Ibn Ḥaddād qāla.*
3. *Zāda ʿAbd al-Raḥmān fī sunanihi allaḏī aḫbaranā bihi iǧāzatan* [...] *Abū al-Ḥasan ʿAlī b. Naṣr Allāh al-Šāfiʿī al-maʿrūf bi-Ibn al-Ṣawwāf ʿan Ibn Bāqā* (sic) *qirāʾtan ʿalayhi wa-qaraʾahu ʿalā* [...] *ʿAbd Allāh b. ʿAlī b. Šibl al-Maġribī qāla; anbaʾanā* [...] *Šākir Allāh b. al-Šamʿa wa-ġayruhu qālū; anbaʾanā ʿAbd al-ʿAzīz b. Abī al-Fatḥ b. Bāqā*

175. Verset 16, Coran, XXXI, *Luqmān*. (Trad. D. Masson).

(sic) *qāla ; anba'anā Abū Zurʿa qāla ; anba'anā al-Rūnī qāla ; anba'anā al-Kassār qāla ; anba'anā Ibn al-Nasafī ʿanhu anba'anā Muḥammad b. ʿAlī b. Ḥarb b. ʿAlī b. al-Ḥusayn b. Wāqid ʿan Abīhi ʿan Yazīd al-Naḥwī ʿan ʿIkrima ʿan Ibn ʿAbbās.*

4. *Wa-ḫarrağahu Abū ʿAbd Allāh al-Ḥākim fī mustadrakihi qāla; isnāduhu ṣaḥīḥ* [...]. *Qāla fī Kitābihi al-Iklīl anba'anā Ibn Bālawayh qāla ; ḥaddaṯanā Muḥammad b. Yūnus qāla ; ḥaddaṯanā Muḥammad b. Baššār qāla ; anba'anā Ibn ʿUyayna qāla ; ḥaddaṯanā ʿAbd al-Malik b. Nawfal b. Musāḥiq ʿan Ibn ʿĀṣim al-Māzinī ʿan abīhi qāla ;*
5. *Ḏakara Ibn al-Hayṯam b. ʿAdī* [...] *qāla ; ḥaddaṯanī Saʿīd b. Šaybān ʿan Abī Masʿūd al-Aslamī ʿan abīhi.*

Résumé du récit :

1. Quand le Prophète envoya Ḫālid b. al-Walīd chez les Banū Ğadīma, un jeune homme, condamné à mort, demanda à voir une femme, l'incita à se convertir à l'islam, puis récita des vers et fut exécuté. La femme se jeta sur son corps et mourut aussitôt. Quand la nouvelle parvint au Prophète, il regretta que le jeune homme n'eût pas été gracié.
2. Un jeune homme tomba amoureux d'une jeune fille qui n'appartenait pas à son clan. Pour le guérir de cet amour, sa mère lui montra les plus jolies filles auxquelles il pouvait aspirer, mais il refusa toutes leurs avances. Ensuite, l'histoire se poursuit comme dans la première version.

E. Les notices à *isnād* court

Isnād-s dans le *Wāḍiḥ*	*Isnād*-s des autres versions[176]
Notice 1 *Qāla ʿAbd al-Malik b. ʿUmayr* (*Al-Wāḍiḥ*, p. 149-151, ms fº 61rº, l. 2 ; fº 61vº, l. 11)	• Dans *Ḏamm al-hawā* (Ibn al-Ǧawzī, *Ḏamm al-hawā*, p. 177-178) : *Aḫbaranā Ibn Nāṣir qāla ; anbaʾanā Maḥfūẓ b. Aḥmad ; aḫbaratnā Šuhda bint Aḥmad, qālat ; anbaʾanā Abū Muḥammad b. al-Sarrāǧ, qāla ; anbaʾanā Muḥammad b. al-Ḥusayn al-Ǧāzirī qāla ; ḥaddaṯanā al-Muʿāfā b. Zakariyyā qāla ; ḥaddaṯanā Muḥammad b. Ḥafṣ al-ʿAṭṭār qāla ; ḥaddaṯanā Ibrāhīm b. Rašīd b. Sulaymān al-Adamī qāla ; ḥaddaṯanā ʿAbd Allāh b. ʿUṯmān al-Ṯaqafī qāla ; ḥaddaṯanā al-Mufaḍḍal b. Faḍāla ʿan Muḥammad b. Sīrīn ʿan ʿUbayda al-Salmānī.* • Dans *Iʿtilāl al-qulūb* (al-Ḫarāʾiṭī, *Iʿtilāl al-qulūb*, p. 188-189) : *Ḥaddaṯanā al-Ḥusayn b. Muḥammad b. Asad al-Arraǧānī qāla ; ḥaddaṯanā Muḥammad b. Aḥmad b. Ḥammād al-Dawlābī qāla ; ḥaddaṯanā ʿAlī b. Saʿīd b. Bašīr qāla ; ḥaddaṯanā Saʿīd b. Yaḥyā b. Saʿīd al-Umawī qāla ; ḥaddaṯanī Muḥammad b. Saʿīd qāla ; ḥaddaṯanā ʿAbd al-Malik b. ʿUmayr qāla.*
Notice 2 *Rawā al-Ḥasan al-Baṣrī* (*Al-Wāḍiḥ*, p. 171-172, ms fº 71rº, l. 13 ; fº 71vº, l. 14)	• Dans *Ḏamm al-hawā* (Ibn al-Ǧawzī, *Ḏamm al-hawā*, p. 197) : *Aḫbaranā ʿAbd al-Malik b. ʿAbd al-Karūḫī qāla ; anbaʾanā Abū ʿAbd Allāh Muḥammad b. ʿAlī al-ʿĀmirī qāla ; anbaʾanā Muḥammad b. Aḥmad al-Fāmī qāla ; anbaʾanā Muḥammad b. Aḥmad al-Marwānī qāla ; ḥaddaṯanī Muḥammad b. al-Munḏir Šakkār qāla ; ḥaddaṯanī al-Faḍl b. ʿAbd al-Ǧabbār al-Bāhilī qāla ; anbaʾanā Ibn al-Ašʿaṯ qāla ; anbaʾanā al-Muʿtamir b. Sulaymān.*

176. Les transmetteurs soulignés sont communs au *Wāḍiḥ* et aux autres versions.

Isnād*-s dans le *Wāḍiḥ	***Isnād*-s des autres versions**[176]
Notice 3 *Qāla Abū Yaḥyā al-Tamīmī* (*Al-Wāḍiḥ*, p. 172-173, ms f° 72r°, l. 4-14)	• Dans *Maṣāriʿ al-ʿuššāq* (al-Sarrāǧ, *Maṣāriʿ al-ʿuššāq*, I, p. 267) : *Aḫbaranā Abū Ṭāhir Muḥammad b. ʿAlī b. al-ʿAllāf al-Wāʿiẓ bi-qirāʾatī ʿalayhi qāla ; ḥaddaṯanā Abū Ḥafṣ ʿUmar b. Aḥmad b. Šāhīn al-Wāʿiẓ qāla ; ḥaddaṯanā Ǧaʿfar b. Muḥammad qāla ; ḥaddaṯanā Aḥmad b. Muḥammad b. Masrūq qāla ; ḥaddaṯanā Faḍl b. al-Yazīd qāla ; ḥaddaṯanī Isḥāq b. Ibrāhīm b. al-Mahdī b. ʿAmr al-Ḥillī qāla ; samiʿtu Abā Yaḥyā al-Taymī yaqūl*[177].
Notice 4 *Ḏakara Abū Bakr al-Anbārī ʿan Saʿīd b. ʿAbd Allāh b. Rāšid qāla* (*Al-Wāḍiḥ*, p. 209-210, ms f° 86r°, l. 4 ; f° 86v°, l. 3)	• Dans *Maṣāriʿ al-ʿuššāq* (al-Sarrāǧ, *Maṣāriʿ al-ʿuššāq*, II, p. 108-109) : *Aḫbaranā Abū Muḥammad Aḥmad b. ʿAlī b. al-Ḥasan b. al-Ḥusayn b. Abī ʿUṯmān fīmā aǧāza lanā ; aḫbaranā Abū al-Ḥasan Aḥmad b. Muḥammad b. Mūsā al-Qurayšī ; ḥaddaṯanā Abū Bakr b. al-Anbārī ; ḥaddaṯanā Muḥammad b. al-Marzubān ; ḥaddaṯanā Muḥammad b. Hārūn al-Muqrī ; ḥaddaṯanā Saʿīd b. ʿAbd Allāh b. Rāšid qāla.*
Notice 5 *Ḏakara al-ʿUtbī, ʿan al-Aḫfaš Saʿīd b. Masʿada ṣāḥib al-naḥū qāla* (*Al-Wāḍiḥ*, p. 211-212, ms f° 86v°, l. 12 ; f° 87r°, l. 13)	• Dans *Maṣāriʿ al-ʿuššāq* (al-Sarrāǧ, *Maṣāriʿ al-ʿuššāq*, I, p. 110-111) : *Ḏakara Abū ʿUmar b. Ḥayawayh wa-naqaltuhu min ḫaṭṭihi qāla ; ḥaddaṯanā Abū Bakr b. al-Marzubān qāla ; ḥaddaṯanā Ibrāhīm b. Muḥammad qāla ; ḥaddaṯanā al-Ḥasan b. Muḥammad b. ʿĪsā al-Muqrī qāla ; aḫbaranī Muḥammad b. ʿUbayda Allāh al-ʿUtbī qāla ; ḥaddaṯanā Ibn al-Munabbih qāla ; samiʿtu Abā al-Ḫaṭṭāb al-Aḫfaš*[178] *yaqūl.*
Notice 6 *Ḏakara al-Aṣmaʿī [...] fī-mā ḏakarahu Ṯaʿlab qāla* (*Al-Wāḍiḥ*, 212, ms f° 87r°, l. 13 ; f° 87v°, l. 5)	• Dans *al-Muwaššā* (al-Waššāʾ, *al-Muwaššā*, p. 129) : *Rawā al-Aṣmaʿī ayḍan qāla.*
Notice 7 *Ḏakara Ibn al-Ḥaymī al-Ḫiḍr b. ʿĪsā b. Riḍwān.* (*Al-Wāḍiḥ*, p. 214, ms f° 87v°, l. 15 ; f° 88r°, l. 6)	• Dans *Ḏamm al-hawā* (Ibn al-Ǧawzī, *Ḏamm al-hawā*, p. 434-436) : *Ḏakara ahl al-ʿilm bi-l-siyar.*

177. Le transmetteur nommé dans le *Wāḍiḥ* Abū Yaḥyā al-Tamīmī et le dernier cité dans le *Maṣāriʿ al-ʿuššāq*, Abū Yaḥyā al-Taymī sont probablement la même personne, étant donné que la graphie de ces deux noms en arabe est proche.

178. Al-Aḫfaš Saʿīd b. Masʿada et Abū-l-Ḫaṭṭāb al-Aḫfaš ne sont en réalité pas la même personne, même s'ils appartiennent à la même famille. Brockelmann, Pellat, 1956.

Isnād-s dans le *Wāḍiḥ*	*Isnād*-s des autres versions[176]
Notice 8 1) *Ḏakara al-Aṣmaʿī ;* 2) *Ḏakarahu al-ḥāfiẓ Aḥmad b. Muḥammad b. ʿAlī al-Anbūsī fī aḫbārihi* (*Al-Wāḍiḥ*, p. 224, ms f° 90r°, l. 3 ; f° 91 l. 2)	• Dans *Maṣāriʿ al-ʿuššāq* (al-Sarrāǧ, *Maṣāriʿ al-ʿuššāq*, II, p. 26) : *Waǧadtu bi-ḫaṭṭ Aḥmad b. Muḥammad b. ʿAlī al-Anbūsī wa-naqaltuhu min aṣlihi ; ḥaddaṯanā Abū ʿAlī Muḥammad b. ʿAbd Allāh b. al-Muġīra al-Ǧawharī ; ḥaddaṯanā Aḥmad b. Muḥammad b. Asad al-Azdī ; ḥaddaṯanā al-Sāǧī ʿan al-Aṣmaʿī qāla.*
Notice 9 *Ḏakara al-Qālī anna al-Aṣmaʿī qāla* (*Al-Wāḍiḥ*, p. 246-247, ms f° 101v°, l. 12 ; f° 102r°, l. 5)	• Dans *Maṣāriʿ al-ʿuššāq* (al-Sarrāǧ, *Maṣāriʿ al-ʿuššāq*, I, p. 216) : *Aḫbaranī Abū ʿAbd Allāh Muḥammad b. Abī Naṣr qāla ; ḥaddaṯanī al-faqīh Abū Muḥammad ʿAlī b. Aḥmad b. Saʿīd al-Andalusī qāla ; aḫbaranī al-qāḍī Abū Muḥammad ʿAbd Allāh b. al-Rabīʿ qāla ; ḥaddaṯanā Abū ʿAlī al-Qālī Ismāʿīl b. al-Qāsim qāla ; ḥaddaṯanā Ibn Durayd qāla ; ḥaddaṯanā ʿAbd al-Raḥmān ʿan ʿammihi qāla.*
Notice 10 *Ḏakara al-ʿUtbī qāla* (*Al-Wāḍiḥ*, p. 248-249, ms f° 102v°, l. 11 ; f° 103r°, l. 7)	• Dans *al-Muwaššā* (al-Waššāʾ, *al-Muwaššā*, p. 93-94) : *Fa-min ḏālika mā ḥukiya ʿan šayḫ ḥaḍara maǧlis al-ʿUtbī.*
Notice 11 *Ḏakara al-Zubayr ʿan ʿIkrima mawlā Ibn ʿAbbās* (*Al-Wāḍiḥ*, p. 270-271, ms f° 113r°, l. 9-16)	• Dans *Maṣāriʿ al-ʿuššāq* (al-Sarrāǧ, *Maṣāriʿ al-ʿuššāq*, II, p. 217-218) : *Anbaʾanā al-raʾīs Abū ʿAlī b. Waššāḥ al-Kātib ; aḫbaranā al-qāḍī Abū al-Faraǧ al-Muʿāfā b. Zakariyyā ; ḥaddaṯanā ʿAlī b. Sulaymān al-Aḫfaš ; ḥaddaṯanā Muḥammad b. Murīd qāla ; ḥuddiṯtu ʿan baʿḍ aṣḥāb Ibn ʿAbbās.* • Dans *Ḏamm al-hawā* (Ibn al-Ǧawzī, *Ḏamm al-hawā*, p. 373) : *Aḫbaranā al-Mubārak b. ʿAlī, qāla ; anbaʾanā ʿAlī b. Muḥammad al-ʿAllāf, qāla ; anbaʾanā ʿAbd al-Malik b. Bišrān qāla ; anbaʾanā Aḥmad b. Ibrāhīm al-Kindī, qāla ; anbaʾanā Muḥammad b. Ǧaʿfar al-Ḫarāʾiṭī qāla ; ḥaddaṯanā Abū Yūsuf al-Zuhrī qāla ; ḥaddaṯanā al-Zubayr b. Bakkār ʿan Fulayḥ b. Ismāʿīl b. Ǧaʿfar, ʿan ʿAbd al-Malik b. Ṣāliḥ, ʿan ʿammihi Sulaymān b. ʿAlī ʿan ʿIkrima.*
Notice 12 *Ḏakara Abū al-Ḥasan al-Qārīʾ (raḥimahu Allāh Taʿālā) anna ʿAlī b. Ṣāliḥ b. Dāwūd ḏakara lahu* (*Al-Wāḍiḥ*, p. 271, ms f° 113v°, l. 11)	• Dans *Maṣāriʿ al-ʿuššāq* (al-Sarrāǧ, *Maṣāriʿ al-ʿuššāq*, I, p. 288) : *Ḏakara Abū ʿUmar b. Ḥayawayh fīmā naqaltuhu min ḫaṭṭihi qāla ; ḥaddaṯanā Muḥammad b. Ḫalaf qāla ; ḥaddaṯanā al-Ḥusayn Ibn Ǧaʿfar qāla ; ḥaddaṯanā ʿAbd Allāh b. Aḥmad al-ʿAbdī qāla ; ḥaddaṯanī Sulaymān b. ʿAlī al-Hāšimī.*

Isnād*-s dans le *Wāḍiḥ	***Isnād*-s des autres versions**[176]
Notice 13 *Ḏakara al-Mufaḍḍal al-Ḍabbī* (*Al-Wāḍiḥ*, p. 330, ms f° 144r°, l. 10 ; f° 144v°, l. 6)	• Dans *Manāzil al-aḥbāb* (Šihāb al-Dīn Maḥmūd, *Manāzil al-aḥbāb wa-manāzih al-albāb*, p. 214-215) : *Wa-ḥukiyā ʿan al-Ḍabbī.*
Notice 14 *Ḏakara Muṣʿab b. ʿAbd Allāh al-Zubayrī* (*Al-Wāḍiḥ*, p. 331-332, ms f° 144v°, l. 7 ; f° 145r°, l. 7)	• Dans *Maṣāriʿ al-ʿuššāq* (al-Sarrāğ, *Maṣāriʿ al-ʿuššāq*, I, p. 49-50) : *Aḫbaranā Abū Muḥammad al-Ḥasan b. ʿAlī al-Ğawharī qirāʾatan ʿalayhi qāla ; aḫbaranā Abū ʿUmar Muḥammad b. al-ʿAbbās b. Ḥayawayh qāla ; aḫbaranā Muḥammad b. Ḫalaf qāla ; aḫbaranī Abū Bakr al-ʿĀmirī ʿan Muṣʿab b. ʿAbd Allāh al-Zubayrī.* • Dans *Ḏamm al-hawā* (Ibn al-Ğawzī, *Ḏamm al-hawā*, p. 398) : *Aḫbaranā Muḥammad b. Nāṣir, qāla ; anbaʾanā al-Mubārak b. ʿAbd al-Ğabbār qāla ; anbaʾanā Abū Bakr al-Ğawharī, qāla ; anbaʾanā Ibn Ḥayawayh, qāla ; anbaʾanā Muḥammad b. Ḫalaf qāla ; aḫbaranī Abū Bakr al-ʿĀmirī ʿan Muṣʿab b. ʿAbd Allāh al-Zubayrī, qāla.* • Dans *Manāzil al-aḥbāb* (Šihāb al-Dīn Maḥmūd, *Manāzil al-aḥbāb*, p. 119-120) : *ʿAn Muṣʿab b. ʿAbd Allāh al-Zubayrī.*
Notice 15 *Ḏakara al-Māzinī ʿan al-ʿUtbī qāla ; aḫbaranā Šabbāba b. al-Walīd al-ʿUḏrī* (*Al-Wāḍiḥ*, p. 335-336, ms f° 146v°, l. 16 ; f° 147v°, l. 9)	• Dans *Maṣāriʿ al-ʿuššāq* (al-Sarrāğ, *Maṣāriʿ al-ʿuššāq*, I, p. 280-281) : *Wağadtu bi-ḫaṭṭ Abī ʿUmar b. Ḥayawayh wa-naqqaltuhu minhu qāla ; ḥaddaṯanā Abū Bakr Muḥammad b. Ḫalaf al-Marzubānī ; aḫbaranī Ṣāliḥ b. Yūsuf al-Muḥribī qāla ; aḫbaranī Abū ʿUṯmān al-Māzinī ; aḫbaranā al-ʿUtbī ʿan Šabbāba b. al-Walīd al-ʿUḏrī.*
Notice 16 *Ḏakara al-Madāʾinī ʿan Muḥammad b. Ṣāliḥ al-Ṯaqafī* (*Al-Wāḍiḥ*, p. 344-345, ms f° 151v°, l. 12 ; f° 152r°, l. 2)	• Dans *Maṣāriʿ al-ʿuššāq* (al-Sarrāğ, *Maṣāriʿ al-ʿuššāq*, II, p. 106-107) : *Qāla wa-ḏakara Abū al-Ḥasan al-Madāʾinī ʿan Muḥammad b. Ṣāliḥ al-Ṯaqafī.*
Notice 17 *Ḏakara al-Ḥāfiẓ Abū Muḥammad b. al-Ḥusayn al-Baġdādī* (*Al-Wāḍiḥ*, p. 368, ms f° 162v°, l. 15 ; f° 163r°, l. 13)	• Dans *Maṣāriʿ al-ʿuššāq* (al-Sarrāğ, *Maṣāriʿ al-ʿuššāq*, II, p. 68-69) : *Aḫbaranā Abū al-Ḥusayn b. ʿAlī al-Tawazī fīmā ağāza lanā ; aḫbaranā Abū al-ʿAbbās Aḥmad b. Muḥammad al-Ruṣāfī ; ḥaddaṯanā Abū Bakr Aḥmad b. Kāmil b. Ḫalaf b. Šağara ; ḥaddaṯanā Muḥammad b. Mūsā b. Ḥammād ; ḥaddaṯanī Abū ʿAbd Allāh al-ʿAdawī ; ḥaddaṯanī al-Ḥusayn ; samiʿtu abī yaqūl.*

Isnād-s dans le *Wāḍiḥ*	*Isnād*-s des autres versions[176]
Notice 18 *Ḏakara Yaḥyā b. Ayyūb* (*Al-Wāḍiḥ*, p. 387-388, ms f° 172r°, l. 2-15)	• Dans *Ḏamm al-hawā* (Ibn al-Ǧawzī, *Ḏamm al-hawā*, p. 300-301) : *Fa-aḫbaratnī Šuhda bint Aḥmad, qālat ; anba'anā Abū Muḥammad b. Sarrāğ, qāla ; anba'anā Abū Ṭāhir Aḥmad b. ʿAlī al-Sawwāq qāla ; ḥaddaṯanā Muḥammad b. Aḥmad b. Fāris, qāla ; ḥaddaṯanā Abū al-Ḥusayn ʿAbd Allāh b. Ibrāhīm al-Zaynabī, qāla ; ḥaddaṯanā Abū Bakr Muḥammad b. Ḫalaf qāla ; ḥaddaṯanā Aḥmad b. Manṣūr al-Ramādī, qāla ; ḥaddaṯanā ʿAbd Allāh b. Ṣāliḥ, qāla ; ḥaddaṯanī Yaḥyā b. Ayyūb.*

Annexe III

Les histoires des faux anonymes

Référence dans le *Wāḍiḥ*	Contenu de l'histoire	Présence dans d'autres ouvrages
p. 124-125, ms f° 49v°, l. 3 ; f° 50r°, l. 6.	Bišr b. al-ʿAlā' tomba amoureux de sa cousine, Salmā bint ʿAmr b. Ḥanīf, mais son oncle refusa de lui accorder sa main. Pendant son absence, la jeune fille épousa un autre homme. Bišr alla la voir et, fou de jalousie, la tua. La folie ne le quitta plus, jusqu'à sa mort.	al-Tanūḫī, *Nišwār al-muḥāḍara*, V, p. 137-139.
p. 180, ms f° 75r°, l. 13 ; f° 75v°, l. 9.	Al-Ḥāriṯ b. Šarīd était amoureux de ʿAfrā', qui refusait ses avances pour ne pas provoquer les mauvaises langues. Quand il mourut d'amour pour elle, elle le suivit aussitôt dans la tombe.	Ibn Qayyim al-Ǧawziyya, *Aḫbār al-nisā'*, p. 43.
p. 236-237, ms f° 96v°, l. 2-9.	L'amour d'Abū ʿAbd Allāh al-Ḥabašānī pour Ṣafrā' provoqua sa maladie. Quand il avoua la raison de son mal, Ṣafrā' alla le voir, pour le soulager de sa douleur. Lorsque, au cours de leur entretien, il lui demanda son souhait, elle répondit qu'elle voulait partir. Il mourut dès qu'elle lui eût tourné le dos.	al-Tanūḫī, *Nišwār al-muḥāḍara*, VI, p. 246 ; al-Nuwayrī, *Nihāyat al-arab*, II, p. 202-203 et al-Sarrāğ, *Maṣāriʿ al-ʿuššāq*, II, p. 49-50.

Référence dans le *Wāḍiḥ*	**Contenu de l'histoire**	**Présence dans d'autres ouvrages**
p. 271-272, ms f° 113r°, l. 16 ; f° 114r°, l. 12.	Une esclave chanteuse amoureuse de ʿAlī b. Ṣāliḥ lui déclara son amour en public. ʿAlī, qui l'aimait pourtant, essaya de l'éviter, pour ne pas susciter le scandale. Elle en mourut de douleur et il la suivit aussitôt dans la tombe.	al-Sarrāǧ, *Maṣāriʿ al-ʿuššāq*, I, p. 288.
p. 279, ms f° 117r°, l. 16 ; f° 117v°, l. 8.	Al-ʿAlāʾ b. ʿAbd al-Raḥmān al-Taġlibī feignait d'aimer une esclave éperdument amoureuse de lui. Elle en mourut de chagrin. Il la vit ensuite en rêve : elle lui reprochait de l'avoir tuée. Il mourut de regret peu de temps après.	al-Sarrāǧ, *Maṣāriʿ al-ʿuššāq*, I, p. 253-254.
p. 279-281, ms f° 117v°, l. 9 ; f° 118v°, l. 9.	ʿUmar b. ʿAwn aimait une jeune fille de son clan appelée Biyā, qui épousa un autre homme. Ce dernier l'amena chez lui et ʿUmar perdit sa trace. Il décida alors d'accomplir le pèlerinage, afin de pouvoir prier Dieu, pour qu'Il le délivrât de cet amour. Pendant son séjour sur les lieux sacrés de l'islam, il rencontra un jeune homme, qui lui révéla que Biyā se trouvait auprès de sa tribu. Il l'accompagna ensuite chez lui et les deux amoureux se virent en secret pendant un temps. Puis, le mari de Biyā commença à la soupçonner, fit semblant de s'en aller et les surprit ensemble, dans une attitude tout à fait chaste. Il leur permit alors de se voir, pendant des années, jusqu'à ce que ʿUmar mourût de chagrin.	al-Sarrāǧ, *Maṣāriʿ al-ʿuššāq*, I, p. 213-214.

Référence dans le *Wāḍiḥ*	Contenu de l'histoire	Présence dans d'autres ouvrages
p. 327-328, ms f° 148r°, l. 4 ; f° 148v°, l. 3.	Kāhil al-Māʿizī b. Muʿāwiya était amoureux de Salmā et mourut d'amour pour elle. La notice rapporte aussi plusieurs séries de vers qu'il composa pour elle.	
p. 330, ms f° 144r°, l. 10 ; f° 144v°, l. 6.	Kāmil b. al-Waḍīn aimait sa cousine Asmāʾ au point qu'il tomba gravement malade. Son père lui obtint la main de son aimée, mais il mourut dès qu'il sut qu'elle avait consenti à l'épouser. Asmāʾ tomba malade de chagrin et demanda une image peinte de son aimé. Quand elle la vit, elle la serra dans ses bras et mourut aussitôt.	
p. 342, ms f° 150r°, l. 15 ; f° 150v°, l. 8.	Muḥammad b. Qaṭan al-Ṣūfī ne se séparait jamais d'un jeune garçon. Quand ce dernier mourut, il alla pleurer sur sa tombe pendant un jour entier et fut retrouvé mort à ce même endroit le lendemain.	al-Sarrāǧ, *Maṣāriʿ al-ʿuššāq*, I, p. 31-32 et Dāwūd al-Anṭākī, *Tazyīn al-aswāq*, M. al-Tunǧī (éd.), II, p. 107
p. 376-378, ms f° 166r°, l. 6 ; f° 167r°, l. 7.	Badr b. Saʿīd al-Hamadānī aimait Nuʿm bint Ḥāǧib b. ʿUṭrid. Quand elle partit pour al-Kūfa, il la suivit. Il restait assis toute la journée près du palais où elle vivait, dans l'espoir de l'apercevoir. Puis al-Ḥaǧǧāǧ b. Yūsuf, qui connaissait sa valeur au combat, l'appela à la guerre. Il y fut gravement blessé et, sur le point de mourir, il demanda à être enterré à al-Kūfa. Nuʿm ne cessa de pleurer, debout auprès de sa tombe, jusqu'à la mort.	

Référence dans le *Wāḍiḥ*	Contenu de l'histoire	Présence dans d'autres ouvrages
p. 378-382, ms f° 167r°, l. 8 ; f° 169r°, l. 7.	ʿUmar b. al-Ḫaṭṭāb éloigna Naṣr b. al-Ḥaǧǧāǧ de Médine, pour éviter que trop de femmes ne tombent amoureuses de lui. Il l'envoya chez al-Muǧāšiʿ où il tomba amoureux de la femme de son hôte, Šamīla. Tous deux se déclarèrent un jour leur amour en écrivant sur le sable en présence d'al-Muǧāšiʿ, qui ne savait pas lire. Al-Muǧāšiʿ se fit lire le message et chassa Naṣr. Ce dernier tomba malade de chagrin. Šamīla alla le voir et, à sa vue, il guérit, mais, quand elle repartit, il mourut de douleur.	ʿAbd al-Qādir al-Baġdādī, *Ḫizānat al-adab*, IV, p. 80-87 et al-Maydānī, *Maǧmaʿ al-amṯāl*, p. 374-376

Index

Index des personnages

A

B

I

J

K

L

M

N

T

Index des lieux

Bibliographie

1. Instruments de travail

Anīs, I., al-Ṣawāliḥī, ʿA., Muntaṣir, A., al-Ludiʾaḥad, M., *al-Muʿǧam al-wasīṭ*, Dār al-Daʿwa, Istanbul, 1989.

Atlas géographique du monde, Éditions Atlas, Paris, Istituto geografico De Agostini, Novare, 1999.

Amir-Moezzi, M. A. (éd.), *Dictionnaire du Coran*, Robert Laffont, Paris 2007.

EAL = *Encyclopedia of Arabic Literature*, Julia Scott Meisami, Paul Starkey (éd.), 2 vol., Routledge, Londres, New York, 1998.

*EI*² = *Encyclopédie de l'islam*, 2ᵉ éd., 12 vol., Brill, Leyde, 1960-2007.

Ibn Manẓūr, Ǧamāl al-Dīn Abū al-Faḍl, *Lisān al-ʿArab*, 15 vol., Dār Ṣādir, Beyrouth, 1997.

Kazimirski, Albin de Biberstein, *Dictionnaire arabe-français*, Maisonneuve et Cⁱᵉ, Paris, 1860.

Rey-Debove, Josette et Rey, Alain, *Le nouveau petit Robert*, Dictionnaires le Robert, Paris, 2006.

Sourdel, Dominique et Sourdel, Janine, *Dictionnaire historique de l'Islam*, PUF, Paris, 1996.

Turkish-English Dictionary, New Redhouse Press, Istanbul, 1979.

al-Ziriklī, Ḫayr al-Dīn, *al-Aʿlām: qāmūs tarāǧim li-ašhar al-riǧāl wa-l-nisāʾ min al-ʿarab wa-l-mustaʿribīn wa-l-mustašriqīn*, 14 vol., Dār al-ʿIlm li-l-Malāyīn, Beyrouth, 1990-2011.

2. Source manuscrite

Muġulṭāy, *al-Wāḍiḥ al-mubīn fī ḏikr man ustušhida min al-muḥibbīn*, Süleymaniye, Istanbul, ms Fatih 4143, fols 1-182.

3. Sources

ʿAbd al-Qādir al-Baġdādī, *Ḫizānat al-adab*, Maktabat al-Ḫanǧī, Le Caire, 1981.

Abū al-Faraǧ al-Iṣfahānī, *al-Diyārāt*, Ǧ. al-ʿAṭiyya (éd.), Riad el-Rayyes Books, Londres, 1991.

—, *Kitāb al-aġānī*, Brill, Leyde, 1900 ; Dār al-Šaʿb, Le Caire, s. d.

—, *Kitāb al-qiyān*, Ḫalīl al-ʿAṭiyya (éd.), Riad el-Rayyes, Londres, 1989.

Abū Hilāl al-ʿAskarī, *Dīwān al-maʿānī*, ʿĀlam al-Kutub, Beyrouth, s. d.

Abū Nuʿaym al-Iṣfahānī, *Ḥilyat al-awlyā*ʾ, Dār al-Kitāb al-ʿArabī, Beyrouth, 1405/1984.

al-Bakrī, *Simṭ al-laʾālī*, ʿAbd al-ʿAzīz al-Maymanī (éd.), Laǧnat al-Tāʾlīf wa-l-Tarǧama wa-l-Našr, 1935.

al-Bayhaqī, *al-Maḥāsin wa-l-masāwiʾ*, Muḥammad Abū al-Faḍl Ibrāhīm (éd.) Dār al-Maʿārif, Le Caire, 1991.

al-Bīrūnī, *Taḥqīq mā li-l-hind*, Maṭbaʿat Maǧlis Dāʾirat al-Maʿārif al-ʿUṯmāniyya, Hyderabad, 1958.

al-Buḫārī, *Ṣaḥīḥ al-Buḫārī*, al-Maktaba al-ʿAṣriyya, Beyrouth, 2003.

al-Ḏahabī, *Siyar aʿlām al-nubalāʾ*, Dār al-Fikr, Beyrouth, 1997.

—, *Tāriḫ al-islām wa-wafayāt al-mašāhīr wa-l-aʿlām*, ʿUmar ʿAbd al-Salām al-Tadmurī (éd.), Dār al-Kitāb al-ʿArabī, Beyrouth, 1986-2000.

—, *Taḏkirat al-ḥuffāẓ*, Dār al-Kutub al-ʿIlmiyya, Beyrouth, s. d.

Dāwūd al-Anṭākī, *Tazyīn al-aswāq fī aḫbār al-ʿuššāq*, Dār wa-Maktabat al-Hilāl li-l-Ṭibāʿa wa-l-Našr, Beyrouth, 1993 ; M. al-Tunǧī (éd.), ʿĀlam al-Kutub, Beyrouth, 1993.

al-Daylamī, *Kitāb ʿaṭf al-alif al-maʾlūf ʿalā al-lām al-maʿṭūf*, Jean-Claude Vadet (éd.), Ifao, Le Caire, 1962.

al-Dimyāṭī, *Mašāriʿ al-ašwāq ilā maṣāriʿ al-ʿuššāq*, Idrīs M. Alī, Muḥammad Isṭanbulī (éd.), Dār al-Bašāʾir al-Islāmiyya, Beyrouth, 1990.

al-Ǧāḥiẓ, *Rasāʾil al-Ǧāḥiẓ*, ʿAbd al-Salām Muḥammad Hārūn (éd.), Maktabat al-Ḫanǧī, Le Caire, 1979.

—, *Risālat al-nisāʾ*, *Maǧmūʿat rasāʾil*, Maṭbaʿat al-Taqaddum, Le Caire, s. d.

—, The Epistle on singing-girls by Jāḥiẓ, A. F. L. Beeston (éd.), Biddles LDT, Guildford, 1980.

Ǧamīl b. Maʿmar, *Šarḥ dīwān Ǧamīl Buṯayna*, Sayf al-Dīn al-Kātib, Aḥmad ʿIṣām al-Kātib (éd.), Manšūrāt Dār Maktabat al-Ḥayyat, Beyrouth, s. d.

al-Ǧawharī, *al-Ṣiḥāḥ fī al-luġa*, Aḥmad ʿAbd al-Ġafūr ʿAṭṭār (éd.), Dār al-ʿIlm li-l-Malāyīn, Beyrouth, 1979.

al-Ġazālī, *Iḥyāʾ ʿulūm al-dīn*, Dār al-Šaʿb, Le Caire, s. d.

—, *al-Tibr al-masbūk fī naṣīḥat al-mulūk*, Muḥammad Aḥmad Ramaǧ (éd.), al-Maʾassasa al-Ǧāmiʿiyya li-l-Dirāsa wa-l-Našr wa-l-Tawzīʿ, Beyrouth, 1987.

Ḥāǧǧī Ḫalīfa, *Kašf al-ẓunūn ʿan asāmī al-kutub wa-l-funūn*, Wikālat al-Maʿārif, Istanbul, 1941.

al-Ḫarāʾiṭī, *Iʿtilāl al-qulūb fī aḫbār al-ʿuššāq wa-l-muḥibbīn*, Ġarīd al-Šayḫ (éd.), Dār al-Kutub al-ʿIlmiyya, Beyrouth, 2001.

Ḥasan Ḫān Ṣadīq, *Našwat al-sakrān min sahbāʾ taḏkār al-ġizlān*, Maṭabaʿat al-Ǧawāʾib al-Kāʾina amām al-Bāb al-ʿĀlī, Constantinople, 1297/1879.

al-Ḫaṭīb al-Baġdādī, *Taʾrīḫ Baġdād*, 14 vol., Dār al-Kutub al-ʿIlmiyya, Beyrouth, s. d.

al-Ḥuṣrī, *Kitāb al-maṣūn fī sirr al-hawā al-maknūn*, Maṭbaʿat al-Amāna, Le Caire, s. d.

—, *Zahr al-ādāb wa-ṯamar al-albāb*, 4 vol., Zakī Mubārak (éd.), al-Maṭbaʿa al-Raḥmāniyya bi-Miṣr, Le Caire, 1925.

Ibn ʿAbd al-Barr, *Bahǧat al-maǧālis wa-uns al-muǧālis*, Dār al-Kutub al-ʿIlmiyya, Beyrouth, 1981.

Ibn ʿAbd Rabbihi al-Andalusī, *al-ʿIqd al-farīd*, ʿAbd al-Maǧīd al-Tarḥīnī (éd.), Dār al-Kutub al-ʿIlmiyya, Beyrouth, 1983.

Ibn Abī al-Ḥadīd, *Šarḥ nahǧ al-balāġa*, 10 vol., Dār al-Kutub al-ʿArabiyya al-Kubrā, Le Caire, 1965.

Ibn Abī Ḥaǧala, *Dīwān al-ṣabāba*, Dār wa-Maktabat al-Hilāl, Beyrouth, 1999.

Ibn Abī Uṣaybiʿa, *ʿUyūn al-anbāʾ fī ṭabaqāt al-aṭibbāʾ*, Dār Maktabat al-Ḥayyat, Beyrouth, s. d.

Ibn ʿArabī, *al-Futūḥāt al-makkiyya*, Dār al-Ṭibāʿa, Constantinople, 1876.

—, *Traité de l'amour*, Maurice Gloton (trad.), Albin Michel, Paris, 1986.

Ibn al-Bakkāʾ al-Balḫī, *Ġawānī al-ašwāq fī maʿānī al-ʿuššāq*, George Kanazi (éd.), Harrassowitz Verlag, Wiesbaden, 2008.

Ibn Dāwūd al-Iṣfahānī, *Kitāb al-zahra*, A. R. Nykl (éd.), The University of Chicago Press, Chicago, 1932.

Ibn Durayd, *Ǧamharat al-luġa*, Dār al-ʿIlm li-l-Malāyīn, Beyrouth, 1987.

Ibn al-Ǧawzī, *Ḏamm al-hawā*, Aḥmad ʿAbd al-Salām ʿAṭā (éd.), Dār al-Kutub al-ʿIlmiyya, Beyrouth, 1999.

—, *al-Muntaẓam*, Muḥammad ʿAbd al-Qādir ʿAṭā et Muṣṭafā ʿAbd al-Qādir ʿAṭā (éd.), Dār al-Kutub al-ʿIlmiyya, Beyrouth, 1992.

—, *Ṣayd al-ḫāṭir*, ʿAlī et Nāǧī al-Ṭanṭāwī (éd.), Dār al-Fikr, Damas, 1978.

—, *Ṣifat al-ṣafwa*, Dār al-Maʿrifa, Beyrouth, 1979.

Ibn Ḥabīb al-Nīsābūrī, *ʿUqalāʾ al-maǧānīn*, W. al-Kīlānī (éd.), Dār al-Nafāʾis, Beyrouth, 1987.

Ibn Ḥaǧar al-ʿAsqalānī, *al-Durar al-kāmina fī aʿyān al-miʾa al-ṯāmina*, Maǧlis Dāʾirat al-Maʿārif al-ʿUṯmāniyya al-Kāʾina fī al-Hind, Hayderabad, 1350/1930.

—, *Inbāʾ al-ġumr bi-abnāʾ al-ʿumr fī al-tārīḫ*, Muḥammad ʿAlī Abbasī (éd.), Dāʾirat al-Maʿārif al-ʿUṯmāniyya, Hyderabad, 1970.

—, *Lisān al-mīzān*, Muʾassasat al-Aʿlamī li-l-Maṭbūʿāt, Beyrouth, 1986.

—, *Tabṣīr al-muntabih bi-taḥrīr al-muštabih*, Muḥammad ʿAlī al-Naǧǧār et ʿAlī Muḥammad al-Biǧāwī (éd.), al-Maktaba al-ʿIlmiyya, Beyrouth, s. d.

Ibn Ḫallikān, *Wafayāt al-aʿyān wa-anbāʾ abnāʾ al-zamān*, Wadād al-Qāḍī et ʿIzz al-Dīn Aḥmad Mūsā (éd.), Dār Ṣādir, Beyrouth, 1977.

Ibn Ḥamdūn, *al-Taḏkira al-ḥamdūniyya*, Iḥsān ʿAbbās et Bakr ʿAbbās (éd.), Dār Ṣādir, Beyrouth, 1996.

Ibn Ḥazm, *Ṭawq al-ḥamāma*, Iḥsān ʿAbbās (éd.), Dār al-Maʿārif li-l-Ṭibaʿa wa-l-Našr, Tunis, 1992.

Ibn al-Ḫaṭīb, *Rawḍat al-taʿrīf bi-l-ḥubb al-šarīf*, Dār al-Ṯaqāfa, Amman, 1970.

Ibn Hišām, *al-Sīra al-nabawiyya*, al-Maktaba al-ʿIlmiyya, Beyrouth, s. d.

Ibn Kaṯīr, *al-Bidāya wa-l-nihāya*, ʿAbd Allāh b. ʿAbd al-Muḥsin al-Turkī (éd.), Haǧar li-l-Ṭibāʿa wa-l-Našr wa-l-Tawzīʿ wa-l-Iʿlān, 1997.

Ibn Manẓūr, *Muḫtaṣar Tārīḫ Dimašq*, 31 vol., Muḥammad b. ʿAbd al-Raḥmān et Mālik b. Adham (éd.), Dār al-Fikr, Damas, 1988.

Ibn al-Nadīm, *al-Fihrist*, Yūsuf al-Ṭawīl (éd.), Dār al-Kutub al-ʿIlmiyya, Beyrouth, 2002.

Ibn Qayyim al-Ǧawziyya, *Aḫbār al-nisāʾ*, al-Maǧīd Taʿma al-Ḥalabī (éd.), Dār al-Maʿrifa, Beyrouth, 1997.

—, *Rawḍat al-muḥibbīn wa-nuzhat al-muštāqīn*, Aḥmad Šams al-Dīn (éd.), Dār al-Kitāb al-ʿArabī, Beyrouth, 2001.

Ibn Qutayba, *ʿUyūn al-aḫbār*, Dār al-Kutub al-Miṣriyya, Le Caire, 1930.

Ibn Quṭlūbuġā, *Tāǧ al-tarāǧim fī ṭabaqāt al-ḥanafiya*, Maṭbaʿat al-ʿĀnī, Bagdad, 1962.

Ibn Sīnā, *al-Išārāt wa-l-tanbīhāt*, Sulaymān Dunyā (éd.), Dār al-Maʿārif bi-Miṣr, Le Caire, 1968.

—, *al-Naǧāt fī al-mantiq wa-l-ilāhiyāt*, Maṭbaʿat al-Saʿāda, Le Caire, 1331/1913.

—, *Risāla fī al-ʿišq*, M. A. F. Mehren (éd.), E. J. Brill, Leyde, 1894.

Ibn Taġrī Birdī, *al-Nuǧūm al-zāhira fī mulūk Miṣr wa-l-Qāhira*, Wizārat al-Ṯaqafa wa-l-Iršādāt al-Qawmiyya, Le Caire, s. d.

Ibn Ṭayfūr, *Sechster Band des Kitāb Baġdād*, H. Keller (éd.), Harrassowitz, Leipzig, 1908.

al-Ibšīhī, *al-Mustaṭraf fī kull fann mustaẓraf*, Dār al-Kutub al-ʿIlmiyya, Beyrouth, 1986.

al-Maqrīzī, *al-Mawāʿiẓ wa-l-iʿtibār fī ḏikr al-ḫiṭaṭ wa-l-aṯār*, Gaston Wiet (éd.), Ifao, Le Caire, 1911.
al-Marzubānī, *Muʿǧam al-šuʿarā'*, Maktabat al-Quds, Le Caire, 1354/1935.
al-Masʿūdī, *Murūǧ al-ḏahab wa-maʿādin al-ǧawhar*, Dār al-Andalus li-l-Ṭibāʿa wa-l-Našr wa-l-Tawzīʿ, Beyrouth, 1996.
al-Maydānī, *Maǧmaʿ al-amṯāl*, Qusayy al-Ḥusayn (éd.), Dār al-Šimāl li-l-Ṭibāʿa wa-l-Našr wa-l-Tawzīʿ, Tripoli, 1990.
al-Muʿāfā b. Zakariyyā, *al-Ǧalīs al-ṣāliḥ al-kāfī wa-l-anīs al-nāṣiḥ al-šāfī*, Muḥammad Mursī al-Ḫawlī (éd.), ʿĀlam al-Kutub, Beyrouth, 1981.
Muġulṭāy, *al-Wāḍiḥ al-mubīn fī ḏikr man ustušhida min al-muḥibbīn*, Mu'assasat al-Intišār al-ʿArabī, Beyrouth, 1997.
Muslim b. al-Ḥaǧǧāǧī, *Ṣaḥīḥ Muslim*, Dār Ṭība, Riyad, 2006.
al-Muttaqī al-Hindī, *Kanz al-ʿummāl*, Maṭbaʿat Maǧlis Dā'irat al-Maʿārif al-ʿUṯmaniyya, Hayderabad, 1951.
al-Nuʿaymī, *al-Dāris fī tārīḫ al-madāris*, Manšūrāt al-Hay'a al-ʿĀmma al-Sūriyya li-l-Kitāb, Damas, 2014.
al-Nuwayrī, Šihāb al-Dīn, *Nihāyat al-arab fī funūn al-adab*, al-Mu'assasa al-Miṣriyya al-ʿĀmma li-l-Ta'līf wa-l-Tarǧama wa-l-Ṭibaʿa wa-l-Našr, Le Caire, s. d. ; Maṭbaʿat Dār al-Kutub al-Miṣriyya, Le Caire, 1924.
Platon, *Le Banquet*, GF-Flammarion, Paris, 1964.
al-Qifṭī, *al-Muḥammadūn min al-šuʿarā'*, Ḥasan Maʿmarī (éd.), Manšūrāt Dār al-Yamāma li-l-Baḥṯ wa-l-Tarǧama wa-l-Našr, Riyad, 1970.
al-Qušayrī, *al-Risāla al-qušayriyya fī ʿilm al-taṣawwuf*, Dār al-Ǧīl, Beyrouth, 1990.
al-Rāzī, Abū Bakr, *al-Rasā'il al-falsafiyya*, P. Kraus (éd.), Universitatis Fouadi I litterarum facultatis publicationum, XXII, Le Caire, 1939.
al-Rāġib al-Iṣfahānī, *Muḥāḍarāt al-udabā'*, Dār Maktabat al-Ḥayat, Beyrouth, 1961.
Rasā'il Iḫwān al-ṣafā, Dār Ṣādir/Dār Bayrūt, Beyrouth, 1957.
al-Ṣafadī, *Aʿyān al-ʿaṣr wa-aʿwān al-naṣr*, Maʿhad Tārīḫ al-ʿUlūm al-ʿArabiyya wa-l-Islāmiyya, Francfort, 1990.
—, *al-Wāfī bi-l-wafayāt*, Dār Iḥyā' al-Turāṯ al-ʿArabī, Beyrouth, 2000.
al-Saḫāwī, *al-Maqāṣid al-ḥasana*, Dār al-Kitāb al-ʿArabī, Beyrouth, 1985.
al-Šahrastānī, *al-Milal wa-l-niḥal*, Dār al-Maʿrifa, Beyrouth, 1404/1983.
al-Sarrāǧ, *Maṣāriʿ al-ʿuššāq*, Dār Bayrūt/Dār al-Nafā'is, Beyrouth, 1997.
al-Šawqānī, *al-Badr al-ṭāliʿ*, Maṭbaʿat al-Saʿāda, Le Caire, 1348/1929.
al-Šayzarī, *Rawḍat al-qulūb wa-nuzhat al-muḥibb wa-l-maḥbūb*, D. Semah, G. J. Kanazi (éd.), Harrassowitz Verlag, Wiesbaden, 2003.
Šihāb al-Dīn Maḥmūd, *Manāzil al-aḥbāb wa-manāzih al-albāb*, ʿAbd al-Raḥīm Muḥammad (éd.), Maktabat al-Taysīr, Le Caire, 1989.
al-Sulamī ʿAbd al-Raḥmān, *Ṭabaqāt al-ṣūfiyya*, Nūr al-Dīn Šurayba (éd.), Maktabat al-Ḫanǧī, Le Caire, 1997.
al-Ṣūlī, *Kitāb al-awrāq*, J. Heyworth-Dunne (éd.), Maṭbaʿat al-Ṣāwī, Le Caire, 1934.
al-Suyūṭī, *Ḏayl ṭabaqāt al-ḥuffāẓ li-l-Ḏahabī*, Maṭbaʿat al-Ṭawfīq, Jérusalem-Damas, 1333-1334/1915.
—, *al-Durar al-muntaṭira fī al-aḥādīṯ al-muštahira*, Muḥammad ʿAbd al-Qādir ʿAṭā (éd.), Dār al-Iʿtiṣām li-l-Ṭabʿ wa-l-Našr wa-l-Tawzīʿ, Le Caire, 1987.
al-Ṯaʿālibī, *Fiqh al-luġa*, Tabaʿat al-Abā' al-Yasūʿīn, Beyrouth, 1885.
—, *Yatīmat al-dahr fī maḥāsin al-ʿaṣr*, 6 vol., Dār al-Kutub al-ʿIlmiyya, Beyrouth, 2000.
al-Tanūḫī, *Nišwār al-muḥāḍara*, ʿAbbūd al-Šālǧī (éd.), Dār Ṣādir, Beyrouth, 1972.
al-Tawḥīdī, *al-Baṣā'ir wa-l-ḏaḫā'ir*, Wadād al-Qāḍī (éd.), Dār Ṣādir, Beyrouth, 1988.
—, *al-Imtāʿ wa-l-mu'ānasa*, Aḥmad Amīn et Aḥmad al-Zayn (éd.), Maṭbaʿat Laǧnat al-Ta'līf wa-l-Tarǧama wa-l-Našr, Le Caire, 1953.
al-Tīfāšī, Šihāb al-Dīn Aḥmad, *Nuzhat al-albāb fī-mā lā yūǧad fī kitāb*, Ǧamāl Ǧumʿa (éd.), Riad el-Rayyes Books, Londres-Chypre, 1992.

al-Tirmiḏī, *al-Munhiyāt*, Maktabat al-Qur'ān li-l-Ṭabʿ wa-l-Našr wa-l-Tawzīʿ, Le Caire, s. d.

al-Ṭurṭūšī, *Sirāğ al-mulūk*, al-Maktaba al-Azhariyya al-Miṣriyya, Le Caire, 1319/1901.

Usama b. Munqiḏ, *al-Manāzil wa-l-diyār*, al-Maktab al-Islāmī li-l-Ṭibāʿa wa-l-Našr, Damas, 1965.

al-Wāḥidī, *Šarḥ Dīwān al-Mutanabbī*, ʿUmar Fārūq al-Ṭabbāʿ (éd.), Dār al-Qalām li-l-Ṭibāʿa wa-l-Našr, Beyrouth, 1997.

al-Waššā', *Kitāb al-muwaššā*, Dār Ṣādir, Beyrouth,1965.

al-Yāfiʿī, *Mir'āt al-ğinān wa-ʿibrat al-yaqẓān fī maʿrifat mā yuʿtabar min ḥawādiṯ al-zamān*, Dār al-Kitāb al-Islāmī, Le Caire, 1993.

Yāqūt al-Ḥamawī, *al-Ḫazl wa-l-da'al bayna al-dūr wa-l-dārāt wa-l-dīra*, Yaḥyā Zakariyyā ʿAbbāra et Muḥammad Arīb Ğumrān (éd.), Manšūrāt Wizārat al-Ṯaqāfa, Damas, 1998.

—, *Muʿğam al-buldān*, 6 vol., F. Wüstenfeld (éd.), Brockhaus, Leipzig, 1866-1873.

—, *Muʿğam al-udabā'*, 7 vol., D. S. Margoliouth (éd.), Luzac & co., Londres, 1926.

al-Zamaḫšarī, *Rabīʿ al-abrār wa-nuṣūṣ al-aḫbār*, 4 vol., S. al-Nuʿaymī (éd.), Maṭbaʿat al-ʿĀnī, Bagdad, 1980.

4. Études

ʿAbbās, Iḥsān, « Kuṯhayyir b. ʿAbd al-Raḥmān », *EI²*, V, 1982, p. 551b.

—, *Muḥāwalāt fī al-naqd wa-l-dirāsāt al-adabiyya*, III, Dār al-Ġarb al-Islāmī, Beyrouth, 2000.

Abbott, Nabia, « *Aḥmad aṭ-Ṭayyib as-Saraḫsī*, by Franz Rosenthal », *Journal of Near Eastern Studies* 5, 2, 1946, p. 162-163.

Abu-Haidar, J. A., *Hispano-arabic Literature and Early Provençal Lyrics*, Curzon, Richmond, Surrey, 2001.

Ali Mourad, S., *Early Islam Between Myth and History. Al-Ḥasan al-Baṣrī (d. 110 /728 CE) and the Formation of his Legacy in Classical Islamic Scholarship*, Brill, Leyde, Boston, 2006.

André le Chapelain, *Traité de l'amour courtois*, Librairie Klincsieck, Paris, 2002.

Arazi, Albert, *Amour divin et amour profane dans l'Islam médiéval à travers le Dīwān de Khālid al-Kātib*, Maisonneuve et Larose, Paris, 1990.

—, « Waḍḍāḥ al-Yaman », *EI²*, XI, 2003, p. 14-15.

Arié, R., *Études sur la civilisation de l'Espagne musulmane*, Brill, Leyde, 1990.

Arkoun, Mohammed, « ʿIshḳ », *EI²*, IV, 1973, p. 118b.

Atallah, Wahib, « al-Kalbī », *EI²*, IV, 1974, p. 494b.

al-ʿAẓm, Ṣ. Ğ., *Fī al-ḥubb wa-l-ḥubb al-ʿuḏrī*, Dār al-Madā li-l-Ṯaqāfa wa-l-Našr, Damas, 2002.

Ayalon, D., « Muslim City and the Mamluk Military Aristocracy », *Studies on the Mameluks of Egypt* (1250-1517), Variorum reprints, Londres, 1977, p. 311-329.

—, *The Mamlūk Military Society*, Variorum Reprints, Londres, 1979.

—, *Le phénomène mamelouk dans l'orient islamique*, PUF, Paris, 1996.

Baer, G., « Ḥikr », *EI²*, *Suppléments*, 1982, p. 368-370.

Balda-Tillier, Monica, « La prose amoureuse arabo-islamique médiévale, de l'*isnād* traditionnel aux "sources livresques" » in *The Book in Fact and Fiction in Pre-modern Arabic Literature*, special issue of the *Journal of Arabic and Islamic Studies* 12, 2012, p. 186-214.

—, « Parler d'amour sans mot dire : les stigmates de la passion », *AnIsl* 48, 1, 2014, p. 185-202.

—, « L'épuisement d'un genre littéraire? Le *Ġawānī al-ašwāq fī maʿānī al-ʿuššāq* d'Ibn al-Bakkā' (m. 1040/1630) », *AnIsl* 49, 2015, p. 33-54.

—, « Mourir d'amour au féminin dans la littérature arabe médiévale », *Clio. Femmes, Genre, Histoire* 47, 2018a, p. 139-154.

—, « Mughulṭāy b. Qilīj », *Encyclopaedia of Islam*, 3ᵉ éd., Brill, Leyde, en ligne, 2018b.

—, « La passion amoureuse dans la littérature arabe médiévale du VIIIe/XIVe siècle : désir sublimé, rationnalisé, exposé, ridiculisé » *in* Frédéric Lagrange, Claire Savina (éd.), *Les mots du désir, la langue de l'érotisme et sa traduction*, Éditions diacritiques, Marseille, 2020.

—, « Parcours d'un récit : de l'expédition de Ḫālid b. al-Walīd auprès des Banū Ǧaḏima à l'histoire d'amour de ʿAlqama at Ḥubayša (IIe/VIIIe-VIIIe/XIVe siècle) », *Bulletin d'Etudes Orientales*, Ifpo, Beyrouth, à paraître.

Bauer, Thomas, *Liebe und Liebesdichtung in der arabischen Welt des 9. und 10. Jahrhunderts*, Harrassowitz Verlag, Wiesbaden, 1998.

—, « ʿUrwa b. Ḥizām », *EI*², X, 2002, p. 908b.

—, « Mamluk Literature: Misunderstandings and New Approaches », *Mamlūk Studies Review* 9, 2, 2005, p. 105-132.

—, « In Search of "Post-Classical Literature". A Review Article », *Mamlūk Studies Review* 11, 2, 2007, p. 137-167.

—, « Mamluk Literature as a Mean of Communication » *in* Stephane Conermann (éd.), *Ubi sumus? Quo vademus? Mamluk Studies – State of the Art*, V&R Unipress/ Bonn University Press, Göttingen, 2013, p. 23-56.

Bauer, Thomas et Neuwirth, Angelika (éd.), *Ghazal as World Literature: Transformation of a Literary Genre*, Ergon Verlag, Beirut, 2005.

Bausani, Alessandro, « Ghazal », *EI*², II, 1965, p. 1028a.

Beg, Muhammad Abdul Jabbar, « al-Khāṣṣa wa-l-ʿĀmma », *EI*², IV, 1978, p. 1098a.

Beissel, D., « ʿAbbās b. Aḥnaf, the Courtly Poet », *Journal of Arabic Literature* 24, 1993, p. 1-10.

Bell, Joseph Norman, « al-Sarrāj's *Maṣāriʿ al-ʿushshāq* : A Ḥanbalite Work ? », *Journal of the American Oriental Society* 99, 2, 1979a, p. 235-248.

—, *Love Theory in Later Hanbalite Islam*, State University of New York Press, Albany, 1979b.

Bencheikh, Omar, « Nifṭawayh, Abū ʿAbd Allāh Ibrāhīm b. Muḥammad », *EI*², VIII, 1993, p. 14a.

Benslama, Raja, « Ṣūfiyyat al-ʿišq min ẖilāl al-Maṣūn fī sirr al-hawā al-maknūn li-Ibrāhīm al-Ḥuṣrī (m. 513H.) », *Ḥawliyyāt al-Ǧāmiʿa al-tunisiyya* 37, 1995, p. 203-222.

—, *al-Mawt wa-ṭuqūsuhu*, Dār al-Ǧanūb li-l-Našr, Tunis, 1997.

—, « Fī al-šahāda wa-l-intiḥār » *in* A. Charfi (éd.), *al-Muslim fī al-tārīḫ*, Casablanca, 1999, p. 31- 45.

—, *al-ʿIšq wa-l-kitāba*, al-Kamel Verlag, Cologne, 2003.

Berkey, Jonathan P., *The Transmission of Knowledge in Medieval Cairo. A Social History of Islamic Education*, Princeton University Press, Princeton, 1992.

—, « Culture and Society During the Late Middle Ages » *in* Carl F. Petry (éd.), *Cambridge History of Egypte*, Cambridge University Press, Cambridge, 1998, p. 275-411.

Biesterfeldt, Hans Hinrich et Gutas, Dimitri, « The Malady of Love », *Journal of the American Oriental Society* 104, 1984, p. 21-55.

Blachère, Régis, « al-ʿAbbās b. al-Aḥnaf », *EI*², I, 1954a, p. 9b.

—, « Abū ʾl-ʿĀliya Rufayʿ b. Mihrān al-Riyāḥī », *EI*², I, 1954b, p. 104b.

—, « Remarques sur deux élégiaques arabes du VIe siècle J.-C. », *Arabica* 7, 1, 1960, p. 30-40.

—, « Problème de la transfiguration du poète tribal en héros de roman "courtois" chez les "logographes" arabes du IIIe/IXe siècle », *Arabica* 8, 2, 1961, p. 131-136.

—, « al-Farrāʾ », *EI*², II, 1964, p. 806b.

—, « Ghazal », *EI*², II, 1965, p. 1028a.

Bonebakker, Seeger Adrianus, « Ḳudāma b. Djaʿfar al-Kātib al-Baghdādī », *EI*², V, 1980, p. 318b.

Bosch-Vilá, Jacinto, « Ibn al-Khaṭīb, Abū ʿAbd Allāh Muḥammad b. ʿAbd Allāh b. Saʿīd b. ʿAbd Allāh b. Saʿīd b. ʿAlī b. Aḥmad al-Salmānī », *EI*², III, 1968, p. 835b.

Bosworth, Clifford Edmund, « Saʿīd b. al-ʿĀṣ », *EI*², VIII, 1995, p. 853a.

Bourdieu, Pierre, « Lecture, lecteurs, lettrés, littérature » in *Choses dites*, Éditions de Minuit, Paris, 1987.

Bouhdiba, A., *La sexualité en Islam*, PUF, Paris, 1975.

Bousquet, G.-H., *L'éthique sexuelle de l'Islam*, Desclée de Brouwer, Paris, 1990.

Bouyahia, Chedly, « al-Ḥuṣrī », *EI*², III, 1967, p. 639a.

Böwering, George, « Sahl al-Tustarī », *EI*², VIII, 1995, p. 840a.

Boyd, Jean *et al.*, « Nikāḥ », *EI*², VIII, 1993, p. 26b.

Brockelmann, Carl, « al-Anbārī, Abū Bakr », *EI*², I, 1957, p. 485b.

Brockelmann, Carl et Pellat, Charles, « al-Akhfash », *EI*², I, 1956, p. 321a.

Cahen, Claude, « Kayḳubād », *EI*², IV, 1976, p. 817-818.

—, *La Turquie pré-ottomane*, IFEAI, Istanbul, 1988.

Canard, Marius, « ʿAmmūriyya », *EI*², I, 1956, p. 462b-463a.

Chapoutot-Remadi, Mounira, « al-Nuwayrī, Shihāb al-Dīn Aḥmad b. ʿAbd al-Wahhāb al-Bakrī al-Tamīmī al-Ḳurashī al-Shāfiʿī », *EI*², VIII, 1993, p. 155b.

Chaumont, E., « al-salaf wa-l-khalaf », *EI*², VIII, 1995, p. 900a.

Cheikh-Moussa, Abdallah, « La négation d'éros ou le *ʿišq* d'après deux épîtres d'al-Ǧāḥiẓ », *Studia Islamica* 72, 1990, p. 71-119.

Chraïbi, Aboubakr, « Classification des traditions narratives arabes par "conte-type" : application à l'étude de quelques rôles de poète », BEO 50, 1998, p. 29-59.

Clot, A., *L'Égypte des Mamelouks. L'empire des esclaves (1250-1517)*, Perrin, Paris, 1996.

Cobb, Paul M., « ʿUmar (II) b. ʿAbd al-ʿAzīz b. Marwān b. al-Ḥakam », *EI*², X, 2002, p. 821a.

Colonna, Vincent, « À quoi sert un personnage ? » *in* Françoise Lavocat, Claude Murcia et Régis Salado (dir.), *La fabrique du personnage*, Honoré Champion éditeur, Paris, 2007, p. 141-158.

Cook, David, *Martyrdom in Islam*, Cambridge University Press, Cambridge, 2007.

Crompton, L., *Homosexuality and Civilisation*, Harvard University Press, Cambridge, 2003.

Crone, Patricia, « Khālid b. al-Walīd b. al-Mughīra al-Makhzūmī », *EI*², IV, 1977, p. 928a.

Denaro, Roberta, « Il suicidio nell'islam medievale : un'ipotesi di lettura della *sunna* », *Rivista degli Studi Orientali* 70, 1996, p. 23-45.

Denomy, Alexander J., *The Heresy of Courtly Love*, McMullen, New York, 1947.

Dietrich, A., « al-Ḥadjdjādj b. Yūsuf », *EI*², III, 1965, p. 39b.

—, « Ibn Abī l-Dunyā », *EI*², III, 1968, p. 684a.

Djedidi, Tahar L., *La poésie amoureuse des arabes, le cas des ʿUḏrites*, SNED, Alger, 1974.

Dols, W., *Majnūn : The Madman in Medieval Islamic Society*, Clarendon Press, Oxford, 1992.

Donner, F. M., *Narratives of Islamic Origins. The Beginnings of Islamic Historical Writing*, The Darwin Press, Princeton, 1998.

Dunlop, Douglas Morton, « al-Bādjī », *EI*², I, 1958, p. 864b.

Durkheim, E., *Le suicide*, PUF, Paris, 2005 (1er éd. 1930).

Ed., « Ibn al-Sikkīt », *EI*², III, 1969, p. 940b.

—, « al-Kharāʾiṭī », *EI*², IV, 1978, p. 1057a.

El-Achèche, Taïeb, « Tawba b. al-Ḥumayyir », *EI*², X, 1999, p. 413-414.

Elinson, A. E., *Looking Back at al-Andalus. The poetics of Loss and Nostalgia in Medieval Arabic and Hebrew Literature*, Brill, Leyde, Boston, 2009.

Enderwitz, Susanne, « al-Shuʿūbiyya », *EI*², IX, 1997, p. 513b.

Erman, M., *Poétique du personnage de roman*, Ellipses, Paris, 2006.

Escovitz, J. H., *The Office of Qāḍī al-Quḍāt in Cairo Under the Baḥrī Mamlūks*, Klaus Schwarz Verlag, Berlin, 1984.

Etin, A., « Ibn Sīnā's Philosophical Theology of Love : A Study of the *Risālah fī al-ʿišq*», *Islamic Studies* 42, 2003, p. 331-345.

Eychenne, Mathieu, *Liens personnels, clientélisme et réseaux de pouvoir dans le sultanat mamelouk*, Presse de l'Ifpo, Beyrouth, 2013.

Fahd, Tawfiq *et al.*, « Shāʿir », *EI*², IX, 1996, p. 225a.

Fähndrich, Hartmut, « al-Tanūkhī, al-Muḥassin b. ʿAlī, Abū ʿAlī », *EI*², X, 1998, p. 192b.

Fakhry, M., *Histoire de la philosophie islamique*, Cerf, Paris, 1989.

Farès, B., « Murūʾa », *EI*², VII, 1992, p. 636b.

Foucault, M., *Histoire de la folie à l'âge classique*, Gallimard, Paris, 1972.
Fück, Johann W., « Ibn Ḥibbān, Abū Bakr Muḥammad b. Ḥibbān al-Tamīmī al-Bustī al-Shāfiʿī », *EI*², III, 1968, p. 799b.
—, « Ibn Saʿd, Abū ʿAbd Allāh Muḥammad b. Saʿd b. Manīʿ al-Baṣrī al-Hāshimī Kātib al-Wāḳidī », *EI*², III, 1969, p. 922b.
—, « Isḥāḳ b. Ibrāhīm al-Mawṣilī », *EI*², IV, 1973, p. 110b.
Gabrieli, Francesco, « Ǧamīl al-ʿUḏrī : Studio critico e raccolta dei frammenti », *Rivista degli Studi Orientali* 17, 1938-1939, p. 40-71.
—, « Adab », *EI*², I, 1954, p. 175b.
—, « Djamīl b. ʿAbd Allāh b. Maʿmar al-ʿUdhrī », *EI*², II, 1962, p. 427b.
Ǧadʿān, Fahmī, « Dāʿī al-mušākala fī naẓariyyat al-ḥubb ʿinda al-ʿArab » in *Dirāsāt ʿarabiyya wa-šarqiyya*, al-Ǧāmiʿa al-amrīkiyya fī Bayrūt, Beyrouth, 1981, p. 85-106.
Gardet, Louis, « Dhikr », *EI*², II, 1961, p. 223b.
—, « Ḥāl », *EI*², III, 1965, p. 83b.
—, « Ikhlāṣ », *EI*², III, 1966, p. 1086b-1087a.
Ǧarrār, Māhir, « *Maṣāriʿ al-ʿuššāq* : dirāsa fī aḥādīṯ al-ǧihād wa-ḥūr al-ʿīn, našʾatuhā wa-binyatuhā al-ḥikāʾiya wa-waẓāʾifuhā », *al-Abḥāṯ* 14, 1993, p. 27-121.
Garulo, Teresa, « Raḳīb », *EI*², VIII, 1994, p. 406b.
Ǧawād, M., « al-Muntaḥirūn fī al-ǧāhiliyya wa-l-islām », *al-Hilāl* 4, 1934, p. 475-479.
Genette, Gerard, *Figures III*, Cérès Editions, 1996 (Seuil, 1972).
Ghazi, Muhammad Ferid, « La littérature d'imagination en Arabe, du IIᵉ/VIIIᵉ au Vᵉ/XIᵉ siècles », *Arabica* 4, 1957, p. 164-178.
—, « Un groupe social : "Les raffinés" (*ẓurafāʾ*) », *Studia Islamica* 11, 1959, p. 39-71.
Giffen, Lois Anita, *Theory of Profane Love Among the Arabs, the Development of the genre*, New York University Press, New York, 1971.
—, « Love Poetry and Love Theory in Medieval Arabic Litterature » *in* G. E. von Grunebaum (éd.), *Arabic Poetry, Theory and Development*, Otto Harrassowitz, Wiesbaden, 1973, p. 107-124.
Goichon, A. M., « Ibn Sīnā, Abū ʿAlī al-Ḥusayn b. ʿAbd Allāh », *EI*², III, 1969, p. 941a.
Goodman, Lenn Evan, « al-Rāzī, Abū Bakr Muḥammad b. Zakariyyāʾ », *EI*², VIII, 1994, p. 474a.
Gorton, T. J., « Arabic Influence on the Troubadours : Documents and Directions », *Journal of Arabic Literature* 5, 1974, p. 11-16.
Grall, C., « Le personnage de nouvelle : Quel type ? Quel individu ? » *in* Françoise Lavocat, Claude Murcia et Régis Salado (dir.), *La fabrique du personnage*, Honoré Champion éditeur, Paris, 2007, p. 81-92.
Gruendler, Beatrice, « Pardon Those Who Love Passionately » *in* Friederike Pannewick (éd.), *Martyrdom in Literature, Visions of Death and Maeningful Suffering in Europe and Middle East from Antiquity to Modernity*, Reichert Verlag, Wiesbaden, 2004, p. 189-236.
—, « Ibn Abī Ḥaǧala », *Mîzân* 17, *Essays in Arabic Literary Biography, 1350-1850*, Harrowitz, Wiesbaden, 2009, p. 118-126.
Grunebaum, Gustave E. von, « Avicenna's *Risāla fī al-ʿišq* and Courtly Love », *Journal of Near Eastern Studies* 11, 1952, p. 233-238.
Guichard, P., *Structures sociales « orientales » et « occidentales » dans l'Espagne musulmane*, Mouton, Paris, 1977.
Guo Li, « Paradise Lost: Ibn Daniyāl's Response to Baybars' Campain against Vice », *Journal of the American Oriental Society* 121, 2, 2001, p. 219-235.
Gutas, Dimitri, « Plato's *Symposion* in the Arabic Tradition », *Oriens* 31, Brill, Leyde, 1988, p. 36-60.
—, *Pensée grecque, culture arabe*, Aubier, Paris, 2005.
Haarmann, Ulrich, « Arabic in Speech, Turkish in Lineage: Mamluks and theirs Sons in the Intellectual Life of Fourtheenth-century Egypt and Syria », *Journal of Semitic Studies* 33, 1988, p. 81-114.
Ḫalīf, Y., *al-Ḥubb al-miṯālī ʿinda al-ʿarab*, Dār Qabāʾ li-l-Ṭibāʿa wa-l-Našr wa-l-Tawziʿ, Le Caire, 1961.
Halm, Heinz, « ʿAbd al-Karīm b. Hawāzin al-Ḳushayrī », *EI*², V, 1982, p. 526a.
Hamdan, « Mughulṭāy », *EI*², VII, 1991, p. 350a.

Hamon, Philippe, « Pour un statut sémiologique du personnage », *Littérature* 6, Mai 1972, p. 86-110.

Heinrichs, W. P., « Radjaz », *EI*², VIII, 1993, p. 375b.

—, « al-Sharḳi, b. al-Ḳuṭāmī », *EI*², IX, 1996, p. 354a.

Heller, B. et Stillmann, N.A., « Luḳmān », *EI*², V, 1983, p. 811a.

Hilāl, M. Ġ., *Laylā wa-l-Maǧnūn fī al-adabayn al-ʿarabī wa-l-fārisī*, Dār al-ʿAwda, Beyrouth, 1980.

—, « Maǧnūn Laylā bayna al-adab al-ʿarabī wa-l-adab al-fārisī », *Fuṣūl* 3, 1983, p. 144-159.

Hirschler, Konrad, *The Written Word in the Medieval Arabic Lands. A Social and Cultural History of Reading Practices*, Edinburgh University Press, Édimbourg, 2012.

Hooker, Virginia M., « Shāʿir », *EI*², IX, 1996, p. 225.

Hopkins, John F. P., « Ibn al-Zubayr, Abū ʿAbd Allāh b. Bakkār », *EI*², III, 1969, p. 976b.

Hühn, P., Pier J., Schmid W., Schönert J., *Handbook of Narratology*, Walter De Gruyter, Berlin, New York, 2009.

Jacobi, Renate, «Nasīb », *EI*², VII, 1993, p. 978a.

—, « ʿUdhrī », *EI*², X, 2002, p. 835-837.

—, « Time and Reality in *Nasīb* and *Ghazal* » *in* Suzanne Pinckney Stetkevych (éd.), *Early Islamic Poetry and Poetics*, Ashgate Variorum, Aldershot ; Farnham, Surrey, 2009, p. 201-217.

Jauss, H. R., « Littérature médiévale et théorie des genres » in *Théorie des genres littéraires*, Editions du Seuil, Paris, 1986, p. 37-76.

Jouve, Vincent, « Pour une analyse de l'effet-personnage », *Littérature* 85, 1992, p. 103-111.

Juynboll, Gautier H. A., « Muslim b. al-Ḥadjdjādj », *EI*², VII, 1992, p. 691a.

—, « al-Rāmahurmuzī », *EI*², VIII, 1994, p. 420b.

Khairallah, A. E., *Love, Madness and Poetry, an Interpretation of the Maǧnūn Legend*, Franz Steiner Verlag, Beyrouth, Wiesbaden, 1980.

Kilpatrick, Hilary, « Context and the Enhancement of the Meaning of *aḫbār* in the *Kitāb al-Aġānī* », *Arabica* 38, 1991, p. 351-368.

Kohlberg, Etan, « Shahīd », *EI*², IX, 1996, p. 203b, 209-213.

Kratschkowsky, I., « Muslim b. al-Walīd », *EI*², VII, 1992, p. 694a.

Kuntze, Simon, « Love and God. The Influence of Ghazal on Mystic Poetry » *in* Thomas Bauer, Angelika Neuwirth (éd.), *Ghazal as World Literature: Transformation of a Literary Genre*, Ergon Verlag, Beirut, 2005, p. 157-179.

Lagrange, Frédéric, *Islam d'interdit, Islam de jouissance*, Téraèdre, Paris, 2008.

Lammens, Henri et Blankinship, Khalid Y., « Yazīd (II) b. ʿAbd al-Malik », *EI*², IX, 1996, p. 130b.

Laoust, Henri, « Ibn al-Djawzī », *EI*², III, 1968a, p. 751a.

—, « Ibn Ḳayyim al-Djawziyya », *EI*², III, 1968b, p. 821b

Lebban, R., El Moudden, H. et Douki, S., « Au-delà de la raison, la logique de la folie », *Apport de la psychopathologie maghrébine*, Actes du congrès des 5, 6 et 7 avril 1990, A. A. R. P. C., Argenteuil, 1990, p. 67-71.

Lecker, M., « al-Ṭāʾif », *EI*², X, 1998, p. 113b.

—, « Banū ʿUdhra », *EI*², X, 2001, p. 773b.

Lecomte, Gérard, « Ibn Ḳutayba », *EI*², III, 1968, p. 844b.

Leder, Stefan, *Ibn al-Ǧauzī und seine Kompilation wider die Leidenschaft*, Franz Steiner Verlag, Weisbaden, Beirut, 1984.

—, « al-Sarrādj », *EI*², IX, 1995, p. 65a.

—, « Misconceptions Surrounding a Concept: ʿUdhrī Love in Classical Arabic Narrative », *Beiruter Blätter* 10-11, 2002-2003, p. 96-109.

—, « The ʿUḏrī Narrative in Arabic Literature » *in* Friederike Pannewick (éd.), *Martyrdom in Literature: Visions of Death and Meaningful Suffering in Europe and in the Middle East from Antiquity to Modernity*, Reichert, Wiesbaden, 2004, p. 163-187.

—, « The Semantic of Love: Conflict, Sublimation and Experience in Arabic Discourse » *in* Christoph Wulff (éd.), *Emotions in a Transcultural World. The Role of Emotions in Arab and European Cultures and Relationships*, *Paragrana* 20, 2, De Gruyter, Berlin, 2011, p. 41-49.

Lentin, Judith, « al-Shām », *EI*², IX, 1996, p. 261b.
Lévi-Provençal, Évariste, « Abū ʿUbayd al-Bakrī », *EI*², I, 1954, p. 155b.
Lewisohn, Ludwig, « Shawḳ », *EI*², IX, 1996, p. 376b.
Lichtenstädter, Ilse, « Muḥammad b. Ḥabīb, Abū Djaʿfar », *EI*², VII, 1991, p. 401b.
Loiseau, J., *Les Mamelouks*, Édition du Seuil, Paris, 2014.
Lumbard, J. E. B., « From *ḥubb* to *ʿišq*: The Development of Love in Early Sufism », *Journal of Islamic Studies* 18, 2007, p. 345-385.
Madelung, Wilferd, « Hishām b. al-Ḥakam Abū Muḥammad », *EI*², III, 1967, p. 496a.
—, « al-Ūshī », *EI*², X, 2002, p. 916a.
Mahjoub, A., « Le pur et l'impur », *Peuples méditerranéens* 50, 1990, p. 41-57.
Malti-Douglas, Fedwa, « al-Nīsābūrī », *EI*², VIII, 1993, p. 53a.
Marie, J.-N., « Pourquoi Homère est-il aveugle? », *Poétique* 66, 1986, p. 235-254.
Marquet, Yves, « Ikhwān al-Ṣafāʾ », *EI*², III, 1970, p. 1071a.
Martel-Thoumian, Bernadette, « La mort volontaire : le traitement du suicide et du suicidé dans les chroniques mameloukes tardives », *AnIsl* 38, 2004, p. 405-435.
Martinez-Gros, Gabriel, « L'amour-trace ! Réflexions sur le *Collier de la colombe* », *Arabica* 34, 1987, p. 1-47.
Massé, H. et Zajączkowski, A., « Farhād u-Shīrīn », *EI*², II, 1964, p. 793b.
Massignon, Louis, *Opera minora*, Dār al-Maʿārif, Beyrouth, 1963.
—, *La passion d'al-Ḥallāğ* I, Gallimard, Paris, 1975.
—, « Taṣawwuf », *EI*², X, 1998, p. 313a.
Masson, D., *Essai d'interprétation du Coran inimitable*, Dār al-Kitāb al-Maṣrī, Le Caire, Dār al-Kitāb al-Lubnānī, Beyrouth, 1980.
Meredith-Owens, Glyn M., « Ḥamza b. ʿAbd al-Muṭṭalib », *EI*², III, 1966, p. 152b.
Meinecke, Michael, « al-Raḳḳa », *EI*², VIII, 1994, p. 425a.
Melchert, Christopher, *Ahmad ibn Hanbal*, Oneworld, Oxford, 2006.
Mensia, M., « La mort chez les Soufis », *Ibla* 146, 1980, p. 205-244.
Miskinzoda, Gurdofarid, *On the Margins of Sīra: Mughulṭāʾī (689-762/1290-1361) and his Place in the Developement of Sīra Literature*, Ph.D. Thesis, SOAS, Université de Londres, juin 2007.
—, *Narratives of the Life of Muhammad: Redefing Sira Literature*, Routledge, Londres, 2015.
Montgomery, James Edward, « al-Ṣanawbarī, Muḥammad b. Aḥmad b. al-Ḥusayn b. Marrār al-Ḍabbī », *EI*², IX, 1995, p. 8a.
—, « ʿUmar b. Abī Rabīʿa », *EI*², X, 2002, p. 823-824.
Morabia, A., *Le Ğihād dans l'Islam médiéval*, Albin Michel, Paris, 2000.
Morony, Michael, « Kisrā », *EI*², V, 1980, p. 184b.
Mouton, Jean-Michel, « Shayzar », *EI*², IX, 1999, p. 410a.
Myrne, Pernilla, « Discussing *Ghayra* in Abbassid Litterature : Jealousy as a Manly Virtue or Sign of Mutual Affection », *Journal of Abbassid Studies* 1, 2014, p. 46-65.
Nallino, Maria, « Abu ʾl-Faradj al-Iṣbahānī », *EI*², I, 1954, p. 118a.
Nyberg, Henrik S., « Abū ʾl-Hudhayl al-ʿAllāf, Muḥammad b. al-Hudhayl b. ʿUbayd Allāh b. Makḥūl », *EI*², I, 1954, p. 127b.
Pannewick, Friederike, *Opfer, Tod und Liebe*, Wihlen Fink, Munich, 2012.
Paret, Rudi, « Ibrāhīm », *EI*², III, 1969, p. 980a.
Pavel, Th., *Univers de la fiction*, Seuil, Paris, 1988.
Pedersen, J. et Linant de Bellefonds, Y., « Ḳasam », *EI*², IV, 1976, p. 688-689.
Pellat, Charles, « Abū ʾl-ʿAnbas al-Ṣaymarī », *EI*², *Suppl.*, I, 1958, p. 817.
—, « al-Djidd wa-l-Hazl », *EI*², II, 1963, p. 536a.
—, « Ibn Abī Khaythama », *EI*², III, 1968a, p. 687a.
—, « Ibn al-Aʿrābī », *EI*², III, 1968b, p. 706b.
—, « Ibn Daʾb », *EI*², III, 1968c, p. 742a.
—, « Ḳāṣṣ », *EI*², IV, 1976a, p. 733b.
—, « Ḳayna », *EI*², IV, 1976b, p. 820a.
—, « Nouvel essai d'inventaire de l'œuvre Ğāḥiẓienne », *Arabica* 31, 1984, p. 117-164.
—, « al-Masʿūdī, Abū l-Ḥasan ʿAlī b. al-Ḥusayn », *EI*², VI, 1989, p. 784a.
—, « Muraḳḳish », *EI*², VII, 1992, p. 603a.
Pellat, Charles *et al.*, « Madjnūn Laylā », *EI*², V, 1985, p. 1098-1099, 1102b.

Pellat, Charles *et al.*, « Marthiya », *EI*², VI, 1989, p. 602b.

Pérès, H., « La poésie arabe d'Andalousie et ses relations possibles avec la poésie des troubadours » in *L'Islam et l'Occident, Les Cahiers du Sud*, 1947, p. 107-130.

Petitjean, A., « Problématisation sémio-linguistique du personnage » *in* Françoise Lavocat, Claude Murcia et Régis Salado (dir.), *La fabrique du personnage*, Honoré Champion éditeur, Paris, 2007, p. 31-32.

Petráček, Karel, « al-Aḥwaṣ al-Anṣārī, ʿAbd Allāh b. Muḥammad b. ʿAbd Allāh b. ʿĀṣim b. Thābit », *EI*², I, 1956, p. 304b.

Propp, Vladimir, *La Morphologie du conte*, Seuil, Paris,1965.

Rabau, Sophie et Pennanech, Florian, *Exercices de théorie littéraire*, Presses Sorbonne nouvelle, Paris, 2016.

Rapoport, Yossef, « Legal Diversity in the Age of *Taqlīd*: The Four Chief Qāḍīs under the Mamluks », *Islamic Law and Society* 10, 2, *The Madhhab*, 2003, p. 210-228.

Raven, Willem, *Dâwûd al-Iṣbahânî and his « Kitâb al-Zahra »*, Willem Raven, Amsterdam, 1989.

Reinert, B., « Sumnūn (ou Samnūn) b. Ḥamza (ou b. ʿAbd Allāh) », *EI*², IX, 1997, p. 873a.

Reyna, R.-F. A., « La *Risāla fī māhiyyat al-ʿišq* de las *Rasāʾil Iḫāwn al-ṣafāʾ* », *Anaquel de estudios àrabes*, servicio de Publicationes Universidad Complutense 6, 1995, p. 185-207.

Rippin, Andrew, « Mudjāhid b. Djabr al-Makkī », *EI*², VII, 1991, p. 293a.

Ritter, Hans, « Arabische und persische Schriften über die profane und mystiche Liebe », *Der Islam* 21, 1933, p. 84-109.

Robinson, Basil William, « Miʿrādj », *EI*², VII, 1991, p. 97b.

Robson, J., « Barīra », *EI*², I, 1959, p. 1048a.

—, « al-Bukhārī, Muḥammad b. Ismāʿīl », *EI*², I, 1960, p. 1296a.

—,« Ḥadīth », *EI*², III, 1965, p. 23b.

Roscoe, W. et Murray, S. O., *Islamic Homosexualities: Culture, History and Literature*, NYU Press, New York, 1997.

Rosenthal, Franz, « From Arabic Books and Manuscripts IV: New Fragments of as-Saraḫsī », *Journal of the American Oriental Society* 71, 2, 1951, p. 135-142.

—, « Ashʿab », *EI*², I, 1958, p. 690b.

—, « Ḥamza b. al-Ḥasan [Ibn] al-Muʾaddib al-Iṣfahānī », *EI*², III, 1966, p. 156a.

—, « Ibn Abī Ṭāhir Ṭayfūr », *EI*², III, 1968, p. 692b.

—, « Intiḥār », *EI*², III, 1971, p. 1278-1280.

—, « Nasab », *EI*², VII, 1993, p. 967a.

—, « al-Sarakhsī, Abū l-ʿAbbās Aḥmad », *EI*², IX, 1995, p. 34b.

Rouget, G., *Musique et transe chez les Arabes*, Éditions Allia, Paris, 2017.

Rowson, Everett K., « Two Homoerotic Narratives from Mamlūk Literature: al-Ṣafadī's *Lawʿat al-Shākī* and Ibn Dāniyāl's *al-Mutayyam* » *in* J. W. Wright Jr. et E. K. Rowson (éd.), *Homoeroticism in Classical Arabic Literature*, Columbia University Press, New York, 1997, p. 158-191.

—, « al-Thaʿālibī, Abū Manṣūr ʿAbd al-Malik b. Muḥammad b. Ismāʿīl », *EI*², X, 1999, p. 426a.

Şaik Gökyay, Orhan, « Kātib Čelebi », *EI*², IV, 1976, p. 760b.

Sakkal, Aya, « Passage du récit des amours de Qays et Lubnā à travers les genres littéraires arabes médiévaux » *in* Frédéric Bauden, Aboubakr Chraïbi et Antonella Ghersetti (éd.), *Le répertoire narratif arabe médiévale: transmission et ouverture: actes de Colloque international (Liège, 15-17 september 2005)*, Librairie Droz, Liège, 2008, p. 107-120.

Salām, M. Z., *al-Adab fī al-ʿaṣr al-mamlūkī*, Munšaʾat al-Maʿārif Ǧalāl Ḥazī, Alexandrie, s. d.

al-Šayḫ, Ḥ., *al-Intiḥār fī al-adab al-ʿarabī*, al-Muʾassasa al-ʿArabiyya li-l-Dirāsa wa-l-Našr, Beyrouth, 1997.

Schacht, Joseph, « A Revaluation of Islamic Traditions », *The Journal of the Royal Asiatic Society of Great Britain and Ireland* 2, 1949, p. 143-154.

—, *The Origins of Muhammadan Jurisprudence*, Clarendon Press, Oxford, 1950.

—, « Ḳatl », *EI*², IV, 1976, p. 766b.

Schœler, G., *Écrire et transmettre dans les débuts de l'Islam*, PUF, Paris, 2002.
Seidensticker, Tilman, « al-Aḥwas », *EAL*, I, 1998a, p. 65.
—, « Martyrdom in Islam », *Awrāq* 19, 1998b, p. 63-77.
Sellheim, Rudolf, « al-Khaṭīb al-Baghdādī », *EI*², IV, 1978, p. 1111a.
—, « al-Marzubānī », *EI*², VI, 1989, p. 634a.
—, « al-Maydānī, Abū 'l-Faḍl Aḥmad b. Muḥammad b. Aḥmad b. Ibrāhīm al-Naysābūrī », *EI*², VI, 1990, p. 913a.
—, « al-Mubarrad », *EI*², VII, 1991, p. 282.
Semah, David, « *Rawḍat al-qulūb* by al-Šayzarī. A Twelfth Century Book on Love », *Arabica* 24, 2, 1977, p. 187-206.
Sezgin, Usula, « al-Madā'inī », *EI*², V, 1984, p. 946b.
Shahîd, Irfān, « al-Nuʿmān (III) b. Mundhir », *EI*², VIII, 1993, p. 119b.
Sicard, Frédérique, « L'amour dans la *Risālat al-qiyān* – Essai sur les esclaves-chanteuses – de Ǧāḥiẓ (m. 255/868) », *Arabica* 34, 1984, p. 326-338.
Souissi, R., « Waḍḍāḥ al-Yaman : le personnage et sa légende », *Arabica* 17, 3, 1970, p. 252-308.
Sourdel, Dominique, « Bughā al-Kabīr », *EI*², I, 1960, p. 1287a.
—, « Ḥamāt », *EI*², III, 1965, p. 119b.
Spies, Otto, « Mughulṭai's Biographical Dictionary of the Martyrs of Love, vol. 1 », *Bonner Orientalistischen Studien* 18, W. Kohlhammer, Stuttgart, 1936, p. 463-464.
Stern, Samuel Miklos, « Abān b. ʿAbd al-Ḥamīd al-Lāḥiḳī », *EI*², I, 1954, p. 2b.
Sublet, Jacqueline, *Le voile du nom. Essai sur le nom propre arabe*, PUF, Paris, 1991.
Talib, Adam, « Citystruck » *in* Nizar F. Hermes et Gretchen Head (éd.), *The City in Arabic Literature: Classical and Modern Perspectives*, Edinburgh University Press, Édimbourg, 2018, p. 138-164.
Todorov, Tzvetan, *Poétique de la prose*, Seuil, Paris, 1971.
—, *La notion de littérature*, Seuil, Paris, 1987.
Toelle, H. et Zakharia, Katia, *À la découverte de la littérature arabe*, Flammarion, Paris, 2003.
Toorawa, S. M., *Ibn Abi Tahir Tayfur and Arabic Writerly Culture: A Ninth Century Bookman in Bagdad*, Routledge, New York, 2005.
Troupeau, Gérard, « Muḥammad b. Khalaf », *EI*², VII, 1991, p. 406a.
Vadet, Jean-Claude, « Ibn Dāwūd », *EI*², III, 1968a, p. 767-768.
—, « Ibn Ḥadjib al-Nuʿmān », *EI*², III, 1968b, p. 781b.
—, *L'esprit courtois en Orient dans les cinq premiers siècles de l'Hégire*, Maisonneuve et Larose, Paris, 1968c.
—, *Le traité de l'amour mystique d'al-Daylamī*, Librairie Droz, Genève, 1980.
Vasiljevic, D. et Oberlé, D., *Conduites et émotions dans les groupes*, Presses universitaires de Grenoble, Grenoble, 2016.
Viëtor, Karl, « L'histoire des genres littéraires » *in* Gérard Genette *et al.* (éd.), *Théorie des genres littéraires*, Seuil, Paris, 1986, p. 9-35.
Van Gelder, Geert Jan, *Close relationships, Incest and Inbreeding in Classical Arabic Literature*, I. B. Taurus, Londres, New York, 2005.
Van Steenbergen, Jo, « Qalāwūnid Discourse, Elite Communication and the Mamluk Cultural Matrix: Interpreting a 14th-Century Panegyric», *Journal of Arabic Literature* 43, 1, 2012, p. 1-28.
Veccia Vaglieri, Laura, « ʿAbd Allāh b. al-ʿAbbās », *EI*², I, 1954, p. 40a.
Versteegh, C. H. M., « al-Zamakhsharī », *EI*², XI, 2002, p. 434a.
Walker, A. M. et Sells, M. A., « The Wiles of Women and Performative Intertextuality: ʿĀ'isha, the Hadith of the Slander, and the Sūra of Yusuf », *Journal of Arabic Literature* 30, 1999, p. 55-77.
Watt, W. Montgomery, « ʿĀ'isha Bint Abī Bakr », *EI*², I, 1956, p. 308.
Weipert, R. et Wenninger, S., « Die erhaltenen Werke des Ibn Abi d-Dunya. Eine vörlaufigen Bestandsaufname », *Zeitschrift der Deutschen Morgenländischen Gesellschaft* 146, 1996, p. 415-455.
Wensinck, Arent Jan, « Khabar », *EI*², IV, 1976, p. 895a.
—, « Ṣabr », *EI*², VIII, 1994, p. 685b.
—, « Takbīr », *EI*², X, 1998, p. 119b.

Zakeri, Mohsen, « Sahl b. Hārūn b. Rāhawayh », *EI*², VIII, 1995, p. 838b.

Zakharia, Katia, « Le savoir et ses dupes dans les *Histoires des idiots et des sots* d'Ibn al-Ǧawzī », *Bulletin d'études Orientales* 47, 1995, p. 217-233.

—, « Le statut du fou dans le *Kitāb ʿUqalāʾ al-maǧānīn* d'al-Nīsābūrī, modalité d'une exclusion », *Bulletin d'études Orientales* 49, 1997, p. 269-288.

—, « Le moine et l'échanson, ou le *Kitāb al-Diyārāt* d'al-Šābuštī et ses lecteurs », *Bulletin d'études Orientales* 53-54, 2001-2002, p. 59-73.

—, « Les amours de Yazīd II b. ʿAbd al-Malik et de Ḥabāba. Roman courtois, "fait divers" ummayade et propagande ʿabbasside », *Arabica* 58, 2011, p. 300-335.

—, « Genèse et évolution de la prose littéraire : du *kātib* à l'*adīb* » *in* T. Bianquis, P. Guichard et M. Tillier (éd.), *Les débuts du monde musulman*, VIIe-Xe siècles, PUF, Paris, 2012, p. 315-331.

Zetterstéen, Karl Vilhelm, « ʿAbd Allāh b. Djaʿfar b. Abī Ṭālib », *EI*², I, 1954, p. 44a.

—, « al-Nuʿmān b. Bashīr al-Anṣārī », *EI*², VIII, 1993, p. 118b.

Ziethen, Antje, « La littérature et l'espace », *Arborescences*, Revue d'études française, Université de Toronto 3, 2013, p. 3-29.

DIFFUSION
Ventes directes et par correspondance

Au Caire
à l'Ifao,
37 rue al-Cheikh Ali Youssef (Mounira)
[B.P. Qasr al-ʿAyni 11562]
11441 Le Caire, Égypte
Section Diffusion Vente

Tél. : (+20 2) 27 90 02 55
https://www.ifao.egnet.net

e-mail : diffusion@ifao.egnet.net

En France
Vente en librairies

***Diffusion* AFPU-D**
C/O Université de Lille
3 rue du Barreau
BP 60149 - 59653 Villeneuve d'Ascq Cedex
Tél. +33 (0)3 20 41 66 95

***Distribution* DILISCO**
Zone artisanale Les Conduits
Rue du Limousin
BP 25 - 23220 Cheniers
Tél. +33 (0)5 55 51 80 00

Ministère de l'Enseignement supérieur, de la Recherche et de l'Innovation, Paris
Publication de l'Institut français d'archéologie orientale
Achevé d'imprimer sur les presses de l'Ifao, 37 rue al-Cheikh Ali Youssef au Caire, en janvier 2022
Dépôt légal : 1er semestre 2022 ; N° éditeur : 7247